Abenteuer in Kimchi-Land

Für David und Emil.
Ich hoffe, Ihr findet Eure eigenen Abenteuer.

Abenteuer in Kimchi-Land

Vom Leben, Arbeiten, Reisen, Verzweifeln
und Staunen in Südkorea

Sascha Frank

Bibliografische Information der
Deutschen Nationalbibliothek:
Die Deutsche Nationalbibliothek verzeichnet diese Publika-
tion in der Deutschen Nationalbibliografie; detaillierte bibliografische Daten sind im Internet über *http://dnb.dnb.de*
abrufbar.

© 2018 Sascha Frank

Text, Fotos, Illustrationen, Layout und Gestaltung:
Sascha Frank

Herstellung und Verlag:
BoD – Books on Demand, Norderstedt

ISBN: **978-3-7481-0715-6**

Inhalt

Vorwort

Schon zu Beginn meines Studiums war mir klar, dass meine Universitätszeit in irgendeiner Art von Auslandsaufenthalt gipfeln sollte. Ich betrachtete dies als essentielle Grundlage meiner späteren Berufslaufbahn und gleichzeitig als nicht zu verpassende Gelegenheit, mehr von der Welt zu sehen und zu erleben. Im Laufe der Semester reiften und gediehen meine anfangs noch moderaten Pläne eines innereuropäischen Auslandsaufenthalts so lange, bis schließlich feststand, dass ich ein halbjähriges Praktikum bei einem lokalen Unternehmen in Südkorea verbringen sollte!

Ich hatte mich mit diesem Plan so weit aus dem Fenster gelehnt, wie ich es mir gerade noch zutraute: Mein Auslandsaufenthalt in Ostasien war nur marginal besser vorbereitet wie ein Last-Minute-Flug nach Mallorca. Um dies noch zu toppen, handelte es sich um meine erste Asienreise überhaupt! Es ist wohl kaum der Erwähnung wert, dass ich trotz eines ausgeprägten Interesses an ostasiatischer Kultur kaum auf das vorbereitet war, was mich erwartete. Allein die mannigfaltigen Konsequenzen der Tatsache, dass das Wort „nein" dort kaum Verwendung findet, hatte ich sträflich unterschätzt.

Obgleich ich mein Praktikantendasein in der Großstadt Busan fristen sollte, verschlug es mich in einen obskuren Vorort dieser Stadt. Dieser führte mir vor allem das atemberaubende Entwicklungstempo Asiens vor Augen: Was bei meiner Ankunft noch ein kleiner Ort mit einem einzelnen Supermarkt war (Nachbarschafts-Büdchen nicht mitgezählt), entpuppte sich bereits bei meiner Abreise als veritable Trabantenstadt mit einer Vielzahl in Rekordzeit errichteter Miethäuser, die sich bereits zunehmend mit Mietern füllten. Als ich erfahren habe, dass es dort inzwischen ganze Einkaufsviertel samt eigener Starbucks-Filiale gibt, bin ich vor Unglauben fast vom Stuhl gefallen!

Der nachfolgende Text enthält einen stellenweise übertrieben detaillierten Bericht über die Erfahrungen und Erlebnisse, dich ich gegen Ende des ersten Jahrzehnts unseres noch jungen Jahrtausends in Südkorea machen durfte. Um die spontane Natur meiner Notizen aus dieser Zeit zu erhalten, habe ich darauf verzichtet, sämtliche umgangssprachlichen Formulierungen zu überarbeiten. Einige Dialoge ließen sich zudem einfach besser auf Englisch wiedergeben als auf Deutsch, um möglichst nah am originalen Wortlaut zu bleiben oder Verständigungsprobleme zu illustrieren. Ich hoffe, man sieht mir dies nach.

Für den Fall, dass diese Zeilen tatsächlich einmal auch einen koreanischen Leser oder eine koreanische Leserin erreichen sollten, möchte ich noch Folgendes zu bedenken geben: Kommentare eines Außenseiters über das eigene Land und die eigene Gesellschaft können schnell zu hochgradig emotionalen Reaktionen führen. Einige Formulierungen in diesem Text mögen überspitzt sein, um Kontraste zu betonen oder einen humoristischen Effekt zu erzielen. Zudem kann ich mir trotz intensiver Recherche vieler Themen nicht anmaßen, die koreanische Gesellschaft in all ihren Facetten wirklich zu durchblicken oder grundlegend zu verstehen. Ich bitte daher, diesen Text so zu verstehen, wie er gemeint ist: Als unterhaltsamen Erfahrungsbericht, der vielleicht auch ein wenig Fernweh im Allgemeinen und Neugier auf Korea im Speziellen weckt.

Mein Dank gilt jener Firma, die mir diesen Auslandsaufenthalt ermöglicht hat sowie meinem dortigen Chef, der hier namentlich unerwähnt bleibt. Herzliche Grüße gehen zudem an sämtliche Mitmenschen, die sich per Zufall in diesem Buch wiedererkennen mögen – ich danke Euch für diese außergewöhnliche Erfahrung! Dank dafür, meine Neugier auf dieses Land geweckt zu haben geht nicht zuletzt an meine koreanisch-amerikanischen Freunde Seung und Ryan und meinen Taekwondo-Trainer Chang-Pae. Besonders erwähnen möchte ich zudem noch Piet, dessen Werk über seine eigenen Erkundungstouren in Nordamerika mich angespornt hat, dieses lange vernachlässigte Projekt endlich in die Tat umzusetzen. Viele Grüße gehen zudem an Marcel, der meine Anekdoten aus Korea zum Anlass genommen hat, eine noch viel intensivere Beziehung zu diesem Land aufzubauen, als es mir jemals gelingen wird.

Auf ins Abenteuer!

15. Oktober

Vor einigen Jahren saß ich in einer Vorlesung, in welcher ein Professor mit leuchtenden Augen über ein Projekt im Oman sprach. Er betonte dabei, dass ungleich größere Herausforderungen zu überwinden seien, um in einem Land wie dem Oman für längere Zeit zu leben und zu arbeiten, als bei einem Aufenthalt in einem westlich geprägten Land wie Finnland oder den Vereinigten Staaten. Dadurch gelangte er zu folgendem Resümee: Wer ernsthaft daran interessiert sei, sich durch einen Auslandsaufenthalt persönlich weiterzuentwickeln, der habe heutzutage gar keine andere Wahl, als die Herausforderung zu suchen und den westlichen Kulturkreis zu verlassen.

Dieser Vortrag war beileibe nicht der einzige Grund, der mich dazu bewegt hat, ein halbes Jahr in Südkorea zu verbringen. Er hat mich jedoch dazu ermutigt, die Komfortzone bei meinem Praxissemester mit einem großen Sprung zu verlassen und dabei auch die eine oder andere Unwägbarkeit nicht zu scheuen. Dementsprechend stand ich zu Beginn meines Praktikums vor einer Vielzahl von Ungewissheiten und mich erwartete die eine oder andere handfeste Überraschung.

Als ich zum ersten Mal koreanischen Boden betrat, hatte ich gerade einen langen, langen Flug mit unbequemen Sitzen, leckerem Essen und einem Wahnsinns-Unterhaltungsangebot hinter mir. Bei Antritt des über zehnstündigen Direktflugs nach Seoul befand ich mich kurzzeitig noch irgendwo zwischen Entwarnung und Enttäuschung: Der Anteil westlicher Passagiere in der Maschine war überraschend hoch. War mein erwähltes Ziel vielleicht doch deutlich weniger exotisch als gedacht? Einige kurze Wortwechsel mit anderen Passagieren lieferten jedoch bald eine unerwartete Erklärung: Kaum ein westlicher Reisegast and Bord wollte tatsächlich nach Korea. Die meisten Passagiere würden am Flughafen Incheon nur umsteigen. Meine Sitznachbarinnen „freuten" sich bereits auf mindestens weitere 10 Stunden im Flieger nach Melbourne. Dementsprechend gering war auch die kulinarische Experimentierfreude meiner Mitreisenden: Als das Essen in unserer Reihe gereicht wurde, war längst nur noch das koreanische Menü verfügbar – welches ich eh bevorzugt hätte. Es war erfreulich schmackhaft!

Dank der Gepäckbeschränkungen der Airline konnte ich meine erste Asienreise frei von unnötigem Ballast bestreiten: Erlaubt war pro Passagier ein Gepäckstück von maximal 20 kg nebst Handgepäck. Für ein halbes Jahr im Ausland ist das nicht besonders viel und führte dazu, dass ich mich bei der Auswahl der mitgebrachten Kleidung und Utensilien stark auf meine Intuition verlassen musste. Das spärliche Gepäck erwies sich jedoch als hilfreich bei der Bewältigung meiner ersten Herausforderung: Unmittelbar nach der Landung galt es, rechtzeitig zum Erreichen meines Anschlussfluges den Weg vom internationalen Flughafen Incheon zum Flughafen für Inlandsflüge namens Gimpo zu finden. Der Sprache und Schrift nicht mächtig, hatte ich immerhin folgenden Hinweis mit auf den Weg bekommen: Es gibt einen Shuttle-Bus. Ich kam mir ein wenig vor wie der Teilnehmer einer Fernseh-Show.

Den Bus habe ich rechtzeitig gefunden und erreicht. Da ich es wagte, beim Betreten des voll besetzten Busses mit meinem Gepäck einen offensichtlich japanischen Geschäftsmann zu touchieren, wurde ich direkt mit einem abfälligen „Gai-Jin!" begrüßt. Wie schön. Der anschließende Inlandsflug bot passagiertechnisch einen krassen Kontrast zur Anreise aus Frankfurt: Ich war vermutlich der einzige Nicht-Asiate an Bord. Worauf ich mich da wohl eingelassen hatte?

Erste Eindrücke
19. Oktober

Am Zielflughafen Gimhae in Busan wurde ich zum Glück wie vereinbart von dem mir als Betreuer zugewiesenen Kollegen abgeholt, gefüttert und für die erste Nacht in einem Motel verstaut. Das Motel war quasi auch schon die erste Sehenswürdigkeit der Reise. Denn was ich damals nicht wusste, jedoch aus der geschmackvollen Gestaltung meines Zimmers unmittelbar erschließen konnte, war Folgendes: Motels waren früher in Korea für genau eine Sache da. Eine Sache, für die man mein Zimmer z.B. mit einem großen Spiegel am Kopfende des Betts ausgestattet hatte. Wer ein respektableres Etablissement bevorzugt, muss in Korea ein Hotel aufsuchen, welches deutlich hochpreisiger ist. Eine einschneidende Veränderung in dieser Abgrenzung hat angeblich die Fussball-WM von 2002 bewirkt, welche in Japan und Korea ausgetragen wurde. Dadurch, dass damals zahlreiche ausländische Gäste die günstigeren Motels für Übernachtungen bevorzugten, stieg die soziale Akzeptanz gegenüber Motel-Besuchen. Nichtsdestotrotz waren Ein- und Ausfahrt des Parkplatzes mit entfernt an Auto-Waschanlagen erinnernden Textilgirlanden ausgestattet, welche aussteigende Gäste vor neugierigen Blicken schützen sollen.

Weitere Kuriositäten meines interessanten Motel-Zimmers: Die Ausstattung mit nicht nur einem, sondern gleich zwei Computern, einer davon ein Server. Ob diese die Gäste mit Pornographie oder mit Computerspielen versorgen sollten, habe ich nie herausgefunden. Letzteres ist aufgrund der koreanischen Vorliebe für den Wettstreit in Online-Spielen jedoch gar nicht mal so unwahrscheinlich – mehr dazu im nächsten Kapitel. Neben den Rechnern befand sich ein kleines Schränkchen mit UV-Licht, welches dem Desinfizieren einiger nicht besonders gespült aussehender Gläser dienen sollte. Für den großen Durst gab es dazu noch einen eigenen großen Wasserspender, welcher sich als heimliches Highlight des Zimmers erwies. Denn dieser erzeugte in regelmäßigen Abständen ein lautes Glucksen, welches nur vom ebenfalls eingebauten Kühlaggregat übertönt wurde. Trotz der zu diesem Zeitpunkt einsetzenden bleiernen Müdigkeit und meines sonst sehr tiefen Schlafes sollten mich diese Geräusche in meiner ersten Nacht in Korea daher des Öfteren aufwachen lassen.

Am nächsten Morgen ging es dann bereits pünktlich zum üblichen Arbeitsbeginn in die Firma. Die Gegend, in die wir fuhren, gehörte offiziell noch zu Busan (oder Pusan), der zweitgrößten Stadt Südkoreas mit ca. 3,5 Mio. Einwohnern. Praktisch befand sich unser Ort jedoch etwas außerhalb in einer Gemeinde mit gerade einmal etwa 5000 Einwohnern. Da die koreanische Halbinsel sehr bergig ist, lag unser Ort zudem inmitten eines eigenen, relativ spärlich besiedelten Tales, welches endgültig den Eindruck beseitigte, noch in einem Vorort der zweitgrößten Stadt des Landes zu weilen. Und natürlich war ich dort wirklich der einzige nicht-Koreaner weit und breit.

Von meinem ersten Arbeitstag erinnere mich hauptsächlich nur noch an zahlreiche neue Gesichter, noch zahlreichere Verbeugungen und viele geschüttelte Hände.

Bereits im Vorfeld hatten wir vereinbart, dass die Firma für meine Unterkunft sorgen würde. Das Arrangement sah vor, dass ich bei einem Ingenieur aus der Nachbarabteilung in einem freien Zimmer wohnen sollte. Die Wohnung befand sich fußläufig in etwa 15 Minuten Entfernung von der Firma. Als ich den ersten Blick in mein künftiges Domizil werfen durfte, gelang es mir leider jedoch nicht so ganz, die Fassung zu bewahren. Die Szene verlief in etwa so:

Betreuer: "This is your room"

Ich schaue in ein leeres Zimmer mit einer Kleiderstange, in welchem mein Mitbewohner noch schnell ein paar Decken platziert. Er deutet auf ein Kabel, welches durch einen Spalt der nicht ganz geschlossenen Balkontüre verläuft.

Mitbewohner: "You can use this to connect to the internet."

Sascha: „Great. Where's the furniture?"

Betreuer: "What furniture?"

Sascha: "Well, a table for my laptop would be nice. And maybe a bed?"

Betreuer: "You need a bed?"

Sascha: "Well, not necessarily. But SOMETHING to sleep on would be good. How about a futon mattress?"

Betreuer: "You want a bed?"

Sascha: „Yes, please."

Ein Tisch war sofort organisiert: Das dritte Zimmer unserer 3-Zimmer-Wohnung diente als Rumpelkammer für allerlei Krimskrams, den mein Mitbewohner so angesammelt hatte. Dort fand sich auch ein niedriger Esstisch für meinen Laptop. Niedrig ist dabei wörtlich zu nehmen: Der Tisch war dafür vorgesehen, dass man auf dem Boden davor Platz nahm.

Die Diskussion um die Schlafgelegenheit sollte sich mit meinem Betreuer und meinem Chef noch mehrfach wiederholen. Mir hätte wirklich auch so etwas wie ein Futon, oder eben das koreanische Äquivalent dazu gereicht. Ich wollte eben nur nicht ein halbes Jahr auf Linoleum schlafen. Man versicherte mir jedoch unter größtem Amüsement, dass ein Bett kaum Kosten verursachen würde und ich somit eines erhalten solle.

Für den Übergang erhielt ich von meinem Mitbewohner eine Heizdecke als Schlafunterlage. Später sollte ich lernen, dass das Schlafen auf Heizdecken in Korea absolut üblich ist. In Anbetracht dessen, dass das mir zur Verfügung gestellte Modell bereits defekt war und nur noch einen Teil der Fläche beheizen konnte, sollte mich mein Überlebensinstinkt von der Inbetriebnahme der Heizfunktion jedoch lange Zeit abhalten. Meine Risikobereitschaft stieg schlagartig an, als ich mit Einsetzen des Winters einer Kombination aus sinkenden Außentemperaturen, einer nicht geheizten Wohnung (mehr dazu später) und einer recht dünnen Bettdecke ausgesetzt wurde.

Als das Bett schließlich eintraf, sollte ich erneut Grund zum Staunen haben. Es erfüllte seine Funktion und erzeugte nach dem Zusammenbau die optische Illusion eines normalen Betts. Das Möbelstück bestand jedoch im Wesentlichen aus zwei Plastikpaletten, auf welchen eine Matratze platziert wurde. Zur optischen Verschönerung wurde um diese Paletten herum ein Rahmen aufgebaut, welcher jedoch nicht mit den Paletten verbunden war. Damit hatten sich auch die geringen Anschaffungskosten geklärt!

Im Übrigen verfügte das Zimmer meines Mitbewohners über ein großes Bett und einen Schreibtisch. Meine Vorstellung von einem minimal möblierten Zimmer war also keineswegs exotisch. Zur Aufbewahrung seiner Kleidung verwendete der Kollege jedoch ebenfalls nur offene Kleiderstangen.

Zur Sicherung meiner Mobilität stellte mir mein Chef zudem noch ein ordentlich schweres, aber stabiles Mountainbike zur Verfügung. Bei Geschäftsreisen nach Deutschland hatte er gelernt, dass Deutsche unheimlich gerne Fahrrad fahren. Da die unmittelbare Umgebung sehr bergig war, eignete sich der Drahtesel nur bedingt für Ausflüge – selbst zu Fuß führten Touren bergauf schnell zu Schweißausbrüchen! Dank eines ausklappbaren Einkaufskorbs am Gepäckträger konnte ich mich per Fahrrad jedoch im örtlichen Supermarkt mit dem Notwendigsten versorgen und war nicht auf den Kiosk an der Ecke angewiesen.

Meine ersten Eindrücke von Korea waren somit eher gemischt – leider auch, da die Sprachbarriere im Büro deutlich höher ausfiel als erwartet bzw. angekündigt. Dafür waren meine Gastgeber und Kollegen unglaublich nett und gastfreundlich! Sie gaben sich viel Mühe, mich herzlich willkommen zu heißen. Zudem waren viele Dinge so ungewohnt und anders, dass sich immer wieder Momente von immensem Unterhaltungswert einstellten. Zu nennen wären da z.b. Goldfische, Gartenzäune und Blümchen inmitten der ansonsten recht sauberen und modernen Produktionshallen zur Verschönerung der Arbeitsumgebung. Oder der merkwürdige Umstand, dass unsere Firma ganztägig von draußen mit koreanischer Marschmusik beschallt wurde.

Das Essen erwies sich ebenfalls als stetes Abenteuer. Die Mahlzeiten reichten von extrem lecker bis extrem gewöhnungsbedürftig. Auf jeden Fall immer extrem, manchmal sogar gleichzeitig lecker und fies! Schon nach wenigen Tagen hatte ich den Überblick über die verschiedenen Gerichte und Zutaten vollkommen verloren, da zu einer vollständigen Mahlzeit neben Reis ein Fleisch oder Fischgericht, dazu eine Suppe und mindestens 3-4 Varianten eingelegter Beilagen gehören – auch in der Kantine! Auf jeden Fall geht in der koreanischen Küche nichts ohne Kimchi. Kimchi ist eine Art eingelegter, vergorener Chinakohl, zumeist mit reichlich Chili gewürzt und am ehesten mit Sauerkraut vergleichbar. Kimchi existiert buchstäblich in tausend verschiedenen Varianten und darf bei wirklich keiner Mahlzeit fehlen. Gebraten, in einer Art scharfem Pfannkuchen namens Kimchi-jeon übrigens sehr, sehr lecker.

Noch wichtiger als Essen sind in Korea Telefon und Internet. Egal ob Motel, Büro oder Wohnung: Der erste Satz war immer "da vorne kannst Du ins Internet". Dumm nur, dass mein Handy im koreanischen Netz nicht funktionierte. Für Ausländer waren Handys damals extra-teuer – womöglich befürchtete man teure Ferngespräche bei unbezahlten Rechnungen. Angeblich hat sich diese Situation zwischenzeitlich gebessert. Dennoch blieb mir damals nur, das Thema Handy mindestens zu vertagen bis ich meine "Alien Registration Card", eine Art Ausländerausweis, in den Händen halten sollte.

Erwähnenswert sind noch die Arbeitszeiten: Normal wurde mindestens von 7 bis 19 Uhr gearbeitet! Ich sage mindestens, da ich als ausländischer Praktikant ein wenig Narrenfreiheit genoss. Meine koreanischen Kollegen arbeiteten durchaus auch mal bis 23 Uhr. Zum Glück wurde abends zumindest die Musik abgeschaltet.

Ansonsten verdiente das Wetter eine lobenswerte Erwähnung: ca. 25°C und Sonnenschein gegen Ende Oktober!

Fun Day
23. Oktober

Am Mittwoch meiner zweiten Woche war in der Firma „Fun Day". „Fun" bedeutete in diesem Kontext, dass das Abendessen ausfiel und stattdessen alle zum Fußballspielen gingen. Als Abendessen-Ersatz sollte es „Brot und Milch" geben. Nach zwei Wochen Intensivkurs in der koreanischen Küche freute ich mich fast auf diese Abwechslung im Speiseplan. Kaum Vorstellbar: Es sollte eine Mahlzeit ohne Kimchi sein!

Das „Brot" erwies sich als ein in Plastik eingeschweißtes, gebäckähnliches Gebilde. Geschmack und Konsistenz ähnelten der von amerikanischen „Twinkies", es war also ein schwammkuchenartiges Ding mit Cremefüllung. Mit Betonung eher auf Schwamm als auf Kuchen. Daran stimmten zwei grundsätzliche Dinge nicht. Erstens: Auf der Packung war groß Käse abgebildet. Aber wo war der in meinem „Brot"?!? Zweitens: Auf der Packung stand (noch größer als das Käsebild) „echtes westliches Brot nach original europäischem Rezept". Ha! Aber wenigstens gab es Milch. Und zwar echte Milch aus Busan. Nur wohnten wir schon so weit auf dem Land, wie das in Busan nur ging und ich hatte seit meiner Ankunft in Korea noch keine einzige Kuh gesehen! Sehr suspekt. Vielleicht doch lieber Kimchi?

Aber zurück zum Spaß-Tag. Da diese Woche meine erste volle Arbeitswoche war, musste ich, wie jeder neue in der Firma, erst einmal im Werk mit anpacken. Nach einem ganzen Tag am Fließband hatte ich natürlich ein unbändiges Verlangen, meinen platt gestandenen Füßen auch noch 90 Minuten Fußball zu gönnen. Leider, leider hat es aber geregnet. Der Alternativplan: Wir gehen Billard spielen. Super!

Vor dem Billard Salon hatte sich schon ein kleines Grüppchen besonders unsportlicher Mitarbeiter versammelt als wir dort eintrafen. Sie wollten von mir wissen, ob ich Billard spielen will oder „Stakrapt". Stakrapt? Es bedurfte einiger Iterationen des rätselhaften Wortes, bis bei mir endlich der Groschen fiel. „Ach so, ihr wollt Starcraft spielen!". Für nicht Eingeweihte: Starcraft ist ein Computer-Strategiespiel aus dem Jahr 1998 und die Koreaner sind in dafür berüchtigt, dieses Spiel nahezu fanatisch zu verehren. Will sagen: Bereits lange bevor in Deutschland irgendjemand etwas mit dem Begriff „E-Sports" anfangen konnte, gab es in Südkorea Menschen, die hauptberuflich Starcraft spielen. Wichtige Starcraft-Spiele werden auf mehreren Fernsehkanälen übertragen. Laut Guinness Buch der Rekorde fand 2005 in Busan ein Starcraft-Match vor einem Rekordpublikum von 120.000 Live-Zuschauern statt. Kurzum: Starcraft ist in Korea etwas beliebter als in Deutschland.

Ich bin dann aber doch lieber Billard statt Starcrap... äh craft (im Koreanischen gibt es kein „F") spielen gegangen. Daraufhin habe ich dann gelernt, dass die Koreaner quasi kein Snooker oder Pool Billard kennen, sondern fast ausschließlich „Vierball" spielen. Das spielt man mit 2 roten, einer gelben und einer weißen Kugel auf einem Snookertisch. In der Ecke gab es aber auch einen einsamen Pooltisch, auf dem wir dann das komische europäische Billard gespielt haben. Bleibt noch zu sagen, dass mein Mitbewohner/Gastgeber mit seiner Abteilung auch nicht beim Fußball, sondern beim Starcraft war.

Frei nach Obelix: Die spinnen, die Koreaner.

Das mit dem Engrisch ist aber auch so eine Sache: Wie bereits erwähnt gibt es im Koreanischen kein „F", das wird von den meisten Koreanern als „P" gesprochen. Dann sind „L" und „R" in Korea das gleiche Zeichen, dessen Laut sich in Abhängigkeit davon verändert, an welcher Position im Wort das Zeichen steht. Daher reden sie lieber Engrisch als Englisch. Aufgrund eines ähnlichen Mechanismus haben Koreaner zudem Probleme, ein „sch/sh" und ein „s" auseinander zu halten: Das „s" wird z.B. dann zu einem „sch", wenn es vor einem „i" steht. Mein Vorname ist somit oft geübt worden, Stilblüten wie „have a shit" (have a seat) oder „shit down" (sit down) brachten mich jedoch immer wieder aus der Fassung.

So viel zum „Fun-day", der ja auf Engrish ein „Pun-day" (pun = Englisch für „Wortspiel") ist.

Nachtwanderung und Hochzeit
26. Oktober

An meinem zweiten Wochenende im Land standen direkt zwei Firmen-Events auf dem Programm. Und zwar samstags ein Firmenausflug, sonntags dann die Hochzeit eines Kollegen. Naja, eigentlich kannte ich den „Kollegen" kaum, aber er hatte quasi alle Leute aus dem Entwicklungszentrum eingeladen und mich dann über den Umweg meines Mitbewohners auch.

Aber zuerst zur Nachtwanderung: Alles, was ich zunächst wusste, war, dass wir „Samstag mit der Firma auf einen Berg klettern". Aha. Dazu noch nachts. „Gut", dachte ich, „wenn das nachts ist, wird die Strecke wohl nicht sehr schwierig sein. Aber nachts sieht man doch nichts?". Ha! Auf jeden Fall war das wohl ein größeres Event und es mussten alle mitmachen, weil unsere Firma zu den Sponsoren zählte. Treffpunkt war der "Haeundae" Strand nahe der Innenstadt von Busan am frühen Abend. Schien schonmal eine ziemlich noble Wohngegend zu sein. Als ich dann nahezu der einzige war, der nicht in Sportklamotten aufgetaucht ist und sich fast alle auch noch eine Startnummer auf den Bauch klebten, wurde ich etwas skeptisch. Auf einem Plakat am Start konnte ich immerhin das Wort „Marathon" ausmachen. In Jeans, Pulli und Straßenschuhen laufe ich bestimmt keinen Marathon! Aber ich wurde beruhigt: Es würde bestimmt keiner wirklich rennen. Aber warum ich denn keine Sportklamotten angezogen hätte? Weil mir es erstens mal wieder keiner gesagt hatte und ich zweitens auch keine große Auswahl an Sportmode mitnehmen konnte, auf dem Flug waren ja nur 20kg Gepäck erlaubt. Wenigstens habe ich einen kostenlosen Rucksack bekommen. Das war sehr toll, weil ich meinen eigenen aus Platz- und Gewichtsgründen ebenfalls in Deutschland lassen musste. Genau genommen war es wohl eher ein „Rucksäckchen", aber geschenkt ist geschenkt. Taschenlampen waren leider aus, normalerweise wäre bei jedem Rucksack eine dabei gewesen. Was mich in dieser Nacht noch sehr ärgern sollte. Um 7 Uhr abends war dann Start des „Marathons" und es sind tatsächlich alle nur flott losspaziert, von „Marathon" konnte keine Rede sein.

Sobald wir im Wald waren, änderte sich der Spaziergangcharakter dieses Events allerdings erheblich! Bis auf ein grünes Knicklicht als Wegweiser alle paar hundert Meter gab es nämlich nur Taschenlampen als Beleuchtung. Was natürlich etwas ungeschickt war, wenn man, wie ich, keine solche erhalten hatte. Dazu ging es nicht die Straße entlang, sondern tatsächlich über Stock und Stein. In Europa würde so ein Event aus Sicherheitsgründen wahrscheinlich gar nicht stattfinden können. Ich meine das mit den Stöcken und Steinen nämlich wortwörtlich! Der Berg befand sich zwar quasi mitten in der Stadt, war aber von der Steigung und der Anzahl der Steine her locker mit den Alpen zu vergleichen! Nach anfänglichem Stau hat mein Chef dann jedenfalls ein ordentliches Marschtempo vorgelegt und ich habe natürlich zugesehen, dass ich da auch halbwegs mithalten konnte! Spätestens beim Anstieg zu unserem Zielgipfel (584 Meter höher als der Strand) plumpsten die Teilnehmer dann reihenweise links und rechts vom Weg in den Wald, um nach Luft zu hecheln. Oben angekommen, waren aus unserer Gruppe von ursprünglich 10 Leuten nur noch mein Chef, ein Kollege und ich übrig. Sonst war weit und breit niemand aus unserer Firma zu sehen. Also hat der komische Ausländer (ich) sich wenigstens beim Bergsteigen behauptet, auch wenn alle trotz ca. 15°C am Schwitzen waren, als wären wir in der Sahara. Spätestens hier hätte ich allerdings gerne etwas gegessen - wir waren schon um 16 Uhr zu Hause gestartet und hatten daher seit mittags keine richtige Mahlzeit mehr gehabt. Am Start gab es wenigstens noch ein Scheibchen Kimbap, also ein Stückchen gefüllte, mit

Algen umwickelte Reisrolle. Ob diesmal auch Fisch drin war, kann ich nicht mit Sicherheit sagen, aber ich hatte eben Hunger. Der Blutzuckerspiegel war jedenfalls dann beim Gipfelsturm spürbar im Keller, aber mein Chef fing zum Glück auch schon an, von Essen zu phantasieren.

Am Gipfel angelangt gab es eine Wahnsinns-Aussicht auf das nächtliche Lichtermeer von Busan. Es blieb jedoch kaum Zeit für Fotos, denn wir nahmen direkt wieder den Abstieg in Angriff. Dieser war bis auf wenige halsbrecherische Stellen angenehmer zu gehen, nur hatte sich die Wanderkarawane mittlerweile so zerstreut, dass wir uns nicht mehr sicher sein konnten, ob wir auch dem richtigen Weg folgten. Es gab nämlich 3 Varianten: 10km (den sind wir gegangen), 65km (für ganz harte) und noch eine mittlere Strecke (26km?). Das Risiko eines nächtlichen Umwegs von 10 km hat mich nicht gerade zur Euphorie getrieben. Skeptisch haben mich auch die Schilder „Achtung, Minenfeld" am Wegesrand gemacht. Auch eine Methode, um Wildpinkeln zu verhindern – mit schönen Grüßen vom Koreakrieg. Aber wir haben das Ziel doch noch gefunden, dort eine Medaille und etwas zu Futtern bekommen (z.B. süße Brötchen gefüllt mit einer süßen Paste aus roten Bohnen) und ich bin jeder Menge wichtigen Leute vorgestellt worden, deren Namen ich sofort wieder vergessen habe. Gegen 1 Uhr nachts waren wir dann schon wieder zu Hause.

Zum Glück war ja Wochenende und wir mussten am nächsten Tag erst um 7:30 Uhr in der Frühe aufstehen, um rechtzeitig den Bus nach Daegu (drittgrößte Stadt Koreas, ca. 1,5 Stunden Fahrt von Busan) zu kriegen. Ich sollte ja noch eine koreanische Hochzeit bestaunen dürfen. Im Bus gab es tatsächlich so etwas wie Stewardessen, die uns erst einmal mit Reis und anderem Futter (WAS habe ich da eigentlich gegessen???) versorgt haben. Limo und Bier nicht zu vergessen! Die Hochzeit selbst fand dann in einer „Hochzeitshalle" statt. Das war ein großes Gebäude, in dem nur geheiratet wird. Und zwar synchron auf 4 Etagen in jeweils ca. 30-45 Minuten Abstand. Dementsprechend schnell ging auch die Zeremonie vorbei. Hauptbestandteile waren eine Foto-Lovestory des Brautpaares im Vorfeld, der aus dem Westen übernommene Hochzeitsmarsch, bei dem zwei Ordonanzen mit Säbeln Spalier standen, Verbeugungen vor beiden Elternpaaren, Liegestütze des Bräutigams mit gebrüllten Liebesbekundungen inklusive Umklammerung ihrer Knöchel und das Anschneiden einer nebelumwaberten, winzigen Hochzeitstorte mit einem riesigen Kuchenschwert. Die Torte hat glaube ich nie jemand gegessen. Danach gab es noch ganz viele Fotosessions mit dem Brautpaar, das hat vermutlich länger gedauert als die eigentliche Zeremonie.

Sobald das ausgestanden war, sind alle in das gegenüberliegende Restaurant (gegenüber = auf der gleichen Etage) gerannt, wo ein riesiges Büffet darauf wartete, geplündert zu werden. Natürlich auch von einer Hochzeitsgesellschaft nach der anderen bzw. mehreren gleichzeitig. Nach dem Essen bleibt man in Korea eigentlich nie sitzen, dementsprechend sind auch fast alle danach sofort aufgestanden und wollten nach Hause gehen. Allerdings ist der Chef der Abteilung erst spät aufgetaucht, war also noch am Essen und alle mussten pflichtbewusst auf ihn warten. Dann tauchte das Brautpaar erneut auf, sie jetzt im traditionellen koreanischen „Hanbok", und musste noch ein albernes Spielchen über sich ergehen lassen. Der Bräutigam durfte ein rohes Ei trinken und musste dieses mit einem Kuss in den Mund der Braut befördern. Der nicht besonders tiefgehende Symbolismus dieses Eiweißtransfers von Bräutigam zu Braut muss wohl nicht weiter erläutert werden. Es war aber ziemlich eklig. Ein beliebtes Spiel ist wohl auch, dem frischgebackenen Ehemann ein Reiskorn in die Unterhose zu stecken, welches die Braut zur Freude aller Anwesenden dann dort herausfischen muss.

Tja, damit war dann auch schon fertig geheiratet. Ab in den Bus, noch mehr Essen und Bier mitgenommen und zurück nach Hause. Die nächste Hochzeitsgesellschaft stürmt ja bereits herein. Am Ausgang habe ich dann auch noch einen Bräutigam im traditionellen Hanbok gesehen. Es lässt sich nicht beschönigen: Das Gewand war grellpink und sah aus wie ein Kleidchen. Ein Blick genügte, um zu verstehen, warum andere Männer bei ihrer Hochzeit westliche Kleidung bevorzugten!

Wer sich unter dem Begriff „Hanbok" nicht viel vorstellen kann, sollte unbedingt mal beim nächsten Nachrichtenbericht über Raketentests in Nordkorea auf die Kleidung der stets sehr enthusiastischen Nachrichtensprecherin achten. Auch die Dame, die die Großtaten der Volksrepublik Korea zu verkünden pflegt, favorisiert eine Art pinken Hanbok.

Engrish-Satz des Tages: „Two weeks ago, I broke my girlfriend!"

(Gemeint war: "I broke up with my girlfriend" – er hatte also gerade Schluss gemacht)

Gyeongju
2. November

Nach drei Wochen im Land schaffte ich es endlich, meinen ersten größeren Ausflug zu unternehmen. Weil so etwas zu zweit lustiger ist, hatte ich mir Unterstützung für dieses Unternehmen organisiert. Diese hörte auf den Namen Caro, kam auch aus Deutschland und machte ebenfalls ein Praktikum in der Gegend. Manchmal sind soziale Netzwerke im Internet eben doch praktisch. Caro konnte sich zudem wesentlich besser auf Koreanisch artikulieren als ich und wir genossen es förmlich, auch mal auf Deutsch über einige für uns ulkige Sitten vor Ort abzulästern.

Die Fahrt nach Gyeongju (sprich in etwa „Kiongdschu") dauerte etwas über eine Stunde mit dem Bus und kostete schlappe 4000 Won, also etwa 2,50€. Auf der Hinfahrt konnte man im Bus sogar Essen kaufen und wir hatten schöne breite Sitze, die schon fast an die Business-Class im Flugzeug erinnerten. Auf der Rückfahrt haben wir wohl die andere Busgesellschaft erwischt und sind eher Touristenklasse gefahren, aber für den Preis sollte mir auch das recht sein!

In Gyeongju angekommen, haben wir erst einmal den Bulguksa Tempel ausfindig gemacht, die wichtigste Sehenswürdigkeit vor Ort, UNESCO Weltkulturerbe und ziemlich weit außerhalb. Der Tempel wurde in seiner jetzigen Form im Jahr 774 fertig gestellt, ist also etwa so alt wie der älteste Teil des Aachener Doms. Welcher im Übrigen ebenfalls als UNESCO-Welterbe ausgezeichnet wurde. Dummerweise haben die Koreaner früher so ziemlich alles aus Holz gebaut. Darüber haben sich die Japaner sehr gefreut und diesen Tempel, wie übrigens fast alle historisch bedeutsamen Gebäude im Land, während des Imjin-Kriegs Ende des 16. Jahrhunderts niedergebrannt. Die steinernen Teile des Bauwerks sind allerdings noch im Originalzustand und auch die restaurierten Holzgebäude sind sehr eindrucksvoll. Zudem ist der Tempel, wie für buddhistische Tempel typisch, in eine pittoreske Berglandschaft eingebettet. Die Bäume verschönerten uns diese mit herbstlich bunten Blättern und die Sonne strahlte aus blauem Himmel – besser hätten wir es uns nicht aussuchen können!

Der Vollständigkeit halber sollte ich noch kurz abschweifen und vom Namdaemun Tor erzählen. Dieses steht in Seoul, ist ein altes Tor der Stadtmauer (welche die Stadt vor Tigern schützen sollte... nee, is klar) und sieht auf Bildern wirklich sehr eindrucksvoll aus. Ich liebe ja sowieso alte Burgen und Festungsanlagen, hätte mir dieses also sehr, sehr gerne später auch noch angeschaut. Umso mehr, da dieses Tor NICHT von den Japanern niedergebrannt wurde! Und was musste ich da auf Wikipedia lesen? Das Ding ist wenige MONATE vor meiner Reise nach Korea abgebrannt, aufgrund von Brandstiftung! War das ein Japaner, der etwas nachholen wollte? Oder ist die koreanische Feuerwehr einfach nur so mies? Leute, baut Steinhäuser!

Zurück zum Thema: Von den vielen Inkarnationen des Buddha wird in Korea der Nophoto Buddha am meisten verehrt. An fast jedem Tempelgebäude hängt ein großes Schild „No Photo inside". Vielleicht ist dies auch ein Missverständnis meinerseits. Jedenfalls darf man die Buddha Statuen nie fotografieren, was teils wirklich jammerschade ist. Nach dem Tempelbesuch sind wir nämlich noch ca. 3 Kilometer bergauf durch den Wald gewandert, um uns die Seokguram Grotte anzusehen. Die meisten Einheimischen haben lieber den Bus genommen – verständlich, es war steil! Hoch oben in den Bergen gab es dort eine grandiose Aussicht und einen riesigen Steinbuddha zu bewundern, vor dem ein Mönch trotz Scharen von Touristen in seinem Rücken seelenruhig meditierte. Der Eintritt ist in Korea zwar nie wirklich teuer (meist 1 – 3 €), aber das Fotografierverbot hat mich in diesem Fall richtig geärgert. Von diesem Buddha hätte ich wirklich gerne ein Foto gemacht. Auf jeden Fall haben Buddha und Aussicht uns für den Aufstieg mehr als entlohnt!

Im Anschluss machten wir noch einen Abstecher zu einem „Folk Village", wo es traditionelle koreanische Handwerkskunst zu bestaunen geben sollte. Da es bereits merklich dämmerte, fiel der Besuch dort jedoch nur kurz aus. Sehr eindrucksvoll war allerdings der frisch angefeuerte traditionelle Brennofen für Keramik, den wir noch sehen konnten. Diese Öfen sind ziemlich lang und immer an einem Hang gelegen. Der Clou an der Hanglage ist, dass hauptsächlich nur das untere Ende des Ofens befeuert werden muss. Durch das Aufsteigen der Heißluft kann eine große Menge Keramik oberhalb des Feuers erhitzt werden und der Kamineffekt stellt eine natürliche Sauerstoffzufuhr sicher. Vergleichbare, oft ungleich größere Öfen findet man auch in China und Japan unter dem Begriff „Drachen-Töpferofen". Ich meine auch, mich dunkel entsinnen zu können, in einer Werkstofftechnik-Vorlesung gehört zu haben, dass in Japan früher ähnliche Öfen zur Stahlerzeugung eingesetzt wurden.

Nachdem Caro und ich den Ofen genug beschaut hatten, machten wir eine kurze Bestandsaufnahme: Wir waren außerhalb der Stadt bei einem „Korean Folk Village", bereits den ganzen Tag auf den Beinen, es wurde langsam ziemlich dunkel und es gab vor Ort nix zu essen (erstaunlich!). Mit knurrenden Mägen machten wir somit den nächstbesten Bus Richtung Stadt ausfindig und lokalisierten nach einer kurzen Odyssee durch das gewaltige Einkaufsviertel (in der Stadt wohnen doch nur 280.000 Leute!?) ein tolles koreanisches Restaurant, in dem wir hervorragend speisten. Was, da wir auch mit vereinten Kräften nur Bruchstücke der Speisekarte übersetzen konnten, ein wirklicher Glücksfall war! Auf dem Rückweg sind wir noch in ein koreanisches Popkonzert geraten, das reizte aber nicht zum Bleiben.

Nächster Punkt der Tagesordnung: Heia machen! Aber wo? Wir hatten einen Plan! In Korea gibt es eine Institution namens „Jimjilbang". Klingt toll und ist sowas wie eine Mischung aus Badehaus und Saunalandschaft. Die Geschlechter sind dabei streng getrennt, aber es gibt einen Gemeinschaftsbereich, in dem alle in hauseigenen Schlafanzügen herumrennen und in dem man häufig sogar seine Kinder vor einem Fernseher oder Computerspielen parken kann. Kleine „Gemeinschaftssaunen" gibt es dort auch, die sind aber meist nur 30-40°C warm und mit Schlafanzug zu benutzen. Der Clou: Die meisten Jimjilbangs haben 24 Stunden am Tag geöffnet und es ist absolut üblich, im Gemeinschaftsraum oder einer der Gemeinschaftssaunen zu übernachten! Und da ein Jimjilbang so koreanisch ist wie Kimchi und Soju muss man das sowieso mal ausprobiert haben.

Obwohl wir bereits November schrieben, waren tagsüber noch T-Shirt und Sonnenbrille angebracht. Abends konnte es dennoch ziemlich kalt werden. Das tat es dann auch prompt – noch ein Grund für den Saunabesuch! Frei nach dem Motto „Wenn es uns nicht gefällt, können wir ja immer noch woanders hin", fragten wir uns zu einem großen Jimjilbang durch und haben es nicht bereut!

Bevor wir mit dem Saunabesuch fortfahren, sollte ich noch kurz erwähnen, dass ich mir in Südkorea bereits voll bekleidet stellenweise wie eine wandelnde Touristenattraktion vorkam. Ich wurde öfters auf der Straße unverhohlen begafft, was in Korea scheinbar sozial akzeptabel ist, und des Öfteren mit „Hi" oder „How are you?" angesprochen. Was nicht weiter schlimm wäre, wenn das Englischvokabular des jeweiligen Gesprächspartners nicht damit bereits erschöpft wäre. Typischer Dialog:

Koreaner: „Hi, how are you?"

Sascha: „Good, and you?"

Koreaner lächelt und starrt.

Sascha: „How are you doing?"

Koreaner: „Hi, how are you?"

Sascha lächelt, nickt und beendet das Gespräch durch langsame, aber bestimmte Flucht!

Am häufigsten wurde ich von Kindern angestarrt und angesprochen, aber es waren auch genug Erwachsene dabei. Eine ältere Frau in unserem Vorort von Busan hat mich sogar einmal ganz zögerlich angetippt, weil sie wohl dachte, meine Hautfarbe wäre irgendwie unecht.

Wieso ich das jetzt erzähle? Nun, im abgetrennten Bereich des Jimjilbang konnte man nach Herzenslust Sauna, Dampfbad und diverse Schwimmbecken nutzen. Nackt, versteht sich. Wer allerdings meint, ein Europäer wird in Südkorea auf der Straße angestarrt, der ist noch nicht splitterfasernackt durch ein koreanisches Jimjilbang spaziert! Ich fand's irgendwie lustig. Autogramme wollte aber keiner haben. Kommt vielleicht noch.

Auf die Anekdote mit der Hautfarbe bin ich übrigens Jahre später noch einmal zu sprechen gekommen. Dabei erzählte mir ein dunkelhäutiger, amerikanischer Kollege, wie er bei einer Geschäftsreise ins ländliche Osteuropa durchweg angestarrt wurde. Er versuchte zwar, dies mit Humor zu nehmen, ihm war jedoch nicht schwer anzumerken, dass er sich in gewissem Maße rassistisch belästigt fühlte und ihm das Ganze viel unangenehmer war, als meine Erfahrung in Korea. In beiden Fällen war ich mir sicher, dass es sich nicht um bösen Willen, sondern um reine Neugier handelte. Wer etwas zum ersten Mal in seinem Leben sieht, und sei es ein Mensch anderer Hautfarbe, der starrt eben. Besonders, wenn dies in der jeweiligen Gesellschaft nicht so ein großes Tabu ist, wie bei uns. Dennoch führte mir dies drastisch vor Augen, dass auch die Perspektive des jeweils Betroffenen einen großen Unterschied machen kann.

Übrigens denkt der Koreaner auch in der Sauna praktisch: In der heißen 90°C Sauna steht immer ein Stapel Eierkartons auf dem Ofen. Die werden auf diese Weise kostenlos hart gekocht. In der Umkleide kann man die hartgekochten Eier dann futtern, wenn man mag. Die Männerumkleide zeichnete sich außerdem noch durch einen riesigen Fernseher mit Sofas davor aus. An diesem Abend bangten dort gerade einige hartgesottene Kerle um das Schicksal ihrer Lieblings-Seifenoper-Helden.

Nach Sauna und Baden habe ich dann flugs zum Schlafanzug gegriffen und bin ab in den „Schlafsaal". Die besten Plätze waren bereits um 23 Uhr mit schnarchenden Koreanern belegt, die sich nicht die Bohne am laufenden Fernseher oder den quietschenden Kindern störten. In einer Schlafsauna wurden noch Hausaufgaben gemacht, in der Rauchersauna (ja! Das gibt's! Die Koreaner sind so aufs Rauchen versessen, das muss auch in der Sauna sein!) lagen kreuz und quer ein paar Gestalten, die anscheinend einen ordentlichen Soju-Rausch ausschliefen. Die Räume in einem Jimjilbang haben übrigens alle Fußbodenheizung, es wurde also niemandem kalt. In einigen Saunen lagen auch noch Reisstrohmatten auf dem Boden, aber da war es leider schon recht voll. Wir haben uns also für eine Nacht im Hauptraum entschieden. Decken zum Drauflegen etc. konnte man für 500 Won (ca. 30 Euro-Cents) das Stück mieten. Geschlafen wurde, wo immer man mochte. Zwei besonders clevere ältere Herren hatten sich leider bereits frühzeitig die gepolsterten Sitzbänke geschnappt. Als Kopfkissen konnte man kostenlos noch ein paar Holzklötze haben. Wirklich! Die sind gar nicht mal so schlecht, aber man muss dafür auf dem Rücken schlafen, was ich damals selten tat. Im Nachhinein würde ich beim nächsten Mal in einer Sauna schlafen, allerdings könnte es da etwas warm werden. Im Hauptraum war es nämlich doch ein Bisschen laut, da die älteren Koreaner zwar oft schon schliefen, die Kinder aber noch mit wachsender Begeisterung Randale machten.

Hinzu kommt, dass man ein Jimjilbang auch mitten in der Nacht aufsuchen kann. Sprich: wenn jedes Motel schon zu hat bleibt nur noch ein Jimjilbang zum Übernachten. Gegen 3 Uhr morgens kamen dementsprechend ein paar strackbesoffene Koreaner hineingewankt, von denen einer im schlimmsten australischen Akzent mir lautstark zu erzählen versuchte, dass er zwar in Australien aufgewachsen, aber in Korea geboren sei. Und dass er als Fischer arbeitet. Und als Polizist. Bei Interpol. Aber doch nicht so ganz als Polizist, trotzdem bei Interpol. Irgendwann hat er zum Glück die Klappe gehalten.

Insgesamt war es auf jeden Fall mal eine Erfahrung, noch nicht mal unbedingt eine schlechte. Mehrere Nächte hintereinander würde ich allerdings nicht in einem Jimjilbang verbringen. Dafür hat die Nacht nur 7000 Won (unter 5€) gekostet, was dem studentischen Budget sehr entgegen kam. So billig habe ich noch NIE irgendwo übernachtet!!! Von kostenloser Saunanutzung als Dreingabe ganz zu schweigen.

Noch zwei ganz wichtige Dinge die ich in diesem Jimjilbang gelernt habe: 1.: Noch billiger als die Nutzung von Pappbechern zum Wassertrinken ist die Bereitstellung von Papiertütchen. Quasi ein Briefumschlag in Kreditkartengröße. Wasser trinken funktioniert daraus, aber es ist etwas wackelig. 2.: Man kann aus Handtüchern Hütchen machen, mit denen mal aussieht wie Prinzessin Leia aus Star Wars! Das ist soooo lustig! Alle machen das da! Koreaner in Schlafanzügen mit lustigen Handtuchhüten! Was ein Spaß! Ich spielte ernsthaft mit dem Gedanken, zu Karneval nochmal ein Jimjilbang aufzusuchen - das ist zumindest so ähnlich, als wären die Leute alle verkleidet!

Am nächsten Morgen haben wir dann erst einmal festgestellt, dass die Koreaner zwar abends sehr laut sind, sich aber wenigstens morgens nahezu lautlos verdrücken - bis auf die Kinder. Als wir gegen 8:30 Uhr den Schlafsaal verließen, waren die meisten schon weg. Also haben wir uns direkt wieder aufgemacht, um noch ein paar Sachen anzugucken.

Zuerst waren diverse Grabhügel an der Reihe, die über die halbe Stadt verteilt sind. Gyeongju war früher die Hauptstadt des Silla Königreichs (ca. 1. Jhd. v. Chr. bis 7. Jhd. AD), eines der Vorgängerstaaten des heutigen Korea. Aus diesem Grund sind viele Könige und andere Blaublütige des damaligen Königreichs im Umkreis der Stadt bestattet. Das geschah meist in einer Holzkammer, um die herum ein großer Steinhaufen errichtet wurde. Dieser wurde dann mir Erde bedeckt und fertig sind die grasbedeckten Halbkugeln, die man heutzutage dort überall sieht. Quasi eine etwas aufwendigere Version der Grabhügel, wie sie auch die Kelten und Germanen in Europa hinterlassen haben. Ein Grab konnte man auch besichtigen, aber Fotos waren mal wieder verboten.

Als Nächstes besuchten wir den Cheongseongdae Turm. Dieser sieht etwa flaschenförmig aus und stellt das älteste erhaltene Observatorium in Ostasien dar. Die Anzahl der Steine und Steinlagen des Turms ist genau berechnet und hat symbolischen Charakter, was für mich jedoch eher in Richtung Astrologie als Astronomie deutet.

Nächste Station war der Anapji Teich. Den hat damals König Munmu (was ein Name!) von Silla angelegt, um seine Eroberungen zu feiern. Die Parkanlage ist auch recht schön und wird von koreanischen Pärchen gerne für Hochzeitsfotos genutzt. Nur leider sind die ehemals zur Parkanlage dazugehörigen Gebäude, der geneigte Leser ahnt es schon, vor geraumer Zeit abgebrannt! Dies hatte allerdings den Vorteil, dass viele Relikte aus den Gebäuden im Teich gelandet sind und dort 1975 in ziemlich gut erhaltenem Zustand wiedergefunden wurden. Die ehemaligen Gebäude können als Modelle in einigen Pavillons vor Ort bewundert werden. Die Relikte aus dem Teich wiederum sind nun im Nationalmuseum von Gyeongju ausgestellt, wo wir folgerichtig als Nächstes hingegangen sind.

Vor dem Museum gab es noch eine sehr hübsche alte Glocke namens „Emille Bell" anzuschauen, die angeblich zu den größten und schönsten Glocken von ganz Asien zählt. Schön anzugucken war die Glocke auf jeden Fall. Angeblich kann man die Glocke 3 km weit hören, wenn man auch nur leicht mit der Faust dagegen schlägt... was wir natürlich nicht ausprobieren durften. Ebenso natürlich war das Fotografieren in den Museen verboten, es gab jedoch einige wirklich sehenswerte Metall- und Keramikarbeiten.

Sehr gut gefallen hat mir noch ein Würfel, der im erwähnten Anapji Teich gefunden worden ist. Dieser wurde bereits vor über 1000 Jahren für ein Saufspiel verwendet und war dafür auf allen Seiten mit verschiedenen Aufgaben beschriftet. Von „trinke 3 Gläser schnell nacheinander" über „tanze ohne Musik" und „singe das Dingsbumslied" waren jede Menge Aufgaben vorhanden, wie man sie heutzutage auch noch kennt. Einen Kontrast dazu bildeten die Würfelergebnisse „lass Dich von jemandem schlagen, ohne Dich zu wehren" und „lass Dir von Deinem Nebenmann auf die Nase schlagen". Sehr lustig!

Das war es dann auch „schon" von unserem Ausflug nach Gyeongju. Zum Abschluss, hier noch zwei hübsche koreanische Sprichwörter:

Ein guter Ruf ist für Koreaner sehr wichtig. Damit man nicht für einen Dieb gehalten wird, sollte man folgende Weisheit beherzigen: „Binde Dir nie die Schnürsenkel in einem Melonenfeld und fasse niemals unter einem Birnbaum Deinen Hut an!"

Wenn ein Koreaner pleite ist, wird er hingegen gerne mal ordinär. Dann sagt er nämlich Folgendes: „Ich habe nichts mehr außer meinen Hoden."

Engrish-Ausdruck des Tages: "Live Beer". Steht gele-gentlich an Kneipen außen dran und klingt irgendwie nach Live-Musik. Nur als Bier. Der Ausdruck ist in ganz Korea verbreitet und steht für frisches Bier vom Fass!

Tempel-
wächter

Bulguksa

Blick in einen
traditionellen
Brennofen

Typische
Tempelglocke
(hier aus
Seokbulsa)

Dreh für eine
koreanische
Seifenoper

Das Domizil

Die Wohnung, die mir für einen Großteil meines Korea-Aufenthalts als Unterkunft diente, wies es so viele kuriose Details auf, dass es sich trotz aller damit verbundenen Unannehmlichkeiten allein aufgrund des hohen Erlebniswerts im Nachhinein gelohnt hat, dort zu residieren. Beginnen wir mit dem Badezimmer: Wie in Korea und auch in Japan üblich, befand sich im Bad ein Paar Latschen, die nur für das Betreten des Badezimmers vorgesehen waren und dieses nie zu verlassen hatten. Dass es dafür triftige Gründe geben konnte, wurde einem erst bei der Benutzung wirklich klar. So verfügte unsere Badewanne zwar über einen Duschkopf, jedoch nicht über einen Duschvorhang. Zudem hatte jemand die Abwasserentsorgung so clever gelöst, dass für das ganze Badezimmer quasi nur ein einziger Ablauf notwendig war: Das Abwasser des Waschbeckens wurde durch ein Rohr in die Badewanne geleitet und lief von dort erst noch auf den Fußboden, bevor es durch den zentralen Ablauf endgültig verschwand. Genial, oder? Der Nachteil: Das Bad stand einfach immer unter Wasser! Inklusive der Klobrille, wenn jemand gerade geduscht hatte – Vorsicht war trotz Badelatschen geboten! Immerhin war die Klobrille abwaschbar und dennoch gepolstert, für deutsche Hinterteile also ein Novum.

In der Firma hatten wir übrigens zwei ganz andere Lösungen: Zum einen gab es dort Toiletten in der Variante, wo nur eine Art flache Keramikschale in den Boden eingelassen ist und man sich darüber hocken muss. Bei öffentlichen Toiletten hat das vielleicht den Vorteil, dass man möglichst wenig berühren muss, mein Fall war's allerdings nicht. Besser war die ebenfalls vorhandene Luxusvariante mit elektronischem Toilettensitz und zahlreichen Bedientasten für Unterbodenspülung und Co. Die meisten davon habe ich aus Sicherheitsgründen lieber nicht erkundet. Als wirklich Hervorragend erwies sich im Winter jedoch die eingebaute Sitzheizung, da die Toilettenräume nicht beheizt waren!

In unserer Wohnung gab es zwar keine Sitzheizung, aber zumindest warmes Wasser. Dies setzte jedoch voraus, dass man vor dem Duschen daran dachte, den Dieselgenerator auf dem Balkon einzuschalten. Dieser stellte quasi unsere einzige Warmwasserquelle dar, also auch für die Fußbodenheizung. Ich habe mir sagen lassen, dass dies in Zeiten billigen Öls in Korea vielerorts als cleverste Lösung zur Beheizung der Wohnung gesehen wurde. Nun, die Zeiten billigen Öls waren vorbei und der Generator wurde bei uns folglich nur dann verwendet, wenn Warmwasser wirklich benötigt wurde. Folglich wurde auch mit kaltem Wasser das Geschirr gespült oder die Wäsche gewaschen – Unsitten, die leider auch in anderen asiatischen Ländern recht verbreitet sind! Der Wasserdruck in unserer Wohnung war selbstverständlich ebenfalls beklagenswert. Mein Mitbewohner kommentierte dies bei meiner Ersteinweisung wie folgt:

„Der Wasserdruck hier ist ziemlich mies. Siehst Du diese Schale da? Da lasse ich immer das Wasser reinlaufen und kippe es mir dann mit der anderen Schale über den Kopf. Das geht besser als duschen!"

Ich habe dann doch lieber zunächst der röchelnden Dusche eine Chance gegeben. Der Wasserdruck lehrte mich jedoch bald, dass die Nutzung der Schale zumindest dafür unumgänglich war, Shampoo aus den Haaren wieder auszuspülen. Ansonsten ist die Lösung mit den Wasserschalen in Ostasien tatsächlich sehr verbreitet! Bei jedem Besuch eines Jimjilbang durfte ich zahlreiche Herrschaften bewundern, die sich damit Wasser übergossen und es sichtlich genossen! Es gab sogar häufig besondere Sitzgelegenheiten dafür. Und ja, es ist tatsächlich ganz lustig, weil man sich auf diese Weise immer direkt mit einem großen Schwall Wasser übergießen kann. So lange es nicht zu einer wahren Wasserkrise kommt, dürfte die Gefahr, dass sich diese Sitte bei uns etabliert, dennoch gering sein.

Damit bei den ganzen Wasserspielen nichts schimmelt, war unser gesamtes Bad übrigens komplett mit Kunststoff ausgekleidet. Den ganzen Kratz- und Schabgeräuschen zufolge schien sich zwischen dieser Kunststoffkabine und den eigentlichen Wänden ein wahres Paradies für Nagetiere zu verbergen! Ein Thema, welches mich später noch eingehender beschäftigen sollte – siehe auch „Wüstenadler und Nagetiere". Zumindest hatte man dadurch im Bad sozusagen immer Gesellschaft.

Weitere Wunder der modernen Wohlstandsgesellschaft gab es in der Küche zu bewundern – oder eben nicht. Es mangelte nämlich schlicht an jeglicher Art von Kochstelle. Immerhin besaßen wir einen Reiskocher, der eine gewisse Grundversorgung sicherstellte. Als Ergänzung dazu pries mir mein Mitbewohner einen praktischen Campingkocher mit Gaskartusche an, der definitiv schon bessere Zeiten gesehen hatte und gerne mal aus- oder auch gar nicht erst anging. Aus überlebenstaktischen Gründen griff ich daher lieber zu der ebenfalls im Fundus vorhandenen Elektrokochplatte, die einen deutlich vertrauenswürdigeren Eindruck hinterließ.

Ein weiteres Ausstattungshighlight unserer Wohnung: Verglaste Balkone auf beiden Seiten! Auf Seite der Küche war der Balkon nur kurz und bot im Wesentlichen gerade genug Platz für die Waschmaschine und den Dieselgenerator. Die Balkone auf Seite unserer Schlafzimmer waren mit festinstallierten Wäscheständern versehen, womit ihr Einsatzzweck auch geklärt war.

Einen verblüffenden Kontrast zum Rest der Wohnung bildete der Internetzugang, der locker das zehn- bis zwanzigfache an Zugangsgeschwindigkeit erreichte, was ich von privaten Zugängen aus Deutschland kannte und kenne. Die Nutzung des Internets erwies sich dafür als komplizierter, als man erwarten könnte. Bereits das Eingeben eines koreanischen Passworts mit einer deutschen Tastatur war eine Herausforderung! Lösungen dafür finden sich selbstverständlich im Internet – wenn man es erst einmal geschafft hat, die Verbindung dazu herzustellen. Das umgekehrte Problem dazu stellte sich mir im Büro: Die Verwendung koreanischer Tastaturen und Software. Die koreanische Tastatur war zwar auch mit klein aufgedruckten Buchstaben des lateinischen Alphabets versehen, verfügte jedoch über diverse ungewohnte Sondertasten – allen voran eine Taste, die zwischen lateinischer und koreanischer Schrift umschaltet! An Software gab es zum Glück neben koreanischen Spezialitäten wie dem dort sehr verbreiteten Textverarbeitungsprogramm „Hangul" auch die gewohnten Office-Produkte – allerdings mit koreanischer Menüführung. Gut gemeint, aber wenig hilfreich war, dass ich zumindest im Büro ein eigenes Telefon hatte. In Anbetracht dessen, dass ich auf Koreanisch noch nicht einmal eine Pizza hätte bestellen können, fand dieses nur höchst selten Verwendung. Wobei ich vermutlich auch in bestem Koreanisch keinen Lieferservice für Pizza in unserer Gegend aufgetan hätte.

Ernüchternd war zudem die Erkenntnis, dass auch das Internet selbst, obwohl gewissermaßen global und international, in fremden Ländern nicht ohne Hindernisse zu bedienen ist. Ein Beispiel: Zur Zeit meines Aufenthalts war Korea noch nicht von Google Maps erfasst! Was sich zum Glück zwischenzeitlich geändert hat. Dies hängt auch damit zusammen, dass die überwältigende Mehrheit koreanischer Internetnutzer nicht Google, sondern einen Dienst namens „Naver" nutzt. Wenn man dies einmal herausgefunden hat, muss man quasi „nur noch" herausfinden, wie man seine Suchbegriffe auf Koreanisch eintippt und hat prompt eine tolle Lösung, die einem jede Menge koreanischsprachige Ergebnisse liefert. Zumindest für Online-Karten zur Planung meiner Ausflüge war diese Lösung absolut praktikabel. Es bedarf vermutlich jedoch keiner weiteren Erläuterung, warum ich in Korea keinerlei Online-Shopping betrieben habe.

Arbeit auf Koreanisch
6. November

Arbeit. Das ist in Korea etwas GANZ Wichtiges. Man geht morgens pünktlich hin und abends erst nach dem Chef nach Hause. Auch wenn man so lange mit dem Kopf auf dem Schreibtisch liegt und schläft oder im Internet einen neuen Pulli bestellt: Vor dem Chef geht keiner! Zum Glück hatte der komische ausländische Praktikant (ich) da mal wieder Narrenfreiheit und durfte „schon" um 19 Uhr nach Hause. In meinem Arbeitsvertag stand 17 Uhr, wenn mich nicht alles täuscht. Und etwas von Arbeitsbeginn um 08:00, nicht 07:40. Aber da standen sowieso jede Menge Klauseln drin, die der Firma großzügige Freiheiten einräumen.

Wer morgens spät dran ist, hechtet schnell aus dem Auto, drückt seinen Daumen auf den Fingerabdruckscanner, der die gute alte Stechuhr ersetzt und sucht erst danach einen Parkplatz. Hauptsache, man ist da! Am Wochenende natürlich auch. Samstags galt für mich mal wieder eine Ausnahme und ich musste nicht hin (oder war zumindest nie da...), aber der Rest arbeitete brav auch am Samstagvormittag. Der Sonntag war theoretisch frei, wenn nicht mal wieder irgendein Firmen Event geplant war, um die Moral zu stärken. Mir drängte sich dazu die gewagte These auf, dass auch Freizeit am Wochenende die Moral der Mitarbeiter ungemein stärken könnte. Ich hielt es jedoch für weiser, diesen Vorschlag für mich zu behalten.

Meine Einarbeitung im Werk war inzwischen beendet und der Büroarbeit gewichen. Abwechslung in den Büro-Alltag brachten tägliche Inspektionsbesuche im Werk sowie die gelegentliche Möglichkeit, Kollegen beim Bau von Prototypen im benachbarten Technikum zu unterstützen.

Einen besonders spannenden Teil meiner Arbeitstage bildete weiterhin das tägliche Mittag- und Abendessen. Zu Beginn des Novembers hatte ich bereits zu glauben begonnen, die Speisen würden sich langsam wiederholen. Aber hin und wieder war immer noch eine Überraschung drin. Das mit der koreanischen Küche entwickelte sich zu einer Art Hassliebe für mich. Wenn ich richtig hungrig war, dann konnte ich sicher sein, dass es etwas geben würde, was ich wirklich nicht mochte. Wenn ich zum Essen ging und dabei dachte „Ich habe eigentlich keinen Hunger, es gibt bestimmt wieder was Furchtbares", war es dann plötzlich meist superlecker.

Beispiel: Der Praktikant kommt hungrig in die Kantine, greift sich ein Tablett und späht interessiert in den ersten Essensbehälter. Hmm... sieht aus wie einer dieser koreanischen Pfannkuchen. Die gibt's auch mit Algen und Meeresfrüchten. Vorsicht ist geboten. Kommentar vom Chef: „Das ist so was wie koreanische Pizza mit Kimchi." Super, Kimchi-jeon! Das Zeug liebe ich!

Nächster Behälter. Sieht aus wie die Fleischbällchen mit Soße, die wir schonmal hatten. Prima, scheint ja heute ein guter Tag zu werden! Ein paar nehmen, weitergehen. Gemüse, Kimchi, Reis, kennt man schon. Dann kommt die Suppe. Hmm... in den Schälchen ist schon irgendwas drin. Sieht leicht freaky aus. Mit etwas gutem Willen sind es vielleicht schon wieder irgendwelche komischen Pilze oder besonders hässliches Gemüse. Also Augen zu, etwas Suppe drauf und ab zum Tisch.

Schon bald bin ich bei den Fleischbällchen angelangt. Super, heute haben sie Fischbällchen stattdessen gemacht! Dumm nur, dass ich eine vehemente Abneigung gegen Fisch und Meeresfrüchte hege. Die Dinger sahen jedenfalls genauso aus, wie die bereits bekannten Fleischbällchen, vor allem, da sie mit der gleichen Soße getarnt waren. „Naja, schmeckt zum Glück kaum nach Fisch, ein paar davon kriegst Du schon runter", dachte ich mir. „Die Kollegen lassen eh meistens viel mehr Essen drauf als Du."

Die Suppe schmeckte noch verdächtiger als die „Fleischbällchen". Ich betrachtete das merkwürdige Gebilde auf meinem Löffel, das von HR Giger erdacht zu sein schien. Wer ihn nicht kennt: Hans Rudolf Giger war ein schweizer Künstler, dessen Werke sich durch die Verschmelzung mechanischer und organischer Elemente zu bizarren Wesen und Gebilden auszeichnen. Bekannteste Schöpfung: Die Aliens aus der gleichnamigen Filmreihe. Ich versuchte mich also krampfhaft von der „Pilz oder Gemüse" Theorie zu überzeugen. Da warf mein Chef hilfreich Folgendes ein: „Kennst Du diese Art von Fisch? Der lebt in der Tiefsee. Deswegen hat er ganz weiche Knochen. Die kann man einfach mitessen!"

Aha. Das erklärte das Aussehen. Und den Geschmack der Suppe. Bei den Fischbällchen war ich ja noch tapfer. Und auch Seetang (in mannigfaltigen Variationen), frittierte Calamari-Arme (der Unterschied zwischen Calamari und Oktopus ist übrigens der, dass man pro Calamari 2 Arme mehr essen kann) und Hühnerfüße hatte ich schon über mich ergehen lassen. Aber bei Aliens in der Suppe hörte der Spaß auf! Da habe ich dann zum ersten Mal wirklich klein bei gegeben und die Stückchen mit den komischen Stacheln (?) am Rand gestapelt. Ich war allerdings bei Weitem nicht der Einzige.

Im Übrigen: Wer meint, dass koreanische Arbeitnehmer mehr getan kriegen, weil sie mindestens 12 Stunden pro Tag arbeiten, der irrt.

Nampodong
10. November

Trotz erster Anzeichen einer beginnenden Eingewöhnung war auch die erste Arbeitswoche im November für die eine oder andere Überraschung gut. Als erstes wäre da die kollektive Firmengymnastik zu nennen. Bisher waren wir von so etwas verschont geblieben und ich hatte nicht ohne Vergnügen beobachtet, wie die Arbeiter einer Nachbarfirma sich allmorgendlich zum Radetzkymarsch auf dem Hof versammelten, um dann synchron zu Lautsprecherdurchsagen diverse Leibesübungen zu verrichten. Nun, am Dienstag dieser Woche mussten wir das plötzlich auch machen, weil einige Arbeiter in der Fabrik über Muskel- und Gelenkschmerzen geklagt haben. Ergo gab es morgens eine Stunde Dehn- und Yogaübungen, ebenfalls zu klassischer Musik. Anscheinend ist das in Korea zwingend miteinander verknüpft. Ich fragte mich unweigerlich, ob bei Konzertbesuchen das Publikum aus Gewohnheit sofort mit Dehnübungen anfängt. In meinen Augen würde es den Unterhaltungswert einer philharmonischen Darbietung durchaus steigern. Jedenfalls haben die Yogaübungen ihr Ziel verfehlt, da anschließend einige Kollegen über Rückenschmerzen klagten.

Es sollte noch weitere Neuerungen in der Firma für mich geben. Angekündigt wurden sie durch folgenden Dialog mit meinem Betreuer, der übrigens ein großer Künstler im Umgang mit der engrischen Sprache ist:

Betreuer: "Today you get company ID." (mein Firmenausweis ist endlich da)

Sascha: "That's great. But what about my Alien Registration Card?" (ARC = koreanischer Ausweis für Ausländer mit Langzeitvisum)

Betreuer: "No, not Registration card. Company ID."

Sascha: "Yes, I understood that, but when will we go to the immigrations office?" (bei der Einwanderungsbehörde beantragt man diese Karte)

Betreuer: "No. Company ID. You get today."

Sascha verdreht die Augen.

Sascha: "Yes. Very nice. But I also need the Alien Registration Card from the government."

Betreuer: "Not government. Company."

Sascha schluchzt innerlich in leiser Verzweiflung und erklärt das Gespräch für beendet.

Erfreulicherweise sind wir noch am selben Nachmittag meine Registration Card beantragen gegangen, nachdem wir den Firmenausweis abgeholt haben. Praktischerweise hatte ich den Antrag und meinen Reisepass dabei. Nachdem ich mit den örtlichen Arbeitsabläufen bereits erste Erfahrungen sammeln konnte, hatte ich beides rein zufällig bereits täglich mit mir herumgetragen. Im Einwanderungsbüro war mein persönlicher Betreuer dann erstaunt, dass es drei Wochen dauert, bis der Antrag bearbeitet ist und ich meinen Ausweis abholen kann. Stand auch ganz gemein versteckt mitten auf der Website vom Einwanderungsbüro. Damit entfiel dann auch sein nächster Punkt auf der Tagesordnung, nämlich mit mir ein Bankkonto eröffnen zu gehen. Wie vieles in Korea war dies nur mit einer Alien Registration Card möglich.

Dafür kannte der Firmencomputer jetzt endlich meine Fingerabdrücke und ich musste morgens nicht mehr täglich vor dem Haupteingang stehen und frieren, bis der nächste Kollege zur Arbeit kam und mich hereinließ.

Als weitere Maßnahme zur Verbesserung des Allgemeinbefindens lief neuerdings in unserem Büro ein Luftbefeuchter. Ich glaubte zumindest, dass das Befeuchten der Büroluft die Funktion dieses Gerätes war. Genau wusste ich es nicht. Es stand ein paar Tische weiter und pustete den ganzen Tag lang fröhlich Wasserdampfwolken in die Luft. Was würden wir nur ohne dieses Ding machen?

Später habe ich erfahren, dass Ultraschall-Luftbefeuchter zur Vorbeugung von Atemwegserkrankungen aufgrund trockener Heizungsluft in Asien sehr verbreitet sind. Ein Nachteil der Befeuchter ist die mögliche Keimbelastung des erzeugten Nebels bei unzureichender Reinigung des Wasserbehälters. Aufgrund diverser Erfahrungen mit vortrefflich gedeihenden Pilzkulturen in Bürokaffeemaschinen stehe ich dieser Innovation daher recht skeptisch gegenüber.

Die Woche fand ihren krönenden Abschluss in einem Meeting-Marathon am Freitag. 12 Stunden lang eine Besprechung bzw. Powerpoint-Präsentation nach der anderen. Zum Glück war keine Präsentation länger als 20 Minuten, was der kurzen Aufmerksamkeitsspanne der Teilnehmer sehr entgegen kam. Natürlich war alles auf Koreanisch, mit Ausnahme einiger deutschen Folien, die jemand offensichtlich aus einem Vortrag einer deutschen Uni kopiert hatte. Mein Nebenmann konnte zum Glück ganz gut Englisch und hat hin- und wieder etwas für mich übersetzt. Eine ganze Reihe der vorgestellten „Neuerungen" waren mir tatsächlich jedoch schon von meiner eigenen Uni hinreichend bekannt. Dafür hatte das Ganze einen leichten Kindergeburtstagscharakter, da es zum Frühstück Baeksolgi (eine Art Reiskuchen, sieht aus wie ein weißer Schwamm und schmeckt auch ein wenig so), haufenweise Süßigkeiten und jede Menge Limo gab. Alle 3 Präsentationen wurden zudem noch Dehn- und Lockerungsübungen im Sitzen gemacht. Ich hätte gerne noch Reise nach Jerusalem gespielt, aber die anderen Kinder mochten nicht.

Abends sind wir dann noch einen trinken gegangen. Also eigentlich war es eher ein großes Abendessen mit jeder Menge Alkohol, hinterher noch ein wenig Bier und ein paar Snacks in einem „Hof". Ein „Hof" ist eine koreanische Bierkneipe, deren Bezeichnung angeblich dem deutschen „Hofbräuhaus" entlehnt ist. Trotz des scheinbar deutschen Namens muss man jedoch auch in einem Hof nicht auf

„Anju" verzichten. Anju sind die obligatorischen Snacks, die beim Genuss alkoholischer Getränke aufgetischt werden. Statt Erdnussflips und Studentenfutter sind in Korea jedoch z.B. getrocknete Tintenfisch-Arme und kleine getrocknete Fische typisch. Im Hof wurden diesmal warme Snacks bestellt, an unserem Tisch noch einmal Hühnerfüße. Scheinbar passen die perfekt zu Bier. Ich meinte, fast einen Anflug von Enttäuschung wahrgenommen zu haben, als ich das Gericht sofort am Geschmack erkannt habe - dabei waren die Fleischstücke diesmal nicht fußförmig. In Zukunft wollte ich meine kulinarischen Interessen dennoch lieber auf den Bereich oberhalb der Kniegelenke und unterhalb des Halses der Hühner konzentrieren.

Der Genuss einer Schale Hühnerherzen bei einem späteren China-Aufenthalt sollte mir jedoch vor Augen führen, dass auch diese Eingrenzung noch zu viel Spielraum für exotische Interpretationen bietet.

Nach dem Besuch im Hof gab es noch die obligatorische Runde Karaoke, bei der die meisten Teilnehmer zum Glück jedoch schon zu intensiv in Alkohol mariniert waren, um sich später noch an viel zu erinnern. Es bleibt noch zu erwähnen, dass an dem Abend natürlich alle mit mir anstoßen wollten, möglichst nacheinander, damit ich auch schön betrunken werde. Irgendwie habe ich es geschafft, das halbwegs zu vermeiden, z.B. indem ich mein Glas immer nur halb ausgetrunken habe, statt ganz. Dafür waren einige der anderen dann am nächsten Morgen nicht fähig, am Firmenfußballspiel teilzunehmen. Darauf hätte ich eigentlich auch liebend gerne verzichtet, da es in Strömen geregnet hat und zum Aufwärmen erstmal einen schönen Whisky für jeden gab. Whisky - DAS Katerfrühstück für den strapazierten Magen! Dazu mal wieder Kimbap.

Nachdem ich den restlichen Samstag genutzt hatte, um die Nachwirkungen des Soju auszukurieren und etwas Schlaf nachzuholen, wollte ich dann sonntags endlich mal die Innenstadt von Busan erkunden. Die Schwierigkeit dieses Unternehmens ist nicht zu unterschätzen, denn für Ausländer sind die Namen von Haltestellen wie Nopodong, Nampodong und Namsandong auf den ersten Blick nicht so wirklich leicht zu unterscheiden. Nein, Dingdangdong heißt in Busan keine Haltestelle, aber es gibt noch diverse andere Dongs.

Die erste von mir bestaunte Sehenswürdigkeit war der Jagalchi Fischmarkt. Essen wollte ich dort zwar nichts, aber eine solch geballte Menge toter und lebender Meerestiere sieht man sonst nicht einmal in den meisten Aquarien. Wenn etwas Flossen hat, schwimmen kann oder auch nur gerne baden geht, dann kann man es mit Sicherheit auf diesem Markt finden! Nur bei Brathähnchen sollte man immer die Beine zählen: Hühnchen mit vier Beinen sind womöglich eher Hündchen. Mir sind bei diesem Besuch keine Vierbeiner untergekommen. Dafür allerdings diverse Oktopusse, die hin und wieder Fluchtversuche aus ihren Eimern starteten und bestimmt die eine oder andere bedrohte Tierart. Schildkröten auch. Es gab auch noch so komische Viecher, die aussahen wie schwimmende graue Würstchen. Und kleine Aale. Eins von beiden wurde häufig ohne Haut (und Kopf?) auf Tellern präsentiert. Lebend, auch wenn die Dinger nicht so aussahen, als sollten sie noch leben, quasi hüpfende nackte Würstchen mit Rückgrat. Dann doch lieber Hühnerfüße. Der Markt liegt übrigens direkt am Meer und die Fischkutter legen direkt hinter den Marktständen an. Zumindest ist der Fisch also frisch und hat eventuell noch eine realistische Chance zu entkommen, das Meer ist ja nicht weit.

Nach einer kurzen Tour durch das Einkaufsviertel Nampodong habe ich dann den Busan Tower angesteuert. Jede große Stadt braucht schließlich einen Turm zum Runtergucken. Nachdem ich mit der Rolltreppe den Berg hochgefahren bin (wolltet Ihr diesen Satz nicht auch immer mal sagen können?) hatte ich das Glück oder Pech, dass vor dem Turm gerade Musikdarbietungen stattfanden. Da gerade eine traditionelle koreanische Musikgruppe auf ihren Aufmarsch wartete, habe ich die Gelegenheit beim Schopf ergriffen und auch dies einmal erlebt. In einem Versuch, das Erlebte zu beschreiben, kann ich nur sagen: Wenn man sich die Tröte und die Gongs wegdachte, war es ganz OK. Stärker als die Beschallung haben mich die Kostüme der Darbieter beeindruckt. Einige trugen Hüte, auf denen eine Art bewegliche Antenne befestigt war, von deren Ende ein langes Stoffband flatterte. Durch Bewegungen des Kopfes beim Tanzen und Krachmachen konnte man diese Antenne propellerartig kreisen oder wippen lassen. Der Unterhaltungswert war phänomenal! Ein Großteil der Darbieter, vermutlich jene mit geringerem Talent für Multitasking, trugen statt Antennen jedoch gewaltige weiße Puschel auf dem Kopf. Originelle Kopfbedeckungen scheinen definitiv ein koreanisches Markenzeichen zu sein!

Der Aussichtsturm selbst entpuppte sich eher als Türmchen, das noch dazu etwas in die Jahre gekommen ist. Dem Ausblick bei nur leicht bewölktem Himmel tat dies jedoch keinen Abbruch! Vom Turm aus präsentiert sich Busan als unübersichtlich-chaotisches Häusermeer, welches von schachbrettartig verlaufenden Straßen in geordnete Portionen unterteilt wird. Aus dem Häusermeer erhebt sich eine Vielzahl von Untiefen in Form kleinerer und größerer bewaldeter Hügel und Berge. In den Ballungszentren stechen zudem dicht gedrängte Hochhäuser hervor, die in diesem Teil der Stadt jedoch sehr zweckmäßig gestaltet sind und daher ein eher rustikales Flair vermitteln. Vermutlich ist dies einer der Gründe, warum die Stadt Busan den Ruf hat, eine Art Ruhrgebiet Südkoreas zu sein.

Der wichtigste Blickfang von Busan ist jedoch das Wasser. Die Stadt liegt direkt am japanischen Meer und umschließt die Mündung des Flusses Nakdonggang. Flussmündung und Bucht sind durch viele vorgelagerte Inseln geschützt. Die kleineren Inseln ergänzen das Ensemble durch umbrandete Felsspitzen und gelten teils als Wahrzeichen der Stadt. Die größeren sind durch Brücken mit der restlichen Stadt verbunden und scheinen dadurch das visuelle Chaos eher zu vergrößern. Die durch Inseln geschützte Bucht bietet eine scheinbar ideale Ausgangsbasis für einen Hafen. Es ist daher wenig überraschend, dass der Hafen von Busan zu den weltweit größten Containerhäfen zählt. Neben den kleineren Anlegern für Fischerboote und Fähren kann man einen Teil des Containerhafens vom Aussichtsturm aus gut überblicken. Bei so jedem meiner Besuche an der Küste ankerten hinter den vorgelagerten Inseln noch dutzende weitere Schiffe in Wartestellung – was das Ganze irgendwie noch einmal deutlich eindrucksvoller machte.

Der Rest meiner Erkundungen der Innenstadt an diesem Tag fokussierte sich eher auf das wuselige Straßengeschehen und ein wenig Shopping. Ein Highlight war allerdings noch der unterirdische Nachbau des römischen Trevi Brunnens in einer U-Bahn-Station. Ich kann mir förmlich den koreanischen Touristen vorstellen, der in Rom steht und sich denkt, „Mensch, das Ding würde doch wahnsinnig gut zu Hause in die U-Bahn passen!". Bleibt noch zu erwähnen, dass besagte U-Bahn Haltestelle von Größe und Aufmachung her durchaus an den Hauptbahnhof einer deutschen Großstadt heranreicht.

Erkenntnis der Woche: Die Titanic und koreanisches Bier haben etwas gemeinsam. Die eine galt als unsinkbar, das andere als untrinkbar...

Busan mit Blick auf Aussichtsturm und wartende Schiffe

Jagalchi Fischmarkt

Kostüme und Krawall

Individuelle
Wohnträume

Entspanntes
Shoppen

Gwangan
Brücke

Hoch und Tief
13. November

Fast wäre es mir entgangen, aber in dieser Woche war ein besonderer Tag: Der 11.11.! Wie jeder weiß, ist das doch Pepero Tag! Zumindest in Korea. In Köln wird sich das wohl eher nicht durchsetzen (für alle Imis: am 11.11. um 11:11 Uhr ist Beginn der Karnevalssession im Rheinland). In Korea ist stattdessen halt Pepero Tag. Da schenkt man sich gegenseitig Peperos, ist ja logo. Die ominösen „Peperos" heißen bei uns in Deutschland „Mikado" und man findet sie im Keksregal. Es handelt sich um längliche Keksstäbchen mit Schokoladenüberzug und einem nicht schokoladigen Ende zum Anfassen. Und die Dinger verschenkt man am 11.11., weil die ganzen Einsen in diesem Datum nun mal aussehen wie Pepero Stäbchen!

Das Ganze ist allerdings auch in Korea nicht gerade ein althergebrachter Brauch, sondern wurde irgendwann vor ca. 30 Jahren angeblich vom allgegenwärtigen koreanischen „Lotte" Konzern erdacht, der diese Dinger herstellt. In Korea substituiert dieser Tag ein wenig den Valentinstag. Da wir nur eine Frau im Büro hatten, die am 11.11. auch noch ihren Geburtstag feierte, wurde von dieser morgens eine entsprechend große Menge Keksstäbchen verteilt. Im Nachhinein erklärte das tatsächlich so einiges. Als ich nämlich am vorherigen Wochenende in der Stadt unterwegs war, wurden dort an diversen Stellen große braune Plüschrollen mit Grinsegesicht verkauft, also quasi Pepero-Kuscheltiere. Da ich zu diesem Zeitpunkt allerdings noch nicht in diesen komischen Brauch eingeweiht war, sahen die großen braunen Plüschwürstchen für mich nicht unbedingt wie Schokostäbchen aus... und tun es eigentlich immer noch nicht.

Wer mal die eine oder andere Episode der Serie Southpark gesehen hat, der kennt womöglich Mr. Hanky, den Weihnachts-Kot. Vielleicht waren seine Erfinder ja zufällig mal am 11.11. in Korea. Die Ähnlichkeit zu den Plüschdingern ist auf jeden Fall nicht zu übersehen.

Das Internet behauptet weiterhin, dass am 9.9. in Korea Chupa Chups Tag ist (diese Firma stellt Lutscher her, die sehen halt Neunen ähnlich) und am 10.10. Zwiebelringtag. Zumindest den Zwiebelringtag haben meine Kollegen allerdings vehement verleugnet, obwohl ich den fast noch lustiger finden würde.

Insgesamt hatten ganze 3 Leute aus unserem Büro am 11.11. Geburtstag. Das Ritual zu dieser Gelegenheit beinhaltete, dass die Geburtstagskinder nach kurzer Ansprache des Abteilungsleiters beglückwünscht wurden und es daraufhin Tteok, Kuchen und/oder Kimbap sowie süße Getränke im Besprechungsraum gab. Nicht fehlen durften Luftschlangenbeschuss und ein Geburtstagsständchen. Erst mit einiger Übung konnte ich jedoch durch den koreanischen Text hindurch die Melodie von „Happy Birthday" identifizieren!

Tteok ist im Übrigen ein Oberbegriff für Süßigkeiten aus Reis und beinhaltet auch den bereits erwähnten Reiskuchen namens Baeksolgi. Dazu gab es auch meistens kleinere Tteok-Stücke von gummiartiger Konsistenz, die zumeist mit süßer Bohnenpaste gefüllt waren. Das Ganze schmeckt deutlich besser, als es sich anhört, anfühlt und aussieht. Insgesamt bin ich in meiner Zeit in Korea zu einem sehr großen Fan von Tteok geworden! Leider ist diese Spezialität jedoch nur dann wirklich köstlich, wenn sie frisch zubereitet wird. Tteok ist daher wirklich nur vor Ort in Originalqualität erhältlich. Alle gefrorenen oder abgepackten Varianten, welche ich seitdem probiert habe, reichen an das frische Original leider einfach nicht heran! Aufgrund des dominanten Einflusses der japanischen Kultur sind vergleichbare Produkte im Ausland zudem eher als „Mochi" bekannt.

Tteok-Scheibchen ohne Füllung oder mit Hackfleisch lassen sich übrigens auch hervorragend als Suppeneinlage verwenden. Die resultierende Suppe nennt sich dann Tteokguk und ist wirklich ein Gedicht!

Zu meiner großen Enttäuschung gab es bei diesem Geburtstag jedoch Kuchen statt Tteok. Der betreffende Geburtstagskuchen war leider nur in 6 Teile zerteilt. Somit stellte sich mir bald die Frage, wie der Kuchen verzehrt werden sollte. Die Lösung: Man nimmt sich Essstäbchen und vollführt damit eine Scherenbewegung, um sich ein Stück abzukneifen, welches man dann mit Hilfe der Stäbchen futtern kann. Also kann man sogar Kuchen mit Stäbchen essen! Zum Anschneiden lag dem Ding übrigens ein riesiges Plastikmesser bei. Irgendwie scheint es in Korea jedoch eine Messerphobie zu geben: Die gehören wohl ausschließlich in die Küche. Selbst Fleisch wird eher mit der Schere als mit dem Messer geschnitten! Für mich führte diese Aktion jedoch zu der Erkenntnis, dass ein Kuchen mit jeder Menge Schokostreuseln nicht unbedingt dafür gedacht ist, mit Stäbchen gegessen zu werden. Es sei denn, man dekoriert sein Büro gerne mit Schokostreuseln.

Nicht zuletzt ist am 11.11. eigentlich auch noch Martinstag, aber der wird in Korea natürlich genau so enthusiastisch gefeiert wie Karneval. Kleiner Exkurs: Beim Sinnieren über den Pepero-Tag ist mir aufgefallen, dass es einen Zusammenhang zwischen Martinstag und Karneval gibt! Früher war es bei uns üblich, auch vor Weihnachten eine Fastenzeit zu begehen. Der Beginn dieser Fastenzeit wurde durch den Martinstag markiert. Genau wie es mit der Fastenzeit vor Ostern der Fall ist, wurde am letzten Abend vor dem langen Verzicht noch einmal ordentlich geschlemmt. Daher ist der Martinstag sozusagen „Fastnacht" im November. Die Fastenzeit vor Weihnachten ist inzwischen eher Vergessenheit geraten, aber aufgrund dieser Institution kriegt man am 11.11. im Rheinland immer noch quasi zwei Feiertage auf einmal geboten!

Am 12.11. war auch Feiertag, da gab es nämlich das erste Gehalt! Warum das in Korea (bzw. in unserer Firma) standardmäßig am 12. ausgezahlt wird, weiß ich nicht, es wird aber für den vorhergehenden Kalendermonat berechnet, die 12 Tage im neuen Monat sind noch nicht inbegriffen. Vielleicht eine Art Kompromiss zwischen Vorauszahlung und Zahlung nach getaner Arbeit. Da mein Pass aktuell irgendwo bei den koreanischen Behörden verstaubte (Stichwort: Alien Registration Card), hatte ich natürlich noch kein Bankkonto, um jenes Gehalt auf selbiges überwiesen zu bekommen. Ergo wurde mir mein erstes Praktikantengehalt ganz altmodisch in Form von Bargeld ausgehändigt! Die Auszahlung wurde dadurch zu einem Highlight, dass zum damaligen Zeitpunkt der größte koreanische Geldschein die 10.000 Won Note war. Was weniger als 7 Euro pro Geldschein entsprach. Ich spielte kurzzeitig mit dem Gedanken, weiterhin auf Bargeld zu bestehen, um künftig wie Dagobert Duck im Geld baden zu können! Auf jeden Fall war es schön, Millionär zu sein. Auch wenn es nur Won waren!

Zum Abschluss der Woche konnte ich mich dann eines gewissen Anflugs von Kulturschock nicht erwehren. Egal, wie sehr man schon meint, sich eingewöhnt zu haben: Hin und wieder kann einem eine neue Umgebung schon ganz gewaltig auf die Nerven gehen. Vor allem, wenn nicht nur Lebensweise und Umgangsformen dermaßen fremd sind, sondern auch die Sprache eine sehr große Barriere darstellt.

Vielen Ausländern, die nach Korea kommen, wird als erstes die unglaubliche Höflichkeit und Gastfreundschaft der Koreaner auffallen. Grund dafür ist weniger, dass die Menschen dort mit einem speziellen Höflichkeits-Gen ausgestattet wurden, als dass das Zusammenleben in der koranischen Gesellschaft durch sehr strenge soziale Konventionen geregelt ist. Wenn sich nun ein Ausweg aus diesem eisernen Regelwerk der Verhaltensweisen bietet, wird dieser gerne genutzt. Dazu eignet sich z.B. prima das Internet. Ich hatte bereits gehört, dass sich Koreaner im

Internet etwas anders benehmen und dass Mobbing per E-Mail an der Tagesordnung ist. Als ich dann im Internet über ein paar entsprechende Einträge gestolpert bin, war ich dennoch völlig sprachlos. Am tollsten fand ich den Foreneintrag einer in Deutschland lebenden Koreanerin zum Gesprächsthema Kulturschock. Darin schrieb sie, dass sie selbst nie einen Kulturschock gehabt hätte, aber dass die Deutschen ja die unglaubliche Arroganz besitzen würden, zu behaupten, sie hätten eine fremde Kultur komplett verstanden, wenn sie nur ein paar Monate mal irgendwo im Ausland waren. Im Übrigen seien die Deutschen geizig, unhöflich, unfreundlich und auch sonst arrogant. Das Thema war leider (oder zum Glück?) schon 2 Jahre alt, daher kam ich gar nicht erst in Versuchung, darauf zu antworten. Der Eintrag war dermaßen aggressiv, dass ich die Geduld der anderen Dialogteilnehmer auf der entsprechenden Seite einfach nur bewundern musste. Glücklicherweise hat sich die kommentierende Dame direkt selbst widersprochen, indem sie das angeprangerte arrogante Verhalten umgehend selbst zur Schau stellte. Aber lassen wir das, es sollte nur ein Beispiel sein.

Mein ganz persönliches Negativbeispiel ist die Tatsache, dass einige Kollegen gerne in meiner Anwesenheit über mich auf Koreanisch redeten. Ich verstand sie ja kaum und „gehörte nicht dazu", egal wie man es dreht und wendet. Da kann man das ja machen. Im ersten Moment habe ich das einfach so hingenommen, schließlich können manche Kollegen leider gar kein Englisch. Im Nachhinein nutzten einige diese Gelegenheit jedoch gerne, um etwas weniger höflich zu sein, als sonst durch die koreanische Gesellschaftsordnung diktiert. Mein Fazit: Besser das Kind beim Namen nennen und dabei zur Not riskieren, als unhöflich zu gelten, als höflich die Klappe zu halten.

Daher an dieser Stelle ein kurzer Aufruf an alle, die mit ausländischen Kollegen zusammenarbeiten: Bitte bemüht Euch, die Kollegen in Unterhaltungen einzubeziehen –

auch wenn es anstrengend oder umständlich sein kann, ungezwungene Pausengespräche in einer Fremdsprache wie Englisch führen zu müssen!

Für mich ist Höflichkeit mehr als das Beachten bestimmter Regeln, die man umgeht, sobald es irgendwie möglich ist. Um nicht zu verallgemeinern, sei noch gesagt: Nicht alle Kollegen folgten dem oben beschriebenen Muster. Sicherlich war es auch nicht immer Absicht oder negativ gemeint, aber ein solches Verhalten kann sehr schnell ausgrenzen. Und so sehr es die Asiaten bei einem Besuch im Westen auch verschrecken mag: Ich halte es für wesentlich stressfreier, wenn nicht alle Leute mit einem Dauerlächeln rumrennen, sondern sich hin und wieder ansehen lassen, was sie denken.

Zum Thema Integration kann ich auf Basis anderweitiger Auslandserfahrungen nur sagen, dass wir auch nach mehr als zwei Jahren in den USA, nüchtern gesehen, nicht völlig in die amerikanische Gesellschaft integriert waren. Bei aller „diversity" und der langen Zuwanderungsgeschichte, welche die Amerikaner eigentlich auszeichnet: Wer dort nicht aufgewachsen ist wird eine lange, lange Zeit brauchen, um wirklich ohne Vorbehalte dazuzugehören und das Verhalten der Amis wirklich zu verstehen. Man glaubt zwar sehr schnell, alles kapiert zu haben, aber später ist man dann doch wieder schlauer. Dabei sind die kulturellen Unterschiede zwischen Amerika und Deutschland jetzt längst nicht so groß oder offensichtlich wie z.B. zwischen Deutschland und Korea. Ich kann daher an dieser Stelle immer nur meine Eindrücke von Korea nach dem Stand wiedergeben, wie er sich mir nach meinem kurzen Aufenthalt in diesem Land erschlossen hat. Wer aber nicht in Korea aufgewachsen ist, der wird das komplexe Gebilde der koreanischen Gesellschaftsordnung und die damit verbundene Denkweise garantiert nie wirklich verstehen und immer eine Sonderrolle innehaben. Das gleiche gilt für Japan, wo es nicht minder spezielle Regeln gibt und auf andere Art und Weise sicherlich auch für Länder wie China. Passenderweise hatte ich in Korea sogar einen Kollegen, der mal zwei Jahre in Japan gearbeitet hat. Das ist keine sonderlich große Distanz: Von Busan aus ca. 3 Stündchen mit der Schnellfähre. Der Kollege ist damals trotz schlechterer Arbeitszeiten und Bezahlung zurück nach Korea geflüchtet, weil ihm Japan zu fremd war. So kann's gehen.

Der Berg ruft!
16. November

An diesem Wochenende hatte ich mir vorgenommen, sonntags die Geumjeongsan Festung (na, wer kann das aussprechen?) nebst zwei Tempeln anzugucken. Der Samstag war also frei, um nochmal in die Stadt zu düsen, endlich ein paar Kleinigkeiten einzukaufen und evtl. noch ein paar Sehenswürdigkeiten anzugucken.

Nachdem ich mich in der Vorwoche bereits orientieren konnte, was Angebot und Preise in den beliebtesten Einkaufsbereichen Busans anging, bin ich nach langem hin- und her doch wieder nach Nampodong gefahren. Leider lag Nampodong immer noch am anderen Ende der Stadt. Zwischenzeitlich ist mir jedoch aufgefallen, dass ich bei meinem ersten Besuch dort einige Dinge übersehen hatte. Ich war wohl etwas benebelt vom Besuch des Fischmarkts.

Dieses Mal habe ich mich also zunächst in den Untergrund begeben. Es gibt dort nämlich auch einen unterirdischen Markt, der vor allem bei schlechtem Wetter jede Menge Umsatz macht. Das Wetter war aber schön, d.h. ich konnte zur Abwechslung abseits der sonst allgegenwärtigen Menschenmassen ganz in Ruhe von Stand zu Stand bummeln und mir endlich eine wärmende, dicke Jogginghose kaufen. Dieses Utensil schien mir für mein weiteres Überleben unentbehrlich zu sein, da ich abends in der Wohnung dank Möbelmangel immer auf dem Boden hocken musste und dieser aufgrund der abgeschalteten Fußbodenheizung reichlich kühl war.

Der unterirdische Markt von Nampodong hat nicht nur eine Verbindung zu einer U-Bahn Station, sondern zu zweien. Diese liegen aber durchaus so weit auseinander, wie das bei zwei verschiedenen Bahnstationen üblich ist. Sprich: Das Tunnellabyrinth kann es locker mit so manchem Einkaufszentrum aufnehmen. Wahnsinn!

Auch oberirdisch gab es noch einige Dinge zu entdecken. Bei meiner ersten Tour hatte ich irgendwie irrtümlich angenommen, dass der ortsansässige Gukje Markt an der Hauptstraße endete. Ha! Ich hatte höchstens 2-3 Straßen davon gesehen! Das ist ein ganzes Stadtviertel! In verschiedene Themenbereiche unterteilt! Ich hatte z.B. noch keinen einzigen Baumarkt in Korea gesehen, aber der Gukje Markt beinhaltet im wahrsten Sinne des Wortes auch einen Bau-Markt! Die Läden/Stände spezialisieren sich dabei auf die merkwürdigsten Sachen, wie Fußmatten oder Seetang. Manchmal gar nicht so leicht zu unterscheiden.

Anfangs fand ich die Preise an den Marktständen etwas hoch, aber ich bin dann zum Vergleich noch in ein paar Läden mit echter Originalware gegangen. Ein Kapuzenpulli einer westlichen Sportmarke kostete im Laden auch locker 80 bis 180 €. Da bin ich dann lieber zurück auf den Markt und habe mir einen halbwegs vernünftigen, nachgemachten Pulli für ca. 12 € erhandelt. Gut, in China geht das sicherlich billiger, aber die Chinesen haben der koreanischen Textilindustrie auch den Garaus gemacht. Das war auch insofern praktischer als dass man in vielen koreanischen Geschäften die Sachen oft nicht anprobieren darf. Die hängen gut geschützt in Klarsichtfolie auf den Haken und sollen bitte auch da drin bleiben bis sie jemand kauft! Zum Glück habe ich mir voraussichtlich diesmal die Sätze „Wie viel kostet das?" und „Können sie das nicht billiger machen?" eingeprägt, damit war das Einkaufen direkt viel entspannter. Handeln geht aber nur an Marktständen oder unterirdisch.

Problematisch sind leider die Kleidergrößen: Der Durchschnittseuropäer braucht in Korea die Größe XL und viele Sachen gibt es allerhöchstens in L. Ich hatte ja gehofft, man könnte in diesem Land ein paar interessante Sachen mit asiatischem Design finden, aber leider dominierten auch dort die bekannten westlichen Marken, egal ob echt oder nachgemacht. Adidas, Nike, Puma, Polo, Hilfiger, North Face. Langweilig. Erwähnenswerte Ausnahmen: Die koreanische Marke „Beanpole" und die japanische Marke „Bape". Die Mode von Beanpole ist eher noch langweiliger, als die der westlichen Marken. Auch für Bape konnte ich mich leider nur wenig begeistern. Prägnantes Merkmal dieser Marke ist nämlich ein riesiger, wirklich hässlicher Affe, der auf sämtlichen Kleidungsstücken prangt! Ebenfalls überraschend präsent auf koreanischen Märkten: Ausgemusterte Bundeswehrjacken und Feldblusen (oliv, nicht flecktarn, aber mit deutscher Fahne) sowie Trikots und Jacken der deutschen Nationalmannschaft. Für besonders Unentschlossene waren Letztere auch mit englischem Wappen erhältlich.

Meine neuerworbene Jogginghose war übrigens von Calvin. Nicht von Calvin Klein. Nur Calvin. Da hatte jemanden beim Nachmachen wohl der Mut verlassen. Ansonsten habe ich mir endlich ein Koreanisch-Wörterbuch gekauft (sehr praktisch, wenn man zufällig mal in Korea ist) und die Bücherstraße gefunden! Die ist abseits vom Markt, hat mir aber super gefallen. Mindestens zwei Dutzend Geschäfte, die nichts als neue, gebrauchte und antike Bücher verkaufen! Wenn ich jetzt noch koreanische Bücher lesen könnte, hätte ich noch mehr Spaß daran.

Ein wenig Sightseeing sollte am Samstag ja auch noch drin sein. Ursprünglich wollte ich nicht zum Denkmal für den Vietnamkrieg (klingt ja auch nicht sooo interessant), aber beim Besuch des Aussichtsturms in der Vorwoche war mir aufgefallen, dass man von dort scheinbar eine ziemlich gute Aussicht hat. Dummerweise kann man das Denkmal von der Straßenebene nicht sehen und es ist auch nicht ausgeschildert. Nach kurzer Suche habe ich dann auf Verdacht einen bestimmten Berg bestiegen. Frei nach dem Motto „Ob ihr wirklich richtig geht, seht ihr, wenn ihr oben steht!". Zum Glück bin ich richtig gegangen. Oben angekommen habe ich mich dann gefragt, warum ich in der Woche zuvor Eintritt für den Aussichtsturm gezahlt hatte! Auf den kann man von der Bergspitze aus nämlich herunter gucken! Allerdings war der Aufzug auf den Turm wesentlich komfortabler als der Aufstieg auf den Berg per pedes. Mittagessen gab es diesmal bei Kentucky Fried Chicken. Hin und wieder musste ich der koreanischen Küche dringend mal entkommen und etwas ohne Kimchi oder Seetang essen. Auf der Verpackung von meinem Burger stand „real food" drauf. Selbstironie? In diesem Fall hat es mal gestimmt!

Sonntag war dann der große Tag: Der Beomeosa Tempel, die Geumjongsan Festung und der Seokbulsa Tempel waren geplant: drei Hauptattraktionen in Busan. Die Anreise startete zunächst recht angenehm, da ein Bus quasi direkt von meiner Haustür bis zur Endstation Beomeosa fuhr. Dort angekommen musste ich feststellen, dass bereits eine riesige Schlange wanderwütiger Koreaner mittleren Alters auf den Anschlussbus zum Tempel wartete. Macht nix, ist ja nicht so weit. Dachte ich mir. Im Lonely Planet Reiseführer stand zu dem Thema so etwas wie „sie können von hier die Buslinie 90 oder ein Taxi zum Tempel nehmen". Angebrachter wäre folgender Text: „LAUFEN SIE AUF KEINEN FALL ZU FUSS ZUM TEMPEL, ES SEI DENN SIE SIND LEBENSMÜDE!". Die Strecke geht nämlich gut 2,5 km stramm bergauf und die Taxifahrer scheinen auf die Fußgänger zu zielen. Zum Glück treffen sie schlecht. Die ganzen Grabsteine am Wegesrand sahen aber recht original aus. Einen Bürgersteig gibt es selbstverständlich nicht. Bis zum Tempel war ich auf jeden Fall wach und sehr dankbar für den Tee, den mir ein Mönch am Eingang überreichte.

Den Beomeosa Tempel kann ich nur mit gemischten Gefühlen beschreiben. Einerseits ist er recht schön und einige Teile sind auch noch ziemlich alt und nicht von irgendwelchen Japanern niedergebrannt worden. Andererseits ist der Tempel sehr touristisch: Es sind wirklich viele

Leute dort, die den Tempel als Ausgangspunkt für eine Wanderung nutzen und bei dieser Gelegenheit fleißig Souvenirs kaufen. Dazu wurde gerade sehr viel umgebaut und restauriert, aber dafür konnten die Mönche ja nix. Der Tempel nimmt zudem am koreanischen Tempelstay-Programm teil, d.h. man kann dort einen Tag oder ein Wochenende im Tempel leben – mehr dazu an späterer Stelle. Insgesamt ist Beomeosa recht schön, aber eben ein touristisch viel zu überlaufenes Ziel für Nahausflüge. Also auf zur Festung!

Im weiteren Verlauf des Weges war ich oft dankbar, ein paar Worte Koreanisch zu können und vor allem der lokalen Schriftzeichen mächtig zu sein. Ohne das und meinen Lonely Planet wäre es echt schwierig geworden! Wobei der Reiseführer auch wieder an entscheidenden Stellen etwas... beschönigte. Da stand etwas von einer „gemütlichen Wanderung mit ein paar steilen Stellen". Das ich nicht lache! Ich konnte leider keine genauen Angaben finden, aber mindestens 700 Höhenmeter habe ich an diesem Tag zurückgelegt. Und zwar alles auf dem Weg zum Beomeosa Tempel bzw. in der ersten halben Stunde danach! Die Schweiz ist nix dagegen! Obwohl wir Mitte November schrieben, musste ich mir schon nach wenigen Minuten den durchgeschwitzten Pulli in den Rucksack stopfen, um im T-Shirt weiter zu klettern!

Sobald man einmal oben ist, geht es immerhin den Rest des Tages relativ ebenerdig weiter. Dafür ist man ungefähr so alleine, wie an einem sonnigen Samstagnachmittag auf dem Münchner Oktoberfest. Stellenweise musste ich hinter anderen Wanderern Schlange stehen. Die Entfernungsangaben im Lonely Planet (8km? Sind die die gleiche Strecke gelaufen?) sind ebenfalls mit Vorsicht zu genießen. Mit meiner Anreise zum Beomeosa Tempel und dem Abstieg nach dem Seokbulsa Tempel würde ich mal auf ca. 20km Gesamtweg tippen – anhand von Karten und den Wegweisern vor Ort, das ist jetzt nicht ausgedacht!

Generell durchaus machbar, aber ein wenig irritierend, wenn man darauf nicht vorbereitet ist.

Zur eigentlichen Wanderung: in Korea gibt es bestimmte Vokabeln für Männer und Frauen oberhalb eines bestimmten Alters. „Ajumma" heißt wörtlich „Frau, die alt genug ist, um verheiratet zu sein". „Ajeossi" ist das gleiche für Männer. Das Schlimme daran ist, dass diese Wörter eigentlich für bestimmte Klischees stehen, die auch häufig von den Betroffenen erschreckend genau erfüllt werden. Ajeossis sind meistens mittelalte bis ältere Herren, die weite Schlabberhosen jedem Modetrend gegenüber bevorzugen und gerne mit ihren Freunden einen trinken. Am besten bei jeder Gelegenheit. Ajummas begeistern sich ebenfalls für Schlabberhosen, sind häufig kräftig gebaut und demonstrieren ihren Status gerne durch kurze Haare mit Kringellöckchen.

Die Ajeossis sind relativ harmlos. Ihre Anwesenheit in großer Zahl bei meinem Ausflug drückte sich hauptsächlich darin aus, dass jedes Wandergrüppchen einen größeren Vorrat an Soju (koreanischer Wodka) und/oder Makgeolli (milchiger Reiswein) mit sich führte. Mit fortschreitender Tageszeit wurden die Wandergrüppchen daher zunehmend lustiger und lauter. Ab ca. 15 Uhr waren dann die Vorräte meist erschöpft und die Kneipen (meist eher so etwas wie Biergärten) gut bevölkert, um die Soju-Grundlage mit noch mehr Soju auszubauen.

Die Ajummas wiederum sind eher so etwas wie eine Gang. Man trifft sie überall, nicht nur beim Wandern. Und sie scheinen kollektiv beschlossen zu haben, dass die koreanischen Gesellschaftsregeln nicht mehr auf sie zutreffen, schließlich haben sie sich lange genug daran gehalten. Sie sind meist penetrant laut, stellen sich gerne anderen Leuten in den Weg, drängeln aus Prinzip und gehen NIE aus dem Weg, egal warum. Was beim Wandern leicht störend sein kann, wenn eine ganze Gruppe solcher Frauen den kompletten Weg einnimmt und schon aus Prinzip niemandem Platz macht. An dieser Stelle ist es durchaus von Vorteil, wenn man etwas größer ist als der Durchschnittskoreaner.

Die Bedienung in einem koreanischen Restaurant hört übrigens auch meist auf „Ajumma". Sollte man aber von einer hübschen jungen Dame bedient werden, kann die Benutzung dieses Titels lebensgefährlich werden. Nur so am Rande.

In Korea scheint es obligatorisch zu sein, Wanderungen grundsätzlich im kompletten Wanderoutfit anzutreten, von den Schuhen bis zum Allwetterhut. Ausnahmen gelten nur für Pluderhosen. Das hat den Vorteil, dass man mit Nordic-Walking-Stöcken dreimal so viel Platz einnehmen kann, wie ohne diese Sonderausrüstung. Aber ich schweife ab. Die „Festung" auf dem Berg Geumjongsan besteht eigentlich nur aus einer niedrigen Mauer mit vier Toren (Nord, Ost, Süd, West), von denen ich an dreien vorbeigewandert bin. Die niedrige Mauer reicht auch völlig: Jede Armee, die unter Waffen diesen Steilhang hinaufstürmt kann oben einfach umgeschubst werden. Die Aussicht von oben war sehr schön, nur leider hat die übliche Busan-Dunstglocke (Smog-Glocke? Aus dem Flugzeug war sie gelb) verhindert, dass man eine wirklich großartige Aussicht hatte. Gegen Ende wurde mir der Weg dann leider doch etwas lang. Da ich mich nicht auf eine derartige Strecke eingestellt hatte, war es ab dem frühen Nachmittag mit der Motivation langsam vorbei. Ich hatte die eine oder andere Diskussion mit mir selbst, warum ich freiwillig den ganzen Tag durch die Berge lief und traf den festen Entschluss, beim nächsten Mal die Seilbahn zu nehmen.

Frei nach dem Motto „wenn ich schon mal da bin" und „nochmal renne ich hier bestimmt nicht rauf!" wollte ich mir zum Abschluss den Seokbulsa Tempel dennoch nicht entgehen lassen. Das Tempelchen war durchaus schwer zu finden und brachte neben einer holprigen Bergab-Strecke auch nochmal einen viertelstündigen Aufstieg mit sich, bei dem ich langsam anfing, mich zu fragen, ob ich noch alle Tassen im Schrank hatte. Erstaunlicherweise war der Tempel es aber wert! Er hat mir besser gefallen als die großen Tempel, die ich bis dahin besucht hatte. Mir ist dort zwar kein einziger Mönch begegnet und es gab auch dort einige Touristen (jahaaa, die haben das Auto genommen... nicht so wie der dämliche Deutsche!), aber es war wesentlich ruhiger als sonst und hat schön nach Räucherstäbchen geduftet. Hat sich gelohnt!

So gut der Weg zu diesem versteckten Tempel auch im Lonely Planet erörtert war, so mies war der Rückweg dort beschrieben, geschweige denn ausgeschildert. Der Reiseführer behauptete, dass ich nicht mehr den gleichen Weg zurückgehen müsste. Schön, der ging nämlich eine halbe Stunde steil bergauf und war sehr holprig, den wäre ich auch nicht mehr hochgestiegen. Dummerweise offerierte der Reiseführer auch keinen Hinweis darauf, wo genau die Alternativstrecke verlief! Ich habe mich daher spontan für „bergab" entschieden. Auf alles andere hatte ich auch keine Lust mehr. So kam es, dass ich bis zum Fuß des Berges laufen musste und von da aus eine lange, lange Busfahrt durch viele mir unbekannte Teile Busans angetreten bin. Der Bushof lag nämlich auf der anderen Seite des von mir überquerten Berges. Nun, ich bin wieder nach Hause gekommen. Und ich hatte einen Sitzplatz im Bus, das war in diesem Moment sehr wichtig.

Erkenntnis des Tages: buddhistische Nonnen sehen aus wie buddhistische Mönche. Aber die Stimmchen sind höher.

Beomeosa

Einsames
Herbstidyll

So weit die
Füße tragen...

Kulinarisches
19. November

Vom koreanischen Essen habe ich ja schon ein wenig berichtet. Doch gilt dabei eigentlich, dass sich dieses oft jeder Beschreibung entzieht. Denn: Die meisten Sachen, die auf meinem Teller auftauchten, konnte ich eh nicht benennen. Und selbst wenn ich den Namen des Gerichts oder der Beilage herausfinde, sagt es trotzdem niemandem etwas, der es nicht kennt. Noch viel interessanter als rein koreanisches Essen ist es jedoch, wenn europäisches Essen koreanisiert wird!

Meine erste Begegnung mit eurokoreanischem Essen ereignete sich gegen Ende meiner ersten Arbeitswoche in der Werkskantine. Da gab es mittags plötzlich richtige Teller. Zumindest sahen sie aus wie richtige Teller, bestanden jedoch aus Hartplastik. Immerhin ein deutlicher Kontrast zum sonst üblichen Blechtablett mit mehreren Vertiefungen. Auf den Tellern befanden sich dem Anschein nach ein Wiener Schnitzel, Kartoffelklöße und ein Salat mit französischem Dressing. Dazu gab es natürlich Reis. Der darf auch nicht fehlen, wenn es schon Kartoffeln gibt! Für ganz Irritierte stand zur Sicherheit noch etwas Kimchi bereit. Die Krönung: es gab Messer und Gabel! Beides hatte ich seit dem Flugzeug nicht mehr gesehen. Nun, es folge die Verköstigung des optisch europäischen Mahls. Das „Wiener Schnitzel" war irgendwo in den Top 5 der zähesten Fleischstücke, die ich je auf dem Teller hatte. Es schmeckte zudem intensiv nach irgendwelchen asiatischen Gewürzen mit einem gewissen Curry-Einschlag. Nicht schlecht, aber auch nicht super. Die Kartoffelklöße waren der absolute Renner: Es waren keine richtigen Klöße, sondern bällchenförmiger Kartoffelbrei. KALTER Kartoffelbrei! Mit Gemüse und Rosinen. Rosinen! Wahnsinn. Ich hoffte inständig, dass es nachfolgend kein westliches Essen mehr in der Kantine geben würde.

Auf die Brötchen in Korea bin ich bereits kurz eingegangen. Auf meinen Ausflügen sollte ich dann jedoch auch eine koreanische Bäckerei entdecken. Die Bäckereikette nannte sich „Paris Baguette". Die Baguettes habe ich nicht probiert, aber sie sahen zumindest so aus, wie sie hießen. Ein Großteil der Gebäckstücke war mal wieder süß; wirkliches Brot gab es nicht. Ich habe mich bei meinem ersten Besuch für ein Brötchen mit Kimchi-Füllung entschieden (das ist so abgefahren, das muss man probieren) und für einen „Knoblauchbagel" (mit Schinken, Käse, Tomate, Knoblauch). Das Kimchi Brötchen war sogar einigermaßen gut, auf jeden Fall nicht süß. Der Knoblauchbagel war ein Blaubeerbagel. Nicht, dass ich mich vergriffen hätte. Es war schon der angekündigte Belag drauf. Aber unter dem herzhaften Belag war ein Blaubeerbagel versteckt. Ich hatte Hunger, also habe ich das Ding gegessen. Aber es hat geschmeckt wie Pizza und Nachtisch in einem.

Generell sollte man als Europäer in Korea die Finger von allem lassen, wo angeblich Käse drin drauf, drum oder dabei ist. Auf dem Heimweg habe ich mir abends einmal eine Packung Käsecracker gekauft. Und zwar absichtlich Käse, weil ich gerade Lust auf etwas Herzhaftes hatte und nicht auf Süßes. Wonach haben die Dinger geschmeckt? Vanille. Die Füllung war eindeutig Vanille! Und nein, ich habe nicht die Falsche Packung gekauft! Es war sogar wieder Käse darauf abgebildet! Sie haben allerdings ganz leicht nach Käse gerochen.

Ein weitaus essentiellerer Snack ist in Korea das bereits mehrfach erwähnte Kimbap. Es handelt sich dabei um eine mit Seetang ummantelte Reisrolle mit Füllung, ein wenig wie Maki-Sushi mit wenig oder keinem Fisch. Dafür kann Kimbap so exotische Zutaten wie Spam enthalten. Wer es nicht kennt: Spam ist Frühstücksfleisch aus der Dose. In Streifen vorgeschnittene Kimbap-Zutaten, inklusive Spam, gibt es in jedem gut sortierten koreanischen Supermarkt! Kimbap wird gerne als Sandwich-Ersatz für unterwegs verwendet. Ich habe tatsächlich mehrfach beobachtet, wie eine Rolle Kimbap einfach am Stück auf die Hand genommen und genüsslich wie eine große Seetangwurst gemampft wurde. Normalerweise wird die Rolle jedoch auch für unterwegs in Scheibchen geschnitten. Dazu gehören unbedingt ein paar knallgelbe Scheiben eingelegten Daikon-Rettichs, Danmuji genannt. Die gelbe Farbe des Rettichs irritiert im ersten Moment vielleicht, der knackig-frische Geschmack passt jedoch hervorragend zum eher herzhaft-salzigen Kimbap. Kleine Imbiss-Restaurants servieren zu Kimbap mit Danmuji auch häufig Doenjang-guk, eine Art koreanische Miso-Suppe. Zusammen ein sehr preiswerter und gesunder Snack!

Gelegentlich wurde Kimbap auch an Geburtstagen in der Firma gleichzeitig mit Kuchen serviert. Da Koreaner aber immer alles gleichzeitig essen (die Suppe beim Mittagessen wird auch immer zwischendurch gelöffelt, nicht vorher), wurden auch Kimbap und Kuchen abwechselnd verzehrt. Reis-Gemüse-Seetang-Geschmack und süße Torte sind meiner Meinung nach allerdings eine eher suboptimale Kombination.

Die Krönung der kulinarischen Entdeckungen waren die Getränke. Im Büro war natürlich Kaffee das A und O des Arbeitsalltags. Koreanischer Kaffee schmeckt meist grausam, wenn er schwarz getrunken wird und ist fast immer Instant-Kaffee. Meist kriegt man auch nur ein Mini-Becherchen bzw. Schlückchen in seine Tasse, das etwa ein Drittel einer deutschen Kaffeetasse ausmachen dürfte. Dazu jede Menge Milchpulver und Zucker. Wenn man diesen Instant-Cocktail mit einer weiteren Portion schwarzem Instant Kaffee mischt, ist es einigermaßen trinkbar. Dafür kostete die Portion Kaffee in der Firma immerhin nur 100 Won (ca. 7 Cents). Nach einigen Wochen in dieser Instant-Kaffee-Umgebung habe ich sogar einen Elektromarkt aufgesucht, um einer richtigen Kaffeemaschine habhaft zu werden! Leider scheiterte dieser

Versuch kläglich – ich fand weder Filterkaffee- oder Pad-Maschine noch Vollautomat. Dafür sollte ich später noch entdecken, dass es in Studentenvierteln oft gute Cafés mit leckeren Heißgetränken gibt!

Zu meiner großen Enttäuschung hatte ich in Korea ebenfalls nur sehr selten die Gelegenheit, vernünftigen Tee zu verkosten. Zumindest an frisch aufgebrautem Tee mangelte es. Fertige Grünteegetränke in Kunststoffflaschen waren dafür in nahezu jedem Geschäft und Getränkeautomaten erhältlich, genau wie Gerstentee. Der Gerstentee, Boricha genannt, wird tatsächlich aus gerösteten Gerstenkörnern zubereitet und war mir zuvor gänzlich unbekannt. Mein Mitbewohner meinte, er würde sich diesen Tee immer kochen, wenn er erkältet ist. Ich fand Boricha in der gekühlten Variante besonders dann hervorragend, wenn er nach einer schweißtreibenden Wanderung oder bei einem Besuch im Jimjilbang genossen wurde.

Extrem beliebt sind süße Getränke wie Limo. Folgerichtig sind diese buchstäblich in 1000 verschiedenen Varianten erhältlich und ich habe es mir nicht nehmen lassen, die eine oder andere Sorte probieren. Erste Erkenntnis: wenn irgendwo „Saft" draufsteht, ist garantiert keiner drin. Dafür auch keine Kohlensäure. Aber jede Menge künstliche Aromastoffe. „Cider" hat auch nichts mit Äpfeln oder Cidre zu tun. Zu den kreativsten Softdrinks, die mir untergekommen sind, zählte eine Limo mit „Pinienknospengeschmack". Erinnert entfernt an Saunaaufguss. In der gleichen Geschmacksrichtung wird auch Zahnpasta angeboten. Besonders angetan haben es mir Getränke mit Aloe Vera Geschmack, welche auch entsprechende Aloe-Stückchen enthalten. Zum Glück inzwischen auch in deutschen Asia-Märkten erhältlich! Interessant war auch der weiße „Traubensaft" mit Geleekügelchen unten drin, die Trauben simulieren sollen. Beliebt ist auch ein klassisches koreanisches Nachtisch-Getränk aus Reis, in dem auch noch Reis unten rumschwimmt (Sikhye). Das ist sogar besser als die künstlichen Limos, aber leider auch arg süß.

Von koreanischem Bier mag ich erst gar nicht anfangen... es gibt nur 2 Brauereien in ganz Korea, obwohl die Koreaner eigentlich gern Bier trinken! Die nennen sich „Hite" und „OB", wobei OB auch noch „Cass" herstellt. Aus der Flasche oder Dose ist Cass meines Erachtens das einzige halbwegs trinkbare Bier, aber das gibt es fast nirgends. Hite schmeckt wie.... Hite schmeckt nicht. Mineralwasser mit einem Schuss amerikanischem Bier. Das erste Bier, was ich jemals probiert habe, das tatsächlich schlechter schmeckt als amerikanisches Bier! Das Schlimmste: Hite wird sogar exportiert! Ich weiß nicht warum. Aber wer auch immer für diese sinnlose Tragödie verantwortlich ist: Bitte, bitte hört auf damit! So viel Elend muss man doch nicht auch noch hinaus in die Welt tragen! Es reicht doch, dass Korea unter diesem Bier zu leiden hat! Die Koreaner trinken schließlich auch freiwillig Soju! Bei all diesem sinnlosen Leid möchte man gar nicht hingucken. Wahrscheinlich ist dies der wahre Grund dafür, weswegen sich die Jüngeren in Anwesenheit Älterer in Korea umdrehen müssen, wenn sie Alkohol trinken.

Kugelfisch
21. November

Ende November beschloss das Wetter spontan, dass der Winter längst überfällig war. Meine Wanderung am vorhergehenden Sonntag hatte noch größtenteils im T-Shirt stattgefunden, weil es im Pulli einfach zu warm war. Montagnacht drehte sich das Wetter jedoch urplötzlich und die Temperaturen sackten auf 4-8°C. Das habe ich hauptsächlich daran gemerkt, dass ich nachts aufgewacht bin, weil ich so gezittert habe. Anscheinend war meine Bettdecke dünner als ich dachte. Als ich auf der Arbeit davon erzählte, war die erste Reaktion meines Chefs so etwas wie „Oho, Du bist wohl sehr Kälteempfindlich!" und die meines Mitbewohners „Die Heizung kostet zu viel Geld, die lasse ich immer aus". Bitte was? Nachdem schon oft genug von der 3000-jährigen Tradition koreanischer Fußbodenheizungen (Ondol oder Gudeul genannt) gehört hatte, sollte ich mir doch wohl nicht den ganzen Winter auf dem kalten Fußboden meinen zarten europäischen Hintern abfrieren? Mal abgesehen davon, dass es sich schlecht schläft, wenn man zittert.

Der erste Lösungsvorschlag, der mir freudestrahlend von meinem Chef vorgetragen wurde, war das Wort „Heizdecke". So etwas kannte ich bis dahin nur aus Horror-Stories über Wohnungsbrände! Nach diversen Diskussionen weiß ich nun zumindest, dass es in Korea durchaus üblich ist, auf relativ dicken Heizdecken zu schlafen. Mal abgesehen davon schien der betagte Dieselgenerator auf dem Balkon, der unser heißes Wasser erzeugte und somit auch die Fußbodenheizung versorgte, nicht unbedingt vertrauenserweckender. Da die Dieselkanister für jenen auch locker 100-200 Euro pro Monat bei Dauergebrauch kosten sollten, nahm ich erst einmal die Heizdecke und plante bei nächster Gelegenheit den Kauf einer wärmeren Überdecke. Dazu etwas Abdichtungsband, um damit den

Rahmen meiner Balkontür zu verkleben. Diese ließ sich nämlich aufgrund des Internetkabels, welches irgendwo von draußen kam, nicht vollständig schließen. Und in der Hinsicht bin ich schon sehr koreanisch: Wenn mir warm ist und ich habe kein Internet, ist das auch keine Verbesserung!

Ich habe jetzt auch endlich Professor Lee (sprich: Li) persönlich kennengelernt, der mich nach Korea eingeladen hat. Der Kontakt zu diesem kam über meine Universität zu Stande, an welcher ebenjener Professor promoviert hat. Früher gab es zudem ein regelmäßiges Austauschprogramm zwischen unserer Uni und einem koreanischen Forschungsinstitut, welches von Prof. Lee organisiert wurde. Da der Professor jedoch nicht mehr an jenem Institut tätig war, gab es das Programm nicht mehr, den Kontakt hingegen schon. Über diesen Umweg bin ich also nach Korea gelangt. Anscheinend hatten zudem zahlreiche Kollegen in unserer Firma bei diesem Mann studiert oder promoviert. Dies führte zu zahlreichen Verbeugungen und viel Aufregung, als er persönlich in Erscheinung trat. Für mich war es ein wenig amüsant zu beobachten, dass mein Chef (Gruppenleiter) und dessen Chef (Abteilungsleiter und Leiter eines ganzen Forschungs- und Entwicklungszentrums) sich ihm gegenüber ein wenig verhielten, wie Schüler gegenüber ihrem alten Schuldirektor. Um den hohen Gast würdig zu empfangen sollten wir (Prof. Lee, Dr. Lee (der Abteilungsleiter, nicht verwandt), mein Chef und ich) zusammen Mittagessen gehen. Wie üblich wurde das Ganze noch einige Male umarrangiert, bis wir dann zusammen zu Abend gegessen haben (mit Betonung auf Abend, nicht Mittag). Bei der Planung dieses Essen ereignete sich der folgende, denkwürdige Dialog:

Chef: „Du kannst keinen Fisch essen, oder?"

Sascha: „Doch, ich kann Fisch essen, er schmeckt mir nur nicht."

Chef: „Wie sieht es mit Kugelfisch aus?"

Sascha: „Ähm... wie gesagt, ich kann Fisch essen, aber er schmeckt mir nicht."

Chef: „Wir könnten heute Abend Kugelfisch essen und Du probierst vielleicht mal, kriegst aber was anderes. Oder wir gehen in ein anderes Restaurant und essen Hühnersuppe."

Sascha: „Sie möchten wirklich gerne Kugelfisch essen, oder?"

Chef: „Professor Lee isst gerne Kugelfisch."

Sascha: „Dann gehen wir in das Kugelfisch-Restaurant und ich esse etwas anderes."

Chef: „Sicher, dass Du keinen Kugelfisch willst? Er riecht nicht nach Fisch und schmeckt wirklich... ähm... anders..."

Chef ruft Koreanisch-Englisch-Wörterbuch auf dem PC auf und gibt etwas ein

Chef: „Ah, hier. Der Fisch schmeckt blutig (bloody)."

Sascha: „Tja, also... ähm..."

Chef: „Nein, warte, das ist nicht das richtige Wort, ich versuche es noch einmal."

Chef wird triumphierend im Wörterbuch fündig

Chef: „Hier! Das ist es! Der Fisch schmeckt ekelhaft (disgusting)!!!"

Sascha: „In diesem Fall bin ich mir sicher, dass ich keinen Kugelfisch möchte!"

Also gab es Kugelfischsuppe für die anderen und scharfen Kimchi-Eintopf mit Schweinefleisch (Kimchi-jigae) für mich. Der Eintopf hat mir sogar wirklich gut geschmeckt und ist seitdem zu einem meiner absoluten Lieblingsgerichte der koreanischen Küche avanciert! Das Restaurant war recht schick und ich habe mich bemüht, meine besten koreanischen Manieren zu zeigen: Immer schön alles mit zwei Händen geben und nehmen, zum Biertrinken umdrehen etc. Und auch den Kugelfisch habe ich probiert. Ich will gar nicht wissen, wie teuer dieses Essen war, aber so etwas kann man genauso schlecht ablehnen wie Champagner und Kaviar.

Der Kugelfisch ist übrigens laut Wikipedia tatsächlich das zweitgiftigste Wirbeltier der Welt, gegen dessen Nervengift es kein Gegenmittel gibt. In Deutschland ist sein Verzehr folglich verboten. Der Koch scheint sein Handwerk allerdings verstanden zu haben, da keiner an unserem Tisch gelähmt vom Stuhl gefallen ist. Gut, um genau zu sein, ging das auch nicht, wir saßen schließlich alle auf dem Fußboden. Kugelfisch schmeckt übrigens nicht „disgusting", sondern er schmeckt nicht. Also kaum. Eigentlich hat er nur nach der dazu gereichten Soße geschmeckt. Dafür ist die Konsistenz eher wie die von richtigem Fleisch oder Hühnchen. Seine Hauptattraktion sind wohl eher der Preis und der Nervenkitzel aufgrund des Nervengifts.

Am Wochenende wollte ich dann eigentlich mit Caro in die nahegelegene Stadt Daegu, doch leider sagte sie ab, um einen Freund in Seoul treffen zu können. Ergo musste ich mir kurzfristig etwas anderes einfallen lassen!

Buddha wohnt schöner
23. November

Da ich in letzter Zeit schon durch so einige buddhistische Tempel spaziert war, hatte ich mir zur Abwechslung einen konfuzianistischen Schrein als Ausflugsziel auserkoren. Dieser war zwar auch mitten in Busan gelegen, befand sich jedoch ein gutes Stück abseits der U-Bahn und der üblichen Einkaufsviertel, weswegen ich dieses Ziel zuvor scheute. Der Schrein besitzt den klangvollen Namen „Chungnyeolsa" und ist jenen gewidmet, die um das Jahr 1592 ihr Leben bei der Verteidigung Busans gegen die Japaner ließen. Wer bisher aufmerksam mitgelesen hat, dem dürfte nicht entgangen sein, dass dies die Japaner nicht davon abgehalten hat, eine große Anzahl koreanischer Festungen und Tempel niederzubrennen.

Der Konfuzianismus beinhaltet eine besondere Verehrung der Ahnen, ergo stehen in diesen Schreinen immer kleine Gedenktäfelchen für besonders wichtige, heroische oder anderweitig verehrungs- und nachahmungswürdige Menschen. Der Einfluss dieses konfuzianistischen Ahnenkults ist ein wichtiger Grund dafür, dass das Alter und der Respekt vor Älteren in der koreanischen Gesellschaft einen sehr hohen Stellenwert genießen (siehe auch „Händchen-halten mit Meister Kong"). Da Konfuzius neben dem Respekt vor Ahnen und Älteren allerdings auch Ordnung und Regelmäßigkeit stark befürwortete, war dies auch der Eindruck, den der Schrein vermittelte. Es war schon sehr ordentlich dort. Man möchte fast sagen, ein wenig trist. Buddhistische Tempel sind da durchaus etwas lustiger, wenngleich ein Koi-Teich und Blumenkübel mit dekorativen Arrangements von Rot- und Weißkohl (zählt Kohl neuerdings zu den Zierpflanzen?!) das Gesamtbild ein wenig auflockerten.

Im Eingangsbereich tummelten sich sogar noch einige vereinzelte Besucher (vor allem Rentner... die tummeln sich nur etwas weniger schwungvoll), aber nachdem ich die Treppe zum Hauptschrein erklommen hatte, war es dann plötzlich sehr leer und sehr ruhig. Da man in Busan sonst ununterbrochen von Menschen und Krach umgeben ist, sogar wenn man auf irgendwelche Berge klettert (vgl. „der Berg ruft"), war das schon sehr ungewöhnlich. Aber nicht unbedingt unangenehm. Der Kontrast der Umgebung war auch sehr merkwürdig: In der einen Richtung der 400-jährige Schrein mit einem bewaldeten Berg im Hintergrund; in der Gegenrichtung der betongewordene wuselige Ameisenhaufen namens Busan.

Nach kurzem Genuss der Stille, die nur von fernem Verkehrslärm und nahem Räucherstäbchenknistern durchbrochen wurde, stürzte ich mich also zurück in jenen Ameisenhaufen. Den Rest des Tages habe ich mir im Einkaufsviertel Seomyeon vertrieben, um herauszufinden, dass koreanische Buchhandlungen grundsätzlich kleiner sind als unsere, aber doch ein paar vereinzelte englischsprachige Bücher führen, und dass es auch in Seomyeon einen unterirdischen Markt gibt. Dieser war dank der niedrigen Außentemperaturen jedoch hoffnungslos überfüllt.

Für den Sonntag hatte ich mir also wieder einen buddhistischen Tempel vorgenommen. Die meisten Sehenswürdigkeiten in der Gegend waren nun einmal Tempel und ein direkter Vergleich zum „Charme" der konfuzianistischen Variante erschien mir unerlässlich. Bei diesem Ausflug zeigte sich, dass es wirklich sehr, sehr nützlich war, koreanische Schriftzeichen lesen zu können. Die Dame am Bushofschalter hätte mir nämlich beinahe ein Ticket in eine falsche Stadt mit sehr ähnlichem Namen verkauft. Hätte ich jetzt nicht lesen können, was auf meinem Ticket stand, so wäre mir das mit etwas Pech erst nach einer mehrstündigen Fahrt mit dem falschen Bus aufgefallen... nicht unbedingt mein Lieblingsszenario für ein entspanntes Wochenende! Auf der Fahrt nach Eonyang (so hieß die richtige Stadt) zum Seongnamsa Tempel (Seoknamsa geschrieben, aber aufgrund einer sprachlichen Sonderregel anders ausgesprochen) stellte ich erfreut fest, dass mein Bus einen Zwischenstopp am Tongdosa Tempel einlegte, welcher mein auserkorenes Alternativziel für diesen Tag war. Also setzte ich die Fahrt nach Eonyang fort und nahm mir vor, auf dem Rückweg Tongdosa anzusehen, falls dann noch Zeit bleiben sollte. Ich hatte die Rechnung allerdings ohne die lokalen Verkehrsbetriebe von Eonyang gemacht!

Dort angekommen stellte ich nämlich fest, dass der Tempel Seongnamsa nicht als mögliches Ziel am Fernbushof von Eonyang angegeben war. Ergo verließ ich den Bushof, um eine „normale" Bushaltestelle zu lokalisieren, welche auch schnell gefunden war. Neben mir fanden sich dort einige Koreaner ein, die mit mir gemeinsam angereist waren und an der Bushaltestelle waren auch zwei Busse nach Seongnamsa angegeben. Nach einer längeren Wartezeit tauchte dann auch einer dieser Busse auf. Er hielt jedoch nicht wie angegeben an der Bushaltestelle, sondern setzte seinen Weg zum Bushof fort, um dort zu halten, drehte dann und fuhr abermals ohne einen Stopp an unserer Haltestelle vorbei. Anscheinend hatten wir doch etwas falsch gemacht.

Weitere Erkundungen ergaben, dass man im Bushof doch Tickets nach Seongnamsa kaufen kann (auch wenn das Ziel nicht angeschrieben ist) und dass diese Buslinie nur in etwa einmal pro Stunde verkehrt. Gerne auch seltener, selten häufiger, manchmal auch gar nicht, unter Umständen sogar ganz anders. Die Busse der anderen Linie zum Tempel konnte ich an diesem Tag nur geparkt bewundern – wann und ob diese jemals fahren. bleibt mir ein Mysterium! Auf jeden Fall habe ich es dann irgendwann doch zu dem Tempel geschafft, die Fahrtzeit betrug höchstens 15-20 Minuten. Inklusive Warterei hatte diese Strecke aber bereits wesentlich länger gedauert als der

Transfer von Busan nach Eonyang (ca. 1 Stunde Autobahn).

Der Tempel selbst war ganz nett. Erstaunlicherweise war es an diesem Tag recht warm, ich konnte also meine Winterjacke größtenteils auf dem Arm spazieren tragen. Der Tempel wurde von den üblichen Wandergrüppchen umschwärmt, welche gerade in die Berge oder daraus hervor strömten, im Tempel selbst war es allerdings verhältnismäßig ruhig. Überraschend war vor allem, dass hier zur Abwechslung relativ viele gläubige Buddhisten unterwegs waren. Diese sind an der unauffälligen, grauen Kleidung zu erkennen. Damen tragen gelegentlich auch grau mit einem Hauch von rosa. Einige, die es nicht so genau nehmen, tragen auch einen grauen Trainingsanzug statt der üblichen Tracht, welche auch die Mönche normalerweise tragen. Dies mochte natürlich auch daran liegen, dass dieser Tempel einer anderen Richtung des Buddhismus angehörte als die meisten anderen Tempel, welche ich bereits besucht hatte. So exakt kenne ich mich da allerdings nicht aus.

Nachdem ich mit dem Bestaunen von Tempel, Wald und Bergen fertig war, dachte ich mir also, dass ich mich am besten schnell auf den Rückweg mache und so auch noch den Tongdosa Tempel zu sehen bekomme! Nur leider schien mein Plan genau in die große Kaffeepause der Busfahrer zu fallen. Es kamen zwar mehrere Busse an, die Fahrer stiegen jedoch jeweils aus und verschwanden in einem der in Parkplatznähe angesiedelten Restaurants. Nach etwa 2 Stunden Warterei, ich hatte mich gerade zum Kauf einiger heißen Maronen durchgerungen, fuhr dann plötzlich doch ein Bus! Die Rückfahrt im Bus voller grummelnder koreanischer Wanderer (die meisten hatten genauso lange gewartet, wie ich) blieb mir dann genug Zeit, meine Maronen zu schälen und zu mampfen. Zumindest die unbewohnten. Die Bewohner einiger ausgewählter Maroni waren zwar ziemlich tot und ziemlich gar, aber ich habe lieber auf die unfreiwillige Eiweißbeilage verzichtet. Schließlich aß ich schon genug merkwürdige Sachen, die auch zum Essen gedacht waren, da musste ich nicht noch freiwillig andere merkwürdige Sachen essen, die nicht dafür da sind!

Bis ich also wieder im nahe gelegenen Städtchen Eonyang angelangte, hat es eine ganze Weile gedauert. Eonyang ist im Übrigen eher winzig, gehört zur Großstadt Ulsan und ist vorwiegend aufgrund seiner phantastischen Verkehrsbetriebe und Straßenführung erwähnenswert. Die Straßenführung kam auf dem Hinweg zur Geltung, als ich zuerst freudig ein Schild mit Tempelnahmen und einem Pfeil erblickte (juhu, ich bin richtig hier und es ist nicht mehr weit!), dann mein Blick dem parabelähnlich in Gegenrichtung geschwungenen Pfeil folgte (Soll der Bus etwa diese Kurve kriegen? Sicher nicht, der passt ja gar nicht durch den Tunnel dahinter) und der Busfahrer uns dann sogleich in einem todesverachtenden Abbiegemaneuver in den Tunnel katapultierte! Vielleicht gibt es auch aufgrund der Busfahrer so viele Gläubige Menschen in dieser Gegend. Oder man glaubt irgendwann an alles, wenn man daran glaubt, dass in Eonyang rechtzeitig ein Bus kommt. Wie dem auch sei: Bis ich im Fernbus zurück nach Busan saß war es zwar noch nicht dunkel, die Sonne stand jedoch schon ziemlich tief. Spätestens die ewig lange Warteschlange am Zwischenstopp beim Tongdosa Tempel hat mich dann davon überzeugt, dass es besser wäre, Tongdosa ein andermal zu besuchen. Vor allem war unser Bus danach so voll, dass viele Neuzugänge stehen mussten. Nicht unbedingt die sicherste Position für eine längere Autobahnfahrt, vermutlich auch nicht die bequemste.

Engrish-Ausdruck der Woche: Aluminum shit (=aluminum sheet). Erstaunlich, wie viele Anwendungen sich für das Wort „shit" finden lassen!

Händchenhalten mit Meister Kong

Zu Beginn meiner Reise nach Korea war ich in Bezug auf Fremdsprachkenntnisse noch sehr optimistisch und enthusiastisch gestimmt. Ich hatte mir zwar nur wenig Basiswissen der koreanischen Sprache in der Heimat aneignen können, kürzliche Erfolge im Erlernen von Spanisch stimmten mich jedoch optimistisch. Zudem hoffte ich, in der zweitgrößten Stadt des Landes zur Not nach Feierabend noch irgendwo einen Sprachkurs belegen zu können. Der letzte Teil meines Plans wurde durch die abgelegene Lage unseres Werks und meiner Wohnung sowie durch die großzügigen landestypischen Arbeitszeiten gründlich durchkreuzt.

Mein Ehrgeiz, Koreanisch auf eigene Faust zu lernen, endete ziemlich genau an der Stelle, an der ich herausfand, dass es in dieser Sprache nicht nur Anreden wie „Du" und „Sie" gibt, sondern insgesamt sieben derartige „Sprachebenen", deren Verwendung an die soziale Stellung gegenüber dem Gesprächspartner anzupassen ist! Als Bonus gibt es dann noch ehrende Endungen, die man an Verben, Substantive und Eigennamen anhängen kann. Die Sprachebenen ignorierend, mühte ich mich eine Weile weiter mit einem großen Stapel Vokabelkärtchen herum. Sehr zu meinem Leidwesen wurde ich teils zwar verstanden, verstand jedoch nur selten die Antwort – selbst, wenn diese, wie bei einem Preis, nur aus Zahlen bestand. Und das, obwohl ich beide Zählsysteme wirklich intensiv gepaukt hatte! Zumindest die Schrift hatte ich jedoch bald ganz gut drauf.

Da ich sprachlich kaum Fortschritte zu machen schien, war ich sehr bemüht, mir zumindest von den sonstigen kulturellen Regeln und Eigenheiten genug anzueignen, um damit punkten zu können. Das Verbeugen ging mir sehr schnell ins Blut über, da es quasi wie ein Kopfnicken oder Händeschütteln bei so ziemlich jeder Gelegenheit gebraucht wurde. Die Technik war wohl ganz OK, bei Einsatz und Tiefe der Verbeugung unterliefen mir jedoch gelegentlich Fehler – dazu musste man leider die soziale Stellung des Gegenübers jeweils gut einschätzen können. Deutlich geringer Gestellten, z.B. Service-Personal gegenüber höflich sein zu wollen, war scheinbar absolut unangebracht. Damit wären wir allerdings auch schon beim zentralen Problem der sozialen Interaktionen in Korea angelangt, das Außenstehende vermutlich niemals komplett durchdringen können: Die soziale Rangfolge. Wen begrüße ich wie, welche Sprache verwende ich etc.

Ähnlich der japanischen Kultur ist in Korea das Alter sehr wichtig. Spätestens ab einer Altersdifferenz von ca. 5 Jahren, so sagte man mir, ist der Gegenüber mit einer gewissen Ehrerbietung zu behandeln. Verkompliziert wird das Geflecht zusätzlich durch Dinge wie die Rangordnung im Unternehmen, die eigene Vorgeschichte und das Renommee der besuchten Bildungseinrichtungen oder der vorherigen Arbeitgeber.

Bis ich dahingehend sensibilisiert war, war informationstechnisch für mich der Zug natürlich längst abgefahren – alle Koreaner hatten Dinge wie wichtige Altersunterschiede längst innerlich archiviert. Mir waren diese, sofern sie erwähnt wurden, natürlich schnell wieder entfallen. Jeder Versuch, sich diesbezüglich noch korrekt zu verhalten, konnte also bestenfalls noch das Niveau von „er war stets bemüht" erreichen. Da ich diesbezüglich sowieso häufig als Außenstehender behandelt wurde, war ich auch nur bis zu gewissen Grenzen bereit, das Spiel mitzuspielen. Ein Beispiel: Ich lege Wert darauf, mich meinen Vorgesetzten gegenüber loyal zu verhalten. Dennoch bin ich der Meinung, dass Loyalität ein teures Gut ist, das, wenn es in keiner Weise goutiert wird, auch verspielt werden kann. Auch sehe ich es ein, dass in Umgebungen wie dem Militär den Weisungen Ranghöherer Folge zu leisten ist. Ich konnte es jedoch mit meinem persönlichen Ethos einfach nicht vereinbaren, dass beliebige Personen in meinem Umfeld allein aufgrund ihres Alters sozusagen „Befehlsgewalt" über mich haben sollten!

In seltenen Situationen schienen diese divergierenden Denkweisen zu Spannungen mit meinem Mitbewohner zu führen. Er war marginal älter als ich, jedoch weniger als fünf Jahre. Scheinbar führte dies dazu, dass es sich quasi als „großer Bruder" fühlte, der bei gemeinsamen Unternehmungen und in unserer WG zu bestimmen hatte. Meine Perspektive war nun eher die, dass er sich als Gastgeber nur wenig Mühe gab, häufig rücksichtslos handelte und zudem Miete von mir erhielt. Ich stand also nicht unbedingt in seiner Schuld und beantwortete geringen Respekt nicht zwangsläufig ehrerbietig. Zudem wusste ich, dass er einige Zeit in Kanada verbracht hatte. Seine Ignoranz gegenüber westlichen Sitten beabsichtigte ich demnach nicht unbedingt durch sklavische Beachtung der koreanischen Sozialordnung zu beantworten. Das alles klingt dramatischer, als es tatsächlich war – insgesamt kamen wir gut miteinander klar! Ich glaube leider jedoch, dass mein Verhalten in einigen Situationen bis heute nie einen Denkprozess bei ihm in Gang gesetzt hat, sondern eher als Anekdote zum verrückten Verhalten barbarischer Europäer abgespeichert wurde.

Die große Bedeutung des Altersunterschieds führt zu einigen besonderen Denk- und Verhaltensweisen, die für Nicht-Asiaten mitunter schwer nachvollziehbar sein können. Ich habe mir sagen lassen, dass es unter Koreanern zumindest als wenig kultiviert gilt, das Alter zu Beginn eines Gesprächs direkt zu erfragen. Eleganter ist, wichtige Informationen über indirekte Fragen zu ermitteln. Da Ausländer jedoch für gewöhnlich als Außenstehende behandelt werden oder es in englischen Dialogen zumindest oft an sprachlicher Eloquenz mangelt, ist die erste Frage, die einem Ausländer in Korea gestellt wird sehr häufig: „Wie alt bist Du?". Diese Frage ist weniger einfach zu beantworten, als man glauben würde. Ich habe stets mein „amerikanisches Alter", also das Alter nach unserem Verständnis genannt. In Korea gelten jedoch andere Regeln! Zum einen muss die Lebenszeit berücksichtigt werden, die ein Mensch als Embryo im Leib der Mutter verbracht hat. Die neun Monate werden auf ein Jahr aufgerundet, in Korea ist also jeder pauschal ein Jahr älter. Zum anderen ist es einfach unmöglich, Altersdifferenzen zu verfolgen, wenn sich diese im Jahresverlauf ständig ändern. Daher wird jede Person pauschal am ersten Januar ein Jahr älter. Ein an Silvester geborenes Baby ist in Korea an Neujahr somit bereits zwei Jahre alt! Auch ansonsten ist man in Korea darum bemüht, bei kleinen Kindern sofortige Klarheit zu schaffen. Scheinbar ist es bei Neugeborenen absolut üblich, wenn man diese kennenlernt, kurz nachzuschauen, ob ein Penis vorhanden ist. Dann weiß man zumindest mit Sicherheit, ob es ein Junge oder Mädchen ist!

Wer nun glaubt, dass der Altersunterschied sich ausschließlich in der sprachlichen Höflichkeit und der Tiefe der Verbeugung ausdrückt, der irrt leider gewaltig! Die Bedeutung des Alters und einer korrekten Verbeugung lassen sich leicht zu einer gemeinsamen Quelle zurückverfolgen: Konfuzius. Welcher im Übrigen eigentlich Kong Qiu hieß – der Begriff „Konfuzius" ist eine latinisierte Version der Bezeichnung „Lehrmeister Kong". Zu den zentralen Aspekten der Lehren von Meister Kong zählen: Die Bedeutung gesellschaftlicher Rituale wie formeller Begrüßungen, die Wertschätzung Älterer und der Ahnen und die Bedeutung erworbener Bildung. Wer das einmal herausgefunden hat, der versteht in Korea so Einiges! Schlicht gesagt: Obwohl die Lehren des Konfuzius in anderen Ländern scheinbar gerade eine Wiederbelebung erfahren, ist Korea deutlich konfuzianistischer als China!

Ein schönes Beispiel dafür, was dieses im täglichen Leben bedeuten kann, erlebte ich bereits in meiner ersten Woche im Werk. Wie erwähnt musste in unserem Unternehmen jeder „Neue" mindestens eine Woche in der Produktion aushelfen. Ich wurde dabei einem recht jungen Mitarbeiter zur Seite gestellt. Unsere Aufgabe war es, Blechteile am Ende einer Produktionslinie zu entnehmen und auf Transportwagen zu stapeln. Der Junge konnte zum Glück ganz gut Englisch oder scheute sich zumindest nicht, einfach das Gespräch zu suchen. Für koreanische Verhältnisse war er also recht frech – wir verstanden uns blendend!

In den Mittagspausen erlebte ich zum Beispiel jedoch Folgendes: Er wurde schikaniert, sobald er versuchte, sich nach dem Essen in den Raucherbereich zu begeben. Zum einen waren die älteren Kollegen wohl pikiert, dass er sich in ihrem Pausenbereich aufhielt. Zum anderen wird es in Korea als unhöflich betrachtet, in Anwesenheit älterer Personen zu rauchen. Selbst wenn er versuchte, sich in die hinterste Ecke des Pausenbereichs zu verdünnisieren, war er also einfach auf die Toleranz seiner älteren Kollegen angewiesen. Da diese es sichtlich genossen, Druck auf die jungen Kollegen ausüben zu können, hatten er und seine Altersgenossen schlechte Karten. Im Endeffekt konnten die Jungs meist nur dann noch schnell rauchen gehen, wenn die älteren Herren ihre Pause bereits beendet hatten. Was diese natürlich wiederum dazu veranlasste, einfach aus Prinzip einen möglichst großen Teil der Pause im Raucherbereich zu verbringen.

Als Nichtraucher hat mich dieses Problem natürlich wenig betroffen. Bei Geschäftsessen war jedoch häufig von Relevanz, dass es ebenfalls als unhöflich gilt, in Gegenwart Älterer alkoholische Getränke zu genießen! Die übliche Lösung ist, dass sich alle „Jüngeren" am Tisch verstohlen umdrehen, um dabei ihren Soju zu leeren und dennoch Respekt zu bekunden. Es wäre zwar bei mir auch akzeptiert worden, wenn ich dies nicht getan hätte, ich folgte dem Brauch jedoch bei entsprechenden Anlässen, um mich zu integrieren und nicht unhöflich zu sein.

Gegenüber Respektspersonen ist es ebenfalls sehr wichtig, den Arm zu stützen. Sollte man zum Beispiel dem Firmenchef die Hand schütteln dürfen, muss der rechte Arm unbedingt mit dem linken Arm gestützt werden! In diesem Fall am besten gekoppelt mit einer ausreichend tiefen Verbeugung. Das Stützen des Arms ist jedoch auch bei anderen Interaktionen wichtig, zum Beispiel dann, wenn ein Soju genossen wird. In Korea ist es üblich, sich am Tisch gegenseitig einzuschenken. Alleine Trinken ist verpönt – was grundsätzlich zunächst sehr sinnvoll erscheint.

Wer sehen möchte, zu welchen Extremen diese Sitte führen kann, dem sei die koreanische Komödie „My Sassy Girl" sehr ans Herz gelegt. Jedenfalls ist es bereits dann üblich, den einschenkenden Arm zu stützen, wenn man einem höher gestellten Kollegen am Tisch einschenkt. Ich habe es mehrfach erlebt, wie sich ältere Kollegen und Gruppenleiter sichtlich gefreut haben, als ich ihnen durch Einhaltung dieser Sitte am Tisch entsprechenden Respekt gegenüberbrachte. Es muss hierbei jedoch erwähnt werden, dass dieses Verhalten absolut nicht optional ist. Wer eine andere Person respektvoll behandelt, der muss dies IMMER tun. Einmal ist es mir leider passiert, dass ich nach mehreren Runden Soju und Bier vergessen habe, den Ellenbogen zu stützen, als ich meinem Nebenmann eingeschenkt habe. Auch die Tatsache, dass ich mit kurzer Zeitverzögerung noch nachgesteuert habe, bevor das Glas voll war, hat die Situation nicht mehr gerettet: Mein Nachbar war sichtlich entsetzt! Egal welche Situation, egal wie spät: Wer einmal mitspielt, der ist verpflichtet. Und nein: Späße mit dieser Sitte sind auch nicht erlaubt.

Auch ohne über das Alter oder das Bildungsniveau des Gegenübers informiert zu sein, gibt es in Korea mitunter eine Vielzahl von Regeln, die zu beachten sind. Ein ganz schlimmer Fauxpas, der besonders kurzfristigen Besuchern häufig unterläuft, ist die Verwendung der linken

Hand. In Deutschland ist es zum Beispiel kein Problem, Wechselgeld mit der linken Hand entgegenzunehmen. In Korea gleicht dies fast einer tödlichen Beleidigung! Ein einziges Mal habe ich einem Busfahrer mein Ticket mit Links gereicht, weil ich mit der anderen Hand gerade mein Gepäck umklammerte. Der Mann konnte sehen, dass mir wirklich keine andere Wahl blieb, als die linke Hand zu benutzen. Obwohl ich offensichtlich kein Koreaner war, wurde das Ticket nur nach langem Zögern und mit zittrigen Händen widerwillig entgegengenommen. Meine eindringliche Bitte daher an alle, die jemals privat oder beruflich nach Korea reisen: Bitte nie, nie, niemals etwas mit der linken Hand übergeben! Zwei Hände sind im Zweifelsfall noch besser.

Ein absolutes Tabu in Korea sind zudem Gesten der Zuneigung in der Öffentlichkeit. Ein Pärchen, das sich in Korea öffentlich küsst oder umarmt wird vermutlich alles von amüsierten über peinlich berührten bis zu entsetzten Blicken und Kommentaren auf sich ziehen, auf jeden Fall jedoch zum sofortigen Mittelpunkt des Geschehens werden. Händchenhalten ist wohl grenzwertig und gelegentlich zu sehen. Als Ersatz demonstrieren verliebte Pärchen ihre Zusammengehörigkeit gerne durch identische oder zueinander passende Outfits, was wiederum eher bei westlichen Touristen, sofern es sie denn gibt, zu ungläubigen Blicken führt.

Noch ungewöhnlicher erscheint es westlichen Besuchern, dass Paare zwar selten Hänchen halten, Freunde hingehen schon. Man sieht häufig befreundete junge Männer oder Frauen händchenhaltend über die Straße schlendern. Da koreanische Männer auch von der Körpersprache oft recht feminin wirken, entsteht für Uneingeweihte dadurch sehr leicht ein falscher Eindruck! In Wahrheit scheinen viele Koreaner jedoch geradezu besessen von etwas, das man neudeutsch wohl als „Bromance" bezeichnen würde: Männerfreundschaft. Sie suchen quasi nach dem einen, besten Freund, mit dem man durch dick und dünn geht und dem man jederzeit einfach alles erzählen kann. Als Geste der Zuneigung unter Freunden ist es auch absolut üblich, dem Nebenmann in geselliger Runde die Hand auf den Oberschenkel zu legen. Was sich für Europäer auch sehr komisch anfühlt.

Soviel zu Gesten, die leicht homosexuell wirken können, es aber nicht sind. Zu tatsächlicher Homosexualität in Korea kann ich wenig sagen. Schwul oder lesbisch zu sein ist in Südkorea zwar wohl (nicht mehr) illegal, scheint jedoch ein ziemlich großes Tabuthema zu sein. Am besten erzähle ich, um dies zu illustrieren, von einem weiteren Kollegen aus der Nachbarabteilung. Dieser verhielt sich, gelinde gesagt, noch femininer als üblich. Besonders wenn er gut gelaunt war, schien er geradezu durchs Büro zu tänzeln. Er stand in den Pausen nie mit den anderen Männern herum, hielt dafür gerne längere Schwätzchen mit unserer Abteilungssekretärin. Wenn er sprach, näselte er recht affektiert und gestikulierte dazu gerne in einer Weise, die ich in Ermangelung eines besseren Wortes leider nur als „tuntig" beschreiben kann. Der Innenraum seines Autos war mit jeder Menge Stofftieren, Blümchen und anderen niedlichen kleinen Dingen dekoriert. Seine Vortragsfolien gestaltete er bevorzugt in einem leuchtenden Pink, mit lustigen kleinen Comicfiguren in den Ecken und Glitzer-Animationen beim Überblenden zur nächsten Folie. Ich bin mir bis heute nicht sicher, ob die anderen Kollegen diese nun doch leicht auffälligen Vorzeichen einfach nicht verstanden oder lieber absichtlich ignorierten. Jedenfalls hatte der besonders feminine Mann mit den rosa glitzernden Vortragsfolien eine Frau und ein Kind.

Erschreckt hat mich auch die Geschichte einer unserer Sekretärinnen, die in einer Außenstelle tätig war und gelegentlich bei uns gastierte. Die junge Dame schien wirklich aufgeweckt und stets gut gelaunt. Ein Kollege ließ mich später jedoch wissen, dass sie eigentlich einen Universitätsabschluss in BWL hatte und ziemlich frustriert und unglücklich damit war, dass „Sekretärin" für sie die höchste erreichbare Position zu sein schien. Was ihn wiederum sehr stresste, da er ihr Vorgesetzter war und sich für sie verantwortlich fühlte, jedoch nichts an der Situation ändern konnte. Soweit ich es in Erfahrung bringen konnte, war das Problem wohl leider, dass manche Jobs in Korea noch als „für Frauen akzeptabel" galten und andere eben nicht. Wie das damit in Übereinklang zu bringen ist, dass wenig später mit Park Geun-hye die erste Frau in das Amt des Präsidenten von Südkorea gewählt wurde, verstehe ich nicht ganz. Vielleicht war es in diesem Fall ein Faktor, dass bei einer demokratischen Wahl die Stimmen der Frauen gleichviel zählen, während in den Firmen und Ämtern immer noch die überwiegend männlichen Chefs bestimmen, wer Karriere macht. Was natürlich bis zu einem gewissen Grad auch auf Deutschland zutrifft.

Beeindruckt haben mich jedoch die zahllosen Ajummas, die sozusagen das Rückgrat des koreanischen Gaststättengewerbes bilden. Mehrfach habe ich es bei Restaurantbesuchen erlebt, dass sich irgendwo im Hintergrund der offensichtlich alkoholisierte Ehemann der Chefin bewegte – es war auch ohne Worte immer sofort klar, wer den Laden im Griff hatte! Wir sind auch mehrfach in kleinen Restaurants gewesen, die von einer einsamen Ajumma quasi im Alleingang betrieben wurden. Das hatte an Abenden mit geringem Publikumsverkehr zum Teil so abstruse Auswüchse, dass wir uns zum Beispiel bei den Getränken gefälligst selbst bedienen sollten, während die Seifenoper im TV lief!

Beim Thema Kleinstunternehmen möchte ich zudem die kleinen Nachbarschafts-Supermärkte nicht unerwähnt lassen. Davon gibt es für gewöhnlich in jeder kleinen Hochhaussiedlung mindestens einen. Die Läden haben nahezu durchgehend offen, werden jedoch zumeist nur von einem Ehepaar oder gar einer einzelnen Person betrieben. Das Angebot an Waren übertrifft dabei durchaus das, was man in Deutschland noch als „Kiosk" einstufen würde: Es gibt quasi alles, was man nach Feierabend oder am Wochenende „noch mal schnell" brauchen könnte. Oft genug habe ich es dabei erlebt, dass der Betreiber hinter der Kasse auf einer Art Podest residierte, welches offensichtlich auch als Schlafstelle genutzt wurde. Im Blickfeld stand oder hing zumeist ein Fernseher, abends saßen auch mal die Kumpels vom Inhaber mit einem Bierchen um die Kasse. Sozusagen Leben auf der Arbeit statt Leben für die Arbeit.

Made in Korea
27. November

Man sagt ja gerne mal, dass Hunde aussehen wie ihr Herrchen. Oder umgekehrt. Die Koreaner sind jetzt nicht sooooo tierlieb, also muss man sich da schon einen anderen Vergleich einfallen lassen. Und es gibt wenige Dinge, die den koreanischen Charakter so schön widerspiegeln wie koreanische Autos.

Nach meiner Beobachtung sind Koreaner unglaublich konservativ in vielen Dingen, wollen aber eigentlich gar nicht so sein. Liegt wohl an ihren lustigen Gesellschaftsregeln. Das Konservative spiegelt sich dann auch ziemlich gut im „Design" der Autos wieder. Die meisten Autos auf koreanischen Straßen sehen aus, als hätte jemand bei einem Dutzend Konkurrenzprodukten abgeguckt, den Mittelwert gebildet und alles was zu gewagt, zu eigenständig oder zu aufregend sein könnte sicherheitshalber mal weggelassen. Sprich: Die Autos sehen alle gleich aus, dazu gibt es sie fast nur in gedeckten Farben. Teilweise wurde auch nur bei einer Marke abgeguckt, das fällt dann auch auf. Dann sieht das Auto von weitem so ähnlich aus wie ein Mercedes, BMW oder Cadillac. Aus der Nähe sieht das Auto immer noch so aus, nur eben... langweiliger. Sehr lustig sind auch die Kleinwagen, die stark an verkehrstüchtige Autoscooter erinnern.

In puncto Lackierung ist weiß mit Abstand die beliebteste Farbe. Ein Kollege meinte dazu, der Grund dafür sei, dass weiße Autos immer sauber aussehen würden. Vielleicht hat es auch ein wenig mit dem Verlangen zu tun, sich zu integrieren und ein Auto in der gleichen Farbe zu kaufen, wie alle anderen.

Dennoch scheint es, dass viele Koreaner klammheimlich viel lieber ein aufregendes Auto fahren würden. Also wird angebaut. Ein unentbehrliches Statussymbol sind große blaue Schaumgummiklötze, die von außen an den Türen kleben, damit das neue Auto nicht zerkratzt. Ob jetzt ein paar Kratzer tatsächlich hässlicher sind als große blaue Schaumgummiklötze ist wohl Geschmackssache. Später konnte ich erfahren, dass diese Zusatzpolster für gewöhnlich bereits ab Werk montiert werden, um Schäden bei der Auslieferung zu vermeiden. Die Käufer lassen sie dann möglichst lange am Auto, damit jeder erkennen kann, dass man ein neues Auto hat!

Für die Stoßstangen gibt es zum Nachrüsten etwas härtere Aufklebeteile aus Gummi und Metall, schließlich ist Einparken schwierig und der Nutzen von Rückspiegeln noch nicht restlos geklärt. Zur Sicherheit wird aber trotzdem noch ein riesiger Einpark-Zusatzspiegel angeklebt, sofern die Bauform des Fahrzeugs das zulässt. Wenn das Auto sowieso schon etwas gebraucht und verbeult aussieht, kauft man stattdessen Aufkleber, die aussehen wie Einschusslöcher, das machen aber nur die ganz Verwegenen. Ganz wichtig ist übrigens auch ein kleines besticktes Kissen auf dem Armaturenbrett. Da ist meistens irgendein kitschig-niedliches Motiv zusammen mit einer Telefonnummer drauf. Diese wird benötigt, falls z.B. ein anderer Verkehrsteilnehmer beim Einparken trotz aufgeklebter Zusatzpanzerung das Auto beschädigt. Eigentlich ganz praktisch, wenn diese Kissen nur nicht so hässlich wären. In Deutschland würde das wahrscheinlich nur größere Mengen von Scherz-Anrufen provozieren.

Mit Einbruch des Winters ließ sich auch nicht übersehen, dass Standheizungen in Korea sehr in Mode sind. Wobei dieser Ausdruck vielleicht nicht ganz zutreffend ist. In Deutschland oder Amerika handelt es sich bei einer Standheizung ja üblicherweise über ein Zusatzaggregat, das auch ohne laufenden Automotor betrieben werden kann und per Fernbedienung eingeschaltet wird. In Korea schaltet man einfach den Motor des Autos per Fernbedienung ein, dann kann sich die normale Fahrzeugheizung schon mal warmlaufen. Es passiert daher öfters, dass geparkte, führerlose Autos plötzlich ihren Motor an- oder ausschalten. Im Idealfall kommt dann nach wenigen Minuten ein verfroren aussehender Koreaner angerannt, öffnet ein paar Meter vorher auch noch die Türverriegelung per Fernbedienung und muss nur noch ins warme Auto hineinhüpfen, ohne auch nur eine einzige überflüssige Sekunde in der Kälte verbracht zu haben.

Die Aufgezählten Dinge gehören allerdings noch alle mehr oder minder zur Standardausrüstung eines koreanischen Autos; es sollte ja um die „richtigen" Verschönerungen gehen. Diese sind etwas seltener als das ganze Aufkleberzeugs, aber dafür auch besonders besonders (nein, kein Tippfehler, das meine ich so). Das beliebteste Extra scheinen Aufkleber zu sein, auf welchen die Markennamen bekannter Tuningartikelhersteller prangen. Diese findet man auch in anderen Teilen der Welt häufig auf getunten Autos. In Korea werden diese Aufkleber jedoch auch gerne verwendet, ohne dabei sinnlos Geld in kostspielige Umbauten des Fahrzeugs zu investieren. Geschmacksicher werden diese dekorativen Aufkleber jedoch gerne mit gigantischen Spoilern kombiniert! Der macht das Auto schon mal deutlich schneller, sogar im Stand. Mein absolutes Lieblingsstück ist ein Spoiler, der einen Flügel mit zwei Düsentriebwerken optisch nachahmt. Dieser ist mir schon mehrfach aufgefallen und er ist jedes Mal wieder ein Kopfschütteln wert. Als Clou sind in den „Düsentriebwerken" zusätzliche Bremsleuchten eingebaut, damit die „Düsen" auch rot leuchten. Das klingt vielleicht noch ganz lustig, erinnert aber stark an die futuristischen Düsenjäger, die immer nur im Kreis rollen, wenn man sie sieht. Und zwar auf der Kirmes. Auf dem Kinderkarussell.

In die gleiche Kategorie fallen Kühlerfiguren mit Propeller (kein Witz!). Es gibt auch Leute, die ihr Auto etwas ernsthafter tunen, mit neuen Felgen und sportlich aussehenden Scheibenbremsen mit signalfarbenen Bremssatteln. Das ist ja theoretisch ok, aber wenn dieses Paket mit einem Auto kombiniert wird, das aussieht wie ein besonders langweiliger schwarzer Cadillac, bewegt man sich durchaus wieder im Bereich des Humoristischen. Hin und wieder hört man auch mal ein Auto mit dicker Audioanlage und lauter Musik. Wenn dann statt knallhartem Gangster HipHop oder Minimaltechno, wie das sonst üblich ist, lautstarke koreanische Pop-Balladen zum Mitschmachten erschallen, kann man sich abermals das Grinsen kaum verkneifen. Zumindest ich nicht!

Es gibt natürlich auch Ausnahmen: Europäische Autos sieht man gelegentlich auch, aber immer nur die ganz teuren. Die großen Modelle von BMW und Mercedes, Porsche, Rolls Royce – eben das, wofür gerade Geld da war. Ansonsten sind die Straßen zu mindestens 98% von koreanischen Autos bevölkert. Und zwar von Marken, von denen Nicht-Koreaner oft nie etwas gehört haben. Auch die bekannteren koreanischen Marken offerieren auf dem heimischen Markt zahlreiche Modelle, die in Deutschland nicht erhältlich sind. Hyundai (übrigens in etwa „Hiondä" ausgesprochen) kennt man ja noch. Kia auch. Daewoo gab's bei uns auch mal, die Marke ist aufgrund einer Übernahme durch General Motors inzwischen jedoch nahezu verschwunden: Fahrzeuge der ehemaligen Daewoo-Motors werden inzwischen mit Chevy-Logo versehen. Die Marke SsangYong ist in Korea sehr präsent, genießt in Deutschland jedoch bestenfalls Exoten-Status. Damit ist das Spektrum jedoch lange noch nicht erschöpft! Zum Beispiel gibt es auch noch die Pyeonghwa Motors Corporation. Wer kennt sie nicht? Absolut vom Hocker gehauen hat mich jedoch die Erkenntnis, dass Samsung auch Autos baut! Die Marke wurde zwar irgendwann größtenteils von Renault übernommen, trägt jedoch weiterhin das alte Logo und Samsung im Namen.

Samsung ist nämlich ein großes koreanisches „Chaebol", also ein Konglomerat, das fast alles herstellt, genau wie Hyundai und LG. Es gibt irgendein Gesetz, das es diesen

Firmen verbietet, in Korea eine eigene Bank zu haben, aber sonst machen die wirklich alles – inklusive Finanzdienstleistungen, die bereits nahe am Banking sind. Wer z.B. für Samsung arbeitet, kann auch gleich in einem von Samsung gebauten und vermieteten Hochhaus wohnen, ein Samsung Auto fahren und mit der Samsung Kreditkarte zahlen, um Samsung Handys, Samsung Klamotten (ja, es gibt eine Kette namens Samsung Fashion, zu der scheinbar auch die in Korea beliebte Marke „Beanpole" gehört!) und Samsung Computer zu kaufen. Absichern kann man sich dann mit einer Samsung Versicherung, macht Urlaub in einem Samsung Resort und besucht dabei einen Samsung Freizeitpark. Wahnsinn. Dennoch erscheint es irgendwie abstrus, wenn z.B. SK (so etwas wie die koreanische Telekom) nebenher Tankstellen betreibt. Oder wenn der Elektronikkonzern LG auch Kosmetik und Getränke herstellt. So direkt haben diese Sparten jetzt nicht unbedingt was miteinander zu tun. Zudem fühlt man sich ein wenig umzingelt.

Mein Lieblings-Chaebol heißt übrigens „Lotte". Der Konzern trägt diesen Namen, weil der Gründer Goethe's „Leiden des jungen Werther" so gerne mochte, dass er seine Firma nach der Figur Charlotte aus jenem Buch benannt hat. Die dazugehörige Fast-Food-Kette wurde sehr einfallsreich „Lotteria" genannt. Sie zeichnet sich unter anderem durch den Bulgogi-Burger aus. Bulgogi ist eine koreanische Spezialität und besteht normalerweise aus speziell mariniertem Rindfleisch, welches man sich am Tisch auf einem Gas- oder Holzkohlegrill selber zubereitet. Der Bulgogi Burger hingegen besteht aus einem winzigen Scheibchen Fleisch (selbst bei Mäcces sind die nicht SO dünn) und jeder Menge Bulgogi-Soße. Ich hab's mal probiert, würde dieses Selbstexperiment allerdings nicht unbedingt zur Nachahmung empfehlen. Angeblich gibt es bei Lotteria auch einen Kimchi-Burger, aber der muss mir bisher entgangen sein. Schließlich passt Kimchi zu allem.

Genau wie Reis. Deswegen gibt es dort auch einen Hamburger zwischen zwei Scheiben Puffreis, also zwischen zwei Reiswaffeln, wie sie auch in Deutschland verkauft werden. Fritten können die Koreaner übrigens gar nicht, also genau so gut wie Hamburger. Da scheint der sonst häufig wahrnehmbare Einfluss der USA auf Südkorea wohl kläglich versagt zu haben!

Aktuelles Engrish-Highlight: „Are you boring?". Das bin ich jetzt schon mehrfach gefragt worden und es sollte keine Infragestellung meines Unterhaltungswerts sein. Korrekt muss es natürlich „Are you bored?" heißen.

Die zweite Hochzeit
30. November

Am Samstag dieser Woche war ich auf einer weiteren Hochzeit eingeladen. Dort konnte ich meine stäbchenakrobatischen Fähigkeiten im direkten Nahkampf mit koreanischem Essen noch einmal so richtig auf die Probe stellen. Zentraler Bestandteil des Hochzeitsmahls war nämlich diesmal „Galbi". Das sind koreanische Rippchen: Kurze Knochenstücke mit relativ viel Fleisch dran und eintopfartig zubereitet. Also ein wenig wie Gulasch mit Knochen drin. Das schmeckt auch sehr lecker, ist allerdings mit Stäbchen nahezu unmöglich zu essen! Man muss mit den Stäbchen sein Rippenstück festhalten, während man versucht, das Fleisch davon abzunagen. Das ist ungefähr so effektiv, wie Gemüsebrühe mit Messer und Gabel zu essen. In Anbetracht dessen, dass in Korea so gut wie nie ein richtiges Stück Fleisch auf den Tisch kommt, war ich jedoch wahrhaft motiviert, dieses Kunststück zu meistern!

Allerdings muss ich sagen, dass der Preis für diese Spezialität es durchaus in sich hatte: Eine Portion (reicht für 2 - 4 Personen, je nachdem wie viel Fleisch jeder möchte) kostete je nach Zubereitungsart 25.000 - 45.000 Won, also ungefähr 15 - 130 Euro (schwer umzurechnen, da der Won-Kurs damals einer Achterbahnfahrt glich). Zum Vergleich: Ein normales Mahl für eine Person kostete etwa 1.500 - 6.000 Won, also eher 1-4 Euro. Doch zum Glück waren wir eingeladen.

Nebenbei gesagt gab es sogar einmal Galbi in der Firma zu essen. Dort handelte es sich aber wirklich mehr um Gulasch mit ein paar dekorativ beigelegten Knochen. Ein Kollege hat bei dieser Gelegenheit mit großen Augen verkündet, dass er in den 3 Jahren, die er schon in dieser Firma ist (und isst) noch NIE Galbi in der Kantine bekommen hat! In der Hinsicht habe ich wohl Glück gehabt.

Die Hochzeit selbst hat mir besser gefallen als die erste koreanische Hochzeit, der ich einige Wochen zuvor beiwohnen durfte. Die meisten Gäste kamen zwar leider etwas spät und haben sich dann wieder lautstark während der Zeremonie unterhalten, es war aber dennoch wesentlich feierlicher. Die Hochzeitshalle war etwas hübscher und alles war etwas weniger auf Massenabfertigung ausgelegt, z.B. gab es ein Streichterzett mit Pianobegleitung zur Musikuntermalung anstatt wummernder Popmusik vom Band. Allerdings hat sich das Terzett ein paarmal so schön verspielt, dass sich einem unweigerlich die Nackenhaare aufgestellt haben. Zum Verzehr der erwähnten Rippchen sind wir in ein Restaurant gegangen, das einige Straßen weiter lag – nicht in eine „Hochzeitskantine", wie beim letzten Mal.

Obwohl das Restaurant auf den ersten Blick eher den Charme einer Imbissbude hatte, muss ich sagen, dass wir doch sehr, sehr gut gegessen haben! Auch war es dort entgegen des Ersteindrucks erstaunlich gemütlich. Das Gelage wurde allerdings schlagartig mit der Ankunft des Bräutigams beendet... anscheinend muss man bis dahin mit Essen und Trinken fertig sein! Dann gab es für das Brautpaar nochmal ein Biertrinkspielchen und die gleiche Schweinerei mit rohen Eiern wie beim letzten Mal und wir wurden wieder nach Hause geschickt. Ich glaube, die An- und Abreise hat zusammen länger gedauert als die Hochzeit selbst, obwohl diesmal in der Innenstadt von Busan geheiratet wurde! Den Hochzeitskuchen hat übrigens auch diesmal wieder niemand gegessen. Dafür war er mehrstöckig und ohne Nebel- und Blitzeffekte. Aber nur die „Etage" des Kuchens, die auch tatsächlich angeschnitten wurde, war echt. Man muss ja nicht übertreiben.

Sonntags bin ich dann mit dem Bus einfach mal in die andere Richtung gegondelt als sonst. Nach einer Viertelstunde Fahrt durch stetig kleiner werdende Dörfer und Reisfelder kommt man ans Meer mit ein paar netten Fischerdörfchen. Eigentlich war es auch ganz hübsch da, lediglich das unmittelbar am Wasser gelegene Atomkraftwerk störte den Gesamteindruck ein wenig. Es hat allerdings niemanden vom Angeln abgehalten.

Anschließend wollte ich noch zu einem Tempel in der Nähe. Die Tour zu diesem Tempel scheiterte allerdings mal wieder an den örtlichen Nahverkehrsmitteln. Außerdem erwies es sich als hinderlich, dass aus der lateinischen Buchstabierung des Tempelnamens – ich hatte nur auf diese im Internet geachtet – nicht die genaue Aussprache ersichtlich war. Um exakt zu sein, ging es nur um die Aussprache des ersten Buchstabens. Das reichte in diesem Fall jedoch schon, um nicht verstanden zu werden.

Da der Tempelplan somit erstmal fehlgeschlagen war und ich nicht noch länger auf einen Bus warten wollte, der vielleicht nie kommt, bin ich dann mit einem anderen Bus doch noch in die Stadt zum Haeundae Strand gefahren, um dort ein wenig herumzuspazieren. Dabei hat sich auch ein Besuch des Aquariums angeboten. Irgendwie hat mich das Aquarium dann sehr an den Fischmarkt erinnert, nur dass auf dem Markt weniger gedrängelt wurde. Es hat mich auch irritiert, dass man im Aquarium Fahrten mit einem Glasbodenboot buchen konnte. Des Rätsels Lösung: Im Aquarium von Busan gibt es ein großes Haifischbecken. Wer genug Geld und Zeit mitbringt, darf darin eine Runde tauchen gehen. Das ist weniger spektakulär, als es klingt, da die Haie möglichst weit von den Tauchern wegbleiben und diese hauptsächlich auch nur in der Mitte des Beckens rumstehen dürfen. Wer es noch weniger aufregend mag, der kann sich mit einem Glasbodenboot auf dem Haifischbecken herumfahren lassen. Warum das besser sein soll, als von der Seite in das Aquarium zu gucken, kann ich nicht sagen. Es kostet auf jeden Fall mehr und die Warteschlange dafür war lang.

Insgesamt hatte das Aquarium einen erstaunlichen Fischreichtum zu bieten. Vielleicht das, was von den örtlichen Fischern als „nicht essbar" eingestuft wurde. Obwohl ich nicht glaube, dass es für Koreaner so etwas wie nicht essbare Meerestiere gibt. Teilweise hätten die Becken durchaus etwas grösser sein dürfen und man hätte mal das eine oder andere tote Viech herausfischen können (ein Feuerfisch war schon halb vergammelt!). Auch konnte man mal sehen, warum Fotografieren mit Blitzlicht sonst meist verboten ist. Es wurde nämlich so viel geblitzt, dass die meisten Fische direkt Reißaus genommen haben, wenn man irgendetwas Kameraähnliches vor ihr Aquarium gehalten hat!

Sehr spaßig war hingegen das offene Wasserbecken, wo man Tiere anfassen durfte. Da haben Angestellte immer einen Seeigel (!) und ein paar Seesterne in ein kleines Plastikwännchen gesetzt und den Kindern zum Anfassen gegeben. Ok... Seestern anfassen ist ja noch lustig. Den Seesternen schien das sowieso egal zu sein, die haben sich noch nicht mal bewegt, als ein Kind angefangen hat, einen Turm aus ihnen zu bauen. Aber Seeigel? Als ich dabei war, haben alle Mütter ihre Kinder erfolgreich davon abhalten können, die Seeigel anzufassen. Irgendwie zweifle ich dennoch am pädagogischen Sinn der Maßnahme, einem kleinen Kind einen Seeigel in die Hand zu drücken.

Koreanisierung
1. Dezember

Der Dezember brachte weitere Anzeichen mit sich, dass sich für mich nun endgültig so etwas wie Alltag und Normalität einstellen sollte. Das wichtigste Anzeichen war, dass ich mich endlich wieder ausweisen konnte! Auch wenn das alles so seine Richtigkeit hatte, ist es doch etwas unangenehm, in einem fremden Land längere Zeit ohne Reisepass oder örtlich gültige Ausweisdokumente unterwegs zu sein. Solange die Einwanderungsbehörde meinen Pass hatte, konnte ich meinen legalen Aufenthalt nämlich nur mit einer Empfangsquittung für diesen Pass belegen. Und ich glaube nicht, dass sich im Zweifelsfall ein koreanischer Polizist von einem DIN A4 Computerausdruck oder einem deutschen Personalausweis beeindrucken lässt. Ganz abgesehen davon, dass ich ohne diese Dokumente z.B. noch nicht einmal ein Bankkonto eröffnen konnte.

Womit wir dann beim nächsten Anzeichen eines normalen Alltags angekommen wären: Ich hatte endlich ein eigenes Bankkonto! Allerdings war es noch leer. Aber so richtig. Der Kontostand befand sich quasi auf dem schmalen Grat zwischen Soll und Haben. Damit stand ich wahrscheinlich zu diesem Zeitpunkt besser dar, als so manche Bank (Stichwort: Finanzkrise). Ich konnte jedoch nur hoffen, dass dies nicht jene Bank beinhaltete, bei der ich gerade ein Konto eröffnet hatte! Da in unserem Teletubbytal jedoch nur eine einzige Bank zur Auswahl stand, konnte ich es mir nicht aussuchen.

Man hat also meine Fingerabdrücke gespeichert, mich uniformiert und mir einen Firmenausweis, eine Alien Registration Card (bzw. laut Aufdruck ein „Certificate of Alien Registration") sowie eine lilane Visakarte verpasst, die nur in Korea gültig war. Ich besaß sogar einen dieser tollen U-Bahn-Fahrkarten-Handyanhänger, die man am besten gut sichtbar aus der Hosentasche baumeln lässt. Damit war ich schon FAST Koreaner! Man erkannte quasi nur noch daran, dass ich Ausländer war, dass ich kein Handy hatte, an dem meine U-Bahn Fahrkarte baumeln konnte. Und vielleicht an den blonden Haaren, aber das fällt ja unter lauter Asiaten kaum auf.

Die lilane Visa-Karte war leider tatsächlich nur im Inland gültig (mal ehrlich... wer will schon lilane Kreditkarten annehmen?), diente dem direkten Zugriff auf mein Konto und benötigte zur Benutzung die Eingabe einer PIN-Nummer. Bei uns würde man also eher von einer EC Karte sprechen, nur dass diese eben ein Visa-Logo zierte. Dafür kommt man bei koreanischen Banken in den Genuss sprechender Geldautomaten, bei deren Bedienung zudem stets eine eifrige Bankangestellte zur Hilfe eilt, sobald man auch nur kurz zögert, den nächsten Knopf zu drücken. Man bildet also quasi direkt eine Skatrunde, bei der ein Teilnehmer (der Automat) ununterbrochen zweisprachig vor sich hin faselt. Das kann er übrigens besser als sonst jemand in Korea!

Es gibt zwar sogar mindestens einen Radiosender, der den ganzen Tag nur Englischlernsendungen sendet, aber selbst dort sprechen die Moderatoren nur entweder gut Englisch (meistens Amis oder Kanadier, die können dann nur ein paar einzelne Worte Koreanisch) oder gut Koreanisch (selbst bei den koreanischen Nachrichtensprecherinnen dieses Kanals hakelt das Englisch teils ein wenig). Dabei wird man in diesem Land viel mehr mit Englisch konfrontiert als bei uns, zum Beispiel sind alle ausländischen Filme im Originalton mit Untertiteln und auch die koreanische Popmusik ist relativ stark von Englisch durchwirkt (eine Strophe oder der Refrain sind meist auf Englisch). Zugegebenermaßen sind die englischen Liedtexte allerdings noch sinnentleerter als woanders auf der Welt, aber wenn keiner die Sprache versteht, dann stört das auch niemanden. Amerikanisches Fernsehen sieht man auch viel, koreanische Nachrichtensender klauben ihre Ausschnitte nämlich hauptsächlich bei amerikanischen Sendern zusammen, man sieht dann immer z.B. das CNN Logo in einer Ecke und hört teils den Originalton. Ob sie das tatsächlich dürfen oder einfach nur machen, kann ich nicht mit Sicherheit sagen. Eine weitere Besonderheit sind spezielle Englischschulen, die Kinder nachmittags nach der normalen Schule besuchen können. Es müsste also sogar leichter sein, Englisch zu lernen, als bei uns, nur irgendwie funktioniert das nicht so ganz. Aber ich werde auf dieses Thema zurückkommen.

Nun, zurück zum aktuellen Tagesgeschehen. Dass es immer winterlicher wurde, merkte man jetzt auch am morgendlichen Bodenfrost, der die ganzen Kleinbauern und Gemüsebeetverwalter zur hastigen Kohlernte zwang. Als weitere Kälteschutzmaßnahme wurden auch die Goldfische, die bisher das Äußere unserer Werkhalle verschönert hatten, in einer Nacht-und-Nebel-Aktion per Gabelstapler nach drinnen verlagert. Die Blümchen um den Fischteich herum durften auch mit. Sehr sozial, allerdings dürften dadurch im Winter mehr Goldfische als Arbeiter in den Fabrikhallen sein.

In Sachen Stäbchenbenutzung konnte ich ebenfalls Fortschritte vermelden. Die Gefahr eines langsamen und qualvollen Hungertods schien somit gebannt! Eine kurze Online-Recherche offenbarte mir jedoch, dass ich die korrekte, althergebrachte 2-Stäbchen-Technik der alten Meister noch nicht perfekt verinnerlicht hatte. Um nicht wieder von vorne anfangen zu müssen und erneut dem sicheren Hungertod ins Gesicht zu sehen, blieb ich jedoch vorerst bei meiner Variante. Im Übrigen hat es mir große Befriedigung verschafft, als einem meiner Kollegen sein Stück Fleisch (ich glaube, es sollte Fleisch sein) mitten in die Suppe geplumpst ist, wo es definitiv nichts verloren hatte. Also können noch nicht mal die Asiaten vernünftig mit Stäbchen essen! Weitere Recherche zur korrekten

Etikette der Stäbchenbenutzung führte jedoch mehr zur Verwirrung als zur Information, da diese von Land zu Land durchaus zu variieren scheint. Zum Beispiel spießten meine Kollegen gerne auch einfach mal etwas mit den Stäbchen auf, wenn es schwierig zu greifen war. In Japan gilt das wohl als sehr schlechtes Benehmen. Die andere Möglichkeit ist natürlich, dass meine Kollegen kein Benehmen hatten, aber das konnte ich sie schlecht fragen.

Der Ausweis heißt Ausweis, weil sich mit dem Ausweis auszuweisen verhindert, dass man ohne Ausweis ausgewiesen wird.

Nebenbei: Ich wollte immer schon mal zur Bank gehen und den Satz „Ich möchte gerne eine Million auf mein Konto einzahlen" gebrauchen! :-)

Wenn MacGyver Koreaner wäre...

3. Dezember

Wenn MacGyver Koreaner wäre, dann hätte er kein Schweizer Taschenmesser, sondern ein Handy mit ausklappbarem Werkzeug. So etwas habe ich dort zwar noch nicht gesehen, aber wundern würde es mich kein Stück. Nimmt man einem Koreaner sein Handy weg, so fällt er höchstwahrscheinlich in einen sofortigen Schockzustand, aus welchem ihn nur ein neueres, tolleres, flacheres und bunteres Handy wiedererwecken kann. Nicht zu vergessen, dass ein spektakulärer Anhänger daran baumeln muss! Das koreanische Durchschnittshandy hatte bereits vor dem Siegeszug der Touchscreen-Smartphones einen gigantischen Speicher, ein riesiges Display, war trotzdem so flach, dass man sich bald daran schneiden konnte, glitzerte schön, spielte MP3s, hatte mindestens eine 3-Megapixel-Kamera, ein Englisch-Wörterbuch, eine Taschenlampe und einen Akku, der eine ganztägige Dauerbenutzung ermöglichte. Dieser war bei der üblichen Dauerbenutzung auch zwingend nötig. Irgendein Feature habe ich bestimmt vergessen, aber Handys und Navigationsgeräte können in Korea mehr als so mancher Computer.

Die Navis im Auto zeigen z.B. bei komplizierten Kreuzungen eine 3D Darstellung aus Sicht des Fahrers, damit man genau weiß, wo es lang geht. Gut, das gibt es inzwischen bei uns auch. Sie warnen jedoch auch vor Radarfallen und Baustellen, zeigen an, wann die nächste Ampel grün wird (wie geht das? Warum können unsere Navis das nicht?), speichern natürlich haufenweise Musik und werden gerne während des Fahrens benutzt, um ein Bisschen TV zu gucken. Autofahren ist ja sonst zu langweilig. Vielleicht soll das Fernsehgucken auch einfach nur die Nerven schonen. Schließlich ist es viel belastender, dem Verkehr tatsächlich Aufmerksamkeit zu schenken und dabei ständig so etwas wie „OHMEINGOTTWIRWERDENGLEICH-

STERBEN!" zu denken. In Großbuchstaben. Ohne Leerzeichen.

Im ersten Moment erscheint der koreanische Verkehr dabei gar nicht mal so schlimm. Es geht auch selten sehr schnell voran. Nach einer Weile merkt man dann, dass grundsätzlich sehr dicht aufgefahren wird, die Hupe der Bremse zu bevorzugen ist und auch rote Ampeln nicht verpflichtend sind. Busse z.B. hupen an einer roten Ampel meist nur kurz, um zu signalisieren, dass sie dort nicht anhalten werden und geben dann wieder Vollgas. Dementsprechend sportlich gestaltet sich das Leben der Fahrgäste auf den Stehplätzen. Es kommt zudem ununterbrochen zu Beinahe-Kollisionen. Das liegt nicht nur daran, dass der Schulterblick vor dem Spurwechsel nicht gebräuchlich ist. Nein, es hat auch damit zu tun, dass die Rückspiegel höchstens zum Einparken verwendet werden. Es ist aber allgemein akzeptiert, dass niemand in den Rückspiegel guckt, also achtet jeder nur auf seinen Vordermann und versucht, dessen Manövern auszuweichen. Oder guckt eben Fernsehen.

Handys sind am Steuer angeblich verboten (wieso darf man dann bei voller Fahrt Fernsehgucken?). Ich kann mir nur schwer vorstellen, wie dieses Gesetz in Korea durchgesetzt werden konnte. Es muss damals mindestens einen Volksaufstand gegeben haben! Die jüngere Geschichte Koreas ist allerdings voll von Aufständen, Demonstrationen und Umstürzen, daher ist ein Aufstand mehr oder weniger wahrscheinlich nicht besonders aufgefallen. Jedenfalls wird dieses Gesetz, wie viele andere Verkehrsregeln, konsequent von 100% der Bevölkerung ignoriert. Immerhin gibt es angeblich so etwas wie einen TÜV. Fahrschulen existieren der Legende nach ebenfalls. Aber für den Führerschein muss man wohl nur 1-2 Wochen lang hingehen.

Um zu MacGyver zurückzukehren: Der hatte auch im koreanischen Fernsehen ein Schweizer Taschenmesser und ist durchaus bekannt. Nur wird in Korea das Fernsehen stark zensiert und Messer werden üblicherweise durch ein verpixeltes Bild unkenntlich gemacht. Scheinbar handelt es sich bei sämtlichen Messern um potentiell niederträchtige Waffen. Vielleicht essen deswegen alle nur mit Stäbchen. Daher könnte es durchaus sein, dass die Koreaner glauben, MacGyver hätte immer ein Handy benutzt, um sich aus verzwickten Lagen zu befreien oder aus Kaugummis Teilchenbeschleuniger zu basteln.

Blutwurst und Reiskuchen
5. Dezember

Schon wieder ein Geburtstag in dieser Woche! Aber zur Abwechslung nicht in unserer Abteilung, sondern der Geburtstag vom Vorsitzenden! Wenn jemand sehr respektvoll „der Vorsitzende" sagt, dann assoziiert man damit normalerweise automatisch China und den chinesischen Staatsvorsitzenden. In unserer Firma war mit diesem Begriff allerdings stets der Vorsitzende des Unternehmens gemeint! Dabei handelte es sich jedoch um eine ähnlich entrückte Position. Was umso bemerkenswerter war, da es einige frappierende Parallelen zwischen dem Arbeitsalltag in unserer Firma und dem Wehrdienst bei der Bundeswehr gab.

Das fing bei der bereits erwähnten Uniform an, die im Buero zum Glück meist nur aus der Jacke bestand. Es gab jedoch auch noch einheitliche Arbeitshosen, Polohemden, Arbeitsschuhe und Arbeitshandschuhe. Als Ersatz für die Feldmütze diente eine Art Sicherheits-Käppi mit Kunststoffverstärkung und Firmenlogo.

Ein weiterer bekannter Brauch vom Militär: Sommer und Winter wurden befohlen. Bei der Bundeswehr ist es nämlich so, dass irgendwann der Befehl zum Wechsel der Jahreszeit gegeben wird. Zu Beginn des Sommers werden die Ärmel der Feldblusen hochgerollt, im Winter werden sie wieder lang getragen. Damit das Erscheinungsbild der Soldaten einheitlich ist, wird dies per Befehl angeordnet. Wenn die Temperaturen nach dem Befehl noch ein wenig schwanken, hat man eben Pech gehabt. Analog dazu verhielt es sich bei meinem koreanischen Arbeitgeber: Jedes Halbjahr gab es neue Arbeitsjacken. Dünne Jacken im Sommer, leicht wattierte Jacken im Winter. Auf der Arbeit war die jeweils aktuelle Jacke mit Firmenlogo zu tragen. Falls es vor Ausgabe des Wintermodells schon kalt wurde, dann konnte man nur versuchen, die dünne Jacke mit einem geeigneten Pullover zu unterfüttern.

Wenn jemand Wichtiges (also mindestens der eigene Abteilungsleiter) zur Bürotür herein- oder heraus spazierte, dann wurde aufgestanden und gegrüßt. Gut, in diesem Fall war das Grüßen kein militärischer Gruß, sondern eine Verbeugung, aber die Ähnlichkeit war groß genug. Einmal sind wir tatsächlich wie beim Morgenappell vor dem Gebäude in einer Reihe angetreten, als sich wichtiger Besuch von der Firmenleitung ankündigte. Entsprechend strikt ausgeprägt waren auch die Hierarchien – man möchte fast sagen: Die Kommandostruktur, an deren einsamer Spitze natürlich der Vorsitzende stand (oder saß?). Allerdings waren die Arbeitszeiten beim Bund besser. Und manchmal sogar das Essen. Es schockiert mich, dass ich DAS einmal schreiben darf!

Nun, unser General, will sagen Firmenvorsitzender, hatte also Geburtstag. Ob er seinen direkten Kollegen Kimbap und Kuchen mitgebracht hat, weiß ich nicht. Es gab an dem Tag dafür mittags in der Kantine Fisch UND Fleisch (sonst ein Ding der Unmöglichkeit!!!), sowie Tteok (siehe „Hoch und Tief"). Abschließendes Highlight des Geburtstags unseres Vorsitzenden war, dass später im Büro noch Limo verteilt wurde. Ich hoffte inständig, dass bald noch weitere Geburtstage erlauchter Würdenträger anstanden!

Weitere wichtige Erkenntnis: Montags ist der Kaffee in der Firma umsonst. Vermutlich eine Maßnahme zur Produktivitätssteigerung. Ich halte es für die lobenswerteste und erfolgreichste Maßnahme dieser Art, die mir bislang untergekommen ist!

Ein neues Anti-Lieblingsgericht habe ich ebenfalls gefunden. Es nennt sich „Sundae" und wurde 1 oder 2 Wochen zuvor schon einmal aufgetischt. Nicht zu verwechseln mit dem gleichnamigen amerikanischen Eisnachtisch! Da mir koreanisches Sundae bislang nur einmal untergekommen war, hatte ich inständig gehofft, dass dieses Zeug

Seltenheitswert in der Kantine besitzen würde. Zu meinem Leidwesen hatte es den offensichtlich nicht. Sundae sieht aus wie gräuliche Blutwurst (gräulich ist hier auch wirklich ein sehr passendes Wort!) und schmeckt leider nicht nach Blutwurst, die ich grundsätzlich sehr schätze, sondern nach Innereien. Wenn man die Wurst genauer anguckt, dann sieht man auch alle möglichen Stückchen von Dingen, die man das letzte Mal in Biologie auf dem Seziertisch gesehen hat. Nachdem ich gelernt hatte, wie das Zeug heißt, konnte ich zumindest nachgoogeln, aus was es besteht. Das Internet-Orakel antwortete mit „das weiß niemand so ganz genau". Was für eine schöne, beunruhigende Antwort!

Die häufigste Variante von Sundae besteht wohl aus gekochten oder gedämpften Schweine-Innereien, die mit Blut, Gerste und anderen Dingen, die gerade greifbar sind oder nicht schnell genug weglaufen, gefüllt werden. Vom Geschmack her waren bei uns die Innereien mit noch mehr Innereien gefüllt. Man bemerke, dass hier „Innereien" nicht weiter spezifiziert wird. Ich würde also mal auf alles tippen, was nicht in anderen Gerichten verwendet wird. Obwohl da nicht sehr viel übrig bleibt. Denn bis auf richtiges Fleisch wird in der koreanischen Küche eigentlich alles recht häufig aufgetischt. Warum, das ist mir ein Rätsel. Gut, Korea ist ein bergiges Land mit wenig Ressourcen und man kann dort nicht viel Vieh halten, daher war Fleisch schon immer knapp. Aber z.B. Bauchspeck vom Schwein wird dermaßen gerne und häufig gegessen, dass es durchaus nicht an Schweinen zu mangeln scheint. Von Kopf bis Fuß ist eigentlich so ziemlich jedes tierische Körperteil für den koreanischen Gaumen zum Verzehr geeignet. Kopf und Fuß sind dabei nicht sprichwörtlich zu verstehen.

Aber ausgerechnet das normale FLEISCH sieht man so gut wie nie! Ich habe keinen Schimmer, was sie mit dem Fleisch der Tiere machen! Wenn es mal richtiges Rind-

oder Schweinefleisch gibt, dann ist es auf jeden Fall immer teuer. Entweder importieren sie nur die preiswerten Körperteile oder sie exportieren das teure Fleisch lieber, statt es selbst zu essen, sonst geht die Rechnung irgendwie nicht auf. Der Physiker würde jetzt etwas von Volumenkonstanz faseln.

Am Freitag der Woche gab es bereits den nächsten Anlass zum Verzehr von Reiskuchen. Und zwar ist von irgendeinem Kollegen die Tochter 100 Tage alt geworden! Diesmal gab es aber wieder die Reiskuchenvariante, die aussieht wie ein rechteckiger weißer Schwamm und ein Bisschen brotähnlich ist. Leider haben sowohl dieser Kuchen, wie auch die klebrigen kleinen gefüllten Gebäckstücke im Grunde genommen den gleichen Namen: Tteok. Das sollte nicht mit dem Wort verwechselt werden, das „dok" ausgesprochen wird (fast wie „dog" im Englischen), dabei handelt es sich nämlich um Hühnchen. Wobei mir Hühnchen in Korea nahezu ausschließlich in Form von Kentucky Fried Chicken untergekommen ist (Hühnerfüße nicht mitgerechnet). Jedenfalls feiert man den 100. Tag des Lebens des (nach koreanischem Verständnis sowieso schon mindestens 1 Jahr alten) Kindes, weil man traditionell davon ausgeht, dass ein Kind ab diesem Alter auch überlebensfähig ist. Früher sind wohl viele kleine Kinder kurz nach der Geburt verstorben, also sind die Koreaner in ihrer Eigenschaft als unverbesserliche Optimisten erstmal davon ausgegangen, dass das Kind es wahrscheinlich eh nicht schafft.

Daegu und Haeinsa
7. Dezember

Anfang Dezember schafften Caro und ich es endlich, den bereits länger geplanten Ausflug nach Daegu zu machen. Daegu ist die viertgrößte Stadt in Korea und etwa eine Stunde mit dem Bus von Busan entfernt. Als wir samstags aufbrachen war es dann mal so richtig knackig kalt – in Daegu sogar noch merklich kälter als in Busan. Als erstes Ziel hatten wir uns den Haeinsa Tempel auserkoren, da dieser von Daegu nochmal eine gute Busstunde entfernt ist und man schlecht einplanen kann, wie lange so eine Exkursion dauert. Der Bus nach Haeinsa fährt einen Großteil der Fahrt lang bergauf. Beim Aussteigen erwartete uns also plötzlich eine relativ menschenleere, von einer dünnen Schneeschicht durchzogene Berglandschaft. Selbige war zum einen sehr hübsch und zum anderen nun wirklich sehr kalt. Der Kälte hatten wir es wohl auch zu verdanken, dass kaum andere Touristen dort unterwegs waren. Der Anzahl der Hotels und Restaurants nach zu urteilen ist Haeinsa bei gefälligerem Wetter ein äußerst beliebtes Ausflugsziel.

Haeinsa ist einer der wichtigsten buddhistischen Tempel in Korea, in dem die sogenannte „Tripitaka Koreana" aufbewahrt wird. Dabei handelt es sich um die älteste und umfassendste intakte Sammlung Buddhistischer Schriften in Form von 81340 Druckplatten aus Holz. Die Druckplatten stammen aus dem 13. Jahrhundert und der Text ist angeblich vollständig fehlerfrei. Die koreanische Schrift namens Hangul wurde zwar ebenfalls im 13. Jahrhundert erfunden, allerdings betrachtete die intellektuelle Elite sie bis Anfang des 20. Jahrhunderts als vulgär. Daher sind die Druckplatten der Tripitaka Koreana komplett in „Hanja" Schrift gehalten. Hanja bezeichnet eine minimal koreanisierte Version der klassischen chinesischen Schriftzeichen. Diese Schrift hatte früher für chinesische und japanische

Besucher den praktischen Vorteil, dass sie bei einem Besuch in Korea problemlos alle Hinweisschilder entziffern konnten. Dementsprechend müsste auch die Tripitaka Koreana für Chinesen und Japaner einigermaßen verständlich sein. Dem ist allerdings anzumerken, dass auch China und Japan die ursprünglichen Schriftzeichen irgendwann vereinfacht haben. Die Hanja Zeichen ähneln daher der klassischen chinesischen Schrift angeblich mehr als modernes Chinesisch.

Laut Lonely Planet haben die Mönche außerdem etwas sehr Sinnvolles getan und den ganzen Text der Tripitaka abgetippt, damit er einfacher verbreitet werden kann. Da kaum noch ein Koreaner Hanja beherrscht, ist der Text von den Mönchen außerdem in modernes Koreanisch umgewandelt worden. So viel Arbeit hat natürlich ihren Preis: wer eine Kopie des Textes haben möchte, muss dafür läppische 2000 € auf den Tisch legen!

Dem geneigten Leser wird vielleicht aufgefallen sein, dass hölzerne Druckplatten nur begrenzt haltbar sind und außerdem ein perfektes Ziel für pyromanische Japaner darstellen, die anscheinend immer wieder gerne nach Korea fahren, um ihrer Leidenschaft freien Lauf zu lassen. Dem Feuer sind die Druckplatten wohl nur durch Glück entkommen, da der Tempel, wie zu erwarten, mindestens einmal von besagten Japanern niedergebrannt wurde und auch im Koreakrieg beinahe zerstört worden wäre. Vor Schimmel und Moder werden die Platten hingegen durch ein ausgeklügeltes Aufbewahrungssystem geschützt. Die Aufbewahrungsgebäude sind so gezielt belüftet und mit feuchtigkeitsregulierenden Materialien erbaut worden, dass die Druckplatten dadurch optimal geschützt werden. Angeblich meiden sogar Insekten und Kleintiere diese Gebäude, den Grund dafür ist aber unbekannt. Im Eifer, die Holzplatten noch besser zu schützen, wurde in den 70er Jahren sogar eine neue, moderne und klimatisierte Aufbewahrungsanlage für die Platten errichtet. Der Test-

Holzblock, welcher in der neuen Anlage platziert wurde, zeigte allerdings schon nach kurzer Zeit Spuren von Schimmel. Ergo stehen die Holzblöcke immer noch in den alten Lagerhäusern und wurden von der UNESCO als Weltkulturerbe ausgezeichnet. Man darf sogar ziemlich nah an die Holzplatten heran, aber innerhalb der Lagerhäuser ist das Fotografieren leider verboten.

Nachdem wir uns also an Tempel, Holzblöcken, Mönchen und Kimchi-Krügen sattgesehen hatten, traten wir verfroren den Rückweg nach Daegu an. Vor Ort gab es dann erstmal ein wärmendes Mahl. Im Winter wird dazu das Trinkwasser in Korea oft warm serviert, was besonders amerikanische Touristen eher entsetzen dürfte - in Amerika sind Eiswürfel ja so etwas wie ein Grundnahrungsmittel.

Danach sind wir noch ein wenig durch die Innenstadt von Daegu geschlendert und haben unter anderem eine Straße mit lauter Geschäften für Hundewelpen sowie einen knallpinken Hello Kitty Laden entdeckt. Sogar Weihnachtskarten gab es zu kaufen! Dieses Angebot richtete sich wahrscheinlich hauptsächlich an die Angehörigen der US-Streitkräfte, welche an mehreren Stellen in Daegu stationiert sind.

Weihnachten ist in Korea nämlich mehr ein Fest für Pärchen und auch für die koreanischen Christen eher ein religiöser Feiertag als ein großes Fest. Große Familienfeiern finden traditionell eher zum chinesischen Neujahrstag und an Chusoek, dem koreanischen Erntedankfest, statt. Bei den Weihnachtskarten und der sparsamen Weihnachtsdeko wurde allerdings endlich mal jedes Klischee erfüllt: Silberne Plastikweihnachtsbäume, komische Weihnachts-Comic-Hunde mit Kulleraugen, blaue Nikoläuse, bunte Blinklichter und jede Menge Glitter! Ein paar der unterhaltsamsten Beispiele koreanischer Weihnachtskartenkreativität habe ich käuflich erworben, um damit auf postalischem Weg die Familie erschrecken zu können.

Die Stadt Daegu selbst hat auf mich einen merkwürdig provinziellen Eindruck hinterlassen. Busan fühlte sich schon immer sehr klein an, obwohl dort immerhin ca. 3,7 Millionen Menschen wohnen. Aber Busan mangelte es auch an einem richtigen Stadtkern, wie man ihn sonst gewohnt ist. Alles verteilt sich irgendwie ein wenig und es gibt keinen definitiven Bereich wo man sagen würde DAS ist die Innenstadt!

In Daegu ist die Innenstadt zwar etwas offensichtlicher samt Hochhäusern und Einkaufsmeile, dafür mangelt es jedoch an Infrastruktur. So gibt es „nur" zwei U-Bahn Linien, die wesentlich kürzer sind als in Busan. Dafür gibt es an mehreren Stellen Bushöfe, die auch noch jeweils aus mehreren Teilbushöfen bestehen. Der Bushof in Busan, von dem aus ich normalerweise die Fernbusse nahm, bestand zwar theoretisch auch aus zwei verschiedenen Bushöfen, praktisch konnte man aber alle Tickets an einer Stelle kaufen. In Daegu waren alleine dort wo wir ankamen mindestens 4 verschiedene Bushöfe, die alle unterschiedliche Ziele anboten. Wenn man sich dort nicht genau auskennt, muss man also alle 4 nacheinander abklappern, um den zu finden, von dem aus Busse zum gewünschten Zielpunkt fahren.

Um nach Haeinsa zu kommen, mussten wir aber sowieso erst einmal die ganze Stadt durchqueren, um zu einem weiteren Bushof zu gelangen. Es wirkte also alles irgendwie eher planlos und unausgegoren, nicht wie in einer großen Metropole, wo alles aufgrund der hohen Einwohnerzahl glatt laufen muss. Dabei hat die Stadt Daegu etwa 2,7 Millionen Einwohner.

Größte Stadt Koreas ist natürlich Seoul, dann folgen Busan, Incheon und Daegu. Incheon und Daegu haben etwa gleich viele Einwohner, daher ist es schwierig zu sagen, welche wirklich die drittgrößte Stadt von Korea ist. Dabei ist zu erwähnen, dass der internationale Flughafen von Seoul eigentlich in Incheon liegt und beide Städte sogar per U-Bahn verbunden sind. Es ist also schon quasi schwierig, Incheon als unabhängige Stadt wahrzunehmen. Aber zurück zu Daegu.

Nach dem Einkaufen sind wir noch für ein Weilchen in einer Kneipe namens „Muinhen Ice Beer Pub" eingekehrt. Muinhen ist das, was dabei herauskommt, wenn die Koreaner „München" buchstabieren. Entgegen unserer Hoffnungen gab es dort keine einzige deutsche Biersorte, allerdings ein paar Sorten aus Japan, Belgien, Holland und den USA. Wir haben dann lieber mal koreanisches Bier vom Fass probiert. So lange man es nicht direkt mit einem richtigen Bier vergleicht, kann man es einigermaßen trinken. Ausländisches Bier kostete im „Muinhen" auf jeden Fall drei- bis viermal so viel wie ein lokales Bräu. Man hatte sich bei der Namensgebung daher wohl eher an den Preisen des Münchner Oktoberfestes orientiert.

Die Ausstattung der „Kneipe" war auch eher ungewöhnlich. Obwohl durchaus ein wenig Kneipenatmosphäre herrschte, saß man auf bequemen, modern designten Sofas und auch die Deko erinnerte mehr an eine trendige Lounge als an eine Bierkneipe. Dafür konnte man auf einer Leinwand einer Begegnung im Kickboxen folgen. Wie immer haben die meisten Koreaner zu ihren Getränken reichlich Essen bestellt. Wer keine Snacks bestellte, wurde alibimäßig mit ein paar süßen Kräckern und Seetangblättchen mit Sojadip versorgt. Ich möchte zwar nicht jedes Mal beim Trinken auch noch Unmengen essen, finde es aber durchaus angenehm, dass man in so ziemlich jeder koreanischen Kneipe die Möglichkeit hat, gutes und günstiges Essen zu bestellen.

Bleibt noch zu klären was ein „ice pub" ist. Wer eine bestimmte Biervariante (ich glaube ein großes Glas Fassbier, wir hatten uns zusammen einen Pitcher bestellt) bestellt, der erhielt in dieser Kneipe ein Gestell mit einem runden Eisblock, in dem sich das Glas befindet. Wenn man das Bier ausgetrunken hat, dann kriegt man einen Handschuh und darf mit dem Eisblock auf eine Zielscheibe werfen, um sich ein Freibier zu erspielen. Eine ziemlich famose Idee! Ich war mir zudem ziemlich sicher, dass die große Zahl von Amerikanern in dieser Kneipe dadurch zu erklären war. Wenn man schon keine Eiswürfel in sein Bier kriegt, dann ist ein Bier im Eisblock vermutlich die beste Alternative für den amerikanischen Gaumen.

Nach dem kurzen Ausflug ins koreanische München wurde es dann langsam Zeit, einen Schlafplatz zu finden. Dummerweise hatte ich es versäumt, zu Hause noch die Namen einiger Jimjilbangs aufzuschreiben. Aus Gründen, welche mir nicht ausreichend bekannt sind, geben Taxifahrer nämlich sehr ungern Auskunft über den Fundort des nächsten Jimjilbang und fahren einen auch nur dorthin, wenn man ein Jimjilbang beim Namen nennen kann. Womöglich hatten die Herren Taxifahrer Zweifel daran, dass sich zwei Nicht-Koreaner in einem solchen Jimjilbang zu benehmen wissen. Oder sie haben auf die Provision von einem Motel ihres Vertrauens gehofft.

Nach diversen Überlegungen wollte ich dann gerade in einer Telefonzelle die Gelben Seiten (gibt's auch in Korea!) nach geeigneten Jimjilbangs durchforsten, als uns auch schon zwei Koreaner ihre Hilfe anboten. Manchmal sind die Leute doch wirklich sehr, sehr hilfsbereit und freundlich! Hilfsbereite und freundliche Leute ergreifen in Korea jedoch nie den Beruf des Taxifahrers. Also, Namen gewusst, Taxi genommen (Kostenpunkt: 2 Euro), Jimjilbang gefunden. Leider waren wir spät dran und die Bäder wurden gerade geputzt, also gab's nur noch ein kurzes Aufwärmen in einer halbwarmen Gemeinschaftssauna und eine heiße Dusche, bevor wir uns mit ein paar Decken bewaffnet eine ruhige Ecke zum Schlafen gesucht haben.

Zur Erinnerung: Der Badebereich mit Dampfbädern und heißen Saunen ist nach Geschlechtern getrennt und nackt zu benutzen. Der Gemeinschaftsbereich wird nur in speziellen Klamotten betreten, bietet viele Saunen im lauwarmen bis warmen Bereich und verfügt ansonsten über Fußbodenheizung. Man kann nicht nur überall schlafen wo man möchte, sondern tut es auch.

Nach kurzem Schlaf kamen dann gegen 3 oder 4 Uhr morgens leider wieder die unvermeidlichen Besoffenen herein getorkelt. Ich hatte mir gerade im Halbschlaf fest vorgenommen, einfach weiter zu schlafen, als auch schon einer von ihnen auf mich draufgetreten ist. Danach war ich leider wach, er hat sich aber wenigstens entschuldigt. Wenige Sekunden später wurde neben und hinter mir nach Leibeskräften geschnarcht. Synchron fing eine Frau an, ihren Mann halblaut zurechtzustutzen. Den genauen Wortlaut konnte ich nicht verstehen, ich bin mir aber ziemlich sicher, dass er der Meinung seiner Frau nach weniger trinken sollte und dass sie nicht unbedingt eingeplant hatte, mitten in der Nacht mit ihrem betrunkenen Mann ein Jimjilbang aufzusuchen. Die Nachzügler haben sich übrigens ziemlich schmerzfrei an jede freie Stelle gedrängt. Daher habe ich die Gelegenheit genutzt, mich auf meiner Decke so breit wie möglich zu machen und wurde von allzu aufdringlichen Nachbarn verschont. Die Schnarcherei und Streiterei ging noch lange genug weiter, um eine ganze Reihe Leute aus dem Raum zu vertreiben, aber irgendwann war dann endlich „Ruhe".

Aufgeweckt wurde ich am nächsten Morgen durch eine Frauenstimme, die leise stöhnend so etwas wie „ah... ja... ja... oh, jaaaaa!" von sich gab, begleitet von einem leise klatschenden Geräusch. Ich habe mir noch mit geschlossenen Augen gedacht, dass es wahrscheinlich nicht das ist, wonach es klingt, aber dann lieber mal die Augen aufgemacht, um mich zu vergewissern. Ein paar Schlafplätze weiter war gerade ein Mann dabei, seiner Frau/Freundin den Rücken zu massieren. Ein Schelm, wer anderes erwartet hat. Caro hatte nachts ihren Platz gewechselt und ist ein paar Meter weitergezogen. Sie war nämlich nicht so schlau, sich auf ihrer Decke schön breit zu machen und so hat sich jemand einfach dazugelegt. Plötzlich eine Schnapsleiche neben sich auf der Decke liegen zu haben ist ja schon eher grenzwertig. Allerdings war besagter Trunkenbold wohl auch sonst nicht kontaktscheu und hat sich dann später schön an sie gekuschelt. Das hat dann doch gereicht, um sie in die Flucht zu schlagen, aber der Typ hat sich auf diese Weise zumindest eine Decke erobert. War dennoch halb so schlimm, schließlich hatte sie sich zwei Decken ausgeliehen.

Nach einer Runde Sauna und Planschen im Jimjilbang, was wie immer sehr neugierig von den koreanischen Männern verfolgt wurde (man wird schließlich selbst angezogen unverhohlen angestarrt) ging es wieder hinaus in die Kälte. Eigentlich wollten wir uns nun den bekannten Heilkräutermarkt von Daegu angucken, ein Markt für Zutaten und Mittelchen der traditionellen koreanischen Medizin und der größte seiner Art in diesem Land. Dummerweise war von einem richtigen Markt nichts zu sehen und die ganzen Heilkräutergeschäfte dort haben sonntags geschlossen.

Nächster Programmpunkt wäre der Donghwasa Tempel gewesen, der für einen großen Steinbuddha bekannt ist. Leider war ich mir nicht mehr ganz sicher, von wo aus ein Bus zu diesem Tempel fährt und meine leicht übermüdete Reisegefährtin schien auch nicht besonders motiviert für eine Suche nach selbigem. Also haben wir uns statt in einen Bus zum Tempel in einen Bus zurück nach Busan gesetzt und waren somit schon zur Mittagszeit wieder dort. Da die seltene Freizeit genutzt werden will, habe ich meine Mitstreiterin dort mit Wünschen zu einer geruhsamen Nacht verlassen und mich noch schnell in einen Bus Richtung Tongdosa gesetzt. Das war der Tempel, zu dem ich es bei einem vorherigen Ausflug zeitlich nicht mehr geschafft hatte. Die Fahrt dorthin dauert nur ein halbes Stündchen.

Falls jemand das Muster bemerkt hat: Es ist kein Zufall, dass alle Tempelnamen in –sa enden. Diese Endung bedeutet einfach „Tempel". Korrekt wäre also z.B. auf Deutsch zu sagen Tongdo-Tempel, statt Tongdosa Tempel, da dies doppelt gemoppelt ist. Viele Tempelnamen klingen ohne das „-sa" in meinen Ohren allerdings ein wenig komisch, daher moppele ich bevorzugt doppelt. Vergleichbar zu den Tempeln tragen Berge übrigens ein „san" und Flüsse ein „-gang" am Ende des Namens.

Es lässt sich nicht abstreiten, dass ich auffällig viele Tempel in meiner Freizeit abgeklappert habe. Tempelgucken und Wandern zählen jedoch unbestreitbar zu den Hauptattraktionen für Touristen in Korea. Gewandert war ich für meinen Geschmack bereits in ausreichendem Maße, zudem wird Wandern mit zunehmender Kälte und abnehmender Baumbegrünung nicht unbedingt attraktiver. Blieben also noch Tempel, zu denen man ohne Auto meist sowieso ein Stückchen hinwandern muss und die zum Glück häufig in malerischen Bergregionen gelegen sind. Die Tempel stießen bei mir auch weiterhin auf reges Interesse, da diese einen sehr wohltuenden Kontrast zu den hektischen Großstädten boten. Im Vergleich zum konfuzianischen Schrein in Busan gab es in den buddhistischen Tempeln zudem wirklich viel zu gucken! Außerdem sind buddhistische Mönche grundsätzlich erstmal faszinierend, auch wenn sie leider nur selten Kung Fu machen. Zur Beruhigung aller Leser, deren Interesse an Berichten von Tempelbesuchen inzwischen versiegt ist: Es gab zu diesem Zeitpunkt nur noch zwei Tempel in der Nähe von Busan, die ich mir angucken wollte. Drei, falls sich doch noch die Gelegenheit einer erneuten Fahrt nach Daegu bieten sollte. Dann ist erst einmal Schluss mit der Tempelei!

Aber zurück zum Tongdo-Tempel: Der Lonely Planet wusste zu berichten, dass man sich dem bescheidenen Bushof zuwenden und zu linker Hand die erste Straße in diese Richtung nehmen solle. „Bescheidener Bushof" war dabei allerdings die Übertreibung des Jahrhunderts, da ich außer zwei stinknormalen Bushaltestellen nur einen winzigen Kiosk ausmachen konnte. Der Kiosk verkaufte aus einem winzigen Seitenfenster aber immerhin Busfahrkarten. Also habe ich zur Sicherheit nochmal nach dem Weg gefragt, es war nämlich erst einmal weit und breit kein Tempel zu sehen. Die Wegbeschreibung stimmte tatsächlich im Großen und Ganzen!

Das Städtchen, welches den Tempel umgibt, ist leider nur ein wenig trostlos. Man läuft ca. 1 km durch eine phantasielose Landschaft aus billigen Motels, Supermärkten und Restaurants bzw. Snackbuden bis zum Haupttor („Haupteinfahrt" wäre passender!) von Tongdosa. Die ganze Kleinstadt scheint komplett von den Touristen zu leben, die diesen Tempel besuchen – womit vorwiegend inländische Touristen gemeint sind. Von der Einfahrt bis zum eigentlichen Tempel war es zu Fuß ein weiterer Kilometer, diesmal allerdings durch einen Waldweg, der beidseitig von bunten Lampions gesäumt wurde. Rechts vom Weg konnte man den einen oder anderen großen Felsen erspähen, an welchen sich die Mönche der vergangenen Jahrhunderte anscheinend mit dem Eingravieren buddhistischer Texte beschäftigt hatten.

Spätestens, wenn man sich dem Haupttempel nähert, warnt einen der riesige Parkplatz davor, dass hier etwas mehr Betrieb herrscht als anderswo. Gegen Tongdosa waren selbst die anderen großen Tempel geradezu menschenleer und wie ausgestorben! Die Mönche von Tongdosa scheuen sich dabei nicht, ein ordentliches Geschäft aus den Besucherscharen zu schlagen: Der Tempel verfügt über ein massives Museum, Restaurants, Souvenirshops und was man sonst noch so braucht, um große Menschenmassen abzufertigen. Das Museum habe ich getrost ignoriert. Der Bau sah jedoch aus, als könnte er einem Krieg standhalten - vielleicht haben sie Angst, die Japaner kommen wieder und bringen Streichhölzer mit? Aber so touristisch dieser Tempel auch schien: Es wurde überall fleißig gebetet.

Der Tempelkomplex ist wirklich groß. Das bemerkt man schon dort, wo normalerweise die Glocke hängt. Statt einer einsamen Glocke hängen in dem Gebäude nämlich genug Glocken, Trommeln und Gongs, um eine halbe Bigband zu beschäftigen! Auch die Statuen der Tempelwächter, welche den Eingang des Tempels bewachen, sind entsprechend eindrucksvoll – in kleineren Tempeln werden diese teils nur als Bilder oder Reliefs dargestellt! Die Gebäude des Tempels sind ebenfalls recht groß, daher bin ich ausnahmsweise auch mal reingegangen. Einige Hallen in Tongdosa erwiesen sich nämlich als dermaßen ausgedehnt, dass man problemlos durchlaufen kann, ohne die Besucher beim Beten zu stören. Angetan haben es mir jedoch vor allem die Nebengebäude, da diese teils wirklich sehr schön und detailverliebt gestaltet oder bemalt sind. Die bewaldete Bergkulisse, in die der Tempel eingebettet ist, bildet für das Ganze einen perfekten Rahmen.

Tongdosa ist einer der drei „Juwelentempel" in Korea. Diese repräsentieren die drei symbolischen „Juwelen" des Buddhismus und sind somit die wichtigsten Tempel des Landes. Dabei steht Tongdosa für Buddha selbst. Haeinsa, den ich am Vortag besucht hatte, ist ein weiterer Juwelentempel und steht für die buddhistischen Lehren. Der dritte Haupttempel trägt den Namen Songgwangsa und repräsentiert die buddhistische Gemeinschaft. Songgwangsa liegt leider weder in der Nähe von Busan, noch in der Nähe weiterer Sehenswürdigkeiten, daher schaffte dieser es nicht auf meine Liste von Ausflugszielen. Da Tongdosa für Buddha steht, werden dort angeblich auch einige persönliche Reliquien von Buddha aufbewahrt. Diese sind in einer buddhistischen „Stupa", einem üblichen Grabmal für buddhistische Mönche, aufbewahrt. Selbige Stupa kann in einem abgegrenzten Bereich begutachtet und angebetet werden. Aufgrund dieser Stupa ist im Hauptgebäude des Tempels auch keine Buddha-Statue ausgestellt. Normalerweise ist das ein Ding der Unmöglichkeit in koreanischen Tempeln, daher ist Tongdosa auch als „Tempel ohne einen Buddha" bekannt. Wer trotzdem lieber drinnen betet, kann die Stupa durch ein großes Fenster an der Stirnfläche des Hauptgebäudes bewundern. Auf diese Weise ist auch in Tongdosa das Allwetterbeten möglich.

Neueste Einsicht in die engrische Sprache: ein Coffee-Shop und ein Copy-Shop sind in einer Sprache ohne „F" wirklich schlecht auseinander zu halten.

Die Geschichte meines Erfolges
12. Dezember

Die meisten hätten es vor der Finanzkrise ab 2007 ja kaum für möglich gehalten, dass ein paar geplatzte Immobilienkredite in Amerika weltweit katastrophale Auswirkungen haben können. Die amerikanische Immobilienkrise führte jedoch zu einer handfesten Finanzkrise, welche wiederum eine globale Wirtschaftskrise auslöste. Selbige Wirtschaftskrise besaß auch im Umfeld meines Praktikums im Winter 2008/2009 merkliche Auswirkungen.

Leider legten meine Kollegen und Vorgesetzten in der Firma nicht unbedingt viel Wert darauf, mich über unser wirtschaftliches Umfeld zu informieren. Dennoch entging mir nicht, dass die Anzahl von Krisenmeetings und Aufrufen zu Sparmaßnahmen in unserer Firma während des Winters exponentiell zunahm. Bereits im Oktober waren die Kollegen vereinzelt gefrustet, da ihre Ersparnisse in Form von Aktien sich großteils in Luft aufgelöst hatten. Das Internet wusste zu berichten, dass der KOSDAQ (koreanischer Technologieindex ähnlich dem amerikanischen NASDAQ) innerhalb der letzten Monate ca. 50% seines Wertes verloren hatte. Gleiches galt für die Aktien meines damaligen Arbeitgebers. Nach dem Vorbild der USA ist es in Korea durchaus üblich, Rücklagen in Aktien des eigenen Arbeitgebers zu investieren. Dadurch traf die Wirtschaftskrise nahezu sämtliche meiner koreanischen Kollegen.

Der Sinn der Strategie unserer Firma zur Krisenbewältigung erschloss sich mir dennoch nur bedingt. Das aktuelle Motto schien zu sein, dass alle noch mehr arbeiten müssen, um die Produktivität zu steigern. Sprich: „Mehr herstellen für das gleiche Geld". Antizyklisches Verhalten ist zwar sehr lobenswert, aber wer soll die günstig in gestiegener Zahl hergestellten Produkte denn kaufen? Wenn auch die Kunden ihre Produktion drosseln, was sie zum damaligen Zeitpunkt in Korea taten, dann benötigen sie auch geringere Stückzahlen vom Zulieferer, egal wie günstig der Stückpreis ist. Womöglich wurden dafür die Arbeitszeiten im Werk gekürzt, um insgesamt zu höheren Margen zu gelangen. Man weiß es nicht. Zumindest der Praktikant wusste es nicht.

Dafür wusste der Praktikant neuerdings etwas anderes. Und zwar wurden einige Abteilungen unserer Firma für das nächste Jahr restrukturiert. Alte Projekte liefen aus, neue Projekte wurden aufgenommen, der Jahreswechsel war dafür wohl ein signifikanter Stichtag. Die meisten Mitarbeiter wussten daher nun auch, in welchem neuen Aufgabengebiet sie eingesetzt werden sollten. Einige freuten sich, weil sie wichtigere Aufgaben bekamen als zuvor. Andere freuen sich nicht, weil sie keine neue Aufgabe bekamen. Das durfte als dezente Aufforderung verstanden werden, schnell noch ein paar Bewerbungen abzusetzen. Schnellmerker bekommen zusammen mit ausgewählten Kollegen einen leeren Raum als Büro zugewiesen. Und sollten sich vermutlich auch nicht allzu sehr auf den nächsten Gehaltsscheck freuen. Da mein Chef das ganze Thema ziemlich lustig fand, als er mir davon erzählte, ging ich davon aus, dass er mir auch im kommenden Jahr erhalten bleiben würde.

Aus Interesse habe ich ein paar allgemeine Zahlen zur damaligen Krise recherchiert. In Deutschland sind laut VDA (Verband der Automobilindustrie) im Oktober 2008 die Absätze der deutschen Automobilhersteller um 8% im Inland und um 10% im Ausland zurückgegangen. Bezugsgröße hierfür ist jeweils das Vorjahr. Im November waren es sogar jeweils 18%. Nun hieß es damals in den Nachrichten oft genug, dass sich vor diesem Hintergrund besonders große und benzinhungrige Autos schlecht verkaufen würden und deswegen vorwiegend die amerikanischen Fahrzeughersteller Umsatzeinbußen erleiden würden. Nach dieser Logik hätte es den Koreanern mit vielen kleinen

Billigmodellen blendend gehen müssen. Laut „theauto-channel.com" sind im November 2008 hingegen auch für koreanische Hersteller der Export um 13% und der Inlandsabsatz um stolze 27% gesunken! Während es Hyundai und Kia vergleichsweise gut zu gehen schien, wurde die General Motors Tochter Daewoo damals wohl richtig schwer getroffen. Den Vogel abgeschossen hatte aber wohl die Firma Ssangyong Motors, die aufgrund ihrer Fokussierung auf Geländewagen und SUVs einen Absatzrückgang von mehr als 60% erlitt!

Zum Vergleich als letztes noch die Zahlen der japanischen Hersteller, von welchen damals in den Medien behauptet wurde, dass diese mit ihren Hybridautos den amerikanischen Konzernen die Kunden wegschnappen würden: Auch in Japan vermeldete man einen Rückgang von 18%, also genau so viel wie bei den deutschen Herstellern. Es handelte sich somit wirklich um eine absolut weltweite Krise. Ein Hoch auf die Globalisierung! Da muss ich mich doch direkt mal selbst loben: In Zeiten, wo selbst Donald Trump in finanziellen Schwierigkeiten steckte, habe ich nämlich meine erste Million gemacht! Die zweite folgte umgehend. Prompt veröffentliche ich hiermit meine Memoiren und erwarte nichts Geringeres als einen Bestseller vom Format der Werke eines Lee Iacocca!

Dumm nur, dass ich in Won bezahlt wurde. Im Vergleich zum Euro verlor mein „Vermögen" im Verlauf des Novembers/Dezembers 2008 nämlich ein Viertel an Wert! Ich konnte somit nur hoffen, dass die Kurse sich vor meiner Rückkehr wieder zu meinen Gunsten wenden würden. Ansonsten hätte ich das Kunststück geschafft, sogar Geld durch die Finanzkrise zu verlieren, ohne es überhaupt irgendwo investiert zu haben! Aber das würde wenigstens Stoff für den zweiten Teil meiner Lebensgeschichte liefern: „Wie ich als Student bei Währungsspekulationen Millionen verlor!". Hat das Zeug zu einem Klassiker.

Die Aktiengeschichte hat sogar die Wohnungsmieten in Korea nachhaltig beeinflusst. Früher verhielt es sich so, dass man bei Einzug eine ziemlich hohe Kaution an den Vermieter zahlen musste. Diese erhielt man zwar bei Beendigung des Mietverhältnisses zurück, der Vermieter durfte jedoch im Gegensatz zu Deutschland die Zinsen behalten. Ergo war es klassischerweise so, dass eine höhere Kaution eine niedrigere Miete bedeutete. Wer richtig viel Geld an den Vermieter zahlte, konnte unter Umständen sogar mietfrei wohnen und musste nur für die Nebenkosten aufkommen, da der Vermieter an den Zinsen genug verdiente. Nun kann man mit so viel Geld an der Börse natürlich noch mehr verdienen, als wenn man es nur auf dem Konto deponiert, was viele Vermieter auch versucht haben. Natürlich kann so etwas auch ins Auge gehen, z.B. wenn sämtliche Aktienkurse unter einer weltweiten Krise leiden. Und urplötzlich sind hohe Kautionen auf dem koreanischen Wohnungsmarkt gar nicht mehr so beliebt bei den Wohnungseigentümern und man versucht den Mietern wieder niedrige Kautionen und höhere Mieten schmackhaft zu machen. Quasi das Gegenteil der amerikanischen Hypothekenkrise!

Engrish Ausdruck des Tages: Lunchi. Bei mir in der Firma tritt dieser Begriff eher selten auf, aber manche Koreaner hängen an „lunch" gerne ein „i" an. Das kommt daher, weil ein weicher „sch/ch" Laut im Koreanischen nur in Verbindung mit einem ‚i' möglich ist (sonst wird der betreffende Buchstabe wie ein „S" ausgesprochen!). Aber lunchi klingt so toll, da könnte man fast ein Adjektiv draus machen: lunchy. Mangels Anwendungsmöglichkeiten für das Wort „mittagessig" wird es sich aber wohl leider nicht durchsetzen.

Wüstenadler und Nagetiere
14. Dezember

Das Top Gericht der Woche in unserer Kantine war diesmal „Ssamgyetang". Das ist eine Ginseng-Gemüsebrühe, in der für gewöhnlich ein ganzes kleines Hühnchen den Verzehr erwartet. Gefüllt ist das Hühnchen mit süßem Reis, Ginseng und Jujube (roten Datteln). Da unsere Kantine sehr auf Sparsamkeit bedacht ist, gab es allerdings nur einen halben Vogel sowie eine Dattel und einen Mini-Ginseng pro Person. Ich hatte schon ewig kein Hühnchen mehr gegessen! Gedanken daran, dass in der vorhergehenden Woche in Hong Kong Notschlachtungen wegen Vogelgrippe stattfanden, wurden daher schnell verdrängt.

Bei derartigen Gerichten rächt es sich allerdings sofort, wenn man die Stäbchen nicht richtig hält. Die korrekte Methode sieht nämlich vor, dass man das untere Stäbchen mit dem Daumen festklemmt, während es auf dem Ring-finger aufliegt. Aus irgendeinem Grund hatte ich mir die Haltung dieses Stäbchens etwas anders angewöhnt, was normalerweise auch prima funktionierte. Sollte man nun, wie im vorgestellten Problemfall, einem ganzen (oder halben) Hühnchen mit Stäbchen das Fleisch von den Knochen zupfen müssen, wird man jedoch bald dafür, dass man es gewagt hat, von den althergebrachten Techniken der großen Stäbchensamurai abzuweichen, mit Finger-krämpfen gestraft. Irgendwie ist ein Großteil vom Hühnchen dennoch in meinem Magen gelandet. Die Begebenheit hat mich jedoch hinreichend dazu motiviert, weitere Arbeit in die Verbesserung meiner Stäbchenmanöver zu investieren.

Derart gestärkt konnte es also auf ins Wochenende gehen! Als erstes wollte ich bei der Post meine Weihnachts-karten loswerden, da ich gelesen hatte, dass die Post samstags nur bis 1 Uhr geöffnet sei. Um sicher zu gehen, war ich sogar vor 12 dort. Es war trotzdem geschlossen. Die Postbüros in Korea sind vorbildlich ausgeschildert und eigentlich immer leicht zu finden. Leider standen jedoch keine Öffnungszeiten an der Tür. Auch konnte ich mich nicht entsinnen, jemals das Glück gehabt zu haben, eine geöffnete koreanische Postfiliale persönlich bewundern dürfen. Zum Glück kann man auch in Schreibwarengeschäfte Briefmarken kaufen! Allerdings nur für Briefe innerhalb Koreas, daher nutzte mir das in diesem Fall gar nix. Es blieb also nur die Möglichkeit, irgendwann in der Mittagspause die Briefe zur Post zu bringen, denn die Post öffnete erst, wenn ich schon auf der Arbeit war und schloss wieder, bevor ich Feierabend hatte. Vielleicht hätte ich lieber ein Praktikum bei der Post machen sollen - sie haben dort auf jeden Fall bessere Arbeitszeiten!

Nachdem ich an der Post gescheitert war, stand als nächster Programmpunkt der Kauf einer Mausefalle auf der Agenda. Da wir im obersten Stockwerk unseres Mietshauses wohnten, befand sich unmittelbar über unserer Wohnung ein niedriger Zwischenraum zwischen Zimmerdecke und Flachdach. Seit Einbruch der Winterkälte waren aus jenem Zwischenraum häufig geschäftige Raschel- und Kratzgeräusche zu vernehmen. Das Kratzen war teilweise laut genug, dass es mich nachts um den Schlaf brachte. Somit beschloss ich, den Viechern den Garaus zu machen.

Zum Glück konnte ich für den Mausefallenkauf auf mein Wörterbuch zurückgreifen! Der „Baumarkt" in unserem Vorort bestand nämlich aus einem winzigen, unglaublich vollgestopften Ladenlokal und einem großen Hof mit mehreren Baucontainern. Die Waren lagerten dabei teilweise auch in den Containern und waren somit nur auf Nachfrage erhältlich. Die Container sahen von innen ungefähr so aus, wie das Domizil des Roboters Wall-E aus dem gleichnamigen Film. Abgesehen davon hätte ich die Mausefalle noch nicht einmal erkannt, wenn ich sie zufällig gefunden hätte.

Vor meinem geistigen Auge erschien beim Gedanken an eine Mausefalle ein Holzbrettchen mit einem zuschnappenden Bügel, also die typische „Tom und Jerry" Mausefalle. Vor Ort wurden mir dann zwei ganz andere Varianten Präsentiert. Das erste Modell war ein Käfig, bei dem eine Klappe zugeht, wenn die Maus in die Falle läuft, also eine Lebendfalle. Bei der zweiten Ausführung handelte es sich um eine kleinere Version der Bärenfallen, die immer in alten Cowboystreifen zu sehen sind, nur in doppelter Ausführung. Also zwei konzentrische, rostige, gezackte Metallkränze, die bei Druck auf eine Platte in der Mitte zuschnappen. Das Ganze ließ schon ein ziemliches Mäusemassaker erahnen und ich war mir nicht wirklich sicher, ob ein Blutbad auf dem Dachboden eine Verbesserung der aktuellen Situation herbeiführen würde. Davon abgesehen schaffte der Verkäufer es auch nach mehrminütigem Rumprobieren nicht, diese Falle vernünftig aufzuspannen, ohne dabei beinahe mit den Fingern hineinzugeraten. Da ich 10 Finger nach Korea mitgebracht hatte und beabsichtigte, sämtliche Exemplare auch wieder mit nach Deutschland zu nehmen, entschied ich mich für die Käfigfalle. Dann muss man die Maus auch nicht mit einem Schwamm aufwischen, wenn sie in die Falle geht.

Allerdings warf die Lebendfalle leider das Problem auf, was mit der Maus anzustellen wäre, wenn sie einmal in der Falle gefangen ist. Ich beschloss, dieses Problem erst dann zu lösen, wenn es sich tatsächlich stellte. Nachdem ich die Falle aufgestellt hatte, herrschte nämlich gespannte Ruhe in der Zwischendecke, obwohl die Falle weiterhin nur den Köder enthielt. Die Spuren von Nager-Kot um die Luke zu diesem Mini-Dachboden waren jedoch zahlreich genug, um zu beweisen, dass ich mir noch keine weißen Mäuse einbildete. Es blieb also die Frage, ob eine Mausefalle abschreckende Wirkung haben kann. Was das ganze

Fallenkonzept ad absurdum führen würde, schließlich soll die Maus ja IN die Falle gehen und nicht davor wegrennen. Aber vielleicht waren ja die Nachbarn schneller beim Fallenstellen oder die Viecher waren endlich verhungert. Es sollte sich zeigen.

Der Rest des Samstags war eher uninteressant, vielleicht bis auf weitere Entdeckungen im Bereich örtlich verfügbarer Mahlzeiten. Meine tägliche Diät von zweimal Reis mit Kimchi und anderen eingelegten Dingen auf der Arbeit hatte zur Folge, dass mir am Wochenende meist der Sinn nach herrlich ungesundem, fettigem, nicht-koreanischen Fastfood stand. Dementsprechend grenzenlos war meine Freude, als ich samstags einen Dönerstand im Keller des Lotte-Kaufhauses entdeckte! Ich war so richtig glücklich, als der arabisch aussehende Verkäufer mir den recht klein geratenen Döner in die Hand drückte! Die Freude währte leider nur bis zur Verkostung, denn die Ähnlichkeit zum beliebten Deutsch-Türkischen Snack aus der Heimat war vorwiegend optischer Natur. Das Fleisch war offensichtlich mit Bulgogi-Soße behandelt worden und schmeckte somit eindeutig koreanisch. Schlimmer war allerdings der Krautsalat, der zwar nach Krautsalat aussah, aber nach Kimchi schmeckte. KIMCHI KEBAP! Einerseits durchaus kreativ, andererseits überhaupt nicht das, was mir in dem Moment vorschwebte.

Um mich davon zu erholen, bin ich dann am nächsten Tag eine Pizza essen gegangen! Die war zwar viel zu teuer (für koreanische Verhältnisse) und natürlich amerikanischer Art, aber sie bestand immerhin zu ca. 90% aus Käse. Käse! Sowas hatte ich seit 2 Monaten nicht mehr gesehen! Mein Magen allerdings auch nicht und fühlte sich daher nach dem Essen an, als wäre ich mit einer Peperonipizza im 9. Monat schwanger. Aber das war es wert!

Um das Gewissen zu beruhigen, bin ich vor der sonntäglichen Pizzaorgie ein ganzes Stück zu Fuß gelaufen, um endlich den Haedong Yonggung Tempel zu lokalisieren.

Dieser unterscheidet sich von anderen Tempeln dadurch, dass er zur Abwechslung nicht in den Bergen liegt, sondern direkt am Meer! Außerdem ist dieser Tempel wohl einer der wenigen in Korea, die einem weiblichen Buddha geweiht sind. Dass der Tempel nicht in den Bergen liegt, sollte jedoch nicht bedeuten, dass dieser leicht zu finden sein würde. In der Umgebung gibt es eigentlich nur ein paar Fischereihäfen, eine größere Anzahl (meist angetrunkener) Angler und diverse Fischrestaurants, die den Fang sofort auftischen. Man muss schon relativ genau wissen, wo man hinmöchte, um dieses Tempelchen zu finden!

Nun habe ich bereits im Eintrag zu Tongdosa leichtfertig behauptet, dass dies der absolut touristischste Tempel war, der mir bis dahin untergekommen ist. Yonggungsa hat das leider noch einmal locker übertroffen! Wo sich in Tongdosa viele Leute auf einer riesigen Tempelanlage verteilen, drängeln sich in Yonggungsa etwa genauso viele Besucher auf einem wesentlich kleineren Areal! Der Tempel war heillos überfüllt, auch was die Dekoration anging. Es waren so viele Statuen und Figürchen auf engstem Raum zusammengequetscht, dass man sich unweigerlich wie in einem Spielpark für Kinder fühlte. Ich kam mir buchstäblich vor wie auf dem Jahrmarkt! Inklusive jeder Menge Imbissbuden und Souvenirstände am Eingang.

Am Schönsten fand ich die Fußgängerbrücke zum Tempelgelände. Die Koreaner werfen ja gerne, wie viele Völker (warum eigentlich?) Kleingeld in so ziemlich jeden Brunnen und jedes Gewässer, das ihnen unterkommt. Im Wasser vor der Brücke waren zu diesem Zweck jede Menge Steinfiguren aufgebaut, auf die man zielen konnte. Man kann den Mönchen von Yonggungsa (gibt es da überhaupt welche?) folglich nicht vorwerfen, sie wären nicht geschäftstüchtig! Leider ist diese Fußgängerbrücke jedoch sehr eng und es sind eben sehr viele Leute da. Wenn ein Großteil von denen auch noch mitten auf der Brücke stehen bleibt, um Geld hinunter zu werfen, dann benötigt man wahrhaft buddhistische Ruhe, um sich nicht darüber aufzuregen. Oder man macht es wie die Einheimischen und drängelt einfach. Die ganze turbulente Szene wird untermalt von buddhistischen Tonbandgesängen, die überall aus Lautsprechern hervorschallen. Herrlich!

Hinzu kommt, dass der Tempel zwar angeblich 1376 gegründet wurde, der aktuelle Bau aber effektiv im Jahr 1970 errichtet wurde. Nicht ganz das, was sich der westliche Tourist unter einem asiatischen Tempel vorstellt. Und doch so asiatisch, wie nur irgend möglich: Einen Tempel mit zwei riesigen goldenen Plastikschweinen und einem noch viel größeren goldenen Plastikbuddha sieht man nicht alle Tage!

Nachdem ich am Sonntag also SCHON WIEDER einen Tempel angucken war (ich verbringe wahrscheinlich mehr Zeit in diesen Dingern als die meisten Buddhisten), musste danach dringend ein Kontrastprogramm her. Erst war ich also Pizza essen. Und danach habe ich mich entschlossen, ein Stück von meinem zweiten Gehalt buchstäblich zu verpulvern. Und zwar mit Hilfe einer .44er Magnum Desert Eagle!

Die Gesetzgebung in Korea bezüglich Waffen ist nämlich sehr merkwürdig. So ist es anscheinend verboten, Waffen im Fernsehen zu zeigen (siehe Abschnitt „Wenn MacGyver Koreaner wäre"), allerdings ist es vollkommen OK, Schusswaffen gegen Bezahlung für jedermann zugänglich zu machen. Ich weiß noch nicht mal, ob es eine Altersbeschränkung gibt, mir ist jedenfalls kein Hinweisschild aufgefallen. Man kann in diesem Land also einfach zu einer öffentlichen Schiessanlage gehen, sich eine Waffe aussuchen und so viel ballern, wie man möchte, so lange man dafür bezahlt. Seit ich das mal als Freizeittipp gelesen habe, hat es mir wirklich in den Fingern gejuckt, von dieser Möglichkeit Gebrauch zu machen. Ich hatte allerdings meine Bedenken, ob es das Geld wert ist. Beim größten offerierten Kaliber wurden ca. 2,50 Euro pro Schuss verlangt. Also quasi ein günstiges koreanisches Mittagessen oder eine günstige Taxifahrt pro Schuss! Wer gleich 20 oder 30 Schuss kauft, kriegt immerhin Rabatt. Als mir dann ein pistolenförmiger Stahlklotz von 2kg Leergewicht unter die Nase gehalten wurde, vergrößerten sich diese Bedenken eher noch. Anscheinend gehören Schusswaffen zu den Dingen, die im Fernsehen kleiner aussehen, als sie sind. Für alle Unbedarften: Die Desert Eagle gehört zu den durchschlagkräftigsten Pistolen, die allgemein erhältlich sind. Aufgrund ihres markanten Aussehens wird dieses Modell in zahlreichen Filmen und Computerspielen verwendet und stellt daher, gemeinsam mit dem gleichkalibrigen Smith & Wesson Revolver von Clint Eastwood in den Dirty Harry Filmen, quasi den Inbegriff einer „großen Wumme" dar. Wollte ich schon immer mal ausprobieren. Und 25 Euro für 10 Schuss sind immer noch billiger, als sich so ein Ding für 2300 Euro zu kaufen!

Auf die Sicherheit wurde auch ein wenig geachtet: Es gab eine schusssichere Weste (naja, zumindest eine Weste), Gehörschutz und ein System, um die Waffe vorne einzuhaken, damit man die Pistole weder aus Versehen, noch absichtlich von der Schiessbahn wegrichten kann. Dazu muss ich noch sagen, dass ich extra beim Mittagessen auf ein Bier zur Pizza verzichtet hatte, weil ich dachte, dass ich schlecht nach Alkoholgenuss schießen gehen kann. Die Lage der Schiessanlage direkt am Strand in unmittelbarer Nähe diverser Bars und Clubs, diese komische „Sicherheitsleine" und das gesamte „Ambiente" ließen aber eher darauf schließen, dass nicht alle Sonntagsschützen den Umgang mit Schusswaffen besonders ernst nehmen.

Auch auf eine Einweisung wurde größtenteils verzichtet: „So zielt man, da drücken, viel Spaß". Da ich allerdings der einzige Kunde zu diesem Zeitpunkt war, kann ich über sonstige Besucher nur spekulieren. Die Beschreibung des Lonely Planet für eine andere Schiessanlage sagt aber eigentlich alles: „Gehen sie hin und sagen ‚James Bond' und sie erhalten eine Walther PPK". Eine Zielscheibe durfte ich mir nicht aussuchen (Warum eigentlich? Muss man da mehr als 10 Schuss nehmen?), aber anscheinend kann man alternativ zu „klassischen" Zielscheiben auch auf leicht bekleidete und bewaffnete Comicfrauen oder Gangster mit Geiseln zielen. Da ich noch vom Bund wusste, dass man mit Pistolen bei weitem nicht so leicht trifft, wie es im Fernsehen den Anschein hat, habe ich mich für moderate 10 Meter Entfernung entschieden.

Zurück zum interessanten Teil: Stahlklotz gehoben, vernünftig hingestellt (man muss es bei dem zu erwartenden Rückstoß ja nicht auf ein blaues Auge anlegen), gezielt und abgedrückt. BUMM! In Großbuchstaben. Mit Ausrufezeichen! Trotz Gehörschutz. Fühlt sich an, als würde man mit Backsteinen schießen. BUMM! Es stinkt, es ist höllisch laut und macht aus unerfindlichen Gründen einen riesigen Spaß! BUMM! Man fühlt sich wie ein kleines Kind, das herausgefunden hat, wie eine Autohupe funktioniert und immer wieder draufdrücken will. Oder wie in der Achterbahn: Irgendwie hat man Schiss, aber der Körper schüttet haufenweise Adrenalin aus und man freut sich gleichzeitig wie ein Schneekönig. Ich bin auf jeden Fall mit einem riesig breiten Grinsen wieder hinausgegangen und habe mich keine Sekunde mehr gefragt, ob es sich lohnt, für so etwas Geld auszugeben. Es hat nämlich unverschämt viel Spaß gemacht!

Dafür, dass ich das letzte Mal 8 Jahre zuvor eine Pistole in der Hand gehabt hatte (und auch damals nur für einen Durchgang), war mein Ergebnis sogar relativ vorzeigbar. Man muss noch nicht mal fragen, ob man ein Foto machen kann. Vielmehr fragen einen die Mitarbeiter der Schiessanlage, ob man eine Kamera dabeihat und schlagen auch noch Posen vor. Sagt noch mehr über die Stammkundschaft aus. Verabschiedet habe ich mich mit den Worten „It's been a blast!". Den Witz hat leider keiner verstanden.

Zumindest hat sich nach diesem Erlebnis für mich die Frage nach dem praktischen Nutzen einer solchen Waffe geklärt: Es gibt keinen. Die Desert Eagle ist so riesig und schwer, dass man sie einfach schlecht mit sich herumschleppen kann. Der Rückstoß ist so stark, dass man nach jedem Schuss komplett neu anlegen muss. Noch dazu würden Patronen von diesem Kaliber bei der Anwendung z.B. als Polizeiwaffe viel zu viele Leute gefährden, da sie selbst bei einem Treffer das Ziel einfach durchschlagen dürften und womöglich noch eine andere Person treffen würden.

Wen es noch interessiert, was es mit der kryptischen Kaliberbezeichnung auf sich hat: Kaliber .44 bedeutet einen Geschossdurchmesser von 0,44 Zoll, also ca. 11 mm. „Magnum" steht für eine besonders leistungsfähige Treibladung. Das Kaliber entspricht also ungefähr dem Durchmesser von einem kleinen Finger oder einem relativ dicken Kugelschreiber. Im Vergleich zum üblichen 9 mm Kaliber der meisten Polizei- oder Militärpistolen ist das ein gefühlter Unterschied wie von einer Wasserpistole zum Feuerwehrschlauch. Kaliber größeren Durchmessers findet man eigentlich nur noch bei schweren Maschinen- oder Scharfschützengewehren. Allerdings muss dabei berücksichtigt werden, dass Gewehrpatronen meist eine ganz andere Geschossform und wiederum eine größere Treibladung zum Erreichen größerer Reichweiten besitzen.

Die neueste Engrisch-Vokabel: Friday Check Shit. Das ist die Freitagscheckliste (check sheet) für unsere täglichen TPM Inspektionen. TPM steht für Total Productive Maintenance, ein System zur vorausschauenden Vermeidung von Produktionsproblemen. Gibt es natürlich auch für andere Wochentage. „Friday Check Shit" klang in meinen Ohren schon sehr nach Gangster-HipHop-Vokabular. Als dann auch noch die Wendung „I need to check this shit" fiel, war die Verbindung komplett und ich musste mich arg zusammenreißen, nicht laut loszulachen.

Der Satz „We need to move this shit" fiel in dieser Woche ebenfalls. Natürlich ging es wieder um einen "sheet", nämlich ein Metallblech, aber ich glaube langsam fast, dass meine Kollegen das absichtlich falsch machen!

Ratten, Hunde, Wasserspiele
21. Dezember

Natürlich hatte ich mich wieder einmal zu früh gefreut. Und zwar bezüglich der plötzlichen Stille in der Decke unserer Wohnung. Mittlerweile hatte nämlich das eine oder andere Viech dort wieder nachts rumrandaliert. Aber wenigstens ging auch eins davon in die Falle! Die Ausbruchversuche aus dem Metallkäfig waren mehr als deutlich zu hören. Also war es an der Zeit, mir zu überlegen, was ich mit dem Störenfried anstelle. Aussetzen bringt nix, die Viecher kommen wieder.

Nach diversen Überlegungen habe ich mich dazu durchgerungen, das Ableben der Maus wie Selbstmord aussehen zu lassen. Sprich: Tod durch Sturz aus großer Höhe. Schließlich wohnten wir im 5. Stockwerk. Dumm nur, dass das einzige Fenster ohne fest vorgeschraubte Fliegengitter direkt über dem Hauseingang gelegen war. Ich wollte keinem erbosten Nachbarn erklären müssen, warum er beim Verlassen des Hauses von einer Maus im Sturzflug getroffen wurde. Daher habe ich mich dann letzten Endes entschieden, die 5 Minuten Fußweg zur nächsten Brücke auf mich zu nehmen. Da stört es keinen, der Fluss führt aktuell kaum Wasser, es ist relativ hoch und ich kann ja auf die Steine zielen. Sollte das Viech trotzdem überleben, dann hat es das halt verdient und kann sich beschweren kommen. Wir wiederholen den Versuch dann.

Also hatte ich endlich einen Plan für den vorsätzlichen Nagermord. Noch schnell eine alte Firmenjacke und Gummihandschuhe angezogen, um Kontakt mit dem Viech zu vermeiden und dann den Käfig vom Dachboden geangelt. Der war allerdings voller als gedacht. Da saß keine Maus, sondern eine ziemlich fette Ratte drin! Eine Ratte! Ein paar kleine Mäuse können sich ja schnell mal ins Haus durchmogeln, aber stört es die Koreaner nicht, Ratten auf dem Dachboden zu haben? Lernt man in Korea nicht in der Schule, dass Ratten Krankheiten übertragen? Gut, Mäuse auch. Gerade bei der Angst, die die Leute in Asien vor Infektionskrankheiten wie SARS haben, konnte ich dennoch nicht verstehen, dass sie nicht gegen Ratten im Haus vorgingen! Das Vieh in der Falle hat jedenfalls einen Gestank verbreitet, der nicht auszuhalten war! Ich weiß jetzt, woher die Redewendung „to smell a rat" (sinngemäß eigentlich „riechen, dass etwas faul ist") herkommt. Wenn man einmal weiß, wie die Viecher stinken, dann bemerkt man den Geruch auch an anderen Stellen. Z.B. in der Versuchshalle unserer Firma gab es garantiert auch welche.

Besonders gesund schien die Ratte auch nicht - sie ist zumindest wie ein Besoffener im Käfig hin und her gewankt. Noch ein Grund, sie loszuwerden. Also ab mit dem Käfig zur Brücke. Klappe auf, schütteln, Flugratte bewundern, fertig. Bleiben noch eine widerlich stinkende Rattenfalle und ein ziemlicher Ekel. Eine hervorragende Gelegenheit, um das Badezimmer komplett zu putzen! Und danach möglichst heiß zu duschen. Ich hoffte, wenn ich den Vorgang noch ein- oder zweimal wiederholte, würde ausreichend Ruhe auf dem Dachboden einkehren. Als Köder kann ich übrigens Knoblauch-Schinken aus der Dose empfehlen.

Im Nachhinein plagten mich allerdings doch Zweifel hinsichtlich dieser Methode. Sollten die Ratten den Sturz tatsächlich überleben und wiederkommen, brächte mir das gar nix, außer dass ich sie jetzt auch noch fütterte und spazieren trug. Andere Tötungsarten hatte ich zwar zuvor ausgeschlossen (z.B. Erschlagen mangels Werkzeug und wegen Fluchtgefahr der Verurteilten), aber Ertränken schien mir für den nächsten Kandidaten eine gute Option zu sein. Wir hatten anscheinend noch genug Ratten übrig, um eine geeignete Methode zu eruieren.

Eigentlich wollte ich noch im Netz herausfinden, um was für eine Sorte Ratten es sich handelte, aber genau genommen war mir das egal, so lange ich sie irgendwie loswürde. Dafür habe ich unter anderem folgende Information zu Ratten entdeckt: „Sozialpartner markieren sich gegenseitig mit Urin, um den Zusammenhalt der Gruppe zu stärken". Das lieferte zumindest eine Erklärung für den penetranten Geruch. Dass eine solche Praktik den „Zusammenhalt der Gruppe stärkt" glaube ich auch sofort. Gemeinsam durchlebte traumatische Erlebnisse sollen ja verbinden. Wenn man so etwas macht, dürfte sich der restliche Bekanntenkreis zudem automatisch stark reduzieren, sogar bei Nagetieren. Ich konnte nur hoffen, dass diese Information nie bis zu meinen Vorgesetzten durchdringen würde. Die schienen nämlich für jeden Unsinn zu haben, der Arbeitsmotivation und Zusammenhalt stärken könnte.

Wo wir gerade bei ekligen Tiergeschichten sind, kann ich gleich mit dem Essen weitermachen. Bzw. mit dem Markt, den ich am Samstag dieser Woche besuchte. Da bin ich nämlich mal einer Empfehlung des Lonely Planet gefolgt und auf einen Markt gefahren, der ein etwas „koreanischeres" Angebot haben sollte als der Markt in Nampodong.

Der Gupo Markt in Deokcheon ist eigentlich etwas abseits der Innenstadt, sieht dafür aber tatsächlich viel mehr so aus, wie man sich einen stereotypen asiatischen Markt vorstellt: Überall dampft es und brodelt es und es werden viele Dinge verkauft, die der durchschnittliche Westeuropäer erst einmal nicht identifizieren kann. Auch viele Sachen, die absolut typisch koreanisch sind. Manchmal trifft auch beides zu. Angeblich sollte sogar Hundefleisch im Angebot sein. Auf den Fotos, die ich bislang von so etwas gesehen hatte, sahen verzehrbereite Hunde aber sowieso aus wie vierbeinige Brathähnchen und das meiste Fleisch auf dem Markt wurde eh nicht am Stück verkauft. Ich habe mir also gedacht, dass irgendwelche dieser Fleischstücke, an denen ich die Schildchen nicht lesen konnte, wahrscheinlich vom Hund sind und mir das ja eigentlich egal sein kann.

Nun, auch mit dieser Vermutung habe ich danebengelegen! Auf dem Rückweg bin ich nämlich an Geschäften vorbeigekommen, die auf den ersten Blick aussahen wie Tierhandlungen. Ich konnte mir aber schon von weitem denken, dass mir meine Neugierde hier weniger harmlose Dinge zeigen sollte, als erwartet. Die großen Hundekäfige vor diesen Läden erfüllten scheinbar denselben Zweck, wie ein Aquarium vor einer Fischhandlung. In den Käfigen saßen zudem keine kleinen Snackhündchen, sondern ausgewachsene Labradore! Oder eine ähnliche Rasse, ich kenne mich da nicht so genau aus. Und die Hunde gab es nicht nur lebendig, sondern auch schon fertig aufgesäbelt und „aufgeklappt", wie man das in Korea sonst gerne mit Fischen macht, mit den wichtigsten Organen noch drin (Leber und Herz... glaube ich). Der Kopf war auch noch dran. Davon habe ich dann kein Foto gemacht, die Ladenbesitzer dort reagieren nämlich sehr allergisch auf Fotoapparate, da der Verzehr von Hunden auch in Korea offiziell illegal ist. Ist wahrscheinlich auch besser so.

Ich habe aber wirklich das Ausmaß des Ganzen unterschätzt - ein bis zwei Dutzend Hundefachmetzgereien gab es dort bestimmt! Als pure Ironie habe ich angesehen, dass eine der Metzgerinnen sich eine Katze als Haustier hielt. Ob Katzen Schadenfreude empfinden können? Am Ende dieses interessanten Einkaufsviertels wurden noch ganz normal Hühner, Enten und Hasen zum Kauf feilgeboten. Da mir bei Anblick des Federviehs die damals aktuelle Warnung vor SARS wieder in den Sinn kam, bin ich dann wirklich nicht mehr länger geblieben. Zum Glück hatte ich schon vorher gegessen.

Für diese Woche war mein Bedarf an abstrusen Erlebnissen also reichlich gedeckt. Noch dazu herrschte ein richtiges Hundewetter das ganze Wochenende hindurch, aber die Hunde hatte ich ja schon abgehakt. Die ideale

Gelegenheit also, das angeblich größte Badehaus Asiens auszuprobieren! Das haben sich auch viele andere Leute gedacht und so musste ich zum ersten Mal vor einem Jimjilbang anstehen. Das angepeilte Riesenthermalbad trug den klangvollen Namen „Hurshimchung Spa" und war auf den ersten Blick nicht wirklich sooo eindrucksvoll groß. Wenn man aber bedenkt, dass alle Bäder doppelt vorhanden sind (Männlein und Weiblein gehen schließlich brav getrennt splitterfasernackt baden) und dass es keine richtigen Schwimmbecken gibt (nur flache Bäder zum Sitzen und ein paar Saunen), dann war es schon eine recht große Anlage. Die Tatsache, dass sogar einige andere Nichtkoreaner dort herumplanschten, sagt wohl auch einiges über die Größe dieser Anlage aus. Andererseits wird das Ding im Lonely Planet empfohlen, einem der wenigen brauchbaren Reiseführer für Südkorea, daher war es wohl wenig verwunderlich, in diesem Badehaus auf einige der seltenen westlichen Touristen zu treffen.

Trotz der Größe des Badebereichs war es jedoch eindeutig zu voll! Es macht keinen Spaß, in der Sauna zu sitzen, wenn alle 20 Sekunden einer die Tür aufmacht und dabei jeder zweite auch noch vergisst, die Tür hinter sich zu schließen! Mal abgesehen davon, dass viele die Sauna anscheinend eher danach auswählten, ob sie Volleyball, Basketball oder eine Seifenoper gucken wollten. Ja, es gibt in Korea tatsächlich in vielen Saunen einen Fernseher. Das macht das Ganze nicht unbedingt ruhiger und erholsamer! Dafür konnte man an anderer Stelle z.B. koreanisches Schach (Janggi) spielen, während man ein Fußbad nimmt. Das Kirschbad mit knallrotem Wasser war ebenfalls lustig.

Der eigentliche Jimjilbang-Bereich war aber kaum der Rede wert. Es gab zwar ein sehr großes Freizeitangebot und auch noch ein paar Saunen, aber dafür, dass man extra für die Benutzung des Gemeinschaftsbereichs zahlen musste (sonst nicht üblich), hätte ich irgendwie mehr erwartet. Die Bezahlung dafür war übrigens sehr einfach geregelt: Jimjilbang-Kleidung kostet Geld. Und wer nackig in den Gemeinschaftsbereich geht, der wird sich der entrüsteten Ajummas (vgl. „Der Berg ruft!") erwehren müssen! Dabei sind die schon beängstigend genug, wenn man angezogen ist! Wer mal versucht hat gegen eine solche Gegnerin in eine U-Bahn ein- oder auszusteigen, oder gar einen Sitzplatz zu ergattern, der weiß, wovon ich rede.

Es gab übrigens auch in diesem Jimjilbang mal wieder einen Schlafraum nur für Männer. Den Grund dafür kenne ich nicht. Ich hätte ja mal darauf getippt, dass auf diese Weise ein eigener Bereich für Trunkenbolde und Lautschnarcher geschaffen wird, aber die nisten sich (wie bereits ausführlich beschrieben) oft genug auf den normalen Schlafplätzen ein. Mal abgesehen davon, dass das Hurshimchung Spa nicht die ganze Nacht offen hat und sich daher sowieso nicht als Nachtlager nach einem Zechgelage eignet.

Eine weitere kuriose Einzelheit ist mir übrigens in Form eines Schildes aufgefallen, welches auf eine bestimmte koreanische Gesundheitsvorschrift aufmerksam machte. Laut dieser ist es Leuten mit Hautkrankheiten oder Tätowierungen verboten, das Bad zu benutzen! Das mit den Hautkrankheiten ist ja noch logisch, obwohl man da jetzt schon argumentieren kann, dass die Benutzung des Thermalbads dann z.B. für Teenager mit Gesichtsakne auch verboten ist. Aber eine Gesundheitsvorschrift, welche Tätowierungen mit Hautkrankheiten auf eine Stufe stellt? Haben die Angst, dass die Tattoos im Wasser abfärben? Mir schien im ersten Moment, dass dort mal wieder die erzkonservative Einstellung der koreanischen Gesellschaft gesiegt hat und alles pauschal verbannt wurde, was irgendwie zu individualistisch scheint. Später ging mir dann auf, dass in Asien die traditionelle Verbindung von Tattoos und Kriminalität noch viel stärker im Allgemeinbewusstsein verwurzelt ist, als bei uns. Zumindest erinnerten die wenigen Tattoos, die mir noch in anderen Jimjilbangs unter die Augen kommen sollten, stark an den Stil, der bei den japanischen Yakuza üblich ist. Aber wer weiß, vielleicht ist tätowiert-sein in Korea einfach genauso unhöflich, wie das Rauchen in Anwesenheit von Älteren (siehe „Händchenhalten mit Meister Kong").

Zum Thermalbad gehörte unter anderem ein großes Hotel mit Hochzeitsräumen und ein Bräu. Die Hochzeitsräume habe ich nur kurz von der Rolltreppe zum Thermalbad aus gesehen, aber sie sahen recht nobel aus. Das, was ich dort nur sehr kurz sehen konnte, machte den Eindruck einer sehr traditionellen Hochzeit. Alle Anwesenden waren in sehr ausschweifend dekorierte, traditionelle Gewänder gekleidet. Ich hätte gerne mehr davon gesehen, obwohl ich mich nicht über einen Mangel an Hochzeiten beklagen konnte.

„Bräu" bezeichnet in Korea ein Brauhaus mit eigener Hausbrauerei, der Amerikaner würde so etwas „micro brewery" nennen. Dieses „Bräuhaus" war nicht nur von außen sehr oktoberfestlich dekoriert, sondern braut tatsaechlich Pils, Weizen und Dunkelbier selbst! Leider herrschte dort nach meinem Saunabesuch noch gähnende Leere, sonst hätte ich mir gerne anlässlich der Weihnachtszeit ein lecker Weizen gegönnt. Quasi alleine und von Personal umzingelt wollte ich mir dort dann doch weder Abendessen noch Bier genehmigen.

Das Personal im Dienstleistungsgewerbe ist in Korea übrigens ebenfalls ein Thema für sich. In allen besseren Restaurants und Geschäften schwirrt dermaßen viel Personal umher, dass man sich kaum trauen kann, beim Einkaufen stehenzubleiben und etwas anzugucken. Sobald man dies tut, kommt nämlich unweigerlich sofort jemand angeschossen und möchte einem aufdringlichst behilflich sein. Guter Service ist zwar ganz nett, aber wenn die Kunden in der Unterzahl sind, kann es schon beängstigend werden! Man guckt quasi schon die ganze Zeit gehetzt über die Schulter, ob man von einem Kundenbetreuer verfolgt wird, nur damit sie einem dann hinter dem nächsten Regal schon als Gruppe auflauern können. In großen Supermärkten ist so etwas aber ganz praktisch, da verteilen die zahllosen Mitarbeiter wenigstens kostenlose Lebensmittelproben und man kann beim Einkaufen nebenher quasi umsonst frühstücken - oft gibt es sogar irgendwo Kaffee!

Ran an die Stäbchen!

Eine Sache, die mich in Korea wirklich begeistert hat, waren die dort verwendeten Essstäbchen – zumindest, nachdem ich deren Verwendung gut genug gemeistert hatte, um nicht Hunger zu darben. Dazu muss ich vielleicht noch Folgendes erwähnen: In Korea wird bei einer normalen Mahlzeit nicht viel gesprochen. Wenn man sich in der Gruppe hinsetzt, beginnen alle in etwa gleichzeitig zu essen. Unter Umständen wartet man, bis der Älteste das Essen beginnt. Damit niemand hinterher unnötig warten muss, sollten alle ihr Essen ungefähr gleichzeitig beenden. Der geneigte Leser ahnt, worauf dies hinausläuft: Wer aufgrund des ungewohnten Bestecks zu lange für das Essen braucht, der ist entweder noch am Essen, wenn sich bereits eine unangenehme Stille am Tisch breitgemacht hat, oder sitzt schlussendlich alleine da.

Ich habe somit schnell gelernt, meine Mahlzeit einigermaßen effektiv in den Mund zu befördern. Seine gesamte Portion aufzuessen ist scheinbar ebenfalls verpönt, da dies so interpretiert werden kann, als hätte es nicht genug zu essen gegeben. Zumindest in unserer Kantine nahm man sich das Essen selbst und die Beilagen waren auch nicht zum Teilen bestimmt. Da ich die Verschwendung von Lebensmitteln nicht mag und auch so erzogen wurde, dass man sich nur so viel nimmt, wie man auch möchte, aß ich mein Tablett für gewöhnlich leer. Meinen Kollegen blieb dieses kuriose Benehmen nicht verborgen, es wurde jedoch nie angesprochen. Da gleichzeitig jedoch Kampagnen gegen die große Lebensmittelverschwendung im Land liefen, hielt ich an diesem Verhalten fest.

Jedenfalls bestehen Essstäbchen in Korea für gewöhnlich aus Edelstahl! Das erscheint mir hygienischer als die Verwendung von Kunststoff oder Holz und deutlich umweltfreundlicher als der massenhafte Einsatz von Einweg-Stäbchen. Das Essen mit den oft schmalen und eckigen

Metallstäbchen ist jedoch etwas schwieriger als mit Stäbchen im chinesischen Stil. Die Verwendung dieser Stäbchen hat übrigens eine kuriose historische Ursache: Früher wurden von Adligen häufig silberne oder versilberte Stäbchen verwendet, da diese anliefen, wenn das Essen vergiftet war. Wie in vielen anderen asiatischen Kulturen darf man in Korea übrigens nie die Stäbchen in den Reis stecken. Der Grund ist, dass sie dann aussehen wie Räucherstäbchen, die man zum Gedenken an Verstorbene aufgestellt hat. Quer über die Reisschale legen ist OK.

Anders als zum Beispiel in Japan ist es in Korea üblich, den Reis auch dann mit einem Löffel zu essen, wenn er in einer Schale serviert wird. Die Suppe wird ebenfalls normalerweise gelöffelt, ohne die Schale vom Tisch zu nehmen. Um meine Fingerfertigkeit mit den Stäbchen zu üben, habe ich dennoch oft den Reis mit Stäbchen gegessen. Was recht einfach ist, da der in Ostasien verwendete Reis immer sehr klebrig ist, also quasi in „Bällchen" gegriffen werden kann. Dazu hatte ich mit meinem Mitbewohner einmal den folgenden Wortwechsel:

Mitbewohner: „Gibt es in Europa eigentlich auch Reis?"

Sascha: „Natürlich. Aber er ist etwas anders als koreanischer Reis."

Mitbewohner: „Wie denn? Wie kann deutscher Reis anders sein als unserer?"

Sascha: „Zum Beispiel klebt er nicht zusammen."

Diese Antwort hatte ungläubiges Augenaufreißen und lautes Gelächter zur Folge. In Asien gibt es wohl genug Redewendungen und Sprichwörter, die darauf basieren, dass Reis einfach klebrig ist. Ich habe gar nicht erst versucht, zu erklären, was für komische Sachen bei uns als „Naturreis" oder „Wildreis" vermarktet werden.

Ein anhaltender Trend, der die innige Beziehung der Koreaner zu ihrer sehr speziellen Landesküche illustriert ist der, die oder das sogenannte „Meokbang". Dabei verzehren Menschen, bei welchen es sich recht häufig um hübsche junge Frauen handelt, größere Mengen an Essen vor ihrer Webcam und stellen diese Videos ins Internet oder streamen es sogar live. Dafür erhalten sie scheinbar genug Spenden ihrer Zuschauer und Werbeeinnahmen, dass es sich davon komfortabel leben lässt. Der Sinn ist wohl, sich auf diese Weise Gesellschaft beim Essen auf den Bildschirm holen zu können. Leider wurde ich erst nach meinem Praktikum auf dieses merkwürdige Phänomen aufmerksam – ich hätte es zu gerne mit meinen Kollegen diskutiert!

Ein weiteres Thema, für das sich Koreaner sehr begeistern können, an dem ich jedoch nahezu verzweifelt bin, sind getrocknete Dinge aus dem Meer. Also zum Beispiel große und kleine Fische, aber auch Oktopusse und Calamari sowie Seetang. Womit die Liste sicherlich noch lange nicht erschöpft ist. In Korea habe ich gelernt, dass getrocknete Tintenfische einfach DER Snack für jede Gelegenheit sind! Man kann zum Beispiel kleine, getrocknete Tintenfischärmchen prima als Snack zum Soju auf den Tisch stellen – auch wenn ein Snack alleine dort nicht ausreicht. Alternativ kann man aber auch die langen Fangarme von großen Kalmaren prima trocknen, da hat man einfach mehr davon. Das Wort „Surreal" beschreibt die Szene nicht ganz, wenn ein quengelndes Kind in der Fußgängerzone einen meterlangen, getrockneten Tintenfischarm spendiert bekommt und daraufhin fröhlich kauend, den saugnapfbewehrten Snack triumphierend schwenkend weiterzieht.

Prägnant in mein Gedächtnis eingegraben hat sich auch eine Szene, welche sich auf einer Busfahrt zu einem meiner Wochenendsausflüge ereignete. Ich hatte es mir gerade auf meinem Sitz im Fernbus gemütlich gemacht und war in mein Buch vertieft, als urplötzlich mein Geruchsnerven um Hilfe schrien und meine Augen zu tränen begannen. Ein Blick nach hinten offenbarte den Corpus Delicti: Eine Reihe weiter wurde gerade ein undefinierbarer

Snack aus getrockneten und scheinbar auch gereiften Meeresbewohnern ausgepackt und verspeist. Der unvermutete Sturmangriff auf meine Geruchsnerven ließ sich am ehesten mit der Erfahrung vergleichen, wenn man nach dem Aufstehen ein Fenster öffnet, um frische Morgenluft hereinzulassen und beim ersten Atemzug feststellt, dass die Landwirte der Umgebung gerade Gülle ausbringen. Zum Glück war die Quelle der Geruchsbelästigung irgendwann verspeist. Ausgehend von der Menge an getrocknetem Fisch, die in der unmittelbaren Umgebung meines Lieblings-Bushofs feilgeboten wurde, schien es sich dabei jedoch um einen durchaus üblichen Reise-Snack zu handeln. Wobei ich eines nie verstand: Die Fische wurden nicht nur direkt vor dem Bushof verkauft, sondern auch dort getrocknet! Sie hingen also, mit Holzstäbchen weit geöffnet, direkt neben einer der meistbefahrenen Straßen der Stadt. Was sicherlich zu einem besonderen Aroma führte. Ich tippe mal auf „leicht geräuchert, mit einem Anklang von Abgas und Feinstaub".

Ein weiterer gern genommener Snack am Bushof und an manchen Tempeln waren gegarte Seidenraupen. Diese wurden, neben anderem Getier, in großen Pfannen warmgehalten und wie Pommes in kleinen Papiertütchen feilgeboten. Bei fast jeder Fahrt zum Bushof nahm ich mir vor „Heute probiere ich die!", überlegte es mir jedoch sofort wieder anders, sobald mir der prägnant-befremdliche Geruch dieser Spezialität in die Nase stieg. Meine Neugier endete vollends, nachdem Caro mir einmal erzählte, sie habe die Seidenraupen probiert und sie würden so schmecken, wie sie riechen.

Wenden wir uns wieder der positiven Seite der koreanischen Küche zu: Das mit Abstand wichtigste Essen während meines Aufenthalts in Korea war Samgyeopsal. Bereits an meinem ersten Abend im Land wurde ich von meinem Betreuer zu Samgyeopsal eingeladen und so ziemlich jedes Mal, wenn ich mit Kollegen abends weg war, bildete es eine unabdingbare Konstante. Wörtlich übersetzt bedeutet Samgyeopsal in etwa „Dreilagenfleisch". Der Name umschreibt blumig die alternierenden Schichten von Fett und Fleisch bei einer Scheibe Schweinebauch, denn um nichts anderes handelt es sich.

Die Speckscheiben werden auf einem Tischgrill gegrillt, um den alle herumsitzen. Es ist somit ein recht geselliges Essen. Da fettiges Fleisch auch eine gute Grundlage für Alkohol bildet, wird zum Samgeopsal immer reichlich Soju gebechert! Wenn das Fleisch auf den Grill gegeben wird, wird es direkt mit einer Schere in mundgerechte Stücke geschnitten – Messer gehören nach koreanischem Verständnis in die Küche. Von den fertigen Stücken kann sich dann jeder bedienen. Dazu gibt es diverse Soßen zum Dippen und zahlreiche Beilagen – sowohl klassischen Kimchi und anderes eingelegtes Gemüse wie auch häufig rohe Zwiebeln, Pilze und Knoblauch. Diese kann man nach Belieben ebenfalls grillen oder roh futtern. Obwohl Knoblauch in Asien ein recht kontroverses Thema ist – nach buddhistischer Tradition gilt es wohl als „unrein" – ist es dabei auch üblich, zwischendurch einfach mal eine rohe Knoblauchzehe in Soße zu dippen und zu essen.

Im Wesentlichen isst man die Zutaten allerdings nicht einzeln, sondern zusammen. Dafür werden als weiteres Extra große Salatblätter gereicht. Man nimmt also ein solches Salatblatt in eine Hand und stapelt darauf mit Hilfe der Stäbchen zum Beispiel ein paar Stücke Fleisch mit Soße, Zwiebelringe und etwas Kimchi. Dann rollt man das Salatblatt ein und isst das gefüllte Salatblatt wie einen Wrap oder einen Burrito. Wirklich gut! Noch besser schmeckt das Ganze, wenn statt Schweinebauch Bulgogi gegrillt wird. Bulgogi ist Rindfleisch in einer sehr speziellen Marinade und gilt als Gericht für besondere Gelegenheiten. Obwohl Essen in koreanischen Restaurants nach europäischen Standards sehr preiswert ist, kann eine Portion Bulgogi leicht doppelt so teuer sein wie ein anderes Gericht!

Neben Salatblättern werden zu Samgyeopsal oder Bulgogi fast immer auch große Perilla-Blätter gereicht. Diese sind weniger saftig als Salat, besitzen jedoch einen sehr aromatischen Eigengeschmack. Sehr lecker! Womit ich mich allerdings nie anfreunden konnte ist, dass kleine Perilla-Blätter auch eingelegt als Beilage serviert werden. Diese schmeckten einfach stets dermaßen salzig, dass sämtliche anderen Geschmacksnuancen umgehend in die Flucht geschlagen wurden. Technisch erwiesen sich die Blätter jedoch als herausfordernd, da diese stets gestapelt serviert wurden und durch das Einlegen fest aneinanderklebten. Um ein Blatt mit den Stäbchen aufzunehmen, muss selbiges somit zunächst vom Stapel getrennt werden. Dieses geschieht durch Auseinanderbewegen der Stäbchen ähnlich einer sich öffnenden Schere. Hat man sich erfolgreich ein Blatt erkämpft, folgt Teil 2 des Manövers: Man wickelt das Blatt mit den Stäbchen um einen Klumpen Reis und verzehrt anschließend beides gemeinsam. Ein wenig wie gefüllte Weinblätter, nur dass man diese beim Essen eben selbst füllen muss. Wer beim Trennen einen Fehler macht und aus Versehen direkt mehrere Blätter nimmt, dessen Geschmacksnerven werden zur Strafe von der Rache der Salzgötter getroffen! Getrockneter Seetang ist übrigens analog dazu zu handhaben, wenn dieser als Beilage gereicht wird.

Sowohl die eingelegten Blätter als auch der Seetang und diverse Instant-Nudelsuppen kamen mir recht salzig vor. Entsprechend überrascht war ich, als einer meiner Kollegen nach einer Deutschland-Reise berichtete, er hätte das Essen in Deutschland sehr salzig gefunden. Die Erklärung dafür ging mir erst später auf: In Korea werden so gut wie nie Salz, Pfeffer oder andere Gewürze so verwendet, wie man es bei uns kennt. Zum Nachwürzen verwendet man für gewöhnlich Soßen wie SojaSoße, Essig oder Gochujang, eine Art süßlich-herzhafte Chili-Paste. Bei einigen Gerichten gibt es auch frische Kräuter zur Beigabe. Selbst beim Kochen werden meines Wissens Salz und ähnliche Beigaben nur selten und sparsam verwendet – allenfalls zum Einlegen von Kimchi und Co. Abgesehen von Lebensmitteln mit salzigem Eigengeschmack und einigen wenigen Ausnahmen ist die koreanische Küche daher tatsächlich insgesamt recht salzarm. Was vermutlich gesund ist.

Derselbe Kollege erzählte mir von einer weiteren kulinarischen Begebenheit, die sein Unverständnis weckte: Er wurde von einem Geschäftspartner in Deutschland in ein gutes italienisches Restaurant eingeladen. Dort bestand er darauf, zum Essen deutsches Bier trinken zu wollen. Er verstand es nicht, dass sein Gastgeber ihn wiederholt zu einem Wein überreden wollte. Ich erklärte ihm daraufhin, dass in Italien Wein sehr verbreitet sei, daher sehr gut zu vielen italienischen Gerichten passe und dass sein Gastgeber ihm etwas Gutes tun wollte. Er war daraufhin kurzzeitig wirklich entsetzt und wollte sofort zum Telefon greifen, um sich für sein scheinbar peinliches Fehlverhalten zu entschuldigen. Woraufhin ich ihn natürlich sofort gebremst und beruhigt habe. Die Absicht meines Kollegen war wohl, seinen Gastgeber dadurch zu ehren, ein typisches Getränk aus dessen Heimatland zu bestellen. Die Erkenntnis, dass dieser Versuch daneben ging, hat ihn entsprechend schockiert. Nun, immerhin war es erfrischend zu erfahren, dass die Herausforderungen beim kulturellen Austausch in beide Richtungen wirken.

Was Getränke betrifft, ist im Übrigen auch bei sogenannten „Vitamindrinks" Vorsicht geboten, die in Korea bevorzugt in Apotheken erhältlich sind und in kleinen braunen Glasfläschchen feilgeboten werden: Dabei handelt es sich oft um hochgradig koffein- und taurinhaltige Wachmacher! Berühmtester Vertreter dieser Art ist wohl der original „Red Bull Vitamin Functional Drink" aus Thailand. Wer also seinem Immunsystem etwas Gutes tun möchte, ist mit diesen „Vitaminbomben" unter Umständen eher schlecht beraten!

Typisch gedeckter Tisch

Kimchi-Töpfe (Onggi)

Endzeitstimmung
23. Dezember

Kurz vor Jahresende wurde in unserem Unternehmen eine Jahres-Abschluss-Feier veranstaltet. Diese findet wohl alljährlich im Dezember statt und ist so etwas wie eine Betriebsweihnachtsfeier ohne Weihnachten. Wir haben also freitags alle schon sehr früh, es dürften erst etwa 18 Uhr gewesen sein, unsere Arbeit niedergelegt und sind mit dem Auto zum Restaurant am Ende des Universums gefahren. Den Titel habe ich mir jetzt mal ganz frech von Douglas Adams entliehen, er kam mir aber spontan in den Sinn, als wir dort hingefahren sind. Mein Arbeits- und Wohnort während des Praktikums war eigentlich bereits dermaßen abgelegen, dass sich sogar mein koreanischer Mitbewohner darüber beschwerte. Aber wenn man in einem entlegenen Winkel unseres Tals plötzlich in eine Straße einbog, die aussah, als würde sie eigentlich zu der dortigen Großbaustelle für die neue Autobahn gehören und dann ein Viertelstündchen dem Verlauf dieses steil bergauf führenden Waldweges folgte, dann war man irgendwann so richtig im Nichts angelangt! Und dort befand sich dann ein ziemlich großes Restaurant.

Im Restaurant wurden wir zunächst in einem traditionell gebauten Haus in einem Raum mit Lehmwänden und Ondol Fußbodenheizung platziert. Dies sollte der Gesundheit förderlich sein. Die Fußbodentemperatur war zwar auf Dauer schon eher heiß als nur warm, aber für den Anfang war das erstmal klasse. Mein Chef hat natürlich erst einmal allen belustigt erzählt, dass ich das deswegen so toll finde, weil mein Mitbewohner/Vermieter sich weigert, die Heizung einzuschalten und unser Fußboden deswegen immer ziemlich kalt ist. Gut, der Scherz hat voll ins Schwarze getroffen. Dennoch erschien es mir ein wenig dreist, darüber Witze zu machen, dass man einen Gast in einer ungeheizten Wohnung einquartiert hat. Mit meinem Mitbewohner hatte ich mich im Übrigen zwischenzeitlich wie folgt arrangiert: Falls es wirklich kalt wird, schalte ich die Heizung an und zahle dann für den verbrauchten Diesel. Was im Nachhinein allerdings auch nicht funktioniert hat.

Zurück zur Firmenfeier: Der beheizte Raum war bis auf 2-3 Sitzkissen und ein Kartenspiel komplett leer. Ich fühlte mich also direkt wie zu Hause! Allerdings stellte sich mir die Frage, wie sie in diesem Raum das Essen servieren wollen und wie wir mit so vielen Leuten darin vernünftig essen sollen. Die Antwort: Gar nicht! Diese Räume waren nur als Ruheräume gedacht. Vor und nach dem Essen konnten sich alle da versammeln, ein wenig ausruhen und den Hintern wärmen. Es wird dort aber weder geschlafen noch gegessen, sondern einfach nur gesessen. Der Sinn des Ganzen erschließt sich wohl vor allem daraus, dass die Koreaner ungern mehr Zeit am Esstisch verbringen als nötig. Sie sitzen ergo auch ungern an einem leeren Tisch herum und warten auf das Eintreffen weiterer Gäste. Bei uns würde man dann vielleicht einen Aperitif nehmen, doch in Korea wird schließlich nicht getrunken, ohne dabei zu essen. Umgekehrt stehen nach dem Essen alle sofort auf und gehen. Der Warteraum verhindert, dass es allzu ungemütlich wird und dass sich die Gruppe nach dem Essen sofort wieder auflöst.

Das Essen selbst bestand übrigens hauptsächlich aus Fleisch. Juhu! Ursprünglich sollte wohl ein Fischrestaurant angesteuert werden, aber das war zum Glück zu weit weg. Da es in den beiden Wochen vor der Feier mittags und abends fast ausschließlich Fisch (also Spiegelei) gab, muss ich ziemlich happy ausgesehen haben. Diesmal hatte nicht jeder Tisch einen Minigrill zum Selbergrillen, sondern die ganze Tafel in der Mitte eine heiße Platte, auf der die Kellnerinnen das Fleisch flambiert, gebraten, zerstückelt und verteilt haben. Dazu gab es natürlich Kimchi, Bier und Soju. Außerdem noch irgendeinen eisgekühlten

Schnaps aus Pinienknospen, der einmal wieder aromatische Assoziationen von Saunaaufguss und Lufterfrischern weckte. Dieses Jahr gab's den Weihnachtsbaum also im Glas. Zum Glück musste mein Chef noch Auto fahren, hat also immer nur kurz am Pinienschnaps genippt, wenn uns der Abteilungsleiter oder der Leiter unseres Entwicklungszentrums eingeschenkt haben und mir den dann weitergegeben. Und ich wollte gerade darum bitten, noch etwas Fußbodenreiniger nachgeschenkt zu bekommen. Naja, ich übertreibe mal wieder. Der Pinienschnaps war mir definitiv lieber als Soju! Auf jeden Fall war das Essen gut und viele Leute hinterher recht angetrunken. Es gab wohl noch eine kleine Unstimmigkeit, weil niemand daran gedacht hatte, einen Noraebang (Karaoke Raum) im Restaurant zu reservieren, aber das ließ sich durch einen Ortswechsel leicht beheben. Ich durfte sogar bei jemandem mitfahren, der noch nüchtern war! Das war mir angesichts der Fahrt auf einer unbeleuchteten und steilen Bergstraße auch sehr recht.

Das Noraebang hat mich erstmal überrascht, weil ich nicht wusste, dass wir so etwas überhaupt in unserem Heidital hatten. Aber mit den ganzen Neubauten entstand wohl langsam ein Bedarf für so etwas. Es gab sogar Bier, obwohl das normalerweise im Noraebang verboten ist, damit auch Jugendliche da kreischen dürfen. Natürlich wollten mich mal wieder alle zum Singen bringen und natürlich gestaltete sich die Songauswahl mal wieder schwierig. Man muss die meisten Lieder nämlich ziemlich gut kennen, um den Text schnell genug ablesen zu können. Vor allem geben diese Karaoke-Maschinen die Musik komplett ohne Gesang vor, wenn man also mal melodietechnisch danebenliegt, dann kann man sich auch nicht an den Leadgesang vom Band halten oder hoffen, davon übertönt zu werden - im Gegensatz zum Mitgröhlen auf einer Party oder üblichen Karaoke-Spielen für zu Hause. Außerdem singen sonst zwar alle Anwesenden bei den

Liedern mit, die sie kennen, es kannte aber kaum jemand Lieder, die ich freiwillig auch gesungen hätte. Letztendlich muss man sich auch noch an den Katalog der Musik halten, die das Gerät eingespeichert hat. Da war zwar überraschend viel Metal und Alternative dabei (System of a Down, Metallica, Muse, etc.), das könnte ich aber auch noch nicht mal singen, wenn ich es vorher üben würde. Scheint dennoch im Land gewünscht zu werden, sonst würde es nicht angeboten.

Ich habe mir also gedacht, ich nehme etwas Einfaches, was man nach ein paar Bierchen immer singen kann und hoffentlich auch ein paar kennen. Die Wahl fiel auf „Doo-wah-diddy" von Manfred Mann (nein, das ist ursprünglich NICHT von DJ Ötzi). Kannte natürlich doch kein Mensch, ging aber ganz gut. Danach hoffte ich, meine Pflicht erfüllt zu haben und verkrümelte mich erst einmal mit ein paar koreanischen M&M Imitaten (quasi bunte Erdnüsse nahezu ohne Schokolade zwischen Farbschicht und Erdnuss) und koreanischem Bierimitat auf die Bank. Mir wurde aber schon bald wieder von höherer Stelle gedroht, ich solle mir unbedingt noch etwas aussuchen, sonst würde jemand etwas für mich aussuchen. Hab dann schnell gesagt „entweder Self Esteem von Offspring oder Basket Case von Green Day". Natürlich kam beides. Self Esteem funktionierte leider mal gar nicht als Karaoke Version, da die E-Gitarren durch dudelige Synthesizer-Klänge ersetzt wurden, die starke Assoziationen an PC-Spiele der frühen 90er weckten. Dies wurde dadurch verschlimmert, dass der Refrain des Lieds eigentlich nur aus den Worten „Hey yeah" und den nicht vorhandenen Gitarren besteht. Ich hoffe, mein Auftritt wurde von niemandem aufgezeichnet.

Zum Glück wurde ich danach zumindest nicht wegen Körperverletzung oder seelischer Grausamkeit verklagt. Das anschließende Basket Case ging dafür ganz gut – hier sollte sich der Besuch zahlreicher Studentenparties endlich auszahlen! Als Krönung hat sich dann noch ein Kollege, der beim letzten Mal auch mit im Noraebang war, „Smells like Teen Spirit" von Nirvana ausgesucht, das hatten wir nämlich bereits bei meinem vorigen Noraebang-Erlebnis. Da musste ich natürlich auch nochmal ran, denn wenn man zu zweit rumkreischt und hüpft macht das wesentlich mehr Spaß! Auch wenn der Rest etwas verschreckt schien. Ich erlaube mir an dieser Stelle einfach mal einen Smiley. :-)

Das war's eigentlich auch schon von dem Abend. Es wurden noch ein paar koreanische Schlager gejault, um die Ohren wieder zu beruhigen und danach ging's ab in die Heia, schließlich mussten die anderen am nächsten Morgen arbeiten! Mein Chef wollte mich übrigens ursprünglich dazu überreden, Frank Sinatras „My Way" zu singen. Daran hat mich unter anderem ein Artikel eines großen deutschen Magazins gehindert, den ich kurz zuvor gelesen hatte. Demnach ist es aufgrund von „My Way" in Karaoke Bars angeblich schon so häufig zu Feindseligkeiten gekommen, dass dieses Lied auf den Philippinen in vielen Bars verboten ist! In Thailand sind angeblich in jenem Jahr sogar acht Leute erschossen worden, weil sie zu häufig „Country Roads" von John Denver singen wollten. Und erst zwei Wochen vor unserer Feier ist in Malaysia jemand beim Karaoke erstochen worden, weil er das Mikro nicht weitergeben wollte. Glücklicherweise konnte unsere Firmenfeier ohne Handgreiflichkeiten beendet werden.

Das Problem mit dem Soju

Jeder, der selbst kurzzeitig in Korea weilt, lernt unweigerlich „Soju" kennen. Dabei handelt es sich um einen Reisschnaps mit einem Alkoholgehalt von etwa 20 %. Soju schmeckt ein wenig wie süßlicher Wodka, hat somit jedoch „nur" den halben Alkoholgehalt. Wie es sich für „Schnaps" gehört, wird ein Glas Soju fix geleert. Da es in Korea als ungehörig gilt, sich selbst Alkohol nachzuschenken, was grundsätzlich sinnvoll klingt, findet sich immer schnell jemand, der das eigene Glas sofort wieder füllt. Auch wenn man gerne kurz pausieren würde. Nun habe ich einst gelesen, dass vielen Asiaten ein bestimmtes Enzym fehlt, weswegen sie Alkohol viel langsamer abbauen als Menschen aus anderen Erdteilen. In Korea habe ich jedoch schnell gelernt, dass das vollkommen egal ist, wenn man den Alkohol so schnell in sich hineinschüttet, dass sowieso keine Pause für den Abbau entsteht.

Laut Euromonitor, einem großen Marktforschungsunternehmen, trinken Koreaner durchschnittlich 13,7 „Kurze" pro Woche. Russen trinken 6,3, Finnen nur 2,9. Damit liegt Korea unangefochten an der Weltspitze! Insgesamt liegt Korea beim Alkoholkonsum pro Kopf dennoch „nur" auf Platz 22 laut einem Bericht der OECD in 2012. Der Clou dabei ist jedoch, dass koreanische Männer gemäß Daten der Weltgesundheitsorganisation WHO von 2010 etwa 5,4 Mal so viel Alkohol trinken wie Frauen! Im gleichen Zeitraum konsumierten in Deutschland die Männer 2,4 Mal so viel Alkohol wie die Frauen.

Kurzzusammenfassung: Korea ist weltweit eines der Länder mit dem höchsten durchschnittlichen Alkoholkonsum, obwohl die Frauen kaum etwas trinken!

Hier der Vergleich der WHO-Daten nach Litern an reinem Alkohol, den alkoholtrinkende Männer in verschiedenen Ländern jährlich konsumieren:

Korea: 37,6

Russland: 32,0

Deutschland: 20,4

Also ja, die Koreaner übertreiben es wirklich mit dem Trinken. Es gibt sogar einen Begriff dafür: Abendliche Alkoholexzesse im Kreis der Kollegen werden auch als „Hoesik" bezeichnet. Ein wenig kann man es jedoch auch verstehen, wenn man sich vor Augen führt, dass viele Koreaner allabendlich oft auch nach 20 Uhr noch arbeiten. Laut Daten der OECD erbrachten koreanische Arbeiter (Angestellte?) im Jahr 2010 insgesamt 1,56 Mal so viele Arbeitsstunden pro Woche wie Arbeiter in Deutschland! Die Statistik deckt sich somit mit meinen eigenen Erfahrungen: In Korea wird extrem lange gearbeitet und der kurze Feierabend wird dann eben im Zweifelsfall genutzt, sich mit Alkohol abzuschießen. Für alternative Methoden der Stressbewältigung und Freizeitgestaltung bleibt schließlich auch kaum Zeit.

Es verwundert dementsprechend wenig, dass in Korea auch sehr viel geraucht wird. Laut WHO rauchten im Jahr 2016 39.3% der koreanischen Männer Zigaretten. In Deutschland konsumierten im gleichen Zeitraum 29,0% der Männer Tabak. Die Differenz klingt im ersten Moment nicht groß, gefühlt macht es jedoch einen deutlichen Unterschied, wenn im kollegialen Umfeld etwa 10% mehr Personen rauchen. Zudem hatte es in Korea immer in etwa den gleichen Effekt, wenn ich sagte, dass ich nicht rauche, als hätte ich so etwas gesagt wie „Ich bin Veganer". Ich erntete jedenfalls zahlreiche überraschte und amüsierte Blicke.

Aber zurück zum Thema Alkohol: Soju war geschmacklich leider so gar nicht mein Fall. Daher diskutierte ich mit meinem Mitbewohner mehrfach bei einem abendlichen

Gläschen darüber, ob wir nicht lieber Bier statt Soju trinken könnten. Unsere finale Diskussion verlief ungefähr so:

Sascha: „Wie wäre es, wenn wir mal etwas Bier trinken würden?"

Mitbewohner: „Nein. Nur Mädchen trinken Bier."

Sascha: "OK, dann lass uns richtigen Alkohol trinken, wie Whisky zum Beispiel. Der schmeckt wenigstens nach etwas!"

Mitbewohner: „Ich mag keinen starken Schnaps. Der brennt so unangenehm im Hals, wenn man ihn trinkt. Ich bestelle uns lieber noch eine Flasche Soju!"

Aha. Also der Whisky brennt so arg im Hals, dass man den besser nicht trinkt, aber Bier ist was für Mädchen. Schon klar.

Weihnachten
24. Dezember

Um an Weihnachten nicht alleine in Korea Trübsal blasen zu müssen, hatten wir es geschickterweise so eingerichtet, dass ich meine damalige Freundin und jetzige Ehefrau Kiki samt ihrer Familie über die Feiertage in Hong Kong treffen würde. Bevor ich von meinem Besuch in der ehemaligen britischen Kronkolonie berichte, will ich jedoch noch kurz auf Heiligabend in Korea eingehen.

Weihnachten ist in diesem Land aus europäischer Sicht sehr unweihnachtlich. Es ist zwar sehr schön, nicht ununterbrochen mit Weihnachtsliedern berieselt zu werden, sobald man das Haus verlässt, aber ein Bisschen mehr Dekoration und Weihnachtlichkeit wäre durchaus nett gewesen! Heiligabend ist ein ganz normaler Arbeitstag. Bei uns stand eine Neuordnung des Büros an, da zum neuen Jahr die Arbeitsgruppen geändert wurden. Ab mittags wurden also Möbel geschleppt (jahaa... im Büro haben wir sowas!) und Trennwände umgebaut. Ich durfte dabei Zeuge einer atemberaubenden Demonstration von Ineffektivität werden. Es gab zwar vorher glaube ich ein Meeting, wo der ganze Vorgang besprochen wurde und unser Abteilungsleiter sollte das Ganze irgendwie beaufsichtigen, viel gebracht hat das aber nicht. Meistens standen 10 Leute im Kreis um 3 Leute, die damit beschäftigt waren einen Job für 1 2 Personen zu erledigen und warteten darauf, dass sie helfen konnten. Ich habe in Ermangelung einer Aufgabe erst einmal meinen neuen Schreibtisch sauber gemacht und meine Sachen dorthin getragen. Das hat höchstens 15 Minuten gedauert, damit war ich meinen Kollegen aber schon gute 2 Stunden voraus.

Meine Lieblingsszene in dem Schauspiel war übrigens, als eine einzige Stellwand volle 7 Mal auf- und abgebaut werden musste, weil jedes Mal jemand etwas falsch gemacht hatte. Dabei hat auch keiner der Vorgesetzten direkte Anweisungen erteilt. Alle haben irgendwie vor sich hin gewurschtelt und wenn sie fertig waren kam ein Oberindianer vorbei und hat ihnen gesagt, was sie falsch gemacht haben. Diese Prozedur wurde so lange wiederholt, bis die tatsächliche Situation auch dem Plan entsprach, der von der neuen Sitzordnung gemacht worden war. Eben bis zu 7 Mal im schlechtesten (lustigsten?) Fall. Besonders leidgetan hat mir dabei der Kollege, der in der Nacht vor dem Umzug Nachtschicht schieben musste. Er musste nämlich auch für das Umräumen dableiben und diese Aktion fand schließlich nachmittags statt. Er hatte am Ende einen Arbeitstag von etwa 35 Stunden! Sozusagen eine völlig neue Definition der 35 Stunden Woche.

Interessant war es auch, mal unter den Fussboden im Buero gucken zu können. Der war nämlich leicht angehoben, damit man unter den Bodenplatten Kabel verlegen kann. Die zu verändernden Netzwerkkabel habe ich nur mit Handschuhen angefasst, es gab nämlich deutliche Anzeichen von Ratten in diesem Zwischenraum. Schlimm genug, diese Viecher auf dem Dachboden unserer Wohnung zu haben! In den Werkhallen der Firma kann man sie wohl auch schlecht vermeiden. Aber Ratten im Büro?! Es erschien mir unglaublich, dass sich da niemand dran störte. Zumindest hätte ich erwartet, dass alibimäßig einige Köder ausgebracht würden. Immerhin stank es nicht nach Ratte, daher hoffte ich, dass der Zwischenraum nicht länger bewohnt war.

Nach der Bastelaktion durften wir eine ganze Stunde früher nach Hause gehen! Wahnsinn. Dafür gab's kein Abendessen. Und ich hatte zu hoffen gewagt, dass es Weihnachten vielleicht was Leckeres in der Kantine gibt. Ergo war Ramyon mein Weihnachtsessen (Instantsuppe, in Japan „Ramen" genannt), dazu gab's ein paar Kekse als Weihnachts¬plätzchen-Ersatz. Und Krombacher. Das hatte ich zufällig in einem Supermarkt in der Stadt gefunden. Ich bin zwar wirklich kein großer Krombacher-Fan, aber besser als koreanisches Pseudobier ist es allemal! Mit der Familie zu Hause habe ich natürlich auch noch telefoniert, aber Weihnachten alleine in der Fremde kann ich trotzdem nicht weiterempfehlen. Um nicht alleine in der Wohnung rumgammeln zu müssen, hätte Ausgehen ja noch eine Option sein können. In Anbetracht des rauschenden Nachtlebens in unserem verschlafenen Tal hätte dies vermutlich jedoch nur dazu geführt, dass „alleine zu Hause sitzen" durch „alleine in einer Kneipe hocken" substituiert worden wäre. Da ich noch nicht einmal wusste, woran man die Glaubensrichtung einer koreanischen Kirche erkennt, mal abgesehen davon, dass ich dort kein Wort verstehen würde, gab es in diesem Jahr auch keine Christmette.

Also habe ich die Koffer für Hong Kong gepackt und ein wenig aufgeräumt. Leicht frustriert vom unweihnachtlichsten Heiligabend aller Zeiten bin ich dann reichlich spät ins Bett, nur um ganz verdutzt plötzlich leise Weihnachtslieder zu hören. Bis ich die Klangquelle im Treppenhaus geortet hatte, waren die Sternsinger (ich verwende mal diesen Begriff in Ermangelung einer besseren Übersetzung für „Christmas carolers") leider auch schon fertig mit Singen. Ein schneller Blick aus dem Fenster zeigte mir jedoch vier mit großen Einkaufstüten bewaffnete Koreaner, zwei davon weiblich. Seitdem weiß ich, dass Ajummas sogar nachts die von ihnen bevorzugten Sonnenschutz-Schirmmützen tragen! Dabei handelt es sich eher um eine Art Visier als um eine Mütze: Der Schirm ist zu nahezu satirischer Größe ausgedehnt, um die vornehme Blässe der Damen vor dem Sonnenschein oder eben auch vor dem Mondlicht zu schützen. Der obere Teil der Mütze ist hingegen ausgespart, um die kunstvoll manikürten Minipli-Locken zu schonen. Jedenfalls dienten die ebenfalls vorhandenen Tüten dem Einsammeln von Süßigkeiten für die Kinder in der Kirche, ein wenig wie zu St.Martin bei uns. Man geht um Mitternacht in die Messe, danach singend von Tür zu Tür und dann nochmal in die Kirche (soweit ich weiß). Christliche Koreaner nehmen den Kirchenbesuch meist etwas ernster, als man es im Westen tut und rennen sogar an normalen Sonntagen unter Umständen dreimal in die Kirche. Da mein Chef mir allerdings in der Vorwoche versichert hatte, dass das nächtliche Singen nur noch weiter draußen auf dem Land gemacht würde, hatte ich natürlich nix da zum Verteilen. Die Kekse waren ja schon aufgegessen. Und ein Auftritt von mir im Schlafanzug hätte sie wohl sowieso schockiert. Aber ich habe mich über das kleine Bisschen Weihnacht-lichkeit trotzdem sehr gefreut.

An dieser Stelle auch noch einmal ein großer Dank an alle, die mir damals mit Care-Paketen und Grüßen aus der Heimat die Weihnachtszeit verschönert haben!

„Happy kelisemaseu!", wie der Koreaner sagen würde (eben „Christmas", so gut man das auf Koreanisch schreiben und dann wieder aussprechen kann).

Hong Kong – Teil 1
27. Dezember

Genug gejammert – schließlich sollte es noch nach Hong Kong gehen! Mein Abflug war leider erst abends, aber für die Anreise zum Gimhae Flughafen im Westen von Busan aus unserem obskur gelegenen Wohnort musste ich schon ein Weilchen einplanen! Ich wollte dann vorher auch noch ein wenig durch die Stadt schlendern. Der erste Weihnachtstag ist jedoch auch in Korea Feiertag, daher war die Innenstadt gerammelt voll und aus dem Schlendern wurde mehr so etwas wie ein Drängeln. Um das verpasste Weihnachtsessen nachzuholen, habe ich mir allerdings noch ein ordentliches Steak in einer der weitverbreiteten Filialen einer amerikanischen Steakhouse-Kette gegönnt! Lecker! Für koreanische Verhältnisse war so ein Mahl natürlich unverschämt teuer, aber viel mehr als eine Pizza letztlich hat es eigentlich auch nicht gekostet. Wer möchte, der kann sein Steak in Korea natürlich auch mit Bulgogisoße haben. Nein, ich mochte nicht! Obwohl Bulgogi natürlich auch eine feine Sache ist, hätte dies den Sinn der Aktion absolut zunichte gemacht. Mein Weihnachtssteak war übrigens mit weitem Abstand die größte Fleischportion, die ich innerhalb meines halbjährigen Aufenthalts auf einem Teller erblicken durfte – was nicht an der Größe des Steaks lag!

Der Flug nach Hong Kong war ein wenig ungewöhnlich. Normalerweise ist es in Flugzeugen ja eher kühl. Auf Flügen innerhalb von Asien scheinen dafür gefühlte 30°C als behaglich zu gelten. Und die Leute haben teilweise noch die Jacke anbehalten! Dazu hat mein Sitznachbar sich schön breit gemacht und sich anscheinend extra für mich den ganzen Tag nur von Knoblauchkonzentrat ernährt. Die hohen Temperaturen haben immerhin den schönen Nebeneffekt, dass zumeist kurz nach dem Start ein Großteil der Fluggäste sofort einschläft. Ein Vorteil, den vermutlich besonders die Crew zu schätzen weiß! Das spezielle Bordklima lässt sich vielleicht jedoch auch durch Gastlichkeit erklären – in Korea wird einem Gast (auch im Sommer) traditionell der wärmste Platz zugewiesen, um diesen zu ehren. Im Übrigen haben wir unsere Reiseplanung leider zu spät durchgeführt, als dass ich noch ein Ticket eines Billigfliegers nach Hong Kong hätte erhaschen können. Es überraschte mich doch ein wenig, dass ein normaler Linienflug von Busan nur marginal preiswerter war, als es ein sehr günstiger Flug von Deutschland aus gewesen wäre!

Nach der Landung habe ich das Flugzeug fluchtartig verlassen und mich auf die kühle, frische, knoblauchfreie Außenluft gefreut... und hätte vorher mal besser den Wetterbericht studiert. Trotz der nächtlichen Ankunftszeit waren es noch locker 19°C bei mindestens 70% Luftfeuchtigkeit! Die Winterjacke ist umgehend in die Tasche gewandert. Auch in Sachen Höflichkeit und Drängelei bin ich leider vom Nieselregen in die Traufe geraten! Die ganzen Leute in der überfüllten Innenstadt von Busan am Nachmittag hatten mich ja schon genervt, aber sobald man von Chinesen umgeben ist, lernt man umgehend zu schätzen, wie höflich und gesittet es in Korea zugeht! Ich kam auch nicht umhin, zu bemerken, dass ich mich längst an viele koreanische Sitten gewöhnt hatte. Chinesen verbeugen sich nämlich nicht, wenn sie grüßen. Erster Gedanke: Mensch, sind die unhöflich hier! Auch die Sicherheit ist in Korea wesentlich höher. Angeblich ist Hong Kong zwar recht sicher, aber bei meinem ersten kleinen Spaziergang hat man direkt versucht, mir Drogen und Nutten anzudrehen. Ich muss wohl irgendwie gut in die Zielgruppe passen – das gleiche hatte ich bereits kurz vor meiner Reise nach Korea bereits in Spanien erlebt. Dabei war ich noch nicht einmal in einer schlechten Gegend von Hong Kong! Tagsüber lauern dafür statt Drogendealern überall indische Schneider und versuchen penetrant,

Maßanzüge und –Hemden an den Mann zu bringen. Am schlimmsten ist der frühe Abend, wo sich die Arbeitszeiten von Schneidern, Dealern und Nutten überschneiden. Da hilft nur noch die Flucht, wenn man nicht riskieren will, sich unter Drogeneinfluss von einer Nutte für einen Anzug ausmessen zu lassen.

Eine weitere Lektion, die ich bereits auf dem Weg zum Hotel lernen durfte: Die Chinesen scheinen allergisch dagegen zu sein, mehr als nur ein paar Schritte zu Fuß zurückzulegen. Mein Taxifahrer hat mich nämlich wie erwartet am falschen Hotel abgesetzt, obwohl ich ihm sogar auf einer Karte genau gezeigt hatte, wo ich hinwollte und den Namen meines Hotels zigfach wiederholte. Unser Hotel hieß Stanford Hillview, er hat mich aber lieber zum Intercontinental Grand Stanford Hotel gefahren. Zum Glück liegen beide Stanford-Hotels in Shim Sha Tsui im Distrikt Kowloon, also auf der Halbinsel gegenüber der eigentlichen Hauptinsel von Hong Kong. Also bin ich ins Intercontinental reingegangen und habe mir auf meiner Karte von der Rezeptionistin zeigen lassen, wo ich bin, damit ich den Restweg zu Fuß zurücklegen konnte (ich war nur mit Handgepäck unterwegs). Sie hat mir auch brav das Hotel auf der Karte gezeigt und wollte mir dann ein Taxi rufen. Das habe ich dankend abgelehnt, ich wollte nämlich irgendwann ankommen. Daraufhin hat sie große Augen gekriegt und meinte, ich könne die Strecke doch nicht ernsthaft zu Fuß gehen wollen. Das würde ja mindestens 10-15 Minuten dauern! Ich habe aber diesen zehnminütigen Gewaltmarsch tapfer auf mich genommen und das richtige Hotel daraufhin problemlos gefunden.

Die Luft in Hong Kong würde allerdings davon profitieren, wenn hin- und wieder mal jemand zu Fuß gehen würde! Über Seoul und Busan hängt ja schon eine gelbliche Dunstglocke, wenn man die Städte vom Flugzeug aus betrachtet. Hong Kong kann man dafür quasi gar nicht vom Flugzeug aus betrachten, es wird nämlich vom Smog versteckt! Sogar wenn man innerhalb der Stadt etwas fotografieren möchte, merkt man das sehr stark: Sobald ein Objekt ein Stückchen weit entfernt ist, liegt ein nebliger Schleier darüber. Bei meiner Ankunft lag aber sowieso eine geschlossene Wolkendecke über der Gegend und Hong Kong ließ sich nur als leuchtender Fleck Wolken erraten. Der Ersteindruck war trotzdem der einer ziemlich schmutzigen Stadt. Obwohl es in Busan nur sehr wenige Mülleimer gibt und die Leute dort alles auf die Straße werfen, war der Boden dort merklich sauberer als in Hong Kong! Dafür ist das öffentliche Leben in Hong Kong aber auch um einiges quirliger und lustiger. Am ersten Abend bin ich gegen 2-3 Uhr nachts noch ein wenig rumgelaufen und es war überall jede Menge los. Dafür habe ich aber auch für das eine Bier, das ich mir anlässlich meiner Ankunft gönnte, satte 5 Euro gezahlt. Und das war eine ganz normale Bar, keine edle Hotelbar oder Ähnliches! Im Hotel war ich anlässlich meiner begonnenen Koreanisierung tatsächlich schockiert darüber, dass es beim Betreten des Zimmers keinen Bereich zum Ausziehen der Schuhe gab. Und keine Latschen fürs Badezimmer! Unglaublich, wie unkultiviert die Chinesen sind! ;-)

Dafür kann man in Hong Kong in jedem kleinen Minisupermarkt so essentielle Sachen wie Papiertaschentücher (sogar von Tempo!) und Deo kaufen. In Korea gibt es selbst in riesigen Supermärkten meist nix anderes als Kleenex in großen Schachteln oder Klopapier! Beides ist nicht gerade für die Jackentasche geeignet, daher war ich zwischenzeitlich notgedrungen schon auf Stofftaschentücher umgestiegen. Jetzt wurde erst einmal wieder gepflegt in Tempos geschnieft! Kiki, welche parallel zu meinem Korea-Aufenthalt in China weilte, hat mich zu dem Thema vorgewarnt, dass es in China auch sehr nötig ist, immer Papiertaschentücher dabei zu haben. Ohne eine solche Ausrüstung kann man sich bei Besuch einer öffentlichen chinesischen Toilette nämlich unter Umständen in eine ziemliche Sackgasse manövrieren. In Korea soll es theoretisch auch genug Klos ohne Klopapier geben, aber bisher ist mir so etwas dort noch nicht untergekommen.

Beim Thema interessante Produkte, muss ich noch einmal schnell gedanklich zum Flug zurückkehren: mein Nebenmann (der Knoblauchenthusiast) hatte sich nämlich zum Essen im Flugzeug ein Bier bestellt. Als Markenlogo prangte nur ein „S" auf der Dose mit dem Untertitel „stylish beer". Ist glaube ich eine chinesische Marke, aber der Name ist ja mal top! Dafür gab's in Busan am Flughafen Soju in kleinen Tetrapaks. Wahrscheinlich, damit die Alkis unterwegs nicht verdursten. Zurück zum Thema.

An meinem ersten vollen Tag in Hong Kong sollte ich noch alleine unterwegs sein und wollte mir so viel angucken, wie möglich. Um von meinem bisherigen Muster nicht zu weit abzuweichen, musste natürlich mindestens ein Tempel im Programm stehen! Als den einen Tempel, den ich mir mindestens angucken wollte, hatte ich den Tempel der 10 000 Buddhas (Maan Fat Ji) auserkoren. Dieser liegt etwas außerhalb der Stadt und weiter im Landesinneren in Sha Tin. Es bot sich also an, erst dorthin zu fahren, bevor ich die Innenstadt in Angriff nehmen würde. Dagegen sprach, dass ich gerne das Abfeuern der Noonday Gun sehen wollte. Dabei handelt es sich um eine Kanone, die auf Hong Kong Island steht und jeden Tag um 12 Uhr mittags abgefeuert wird. So etwas gibt es noch in verschiedenen Hafenstädten der Welt, da die Schiffe früher ein verlässliches Zeitsignal brauchten, um ihre Uhren stellen zu können. Die Noonday Gun in Hong Kong hat aber einen anderen Ursprung. Und zwar hat die Jardines Handelsgesellschaft irgendwann um 1860 einmal die Frechheit besessen, die Ankunft ihres Tai Pan (sozusagen der ehrenwerte Vorsitzende der Gesellschaft, zudem der Titel eines hervorragenden Romans von James Clavell) mit Salutschüssen zu feiern. Die britische Royal Navy war allerdings der Auffassung, dass solche Ehren nur Militäroffizieren zustehen. Als Strafe wurde Jardines buchstäblich dazu verdonnert, diese Kanone täglich um 12 Uhr mittags als Zeitsignal abzufeuern. Und das macht sie eben heute noch. Weil ich aber nicht wegen der blöden Kanone den halben Tag vertrödeln wollte, bin ich lieber erstmal zur Waterfront in Kowloon gegangen und habe mir die dunstige Skyline von Hong Kong Island angeguckt. Direkt am Wasser ist übrigens auch die sogenannte Avenue of Stars, wo die Stars des Hong Kong Kinos ähnlich dem Walk of Fame in Hollywood verewigt werden. Teilweise mit, teilweise ohne Handabdrücke im Beton. Ein paar filmbezogene Bronzestatuen stehen dort auch noch, vor denen sich Reihenweise Chinesen ablichten lassen. Als ich fertig war mit Gucken und Fotografieren war es auch schon fast 12. Ich bin also noch 5 Minuten länger geblieben und konnte anhand des lauten Knalls vom anderen Ufer feststellen, dass Jardines tatsächlich um Punkt 12 eine Kanone abfeuert. Nur sehen kann man die Kanone von Kowloon aus nicht, sie steht nämlich in einer Bucht. Somit war auch dieser Punkt notdürftig abgehakt und es konnte mit der U-Bahn, in Hong Kong MTR genannt, ab nach Sha Tin gehen.

Sha Tin ist eindeutig eine gute Ecke ländlicher als Kowloon und bietet wesentlich mehr Grünzeug in der Umgebung. Erster Programmpunkt war Mittagessen! Es gab aber auf den ersten Blick nur Fast-Food-Ketten und Selbstbedienungsbäckereien. Doch wenn ich schon in China bin, dann möchte ich auch etwas halbwegs Chinesisches essen! Nach kurzer Suche habe ich dann auch einen passenden Imbiss entdeckt. Allerdings hatte ich damit auch den ersten Ort in Hong Kong entdeckt, wo ich mit Englisch GAR NICHT weiterkam. Irgendwie habe ich es aber geschafft, mir Essen zu bestellen: Reis mit Rindfleisch und Tee. Was gab's als Überraschungsbeilage? Kimchi! Können die Chinesen gar nicht. Der schlechteste Kimchi, den ich je gegessen habe. Und glaubt mir, ich habe schon sehr, sehr viel Kimchi gegessen!

Nach einem kleinen Umweg durch ein chinesisches Wohngebiet (auch sehr interessant) habe ich dann den Tempel lokalisiert. Ich habe zwar keine Schilder dafür gesehen, wusste aber, dass das Ding hinter dem Ikea liegt. Man bemerke, dass es sogar in Hong Kong einen Ikea gibt! In Korea ist mir dafür weder jemals ein Ikea, noch sonst ein großes Möbelhaus untergekommen.

Weiter im Text: Der Tempel der 10 000 Buddhas heißt so, weil 10 000 quasi die größte Zahl im chinesischen Zahlensystem ist. Oder war. Keine Ahnung, wie sie dann eine Volkszählung durchführen. Die Koreaner tendieren auch immer dazu, Dinge in Einheiten von 10 000 zu zählen, statt in 1000ern, wie bei uns üblich. Der Titel soll jedenfalls eher so etwas wie „Tempel der zahllosen Buddhas" heißen. „Tempel der zahllosen Treppenstufen" wäre aber auch ein guter Name. Bei Dezemberwetter war der Aufstieg noch machbar, ohne am Ende allzu sehr zu schwitzen, im Sommer möchte ich diese Treppe aber nicht erklimmen müssen! Ganz clevere nehmen die Rolltreppe nebenan, landen dann aber im falschen Tempel auf einem Friedhof und wundern sich, warum es im Tempel der 10 000 Buddhas kaum Buddhas gibt. Zumindest habe ich schon mehrere derartige Berichte im Netz gesehen. Den richtigen Eingang findet man aber auch nur mit Glück, wenn man nicht Bescheid weiß. Oder wenn man den netten Wachmann auf dem Parkplatz vor dem Friedhof fragt.

Ein weiterer passender Name für den Tempel wäre übrigens Plastikbuddhatempel. Es gibt nämlich hunderte lebensgroße Buddhastatuen aus Plastik dort, größtenteils vergoldet. Und die vergoldete Mumie des Mönches, der das Kloster gegründet hat. Ich hatte mich ja erst kurz zuvor über EINEN goldenen Plastikbuddha in Korea aufgeregt, aber ein ganzer Tempel voller Plastik gefiel mir gar nicht! Auch wenn es irgendwie sehr chinesisch ist.

Ein weiterer Unterschied ist der, dass in China oft mitten im Tempel Geschäfte zu finden sind. Irgendwie pietätslos, finde ich (in der Bibel gibt's eine bekannte Stelle zu dem Thema...). Auch mitten im Gebetsraum kann man oft Souvenirs kaufen, sowie natürlich Räucherstäbchen, welche in keinem chinesischen Tempel fehlen dürfen. Die hält man sich dann beim Beten vor die Stirn, egal ob der Tempel buddhistisch, taoistisch oder konfuzianistisch ist.

In allen Tempeln wird in China auch Essen geopfert, bei Buddha aber bevorzugt vegetarisch. Schön ist auch der Kontrast zwischen den Hinweisschildern: In Korea hängen in Tempeln Schilder wie „bitte vor Betreten des Gebetsraumes die Schuhe ausziehen" oder „bitte nicht den Buddha fotografieren". In China stehen da Sachen wie „bitte im Tempel kein Feuer machen" oder „bitte hier nicht auf den Boden spucken". An späterer Stelle habe ich im Man Mo Tempel überlegt, ob dort Fotografieren erlaubt ist und bin auf das Schild „bitte bauen sie hier keine Stative auf" gestoßen. Sehr schön. Das mit dem Feuer erklärt sich übrigens dadurch, dass die Chinesen im Tempel gerne Papier verbrennen. Ich glaube, da schreibt man dann vorher seine Gebete oder Wünsche drauf, weiß es aber nicht sicher.

Beliebt ist auch noch das Schütteln von Wahrsagestäbchen... man schüttelt so lange eine Dose mit nummerierten Stäbchen, bis eins rausfällt (auch wieder in Tempeln jeglicher Konfession) und guckt dann auf einer Tabelle nach, was es bedeutet. Der Spruch auf der Tabelle ist selbstverständlich mehrdeutig und muss daher im Anschluss von einer zu entlohnenden Fachkraft für Wahrsagerei noch interpretiert werden!

PS: Mit einigem zeitlichem Abstand zu meiner damaligen Reise und nach weiteren Asien-Erfahrungen muss ich leider hinzufügen, dass der Smog damals in Hong Kong noch vergleichsweise harmlos war – in anderen chinesischen Städten geht das noch deutlich schlimmer!

Engrisch-Durchsage auf dem Rollfeld in Busan: „You will now take off [...]" (mit „you" statt „we"). Entgegen ihrer Ankündigung ist die Stewardess, welche die Durchsage gemacht hat aber auch mitgekommen.

Blick auf HK Island mit „Star Ferry" Fährschiffen

Bruce Lee Statue vor der Skyline

Kwun Yam Schrein
am Strand der
Repulse Bay

Alt und
Neu

Nur einer von
vielen Nissan
Skyline GTR

179

Hong Kong –Teil 2
28. Dezember

Nach dem Tempel der 10.000 Buddhas bin ich wieder flugs zur U-Bahn und direkt bis zur Innenstadt durchgefahren. Genauer gesagt nach „Central", das ist das Bankenviertel von Hong Kong, in dem die ganzen Wolkenkratzer stehen. Da es dort hauptsächlich Banken gibt, begegneten mir fast nur Touristen in den Straßen. Es herrscht auch nahezu überall strengstes Parkverbot, dementsprechend entvölkert und verlassen erscheint die Gegend. Eigentlich wollte ich ja auf das Aussichtsdeck im Bank of China Tower. Vor Ort wurde ich jedoch von ein paar eher unfreundlichen Sicherheitskräften informiert, dass die Aussichtsetage nur von 9 bis 14 Uhr geöffnet ist und dass ich mich schnell wieder verziehen soll. Wahrscheinlich waren die so mies gelaunt, weil sie in einem Gebäude mit ganz schlechtem Feng Shui arbeiten müssen. Angeblich soll der auffällige Turm mit x-förmiger Fassadenstruktur ein wenig wie ein Bambus aussehen. Feng Shui Experten behaupten aber unter anderem, dass das Gebäude von einer Seite aussieht wie ein Fleischerbeil, welches auf das benachbarte Gebäude der HSBC (Hongkong and Shanghai Banking Company) Bank zielt. Als ob eine Bank einer anderen jemals etwas Böses wollen würde! Total abwegig.

Für Architekturinteressierte lohnt sich ein Besuch in Central jedoch allemal – es waren dort viele namhafte Architekten am Werk! Wer die lange Anreise scheut, dem empfehle ich Wikipedia als Quelle zahlreicher Bilder und Informationen.

Inmitten der ganzen Hochhäuser steht auch noch die St.John's Cathedral von 1849, die älteste westliche Kirche in Asien. Natürlich anglikanisch. Die hat mir jetzt nicht sooo gut gefallen, aber der Gegensatz zu den ganzen riesigen Wolkenkratzern drum herum war ganz nett. Als nächstes bin ich zum Man Mo Tempel, um auch mal einen taoistischen Tempel gesehen zu haben. Das Tempelchen ist recht klein, aber sobald man eintritt wird man förmlich vom Raucherstäbchen-Smog erschlagen! Dieser wird von zahlreichen, teils gigantischen, von der Decke hängenden Räucherspiralen erzeugt. Sehr eindrucksvoll, auch wenn diese gegebenenfalls Assoziationen an vergleichbare Produkte zum Schutz vor Stechmücken wecken. Der Man Mo Tempel machte erfreulicherweise einen wesentlich authentischeren Eindruck als der Tempel mit den Plastikbuddhas und hat mir sehr gut gefallen! Schön war auch, dass um diesen Tempel herum viele Kuriositäten- und Antiquitätenläden angesiedelt sind. Da waren die Schaufenster alleine spannender, als so manches Museum! Allerdings eignen sich Möbel und Elfenbein nicht unbedingt gut als Souvenirs.

Ich muss in der Gegend auch irgendwo an der längsten überdachten Außenrolltreppe der Welt (was für eine Sehenswürdigkeit!) vorbeigelaufen sein, habe sie aber scheinbar übersehen. Naja, in Busan gibt's auch 'ne überdachte Außenrolltreppe. Die kann man ja mehrfach fahren, das ergibt den gleichen Effekt. Ebenfalls in der Gegend war eine Straße mit jeder Menge Fachgeschäften für chinesische Medizin. Am begehrtesten sind natürlich Schwalbennester in allen Größen und Preislagen, es gibt aber auch getrocknete Haifischflossen und allerlei anderes getrocknetes Getier (Raupen, Seepferdchen, etc.). Wenn man darauf achtet, sieht man solche Geschäfte in ganz Hong Kong. Und wenn man sieht, wie viele Haifischflossen überall angeboten werden, dann ist es nicht weiter verwunderlich, dass Tierschützer deswegen Alarm schlagen! Ob auch jemand für die armen obdachlosen Schwalben kämpft, ist mir noch nicht zu Ohren gekommen.

Zu diesem Zeitpunkt wurde es schon langsam dunkel, also trat ich den Rückzug nach Kowloon an. Dabei durfte ich erfahren, dass es wirklich U-Bahnen gibt, die so voll sind, wie nur irgendwie machbar, ohne dabei die Volu-

menkonstanz der Passagiere allzu sehr in Frage zu stellen.
Um 8 Uhr ist nämlich jeden Tag die „Symphony of Light"
in Hong Kong. Dabei wird die bunte Beleuchtung vieler
Hochhäuser mehr oder weniger Passend zu Musik ani-
miert, unterstützt von Suchscheinwerfern und Show-
Lasern. Das Ganze funktioniert beidseitig, man kann also
auch von Hong Kong Island aus dabei Kowloon angucken,
aber umgekehrt finde ich den Ausblick imposanter. Das
Ganze ist offiziell die größte fest installierte Lichtshow der
Welt, wobei die Koordination von Licht und Musik meiner
Meinung nach nur mäßig erfolgreich realisiert wurde. Dazu hat natürlich noch die gigantische kitschig-bunte
Weihnachtsbeleuchtung einiger Häuser etwas gestört,
aber allein aufgrund der Größe der Lichtanlage war es
schon sehenswert.

Mit einigem Zeitlichen Abstand muss ich an dieser Stelle hinzufügen, dass der technische Fortschritt in Kombination mit dem rapiden Wachstum chinesischer Städte
schnell zum Verblassen eines solchen technologischen
Spektakels führen kann. Wer einmal Schanghai bei Nacht
erblickt hat, wo inzwischen einige der weltgrößten Hochhäuser nach Einbruch der Dunkelheit blitzen und blinken
und ganze Hochhausfassaden mit vollflächigen Video-
Animationen versehen wurden, der ist von der 2004 instal-
lierten Show in Hong Kong nur noch bedingt zu beeindrucken.

Nach der Show musste ich mich sputen, um Kiki und
ihre Familie im Hotel treffen zu können. Zusammen sind
wir dann noch durch den Night Market in Kowloon ge-
streift und, haben sinnlosen Kleinkram gekauft und noch
was gegessen. Allerdings haben mich die DVD-Geschäfte
dort ein wenig irritiert. Wer fährt denn schon nach Hong
Kong, um Original-DVDs oder Blu-Rays zu kaufen, die
genau so viel kosten wie zu Hause? Vor allem in einem
Geschäft, welches nur wenige Meter neben einem Stand
liegt, der die Kopien verkauft? Die Ladeninhaber sind aber

zumindest meist clever genug, das Preisschild über den Regionalcode der DVD zu kleben. So merken die meisten Touristen erst zu Hause, dass viele Filme aus Hong Kong für gewöhnlich auch nur mit asiatischen Abspielgeräten wiedergegeben werden können.

Am nächsten Morgen war frühes Aufstehen angesagt, wir hatten nämlich eine Halbtagstour für Hong Kong Island gebucht. Ich habe zwar kurz befürchtet, dass wir nochmal nach Central fahren etc., wir hatten jedoch Glück und sind per Bus zu entlegeneren Stellen der Insel kutschiert worden. Als erstes waren wir auf The Peak. Der Berg heißt eigentlich Victoria Peak und diente in den Anfangszeiten Hong Kongs den Reichen und Mächtigen als Zufluchtsort vor der Malaria. Heute hat man in Hong Kong eher Angst vor SARS, aber die Promis wohnen immer noch auf dem Peak. Unter anderem haben wir angeblich ein Haus von Jackie Chan (der heißt in China übrigens Cheng Long, was übersetzt wohl so etwas wie „werde zum Drachen" bedeutet) gesehen, aber wer weiß das schon? Nebenbei gibt es in Hong Kong auch Jackie Chan Fitnessstudios und Jackie Chan Shampoo gegen Haarausfall. Irgendwie muss so ein Haus schließlich finanziert werden, denn der Peak ist eine der teuersten Wohngegenden weltweit. Dafür waren die Häuser dort teilweise jedoch bemerkenswert hässlich. Die eigentliche Aussicht wurde zudem ein wenig durch die diesig-smoggige Luft getrübt. Abends ist ein Besuch auf dem Peak wohl eindrucksvoller. Es gibt auch noch einen Rundgang um die Spitze des Berges, der recht empfehlenswert sein soll, aber dafür fehlte es uns an Zeit.

Nach dem Peak wurden wir zum Repulse Bay Strand gekarrt, der von der Stadt und vom Smog durch ein paar Berge getrennt ist. Leute aus Hong Kong gehen prinzipiell im Winter nicht an den Strand, dabei war es dort schön sonnig bei 25°C. Nicht schlecht für Ende Dezember! In Repulse Bay steht auch ein sehr interessantes Haus mit einem riesigen Loch in der Mitte. Das Loch wurde aus Feng Shui Gründen eingebaut, damit der Drache aus den Hügeln ungestört zum Meer fliegen kann. Unser Führer hatte eigentlich angeboten, für uns ein Bisschen durch das Loch zu fliegen, da er im Jahr des Drachen geboren wurde, aber das macht er angeblich nicht mehr, um seine Knie zu schonen. Leider ist auch sonst niemand durch das Loch geflogen während wir da waren. Einen Tempel am Strand gab es auch noch, der sah aber mehr aus wie ein Kiosk mit bunten Buddhastatuen und ist wohl hauptsächlich für die Touristen dort errichtet worden.

Als nächstes wurden wir leider in eine Schmuckfabrik geschleppt – so etwas ist anscheinend weltweit bei geführten Touren ein nahezu unvermeidbares Übel. Zum Glück konnten wir dem schnell wieder entrinnen. Danach wurden wir am Aberdeen Harbour abgesetzt. Dieser ist vor allem bekannt für seine zahllosen kleinen Fischerboote, die jeweils auch der ganzen Fischerfamilie als Unterkunft dienen. Da durch die zunehmende Wasserverschmutzung um Hong Kong immer schlechter gefischt werden kann, waren allerdings nur noch wenige kleine Fischerboote dort zu sehen. Inzwischen sind sie vermutlich bereits ganz verschwunden, genau wie die Dschunken. Die Dschunken, die auf alten Filmen noch in ganzen Armadas um Hong Kong schwärmen, sind nämlich leider ebenfalls längst Geschichte! Es gibt nur noch ein paar vereinzelte Partydschunken, die allerdings motorgetrieben sind, und angeblich eine letzte Segeldschunke für Touristenausflüge. Auch bekannt sind die schwimmenden Restaurants in Aberdeen Harbour (z.B. das Jumbo Kingdom), die haben wir aber nur aus der Entfernung beguckt und uns lieber schnell was zu essen beim Bäcker geholt. Selbstbedienungsbäcker findet man in Hong Kong, genau wie in Korea, nämlich an jeder Ecke. Sie führen aber auch in Hong Kong vorwiegend süße Teilchen und wenig Herzhaftes.

Zum Ende der Tour wurden wir am Happy Valley Racecourse abgesetzt. Leider, leider war während meines Aufenthalts kein Pferderennen in Hong Kong – diese finden meist am Mittwoch- und Sonntagnachmittag statt. Die Leute in dieser Stadt sind angeblich dermaßen verrückt nach Pferderennen, dass während eines Rennens quasi sämtliches Leben zum Stillstand kommt, weil alle am Radio, Fernseher oder auf der Rennbahn hängen. Auf jeden Fall konnte man von der Rennbahn aus bequem zum sogenannten Times Square latschen. Dieser ist natürlich an das große Vorbild an New York angelehnt, jedoch deutlich weniger spektakulär. Dafür war es in den Geschäften und der Fußgängerzone dieser Gegend UNGLAUBLICH voll. Und es gab lustige Spezialgeschäfte, wie eins, das nur chinesische Essstäbchen in allen Formen, Farben und Preisklassen verkauft. Danach haben wir uns das Erlebnis Straßenbahnfahrt angetan. Die Doppeldecker-Straßenbahnen in Hong Kong sehen zwar ganz lustig aus, sind aber ungefähr so bequem wie Sardinenbüchsen. Ich bevorzuge die U-Bahn, nur sieht man da leider nichts von der Stadt.

Ausgestiegen sind wir am Nobel-Einkaufszentrum Pacific Place im Stadtteil Admiralty. Die meisten Einkaufszentren zähle ich eigentlich gar nicht erst auf, weil quasi an jeder U-Bahn Station mindestens eins ist. In dieser Stadt gibt es dermaßen viele Geschäfte, dass es eine Herausforderung sein dürfte, etwas zu finden was man dort NICHT kaufen kann. Für eine kleine Auszeit von den Menschenmassen hat es uns daraufhin zum Hong Kong Park hingezogen. Dessen Reiz liegt vor allem in der Lage einer hübschen Grünfläche inmitten von Hochhäusern, ein wenig wie beim Central Park in New York. Nur wieder kleiner. Der Park ist recht hübsch und wurde fleißig von Pärchen für Hochzeitsfotos genutzt, wie auch in Korea üblich. Es gibt im Hong Kong Park auch einen extra Tai-Chi Park, der zu diesem Zeitpunkt leider nicht genutzt wurde, ein Teemuseum (das klang so aufregend, dass wir uns den Besuch glatt gespart haben) und eine große Voliere. Wir haben sie trotz SARS todesmutig betreten, aber es gab in der Umgebung genug Hinweisschilder, keine Vögel und keinen Vogelkot anzufassen. Den Wegweisern zufolge stand dort irgendwo auch ein Denkmal für SARS Opfer. Das hat wohl jemand mit besonders schwarzem Humor nahe der Voliere platziert.

Da die ganzen Treppen im Park für Kikis Oma bereits eine ziemlich sportliche Herausforderung darstellten, haben wir auf einen Rückmarsch zur U-Bahn verzichtet und schnell ein Taxi nach Kowloon genommen, um vor dem Abendessen noch einen kurzen Boxenstopp im Hotel einzulegen. Die Taxifahrt war erfreulich billig, sogar mit der doppelten Maut für den Tunnel (damit der Fahrer auch wieder zurückkommt) zahlten wir für eine Fahrt quer durch die Stadt weniger als 10 Euro. Dafür wird in diesen Taxen vermutlich mehr gebetet als in den meisten chinesischen Tempeln! Wenn der Taxifahrer beschließt, mit 80 Sachen durch die Innenstadt zu schießen und dabei das Bremspedal nur im äußersten Notfall bedient, dann entwickelt man plötzlich eine sehr innige Beziehung zum eigenen Sicherheitsgurt. Der Linksverkehr in Hong Kong beschert einem zusätzlich noch das mulmige Gefühl, dass der Fahrer ständig dabei ist, in den Gegenverkehr abzubiegen! Der Linksverkehr bleibt auch für Fußgänger nicht ohne Konsequenzen, man schaut nämlich automatisch beim Überqueren einer Straße in die falsche Richtung. Daher ist auch oft ein „look right" an Fußgängerübergängen auf die Straße gepinselt.

Jedenfalls haben wir uns schnell umgezogen und uns danach mit einigen einheimischen Freunden der Familie zum Essen getroffen. Witzigerweise war das Essen relativ koreanisch: Es gab unter anderem Fleisch mit Soße, welches man in Salatblätter einrollt und dann isst. Wie bereits beschrieben (vgl. „Ran an die Stäbchen!") wird das auch in

Korea sehr häufig auch so gemacht. Originell waren auch noch die Rippchen, zu welchen als Verzehrhilfe Einmalhandschuhe gereicht wurden. Das war auf jeden Fall einfacher als mit Stäbchen!

Um den Abend gebührend abzuschließen, sind wir anschließend noch in die Felix Bar des Peninsula Hotels gegangen. Das Peninsula in Kowloon ist das älteste Hotel der Stadt und bietet, gelinde gesagt, ein leicht gehobenes Ambiente – es verfügt u.a. über eine Flotte von 14 dunkelgrünen Rolls Royce, die von den Gästen angemietet werden können. Von der Bar im obersten Stock hat man einen hervorragenden Blick auf die Skyline von Hong Kong und kann dabei gepflegt einen Cocktail, Champagner oder Whisky schlürfen, was wir auch getan haben. Dazu gab es Jazz von einer Liveband. Ganz billig war der Spaß nicht und die meisten Cocktails leider sehr auf süß getrimmt. Nüchtern betrachtet zahlt man Preise von ca. 10 Euro pro Cocktail jedoch auch in genug europäischen Bars, ohne dafür einen spektakulären Ausblick samt Livemusik geboten zu bekommen.

Man sollte das Felix im Übrigen auf keinen Fall verlassen, ohne die Toilette besucht zu haben. Die Frauen gucken von dort aus auch auf die Skyline, die Männer können die Nathan Road runter blicken, während sie ihr Geschäft verrichten. Als Waschbecken dient ein riesiger Steintisch, der erst auf den zweiten Blick als Waschbecken erkennbar ist. Daneben steht ein Angestellter mit flauschigen Handtüchern bereit. Super! Wer die Eingangshalle angucken mag: James Bond ist in „Der Mann mit dem goldenen Colt" im Peninsula abgestiegen.

Tja... das war's auch „schon". Am nächsten Tag stand bereits die Abreise an. Ich habe es nicht geschafft, alle Sehenswürdigkeiten abzuklappern, aber in der kurzen Zeit haben wir doch recht viel von Hong Kong gesehen. Viele Eigenheiten von Hong Kong werden sicherlich nicht jedem gefallen. Die Stadt ist so lebhaft und laut, dass man nach einer Weile nur noch Kopfschmerzen kriegen kann. Und irgendwie merkt man der Stadt an, dass sie noch relativ jung ist und sogar amerikanische Großstädte auf eine längere Geschichte zurückblicken können. Aber Spaß gemacht hat's trotzdem! Ich würde sicherlich nochmal hinfahren.

Beim Stöbern im Duty Free Shop am Flughafen habe ich übrigens die Augen nach Schlangenwein aufgehalten, weil Kiki & Co davon erzählt hatten (ist wohl eine chinesische Spezialität) und ich dachte ein kleines Fläschchen davon wäre ein prima Mitbringsel für meinen Mitbewohner. Nun, es gab den Wein dort nur in großen Flaschen mit ganzer Schlange. Und ich war nicht sehr zuversichtlich, dass die koreanischen Zollbehörden bedenkenlos der Einfuhr von eingelegten Schlangen zustimmen würden. Aber die Ernährungsgewohnheiten der Chinesen decken wohl einen noch größeren Teil des Tierreiches ab als die der Koreaner.

Zu dem Thema passte wunderbar eine Nachrichtenmeldung, die etwa zeitgleich mit unserem Ausflug nach Hong Kong in den Medien kursierte. Gegenstand der Meldung: Etwa 40 Demonstranten protestierten vor einem Regierungsgebäude in Peking gegen den Verzehr von Katzen! Zitat des Sprechers der Demonstranten namens Wang Hongyao: „Wir sind empört, dass die Katzen bei lebendigem Leib gehäutet und dann gekocht werden."

Auslöser der Proteste war wiederum ein Artikel der Zeitung „Chengdu Business Daily", in welchem über den Transport von etwa 5000 Katzen von Nanjing nach Guangzhou berichtet wurde. Scheinbar fühlt man sich in Guangzhou, auch als Kanton bekannt, der gängigen Redensart besonders verpflichtet, nach der Kantonesen alles essen, was vier Beine hat und kein Tisch oder Stuhl ist sowie alles was fliegt und kein Flugzeug ist. Laut Zeitung werden in Guangzhou etwa 10 000 Katzen pro Tag verzehrt. Was natürlich zu dem Problem führt, dass diese riesige Nachfrage irgendwie gedeckt werden muss. In Interviews klagten die Demonstranten daher, dass immer mehr Katzen auch aus den Straßen anderer Großstädte verschwinden würden – „vor allem die fetten".

Der Spruch mit den Möbelstücken wurde sogar von unserem Führer in Hong Kong wiedergegeben. Die Kanton-Chinesen sind eben Stolz auf ihren Ruf als Allesfresser! Stolz sind sie auch auf ihre Namen, die aber unter Besuchern aus dem Ausland unter Umständen eher Belustigung hervorrufen, da sie oft zu dummen Wortspielen mit ähnlichen Englischvokabeln einladen. Z.B. habe ich in Hong Kong einen Laden namens King Fook gesehen. Long (Drache) ist auch ein häufiger Name, daher würde ich fast wetten, dass irgendwo ein Fook Long herumläuft. Auch Busse mit der Bezeichnung King Long sind auf chinesischen Straßen keine Seltenheit. Ein Chinarestaurant namens Fook Yue gab es schon auf Fotos im Internet zu bestaunen. Und Li Tit, den ich auf einem Stern der „Avenue of Stars" entdeckt habe, spielt sowieso in einer eigenen Liga.

Neben Engrisch gibt es übrigens auch im Deutschen lustige Stilblüten, wenn Asiaten sich die Aussprache zu Recht biegen. Hört man nur seltener, weil eben nicht viele Asiaten Deutsch können. Unser Fremdenführer in Hong Kong hat aber extra zu meiner Belustigung das Wort „Nacktbus" erfunden. Sollte natürlich mal ein Nachtbus werden. Aber die Idee mit dem FKK Bus sollte er sich schützen lassen - da lässt sich was draus machen! Fragt sich nur, wo die Fahrgäste dann ihre Busfahrkarten oder das Kleingeld lassen.

Zur Rückreise bleibt abschließend noch zu sagen, dass mich mein zweiter chinesisch-koreanischer Kulturschock traf, als ich am Flughafen von Busan wieder die U-Bahn bestieg. Dort empfing mich eine gesittete Stille, die nach dem volksfestartigen Tohuwabohu in den U-Bahnen von Hong Kong geradezu unheimlich war!

Bevor wir das Thema Hong Kong abschließen, möchte ich noch kurz die Getränkeautomaten in dieser Stadt erwähnen. Getränkeautomaten sind in Asien allgemein noch deutlich beliebter als bei uns. Eine Besonderheit ist zudem, dass viele Automaten nicht nur kühle, sondern auch heiße Getränke anbieten. In Hong Kong stand in diesen Automaten sehr häufig schwarzer Tee mit Milch und Zucker zur Auswahl – je nach Laune in heiß oder kalt. Scheinbar haben an die Briten dieser Stelle ihre kulinarischen Spuren hinterlassen. Jedenfalls war dieser Tee zwar recht stark gezuckert, aber dennoch einfach lecker! Auf jeden Fall deutlich besser als koreanischer Instant-Kaffee. Ich hätte mir ein paar Dosen mitnehmen sollen!

I'm a Seoul Man!

31. Dezember

Kaum bin ich mit leichtem Schlafmangel nach dem kurzen Auslandsaufenthalt wieder in Busan aufgeschlagen, da wurde ich zur Abwechslung mal positiv überrascht: Freitag ist frei! Freude und Jubel! Tanzt in den Straßen! Dass Neujahr, welches auf einen Donnerstag fiel, ein Feiertag sein würde, war mir bereits klar gewesen. Zuvor hieß es jedoch, dass am 2.1. ganz normal gearbeitet werden müsse. Zudem scheint es in Korea verpönt zu sein, sich Brückentage frei zu nehmen. Daher hatte ich mir für den 1.1. erstmal nur „gründlich ausschlafen" vorgenommen. Nix is! Wenn meine Firma mir freiwillig ein weiteres langes Wochenende beschert, dann muss das genutzt werden! Schlafen kann man schließlich auf der Arbeit, wie alle anderen auch! Gut, unter der Woche mal früh ins Bett gehen tut es zur Not auch.

Es wurde aber noch besser: Am Mittwoch, dem letzten Tag des Jahres, sollte es früher Feierabend geben! Noch mehr Freizeit am Stück! Unglaublich! Preiset den Vorsitzenden! Also hieß es, Dienstagabend direkt wieder alles zusammenzupacken, was ich gerade ausgepackt hatte, damit ich mich mittwochs nach der Arbeit nur noch umziehen musste, um den nächstbesten Bus nach Seoul zu nehmen. Denn der Bushof war für mich wesentlich günstiger gelegen als der Bahnhof in Busan. Und auch wenn der Bus leider doppelt so lange braucht wie der KTX Schnellzug: Im Bus kann man schon für wenig Geld erste Klasse fahren. Und in so einem schönen breiten Luxussitz lässt es sich hervorragend die 5 Stunden bis Seoul durchschlafen! Es gibt sogar extra Nachtbusse, die sind noch etwas teurer. Keine Ahnung, ob man da noch mehr Platz hat oder ob die einfach nur aus Prinzip teurer sind. Vielleicht fahren sie auch langsamer, damit man ausgeschlafen ankommt.

Der Grund für den freien Freitag (welch passender Name!) war natürlich nicht etwa ein plötzliches Aufflammen der Herzensgüte unserer Firmenleitung. Es war vielmehr die Herzensgüte einer anderen Konzernleitung, welche wohl wiederum durch die Wirtschaftskrise motiviert wurde. Um genau zu sein: Unsere größten Kunden hatten freitags geschlossen. Wenn die Kunden nicht produzieren und keine Zulieferteile verbrauchen, müssen die Zulieferer auch nicht liefern. Bereits in den vorherigen Wochen hatte es in unserem Umfeld auffällig viele Stillstände gegeben, wo zuvor noch 24 Stunden am Tag produziert wurde. Bis zum Jahreswechsel ging zumindest die Büroarbeit jedoch ungebremst weiter.

Mein Mitbewohner hatte zudem am letzten Tag des Jahres Geburtstag. Dieser war in der Firma aber schon zu Anfang des Monats gefeiert worden. Zudem mochte er seinen Geburtstag eh nicht, was ich erst einmal nicht verstand: Am 31.12. Geburtstag zu haben wäre schließlich ein doppelter Grund zum Feiern, besonders wenn der 1.1. ein Feiertag ist! Der Grund: seine Eltern haben seinen Geburtstag nach dem chinesischen Mondkalender festgelegt, daher findet er jedes Jahr an einem anderen Datum im westlichen Kalender statt! Das erklärte, warum alle Geburtstage in der Firma pauschal pro Monat abgehandelt wurden. Es ist ja so schon schwierig an alle Geburtstage im Freundeskreis zu denken, aber wenn die auch noch jedes Jahr das Datum wechseln wird man ja verrückt!

Der letzte Arbeitstag des Jahres war auch noch ein Fall für sich: Vor dem vorgezogenen Feierabend fand noch eine Firmen-Vollversammlung im Hauptwerk statt. Aufgrund mangelnder Koreanischkenntnisse habe ich bei weitem nicht alles verstanden und vor allem die Rede unseres Präsidenten (als Firmenchef hat man in Korea zumindest immer einen tollen Titel!) war etwas arg lang, wenn man kaum ein Wort versteht. Obwohl ich mich die ganze Zeit gefragt habe, was dieser Mann für eine Analogie zu Äpfeln angestrengt haben mag, das Wort konnte ich nämlich mehrfach einwandfrei identifizieren. Ich sollte mich also bemühen, das neue Jahr mit etwas mehr... äh... Apfelfrische zu begehen? Später habe ich dann erfahren, dass das Wort für Apfel auch „Entschuldigung" bedeuten kann, was die merkwürdige Begeisterung des Präsidenten für Äpfel erklärte. Insgeheim hatte ich jedoch auf eine unterhaltsamere Erklärung gehofft!

Aber der Reihe nach: Die Zeremonie begann mit der Nationalhymne. Als Karaoke-Version. Bei fremden Nationalhymnen weiß man ja so schon sowieso meist nicht, wie man sich verhalten soll, aber wenn das Ganze auf einer Großleinwand von patriotischen Bildern (das Meiste von Olympia und Fußball-WM 2002) und Karaoke-Untertiteln begleitet wird, dann benötigt man seine volle Konzentration, um ein Lachen oder Grinsen zu vermeiden.

Nach dem Karaoke gab's Geschenke für alle, die sich in diesem Jahr bei der Arbeit besonders hervorgetan hatten, danach kam die bereits erwähnte lange, lange Rede des Präsidenten. Ganz zum Schluss ging es wohl um die Wirtschaftskrise und um den Aktienkurs unserer Firma, der sich in Euro zu diesem Zeitpunkt vermutlich kaum noch ausdrücken ließ. Es endete auf jeden Fall damit, dass unser Präsident sich nicht nur verbeugte, sondern dies sogar auf Knien liegend tat. Dazu muss gesagt werden, dass die meisten Verbeugungen in Korea sonst kaum über ein Kopfnicken herausgehen. Vor allem nicht einem Untergebenen gegenüber! Wenn also der Chef der Firma sich vor der gesamten Belegschaft auf den Boden wirft, dann muss wohl so einiges im Argen sein! Der große Oberchef war danach auf jeden Fall den Tränen nahe und die Angestellten haben alle eine lustige Sitzverbeugung vollführt. Man beugt sich dabei anscheinend ein wenig nach vorne und macht mit den Händen ein Häuschen über dem Kopf. Oder so ähnlich. Sah etwas merkwürdig aus. Nach der Versammlung war ich jedenfalls endlich FREI. Für vier Tage, zumindest.

Also ab zum Bushof und den nächstbesten Bus nach Seoul genommen! Leider doch kein Premium-Bus, für den hätte ich eine Stunde warten müssen. Da aber kaum andere Fahrgäste im Bus waren, hatte jeder trotzdem genug Platz. Etwa nach zwei Stunden Fahrt machen die Langstreckenbusse üblicherweise eine kleine Pinkelpause von 15 Minuten. Leider steuern dabei sehr viele Busse die gleiche Raststätte an, man muss ergo sogar auf dem Männerklo Schlange stehen. Dass der Bus sich dann langsam Seoul näherte merkte man spätestens an der dicken Eisschicht auf den Seitenfenstern. Innen drin wurde man natürlich trotzdem wieder bei lebendigem Leib gebacken, aber anscheinend schlafen viele Koreaner nur dann gut, wenn es so richtig knackig heiß ist. Bis auf meinen Mitbewohner.

Zu meiner großen Überraschung hat die Fahrt nach Seoul nur 4 Stunden gedauert anstatt der angekündigten 5 Stunden und 20 Minuten. Ich gehe mal davon aus, dass dieser Umstand dem quasi nicht existenten Verkehr zu verdanken war. Auf diese Weise wurde ich zumindest davon verschont, den Jahreswechsel im Bus verbringen zu müssen, wir sind nämlich gegen 23:30 Uhr angekommen. Da die Metro in Seoul aber scheinbar gegen 24 Uhr ihren Dienst einstellte und auch viele Hotels nachts die Rezeption nicht durchgehend besetzten, blieb trotzdem keine Zeit zum Feiern: Ich musste schleunigst eine Unterkunft finden!

Hier wäre es durchaus angenehmer gewesen, eine Reservierung zu haben. Weil man mir allerdings erst zwei Tage zuvor Bescheid gegeben hatte, dass ein langes Wochenende bevorstand und man z.B. erstmal ein Hotel kennen muss, in dem man auch reservieren möchte, was Zeit kostet, hatte sich das Thema für mich erledigt. Hinzu kam, dass viele Hoteliers in Korea kein Englisch können. Mein

Koreanisch war zwar ausreichend, um mich vor Ort irgendwie notdürftig verständlich zu machen, ein Telefongespräch auf Koreanisch wäre jedoch bestenfalls problematisch geworden. Also per U-Bahn ab in eine Gegend, die laut Reiseführer möglichst viele Hotels bot und diese per Pedes abgeklappert.

Erste Überraschung: Die Leute in Seoul können Englisch! Naja, zumindest die Leute am Empfang einiger Hotels. Unglaublich! Muss wohl auf die vielen englischsprachigen Touristen zurückzuführen sein, die dank Lonely Planet genau diese Hotels anrufen oder aufsuchen. Dies führte allerdings zu Überraschung Nummer zwei: Alle Zimmer waren ausgebucht! Schließlich benutzt so gut wie JEDER westliche Tourist in diesem Land den Lonely Planet. Ergo rennt auch jeder westliche Tourist, der Silvester in Seoul feiern möchte, in eins der Hotels, die vom Lonely Planet empfohlen werden! Argh.

Zu meiner Verteidigung: Ich hatte vorher auch mal im Internet nach empfehlenswerten Hotels in Seoul geguckt. Die Empfehlungen deckten sich aber größtenteils mit dem Reiseführer, ergo hat das nicht viel gebracht. Gut, nach 3 überfüllten Hotels habe ich also den Lonely Planet wieder in meinen Lonely Rucksack gestopft und bin einfach zu Fuß in die nächstbeste vielversprechende Richtung losgestapft. Mittlerweile war es auch schon 2009 und ich hatte bis auf ein paar kurze Knallgeräusche nix von einem Feuerwerk oder dem Jahreswechsel mitbekommen. Für das neue Jahr hatte ich den guten Vorsatz gefasst, die nächstbeste Übernachtungsmöglichkeit zu nehmen, die sich mir bot. Natürlich vorausgesetzt, der Preis würde mir keine schlaflosen Nächte bereiten, das wäre dann ja kontraproduktiv. Nun, die nächstbeste Möglichkeit war eine 24-Stunden-Sauna. Gut, von mir aus, ich hatte keine Lust mehr weiterzusuchen.

Die Frau an der Rezeption hatte leider auch keine große Lust, mich als ersten Gast des Jahres begrüßen zu dürfen.

Ich kann nur vermuten, dass die Dame mal wieder ein Problem mit Ausländern hatte. In anderen Gegenden von Korea trifft man selten auf negative Vorurteile gegenüber Ausländern, vielleicht mit Ausnahme von einigen alten Männern, was wohl eher ein weltweites Phänomen ist. Meist sind die Leute eher neugierig.

In Seoul schienen jedoch die Touristen und vermutlich nicht zuletzt die amerikanischen Soldaten der umliegenden US-Stützpunkte einen bleibenden negativen Eindruck hinterlassen zu haben. Das merkt man auch daran, dass die Kneipengegenden von Seoul nachts Sperrgebiet für US-Soldaten sind und von amerikanischer Militärpolizei (!) patrouilliert werden.

Diese darf tatsächlich an allen verdächtigen Passanten eine Ausweiskontrolle vornehmen! Wer sich nicht ausweisen kann, wird zur nächsten Kaserne gebracht und dort überprüft. Falls man wirklich nicht den US-Streitkräften angehört, darf man danach wieder gehen, mehr aber auch nicht. Mit etwas Pech hängt man dann also mitten in der Nacht in einem ganz anderen Teil von Seoul fest und kann sich was ausdenken, wie man wieder zurückkommt. Angeblich müssen die Ami-Feldjäger immer zusammen mit koreanischen Polizisten unterwegs sein. Die Streife, die ich gesehen habe, bestand aber nur aus Militärpolizisten. Und zwar aus Typen, gegen die auch ein besoffener Marine keine Chance gehabt hätte. Alle mindestens einen Kopf größer als ich, uniformiert, finster guckend und mit Muckis wie Schwarzenegger in seinen besten Tagen! Waren aber eigentlich ganz nett und haben mir freundlich guten Tag gewünscht. Schon alleine dank meiner relativ langen Haare – den Besuch bei einem koreanischen Friseur schob ich noch vor mir her – passte ich wohl nicht in das Beuteschema.

Aber wir waren bei der Sauna mit der unfreundlichen Empfangsdame. Es war nämlich tatsächlich eine Sauna, die auch als solche bezeichnet wurde, kein Jimjilbang.

Hier zahlte es sich aus, dass ich zwischenzeitlich fleißig die koreanische Hangeul-Schrift geübt hatte. Hätte ich nicht das Wort „Sauna" auf einem Schild im Vorbeigehen entziffern können, hätte ich den Eingang zu diesem Etablissement selbst mit Wegbeschreibung vermutlich nicht gefunden! Der Unterschied zwischen Sauna und Jimjilbang ist der, dass der Gemeinschaftsbereich fehlt. In diesem Fall fehlte auch noch der Bereich für Frauen, es war also eine reine Männersauna. Dafür gab es tatsächlich separate Räume mit Hochbetten zum Schlafen statt beheiztem Fußboden! Und mit holzklotzförmigen Kunstlederkopfkissen statt tatsächlichen Holzklötzen für den Kopf.

Zwei Herren haben trotzdem den Fußboden bevorzugt und es war angenehm leer. In meinem Schlafraum haben nur drei andere Gäste in irgendwelchen Ecken geschnarcht, sich dafür aber gekonnt ergänzt. Begleitet von diesem dreistimmig sägend, schnarrend und pfeifend tönenden Terzett habe ich mir also in Seoul erstmal eine Mütze Schlaf gegönnt. Da ich nachts nicht von Besoffenen aufgeweckt wurde (im Gegensatz zu vorigen Jimjilbang-Aufenthalten) staunte ich am nächsten Morgen nicht schlecht, es war nämlich fast jedes Bett belegt! Wenn die Leute sich nachts leise reinschleichen statt Radau zu machen, ist mir das durchaus genehm.

Seoul – Tag 1
1. Januar

Mein erster Programmpunkt in Seoul war der Unhyeong-Palast. Ganz einfach, weil ich dort schon in der Silvesternacht vorbeigekommen bin und neugierig war. „Palast" ist hierbei vielleicht jedoch etwas übertrieben, auch wenn das Gebäude sich so nennt: Der Volle Name lautet „Unhyeonggung" und „-gung" bedeutet Palast. Das Ganze diente mehr als Residenz für diverse Mitglieder der königlichen Familie und ist im Vergleich zu den „richtigen" Palästen nicht besonders groß. Es handelt sich also mehr um ein Herrenhaus oder eine Villa, man ist da ziemlich schnell durchgelaufen.

Danach bin ich umgehend weiter zum Changdeok-Palast, der lag nämlich auch ziemlich in der Nähe und sollte sehr sehenswert sein. Dieser ist allerdings nur als Teil einer Führung zu besichtigen - mit Ausnahme von Donnerstagen im Sommer, was natürlich jedem Besucher sofort einleuchtet. Die nächste englischsprachige Führung ließ noch auf sich warten. Also Ticket gekauft und erstmal zum nächsten Palast getigert. Es mangelt deren nicht in Seoul: Insgesamt stehen noch fünf Paläste dort.

Auf dem Weg dahin war die große Anzahl von Polizisten nicht zu übersehen, teils mit Schilden und ähnlichem Equipment ausgerüstet als müssten sie sich gleich gegen Scharen gewalttätige Demonstranten wehren. Besonders beeindruckt haben mich die koreanischen Gummiknüppel, die schon eher die Bezeichnung Gummischwert verdienen. Da Demonstrationen in Seoul angeblich recht häufig sind, ist man vielleicht prophylaktisch immer gern auf eine Demo vorbereitet. Auf jeden Fall residiert der Premierminister in derselben Gegend, das dürfte eventuell Grund genug für die rege Polizeipräsenz sein. Da es im koreanischen Parlament wohl durchaus auch mal handreiflich zugeht, sollten sie vielleicht jedoch ein paar von den Jungs IN die Regierungsgebäude verlegen.

Meine erste richtige Sehenswürdigkeit war also der „Palast glänzender Glückseligkeit" (Gyeongbokgung). Dieser war vor allem eins: Groß. Sicherlich noch eine Größenordnung kleiner als die Verbotene Stadt in Peking, aber für ein Land, wo es so wenig Platz gibt wie in Suedkorea, belegte der Gebäudekomplex eine geradezu obszöne Fläche. Am Palasttor stand eine ganze Reihe Wachen in historischen Kostümen. Auf den ersten Blick konnte man die für Plastikfiguren halten, im Unhyeonggung standen nämlich tatsächlich Figuren in Kostümen zur Dekoration. Bei näherer Betrachtung waren die Wachen diesmal echt, mussten aber mit steinerner Miene geradeaus gucken. Ich würde mal grob vermuten, dass man sich bei der englischen Queen's Guard hat inspirieren lassen. Der Sinn ist aber eher fraglich, schließlich ist der betreffende Palast in Seoul unbewohnt, im Gegensatz zum Buckingham Palace. Und Korea hat auch keinen König mehr. Aber für die Touristen ist es sicherlich lustig. Für die Wachen wahrscheinlich eher eine Strafe. Vielleicht wird man da hingestellt, wenn man beim Wehrdienst Mist gebaut hat. Denkbar wär's.

Enttäuscht war ich im ersten Moment vom Publikum. Ich hatte irgendwie erwartet, an so einer Touristenattraktion in Seoul von Unmengen westlicher Touristen umgeben zu sein. Zumindest von mehr Westlern als sonst in Korea. Angesichts der schieren Größe von Seoul scheint aber auch die relativ hohe Konzentration von westlichen Touristen und Immigranten in dieser Stadt kaum ins Gewicht zu fallen. Ich wurde nämlich mal wieder nur von Asiaten umschwärmt, die sich teilweise auch noch lieber mit mir als mit der Palastwache ablichten lassen wollten! Dabei war aber mitnichten nur Koreanisch zu vernehmen, es wurde vor allem auch viel auf Japanisch und in diversen chinesischen Dialekten geredet. Die Leute aus Taiwan, die unbedingt ein Foto mit mir haben wollten, konnten übrigens überraschend gut Englisch.

Der Palast selbst war recht beeindruckend. Ich musste mich etwas beeilen, um rechtzeitig zurück zur anderen Palastführung zu kommen, konnte aber ohne Hetze das Meiste in Ruhe angucken. Die Gebäude ähneln ein wenig den buddhistischen Tempeln in Korea. Das ist auch dadurch bedingt, dass farbliche Dekorationen früher den Palästen und Tempeln vorbehalten waren. Normalbürger mussten sich in ihren Domizilen also mit den erdigen Farben von Holz, Stein und Papier begnügen. Trotz der ausschweifenden Anlage und Dekorationen ist die Ausstattung des Palasts jedoch sehr minimalistisch gehalten. Zwischen den einzelnen Palastgebäuden dominierten weite staubige und steinerne Flächen. Auch der Gartenbereich war im Winter naturgemäß eher karg. Obwohl sich dort am ersten Januar bei klirrender Kälte und strahlend blauem Himmel recht viele Besucher eingefunden hatten, erweckten die großen, flachen Freiflächen den Eindruck eines nahezu menschenleeren Gebäudekomplexes – vermutlich verstärkt dadurch, dass man sonst in Korea sehr häufig großen Menschenmassen ausgesetzt ist. Insgesamt war der Palast jedoch absolut sehenswert und interessant anzugucken. Die Thronhalle mit einer sehr aufwendig gestalteten Decke hat mit besonders gut gefallen, allerdings müsste dort dringend einmal Staub gewischt werden.

Der Gyeongbokgung stammt ursprünglich von 1394, ist aber zwischenzeitlich auch ein paarmal abgebrannt. Man kennt das ja inzwischen. Bei einer Japanischen Invasion haben zur Abwechslung die Koreaner den Palast selbst abgebrannt, weil sie darüber verärgert waren, dass ihr König sich aus dem Staub gemacht hat. Eine alternative Version der Story lautet, dass Sklaven das Feuer gelegt haben um Beweise ihres Status als Leibeigene zu vernichten. Egal welcher Variante man Glauben schenkt, gegenüber Koreanern und Japanern mit Streichhölzern ist immer Vorsicht angesagt! Für das benachbarte Museum blieb diesmal keine Zeit, ich musste ja zurück zur Führung durch den anderen Palast.

Der „Palast glänzender Tugend" (Changdeokgung) hat einen nicht minder klangvollen Namen wie die benachbarte Residenz und kann zudem eine Auszeichnung als UNESCO Welterbe vorweisen. Er wurde etwa 1412 erbaut und ist somit gerade einmal 18 Jahre nach dem Gyeongbokgung gebaut worden. Ob man unbedingt alle 18 Jahre einen neuen Palast braucht, halte ich für zweifelhaft. Da allein in Seoul noch fünf von ehemals sechs Palästen stehen und auch die umliegenden Städte noch den einen oder anderen Palast zu bieten haben, scheint es sich beim Bau prunkvoller Wohn- und Regierungsgebäude durchaus um ein akzeptables Hobby für koreanische Könige gehandelt zu haben. Vielleicht waren die Zweitpaläste auch eine Art Brandversicherung.

Der Changdeok-Palast erschien mir auf den ersten Blick deutlich kleiner, als der zuerst besuchte. Das lag vor allem daran, dass man für diesen Komplex nicht einfach die ganze Baufläche eingeebnet, sondern die Konstruktion viel stärker der Umgebung angepasst hatte. Das ergab einen weniger wuchtig-eindrucksvollen Charakter, sah aber sonst schöner aus und passt eigentlich auch besser zur asiatischen Philosophie und Architektur. Im Palast war es aber komischerweise kälter als in der Stadt. Unsere Führerin, ausgerüstet mit extrawarmen Klamotten und einem Mikro samt Gürtellautsprecher, sprach relativ gutes, wenn auch nuscheliges Englisch. Ich erwähne gutes Englisch jedes Mal unweigerlich, weil es in Korea in etwa so häufig zu finden ist, wie fundiertes Wissen über nordosttasmanische Wasserpflanzen in Deutschland. Zu unserer Tourgruppe gehörten auch einige Japaner, die wohl keine Lust gehabt hatten, auf die japanische Führung zu warten. Welch ein Glück, dass Englisch in Japan anscheinend mit vergleichbar durchschlagendem Erfolg gelehrt wird wie in Korea! Die Japaner sind also recht ziellos der Gruppe gefolgt und haben sich die Zeit damit vertrieben, jeden Quadratmillimeter des Palastes aus möglichst vielen Blickwinkeln fotografisch zu dokumentieren.

Die Führerin hat unterdessen einige Details zur Palastkonstruktion erzählt. Unter anderem gibt es im Palast grundsätzlich immer drei Fußwege nebeneinander: Einen breiten, erhöhten Weg in der Mitte und zu beiden Seiten davon jeweils einen schmalen, niedrigen Fußweg. Der erhöhte Streifen in der Mitte war dabei natürlich für den König reserviert. Auf den schmaleren Gehstreifen mussten sich einerseits die militärischen Berater und andererseits die zivilen Berater drängeln. Um das Ganze zu perfektionieren, hatte der König auch meistens ein schönes großes Tor, durch welches er allein schreiten durfte und alle anderen mussten sich durch niedrige Seitentüren ducken. Dies hatte den praktischen Effekt, dass sich alle außer dem König verbeugen mussten, um durch eine Tür zu gehen.

In diesem Palast gab es außerdem auch noch einen „geheimen Garten" von mehreren Hektar Größe. Wirklich geheim war der somit nicht, aber das Betreten war bis auf wenige Ausnahmen früher nur der königlichen Familie gestattet. Im Winter war der Garten selbst natürlich nur mäßig interessant. Dort stehen aber unter anderem ein ziemlich großes Bibliotheksgebäude, durch das viele antike Bücher erhalten geblieben sind und eine Villa. Die Villa hat sich ein König angeblich mal dorthin bauen lassen, um auszuprobieren, wie „gewöhnliche Adlige" so ihren harten Alltag erleben. War sicherlich sehr abenteuerlich für seine Majestät, plötzlich die gleiche Tür zu benutzen wie andere Leute auch.

Nachkommen der Königsfamilie haben Changdeokgung übrigens noch bis 1989 bewohnt. Das klingt im ersten Moment recht romantisch, ist aber wohl eher aus Geldnot heraus geschehen. Sie haben sich damals angeblich damit über die Runden gebracht, Souvenirs im Palast zu verkaufen. Über ihr weiteres Schicksal konnte ich jedoch nichts erfahren.

Da ich mich mit den Amis auf der Tour teilweise recht gut verstanden habe, bin ich den Rest des Tages weiter mit einigen von ihnen durch Seoul gezogen. Dadurch hat zwar alles etwas länger gedauert, ich konnte aber zur Abwechslung mal wieder mit Leuten reden, die einer mir bekannten Sprache mächtig sind. Um genau zu sein handelte es sich um einen Englischlehrer (der Beruf, den 99% westlicher Ausländer in Korea auszuüben scheinen) namens Ron, seine Tochter Jennifer und eine koreanische Englischlehrerkollegin von ihm, deren Name mir leider entfallen ist.

Dabei habe ich lustige neue Dinge über koreanische Dialekte erfahren. Die Koreanerin konnte nämlich keine englischen j-Laute aussprechen (z.B. wie in „juice"), weil man in ihrer Gegend diesen Ton im Koreanischen durch ein „ds" ersetzt. Dadurch hieß die Tochter des Englischlehrers bei ihr plötzlich „Dsennifer". Dsennifer... aeh.... Jennifer war übrigens erst seit einem Tag in Korea und nicht gerade aufgeschlossen gegenüber koreanischem Essen, dabei war unser Mittagessen für koreanische Verhältnisse relativ unexotisch. Da sie auch nicht mit den Essstäbchen zu Recht kam, kann ich nur hoffen, dass sie während ihres restlichen Urlaubs nicht verhungert ist.

Nach der Erkundung von Insadong (Handwerker bzw. Souvenirstandviertel) und dem Mittagessen sind wir weiter zum „N Seoul Tower", auch Namsan Tower genannt. Mit Seoul kann man sich ja schon viele Wortspiele ausdenken, aber der ausgesprochene „Soul Tower" klingt dann doch, als wäre er direkt irgendeinem Fantasy-Roman entnommen. Ich konnte in diesem „Turm der Seelen" aber leider keinerlei heulende Schlossgespenster ausfindig machen. Was wir dort finden konnten waren wirklich, wirklich viele Leute! Der 1. Januar ist in Korea einer der wenigen Feiertage, an denen fast jeder frei hat. Und wirklich viele von den Leuten, die frei hatten, wollten ebenfalls auf den Fernsehturm hinauf! Irgendwann haben wir es aber rechtzeitig zum Einbruch der Dunkelheit geschafft, auf den Seelenturm hinaufzukommen, um ein wenig herunter zu gucken und dann wieder für den Aufzug nach unten (quasi den Abzug) anstehen zu dürfen.

Da der Tag somit schon rum war und wir keinen wirklichen Plan für das weitere Vorgehen hatten, sind wir danach noch nach Itaewon. Das ist ein ziemlich bekanntes Einkaufs- und Vergnügungsviertel in Seoul. Die Läden und Restaurants schienen aber hauptsächlich auf Touristen und amerikanische Soldaten eingestellt zu sein. Dafür gab es in der Gegend eine deutsch-kanadische Bar mit Krombacher und Erdinger vom Fass zu vertretbaren Preisen. Angeblich gibt es in Itaewon auch eine Rotlicht-Ecke, was mir für Korea eher untypisch schien. Ron meinte dazu nur, dass es bei ihnen in der Stadt zwei besondere Cafés geben würde, die Kaffee zu hohen Preisen von einer hübschen Dame frei Haus liefern lassen. Soso, was es in Korea nicht alles gibt.

Die Amis sind dann zurück zum Hotel und ich habe noch mit einem italienischen Informatiker zwei Weizen getrunken. Da ich weder Lust hatte, in einem Love-Motel zu landen (es gibt laut dem Reiseführer vom einsamen Planeten in Seoul sogar Hotels mit Spezialräumen, wo man sich beispielsweise auf einem Billardtisch tummeln kann, falls das Bett zu langweilig ist), noch extra mit der U-Bahn durch die halbe Stadt zu gurken, um abermals kein Hotel zu finden, habe ich mich einfach nochmal für die Sauna-Option entschieden. Es war nämlich wirklich kalt und Sauna klang toll. Dort angekommen, wurde ich erstmal angemotzt, ich würde aber nach Alkohol riechen und bei ihnen wären Besoffene unerwünscht. „Genau", dachte ich mir, „Ich bin besoffen. Deswegen stehe ich auch schon diese ganze Unterhaltung lang sicher auf einem Bein, um mir die Schuhe auszuziehen." Das habe ich aber lieber nicht laut ausgesprochen, da die Konzepte von Ironie und Sarkasmus in Korea nicht weit verbreitet zu sein scheinen. Nachdem ich ihr mehrfach versichert hatte, nur zwei Bier getrunken zu haben, war die Empfangsdame zufrieden. Ihr ging es wohl hauptsächlich darum, dass ich keinen Soju gebechert hatte. Diese „keine Besoffenen" Politik hat mir dafür eine relativ ruhige Nacht beschert. Relativ. Irgendwer schnarcht immer.

Neben echtem Weizenbier ist mir übrigens in Seoul sogar eine richtige türkische Dönerbude untergekommen! Ich glaube, das war auch in Itaewon. Es roch auf jeden Fall original nach Döner (NICHT nach Bulgogisoße) und an der Wand prangte eine riesige türkische Flagge. Da ich die mir die Verkostung habe entgehen lassen, muss ich die unbedingt beim nächsten Besuch in dieser Stadt wiederfinden!

Souvenirtipp aus der koreanischen Hauptstadt: T-Shirts mit der Aufschrift „Ja, ich bin ein Ausländer. Ihr dürft mich anstarren."

Seoul – Tag 2
2. Januar

Für den zweiten Tag hatte ich mir einen Ausflug nach Suwon vorgenommen. Das ist eine Nachbarstadt von Seoul und sie ist prima per U-Bahn zu erreichen. Nach Suwon wollte ich unbedingt, weil dort eine der wenigen noch vernünftig erhaltenen Festungsanlagen in Korea steht und ich alte Burgen und Festungen grundsätzlich toll finde. Jeder sollte in einer wohnen! Obwohl in vielen koreanischen Städten irgendwelche Festungen ausgeschildert sind, bestehen die Überbleibsel meist leider nur aus ein paar Hügeln oder einem kleinen Mäuerchen. Mit etwas Glück findet man eventuell auch noch eine japanische Streichholzschachtel. Die einzigen wirklich sehenswerten, burgähnlichen Anlagen stehen scheinbar in Jinju (nahe Busan, stand noch auf meiner Liste) und eben in Suwon. Um Seoul herum kann man beim Wandern in den Bergen wohl auch noch ein paar Stücke Stadtmauer entdecken. Um für ein Stück Mauer bei Eiseskälte einen ganzen Tag wandern zu gehen, war mir meine Zeit in Seoul jedoch zu schade.

Die Fahrt nach Suwon war allerdings nicht ohne Tücken, da nur jede zweite Bahn einer bestimmten Linie dorthin fährt und die anderen Bahnen zum Flughafen abbiegen. Außerdem dauert die Fahrt etwa eine Stunde, für diesen Ausflug kann man also grob den ganzen Tag einplanen. Sehr beeindruckend war dabei im Übrigen die Überquerung des Han-Flusses. Wenn die U-Bahn urplötzlich aus ihrem Tunnel schießt, um unvermittelt einen gewaltigen Strom zu überqueren, dann überrascht einen das im ersten Moment sehr unverhofft. Wer auch mal nach Suwon fährt und es eilig hat, sollte übrigens lieber ein Taxi oder einen Bus vom Bahnhof zur Stadtmauer nehmen. Den Weg zu Fuß zurückzulegen dauerte nämlich deutlich länger, als zunächst gedacht. Die Größe von Suwon hatte ich nach Seoul erst einmal sträflich unterschätzt - auch Suwon hat über eine Million Einwohner! Aber da mich im Laufe dieses Morgens eine ordentliche Erkältung heimsuchte, war ein Tag an der frischen Luft vielleicht ganz gesund, wenn auch etwas anstrengend.

Bevor ich losgerannt bin, war ich am Bahnhof noch kurz in einem Internetcafé, um mich mal zu Hause zu melden, da sich sonst in Seoul noch nicht die Gelegenheit geboten hatte, ein paar E-Mails zu schreiben. Schon komisch, sonst wird man in Korea vom Internet nämlich förmlich umzingelt. Bevor ich fortfahre, muss ich mich mal kurz an die Internetcafés erinnern, die ich bis dahin in Europa gesehen hatte. Das waren meistens öde, kleine Räume mit vielen alten, abgenutzten Computern auf möglichst kleiner Fläche. Das Internetcafé, das ich in Suwon betreten habe, ähnelte mehr dem Kontrollraum der NASA in Houston als diesen mir bereits bekannten Cafés. Moderne PCs mit großformatigen Flatscreens, schicke Schreibtische mit Rufknopf für den Service, kostenloser Kaffee, Ledersessel und das Ganze für etwa 1 Euro pro Stunde! Mit dem Anliegen, E-Mails zu schreiben war ich dort allerdings eher ein Exot; die meisten anderen Besucher waren offensichtlich da, um in aller Ruhe stundenlang Onlinespiele zu zocken.

Zurück in der Realität bin ich grob Richtung Burganlage gelaufen, bis eine Mauer mir signalisierte, dass ich das Ziel erreicht hatte. Die Mauer war jetzt aber leider nicht sooo eindrucksvoll, relativ niedrig und bot wenig Aussicht. Hin und wieder stieß ich auf kleine Plattformen, welche das Ganze etwas auflockerten. Nachdem ich der Mauer eine Weile gefolgt war, begann ich mich zu fragen, was daran so toll sein sollte. Der Reiseführer schwärmte von einem 2-Stunden Rundweg und ich schwärmte gedanklich schon von einem viel kürzeren Rückweg, wenn ich frühzeitig umkehren würde. Als ich nach kurzer Zeit eine große Glocke erreichte, hatte ich erstmal genug von der Mauertour. Die Glocke konnte man nämlich läuten, wenn man wollte, jeder Glockenschlag sollte aber Geld kosten. Fand ich im ersten Moment noch lustig. Dann fiel mir jedoch auf, dass auch das Weitergehen Geld kosten sollte, was ich erst einmal gar nicht eingesehen habe. Es war zwar nicht teuer, aber mitten im Wald ohne Vorwarnung plötzlich ein Tickethäuschen hinzustellen grenzt schon an Erpressung und hat mich spontan zum Umdrehen bewegt. Nach dem Umdrehen bin ich allerdings an einem Plan vorbeigekommen, wo die Stadttore und weiteren Sehenswürdigkeiten eingezeichnet waren. Dort musste ich feststellen, dass ich in der Tat bis dahin nur den langweiligsten Teil der Festung zu sehen bekommen hatte und besser weitergehen sollte. Also nochmal umgedreht, den mickrigen Eintritt bezahlt und weitergelaufen.

Am Schluss war ich heilfroh, die Wanderung fortgesetzt zu haben, denn es hat sich wirklich gelohnt! Die Sonne strahle einmal mehr, der Verlauf des Weges wurde interessanter und die Wehranlagen nicht nur eindrucksvoller, sondern auch abwechslungsreicher. Das besondere dieser Festungsanlage ist, dass die Mauern nur selten scharfe Kanten oder rechte Winkel aufweisen. Stattdessen gibt es sehr viele gerundete Konturen und die Mauern der Wehrtürme sind teils, wie bei ägyptischen Obelisken, leicht nach innen geneigt. Dazu werden sämtliche Tore, Türme und Plattformen von Dächern im traditionellen koreanischen Stil gekrönt. Ein sehr eigenständiger Baustil und sehr sehenswert! Besonders gut gefallen hat mir ein befestigter Wehr an einer Stelle, wo die Stadtmauer einen Fluss kreuzt. Die Mauer wurde dort so konstruiert, dass das Wasser nur durch recht enge Durchflüsse fließen kann und mehrere Plattformen den Fluss überblicken, um auch Angriffe vom Wasser effektiv abwehren zu können.

Die Festung in Suwon hört übrigens auf den Namen Hwaseong (Brillante Festung), ist auch schon wieder ein Stück Weltkulturerbe laut UNESCO, wurde jedoch erst 1796 erbaut. Nach europäischen Maßstäben ist das jetzt keine besonders alte Befestigung, aber da in vielen Teilen Asiens erst Ende des 19. Jahrhunderts wirklicher Kontakt zum Westen entstand und moderne Waffen Einzug hielten, hat man dort halt noch etwas länger Burgen gebaut. Die offizielle Begründung für den Bau von Hwaseong liest sich auch sehr interessant: Die Anlage wurde von König Jeongjo gebaut, um die Überreste seines Vaters Prinz Sado zu beherbergen, der wiederum von seinem Vater König Yeongjo „zum Selbstmord gezwungen wurde", indem dieser ihn in einer leeren Reiskiste einschloss. Zählte sowas damals als gesellschaftlich akzeptables verhalten? Tod durch Reiskiste? Wird man da nicht skeptisch? „Kletter doch mal hier rein, ich schließe auch nicht ab." Bei der Vorgeschichte kann ich auf jeden Fall nachvollziehen, wieso jemand das Bedürfnis hat, sich eine Festung zu bauen. Einen passenden Palast hat König Jeongjo sich in Suwon ebenfalls errichten lassen, da er die Hauptstadt von Seoul nach Suwon verlegen wollte. Das mit der Verlegung hat nicht geklappt, den Palast habe ich mir aber angeguckt. Dieser war natürlich etwas kleiner und bescheidener als die Paläste in Seoul, aber ein dankbareres Fotomotiv, da hübsch dekoriert und weit weniger staubig.

Zurück in Seoul bin ich auf der anderen Seite des Han-Flusses geblieben, um den Bongeunsa Tempel anzugucken, der inmitten einer Ansammlung von Bürohochhäusern liegt. Dem Reiseführer nach sollten dort nämlich jeden Abend die Mönche die ganzen Instrumente, die ich in den Tempeln zu fotografieren pflegte, auch mal benutzen. Ich war eigentlich zu früh dran, kam aber noch gerade rechtzeitig, um mitzukriegen, wie ein Mönch jedes Instrument ein paarmal kurz angeschlagen hat und dann schnell wieder nach drinnen zur Meditation (bzw. Abendgebet, oder wie immer man das im Buddhismus nennt) in den warmen Tempel geflüchtet ist. Ob das immer so wenig ist oder ob nach der Abendzeremonie noch mehr Krach gemacht wird, weiß ich leider nicht. Es war aber kalt und dunkel, daher hatte ich nicht vor, abzuwarten, wie lange so eine buddhistische Andacht wohl dauern mag. Der Tempel selbst schien mir auch bei Tageslicht nicht so besonders zu sein, da habe ich definitiv schon interessantere Tempel besucht - ich hatte langsam genug davon gesehen, um mitreden zu können! Aber sie waren gerade dabei Lampions aufzuhängen, also gab es wenigstens ein kleines Bisschen was zu sehen.

Enttäuscht vom dunklen Tempel bin ich ins nahe gelegene COEX Einkaufszentrum. Dabei handelt es sich angeblich um das weltgrößte unterirdische Einkaufszentrum. Da die Koreaner unterirdische Einkaufszentren total toll finden und wirklich viele davon haben, glaubte ich das sofort. Die Auswahl beim Shoppen in Seoul ist auf jeden Fall wesentlich besser als in Busan. Im COEX gab es dazu noch jede Menge Spezialgeschäfte, die ich in der Weise noch nie gesehen habe. Unter anderem fanden sich dort ein Fachgeschäft für Puzzles, einen Laden, der nur Sachen von Nintendo verkaufte und ein Geschäft für niedliche Anime Knuddeltiere und Figürchen (nicht-niedliche Sachen wurden dort auch nicht verkauft). Die Restaurantkette Jackie's Kitchen hat mich auch sehr amüsiert. Im ersten Moment klingt der Name ja nicht so ungewöhnlich, aber die Werbebildchen machten schnell klar, dass das Restaurant angeblich nur die Lieblingsnudeln und Dim Sum von Jackie Chan vertreibt. Ein Stück weiter gab es dort auch noch das COEX Aquarium, welches mir Ron am Vortag empfohlen hatte. Leider ähnelte das Aquarium ziemlich dem in Busan, obwohl es in Busan vermutlich eine größere Artenvielfalt zu sehen gab. Originell fand ich im COEX aber die Idee z.B. aus einer Telefonzelle oder einer Waschmaschine ein Aquarium zu machen. Die Aquarien in Deutschland dürften dennoch etwas artgerechter sein, in Korea leben die Viecher teils doch unter arg beengten Verhältnissen.

Danach habe ich auch schon Feierabend gemacht und mich in einem nahegelegenen Hotel niedergelassen. Die Ecke dort war so weit entfernt von den meisten anderen touristischen Anlaufpunkten, dass ich mir gute Chancen auf ein Hotelzimmer ausgemalt hatte und ich sollte Recht behalten. Außerdem dürfte der größte Ansturm ja zu Silvester gewesen sein. Da meine Erkältung zu diesem Zeitpunkt so richtig an Fahrt gewann, hatte ich auch keine Meinung von einer weiteren Übernachtung in einem Jimjilbang. Zum Glück hatte ich meinen Pass für eine mögliche DMZ Tour (DMZ = demilitarized zone = entmilitarisierte Zone zwischen Nord- und Südkorea) mitgenommen, den wollte man im Hotel nämlich sehen. Ich bin im „Hotel Tiffany" abgestiegen, welches im Lonely Planet halbwegs gut wegkam und auch einigermaßen brauchbar war. Für koreanische Verhältnisse war es schon fast ein wenig teuer, ich habe ca. 40 Euro für die Nacht bezahlt. Da in deutschen Großstädten ein Zimmer unter 50 Euro selten ist, klingt das theoretisch noch relativ preiswert. In der Praxis war es aber nur dank des schlechten Won-Kurses so billig und hätte zu Anfang meines Praktikums noch eher mit 60 Euro zu Buche geschlagen. Und da kann man in diesem Land normalerweise wesentlich günstiger übernachten!

Mein Zimmer hatte trotz des gehobenen Preises übrigens noch nicht einmal einen Internetanschluss, allerdings auch keinen Sonderbereich zum Schuhe ausziehen. Dieser stellte einen wichtigen Teil sämtlicher mir bislang bekannten Hotel- oder Motelzimmer und Privatwohnungen dar. In Seoul habe ich diesen in Hotels nie gesehen - ich führe es mal auf westlichen Einfluss zurück. Jedenfalls wurde mir mal gesagt, dass man in so einem Fall die Schuhe an der Tür auszieht und trotzdem nicht mit Schuhen durch das Zimmer trampelt. In vielen Koreanischen Hotels werden dann die Schuhe wohl vor die Tür gestellt, aber ich habe meine doch lieber mit hineingenommen. Das Hotel bot übrigens generell nur Doppelzimmer zum Festpreis an, egal ob mit einer oder zwei Personen belegt. Für einen kleinen Aufpreis gab es auch noch Deluxe-Zimmer, die hätten dann wohl auch Internet gehabt. Und für ganz teures Geld kann man auf dem Fußboden schlafen. Kein Scherz! Die teuersten Zimmer sind „traditionelle" Zimmer mit Fußbodenheizung und ohne Betten! Danke, das kann ich auch für wenig Geld in jeder Sauna haben. Ich nehme lieber das preiswerte Zimmer und schlafe in einem bequemen Bett. Weitere Features: Ein Schrank (dieses Möbelstück muss in Korea gesondert erwähnt werden!!!) und eine Metalltür zum Zimmer, warum auch immer. Ich hatte zwar einmal gelesen, dass schwere Wohnungstüren mit mehreren Schlössern in Korea aufgrund einer recht hohen Einbruchsrate zur Standard-Ausstattung gehören, fand diese für ein Hotelzimmer jedoch etwas befremdlich.

Zum Zimmerpreis ist vielleicht noch anzumerken, dass es sich tatsächlich um ein Hotel handelte, welches somit etwas respektabler und teurer war als ein Motel. Zudem befand sich das Hotel in einem relativ schicken Viertel südlich (nam) des Flusses (gang). Dass es in Gangnam etwas abgehobener zugeht wurde 2012 in „Gangnam Style" ausführlich persifliert. Unter diesem Aspekt habe ich wohl sehr günstig genächtigt.

Changdeokgung

Ninja
Polizei

Festung und Palast in Suwon

Schildkröten-schiff

Seoul – Tag 3
3. Januar

Nach etwa 12 Stunden Schlaf in einem warmen, weichen Bett fühlte ich mich schon wesentlich besser, wenn auch immer noch erkältet. Um den Tag zu beginnen, habe ich mir den Tempel vom Vortag noch kurz bei Tageslicht beguckt, er ist dadurch aber tatsächlich kaum interessanter geworden. Eigentlich wollte ich mir auch noch das Kukkiwon, eine Art „Welt-Taekwondo-Hauptquartier" ansehen, welches irgendwo dort in der Nähe sein sollte. Leider wusste ich nur nicht genau wo und war dank Erkältung auch nicht wirklich in der Laune, eine Sportstätte zu erkunden, also habe ich es lieber sein gelassen und bin nach einer kurzen weiteren Visite im COEX per U-Bahn zum Yongsan Elektronikmarkt. Der Elektronikmarkt in Yongsan ist landesweit dafür bekannt, dass man dort die besten Elektronik-Schnäppchen machen kann. Er ist aber genauso bekannt dafür, Touristen abzuzocken, man sollte also vorher halbwegs den Preis von dem kennen, was man möchte.

Jetzt ist der betreffende Markt gar nicht so einfach zu definieren. An der Stelle gibt es nämlich ganze drei Gebäude vom Ausmaß ausgewachsener Einkaufszentren, in denen an zig verschiedenen Verkaufsständen Elektroartikel aller Art verkauft werden. Je weiter man sich dabei vom örtlichen Bahnhof entfernt, desto dubioser wird das Ganze. Die dritte Halle hat wirklich nur noch Marktcharakter und es steht alles Mögliche kreuz und quer in der Gegend herum. Die meisten Händler und ihre Produkte sahen dort aber so vertrauenswürdig aus, dass ich keinen Cent auf die Garantie oder die Echtheit der Ware verwetten würde.

An dieser Stelle bekam ich auch zum ersten Mal so richtig mit, woher der Ruf von Korea als Kopiernation kommt. In Busan habe ich wirklich, bis auf ganz seltene Ausnahmen mit koreanischen Musik-CDs, noch nie Straßenhändler gesehen, die auch nur gefälschte DVDs verkaufen würden. In Seoul kriegt man schon in Insadong, also mitten im Tour-Viertel, an jeder Straßenecke kopierte Filme angeboten. Auf dem Yongsan Markt kann man ALLES in billig nachgemacht haben, auch wenn die meisten Sachen mittlerweile wahrscheinlich „made in China" sind. Seitdem mir mal jemand gezeigt hat, dass in Asien sogar ganze iPods komplett nachgebaut werden (sieht dann halt fast genau so aus, spielt auch MP3s ab, ist aber mies verarbeitet und natürlich vom Funktionsumfang her wesentlich schlechter) wundert mich da gar nix mehr. Wer wirklich etwas kaufen will, der muss vor allem aufpassen, dass er nicht die Originalware unter die Nase gehalten bekommt, dann aber etwas Nachgemachtes eingepackt wird.

Ich bin lieber zurück und habe mich im ersten Gebäude namens „i'Park Mall" noch etwas umgesehen. Das sah noch am „seriösesten" aus und am ehesten wie ein normaler Elektronikladen. Auch dort konnte man handeln, wird zwar wahrscheinlich mehr zahlen als an einem der „Marktstände", das Risiko irgendwelchen Billigschrott untergejubelt zu bekommen schätzte ich jedoch als wesentlich geringer ein. Und als Ausländer wird man sowieso leider immer mehr zahlen als die Koreaner. Der Sinn, dort Sachen zu kaufen, ist aber für Touristen sowieso sehr begrenzt. Garantien gelten nämlich nur selten wirklich weltweit, das Stromsystem ist zwar fast das Gleiche wie in Deutschland, dafür aber nicht das Fernsehsystem, das Mobilfunknetz ist auch anders, Regionalcodes bei DVDs und Blu-Rays sowieso und mit koreanischen Anleitungen oder Bildschirmtexten können die meisten wahrscheinlich auch wenig anfangen. Wer sich da etwas kaufen möchte, sollte sich das also vorher genau überlegen!

Nach diesem kleinen Warnhinweis setzen wir unser übliches Programm fort und berichten über das „Sportstadion" im 8. Stockwerk dieses Elektro-Hauses. Dort befand sich nämlich eine Wettkampfarena mit Publikumsraum und Fernsehkameras. Die Sportgeräte: zwei PCs. Computerspielen ist in Korea also tatsächlich ein Publikumssport.

Nachdem ich mich an den Bergen von Elektronik sattgesehen hatte, wollte ich eigentlich zum Museum über den Koreakrieg, welches ganz in der Nähe sein sollte. Da ich es diesmal nicht geschafft hatte, zur Nordkorea-Grenze zu fahren, wollte ich mir wenigstens dieses Museum angucken. Leider machte mir die Verkehrsplanung von Seoul dabei einen gewaltigen Strich durch die Rechnung! Soweit ich das erkennen konnte, ging nur eine mehrspurige Schnellstraße in die gewünschte Richtung. Und ein Taxi war ausnahmsweise weit und breit nirgends zu finden. Also habe ich irgendwann aufgegeben und bin stattdessen per U-Bahn zum Dongdaemun gefahren.

Das Dongdaemun (großes Osttor) ist ein ziemlich großes Tor, welches ehemals Teil der Stadtmauer war. Prunkstück der Stadt und Stolz der Nation war ursprünglich das Namdaemun (großes Südtor), welches als „Nationalschatz Nr.1" von der Regierung geführt wurde. Dummerweise war dieses, wie bereits erwähnt, kurz zuvor von irgendeinem Südkoreaner aus mir unbekannten Gründen angezündet worden und ist niedergebrannt. Überrascht das noch irgendwen? Auf jeden Fall habe ich mir lieber das Dongdaemun angeguckt, als die Baustelle, die sich gerade an der Stelle des ehemaligen Namdaemun befand.

Das Dongdaemun ist zwar geringfügig kleiner und weniger prunkvoll als sein bekannteres Gegenstück, aber ebenfalls sehr sehenswert. Besonders markant ist die halbkreisförmige, vorgelagerte Wehrmauer und der mächtige, im traditionellen Stil errichtete Dachaufbau. Eine Verwandschaft zur Festung in Suwon war durchaus erkennbar. Der Vollständigkeit halber sollte ich wohl noch erwähnen, dass die Japaner im 19. Jahrhundert auch dieses Gebäude niedergebrannt haben. Sie scheinen wirklich einen tief verwurzelten Groll gegen koreanische Architektur zu hegen.

In der Nähe beider Tore befinden sich zudem ziemlich große und bekannte Märkte. Da ich in anderen Städten bereits genug Märkte gesehen hatte, standen diese jedoch eher unten auf meiner Prioritätenliste. Stattdessen bin ich lieber nochmal nach Insadong, um mir frühzeitig ein Hotelzimmer zu sichern und endlich mal mein Zeug in selbigem lassen zu können, statt immer alles im Rucksack mit mir herum zu schleppen (der große Nachteil, wenn man kein festes Hotelzimmer hat).

Für die unglaubliche Summe von 15 Euro habe ich dann in einem der Motels, die ich schon am ersten Abend aufgesucht hatte, ein Zimmer bekommen. Das ähnelte zwar irgendwie meiner Wohnung in Busan, war also relativ koreanisch eingerichtet, aber es war auch sauber, frei von Ratten oder Kakerlaken und warm. Es gab ein Bett, aber keinen Schrank und die Besitzer waren wirklich nett. Wie ich später rausfinden sollte, konnte man in einem Zimmer im Erdgeschoss sogar kostenlos ins Internet, sich kostenlosen Kaffee oder Tee machen und genauso kostenfrei frühstücken! Einzige Bedingung beim Frühstück war, dass man es selbst zubereitet (also z.B. Toast und Spiegelei) und hinterher sein Zeug abspült. Meine Eltern würde ich nicht hinschicken, aber ich fand's super! Einziger Nachteil: Das Haus war sehr hellhörig und das Zimmer hatte leider nur so ein Türknauf-Schloss, wie es in amerikanischen Wohnhäusern üblich ist. Seine Wertsachen sollte man also lieber nicht im Zimmer rumliegen lassen. Das Ganze firmiert unter dem Namen Jongnowon Motel und ist wohl eigentlich eher auf Langzeitgäste ausgelegt (sie bieten günstige Monatsraten an). Auf Dauer würde ich persönlich allerdings ungern in einem Zimmer ohne eigenen Internetanschluss und ohne ein vernünftiges Türschloss wohnen.

Gut, also die Unterkunft für die letzte Nacht war gesichert und ich wollte mir noch ein paar Sachen in der Gegend angucken. Als erstes habe ich versucht, eine ungewöhnliche Teestube zu finden, von welcher der Lonely Planet zu berichten wusste. Diese sollte sich dadurch auszeichnen, dass unter der Decke des Teeladens Singvögel herumflattern. Klang interessant, wenn auch hygienisch kompliziert. Hat mich neugierig gemacht und in bei meiner Erkältung schien eine heiße Tasse Tee sowieso sehr vielversprechend. Ich habe zwar mehrfach den angeblichen Standort dieses Teetempels umrundet, aber leider nichts derartiges finden können. Es gab zwar noch eine weitere Teestube in der Nähe, dort konnte ich aber keine Vögel entdecken und auch sonst wollte ich dort nicht unbedingt verweilen. War also nix.

Nächster Programmpunkt: Jogno Tower. Dieser Turm sieht recht interessant aus und klingt einfach danach, als würde es dort eine Aussichtsplattform geben. Tut es aber nicht. Oben im Gebäude ist wohl ein Restaurant (und Café?), aber die eher unfreundlichen Sicherheitsleute im Erdgeschoss haben mich nicht unbedingt dazu ermuntert, einfach mal gucken zu gehen.

Stattdessen war ich lieber in der ziemlich großen Buchhandlung im Keller und habe die Augen nach koreanischen Comics aufgehalten. Ich wollte mir nämlich eigentlich einen koreanischen Manhwa, wie Mangas in Korea genannt werden, als Souvenir mitnehmen. Von koreanischen Autoren findet man aber quasi nie etwas, meist nur japanische Comics die auf Koreanisch übersetzt wurden. Auch hier hatte ich kein Glück: Die meisten Koreaner schienen eher damit beschäftigt zu sein, ihre weibliche Seite zu entdecken. Analog zu den ganzen koreanischen Seifenopern, die abends die ganze Nation (und mittlerweile auch Nachbarnationen) vor den Fernseher bannen, verkaufen sich auch die eher schnulzig-romantischen Comics besonders gut. Warum nur noch so wenige koreanische

Manhwas auf dem Markt sind (es gab mal mehr, das weiß ich!) kann ich nur vermuten. Zunächst hatte ich Raubkopien in Verdacht, auch dieser Industrie den Garaus gemacht zu haben. Inzwischen habe ich jedoch gelernt, dass Comics in Südkorea vorwiegend über darauf spezialisierten Comic-Leihbüchereien namens Manhwabangs vertrieben werden. Abgesehen davon sieht man in Korea viel weniger Leute beim Lesen als in Deutschland und muss die Buchläden schon förmlich suchen. Im Gegensatz dazu gab es in Hong Kong buchstäblich alle paar Meter einen Stand mit Zeitschriften und Comics. Aber die Koreaner gucken anscheinend lieber zwischendurch Fernsehen auf ihren Handys bzw. spielen Spiele darauf oder schlafen eine Runde, anstatt zu lesen.

Vom Buchladen aus bin ich zum gegenüberliegenden Glockenpavillon namens Bosingak. Die Glocke dort hat früher das Öffnen und Schließen der Stadttore an jedem Tag signalisiert. Damit nachts die Tiger draußen bleiben und so. Es ist wirklich faszinierend: Fast immer, wenn ich etwas über die Stadtmauer von Seoul oder deren Tore las oder hörte, wurde auf den Bedarf zum Schutz vor Tigern verwiesen. Die Story, dass man eine derart riesige Mauer mit mehreren gewaltigen Stadttoren hauptsächlich zum Schutz vor Tigern benötigt, ist ungefähr so glaubwürdig, wie zu behaupten, dass vollautomatische Sturmgewehre mit panzerbrechender Munition für die Rotwildjagd unerlässlich sind. Wobei derartige Behauptungen in anderen Teilen des Erdballs ja auch aufgestellt werden.

Jedenfalls wird die Glocke, welche ehemals das Signal zum Öffnen oder Schließen der Tore gab, heutzutage nur noch zum Jahreswechsel geläutet. Daher versammelt sich dort zu Silvester stets eine große Menschenmenge. Ron (der amerikanische Englischlehrer) und seine Kollegin sind bei dieser Gelegenheit dort gewesen, meinten aber nur, dass es einfach viel zu voll war. Ich hatte ein paar Aufnahmen von dem Platz zwischen 11 und 12 Uhr abends auf dem Fernseher im Bus gesehen und kann diese Story nur unterstützen. Es sah dort nicht besonders angenehm aus. Mein Reiseführer behauptete zu dem Thema noch, dass der Glockenpavillon nachts besonders pittoresk sei, also bin ich später noch einmal wiedergekommen. Die nächtliche Ansicht war ganz nett, aber man verpasst auch nicht viel, wenn man nur tagsüber hingeht.

Ein weiterer Abstecher führte mich zum nahegelegenen Jogye Tempel. Der ist zwar angeblich genauso wichtig wie Bongeunsa (der Tempel am COEX Einkaufszentrum), da beide Tempel Hauptsitze wichtiger buddhistischer Sekten in Korea sind, konnte mich aber genauso wenig überzeugen. Es gab wieder ein paar hübsche Lampions und man kann wohl ein kleines buddhistisches Museum besuchen, aber tempelmäßig gibt es in Seoul scheinbar nicht sehr viel zu entdecken.

Zum Abschluss wollte ich mir noch den Cheonggye Strom ansehen. Von diesem Gewässer hatte ich schon mehrfach gehört, da dessen Restaurierung wohl ein ziemliches Prestigeprojekt war. Der Fluss ist wohl über die Jahre immer mehr versumpft, bis er irgendwann ziemlich unansehnlich war und man einfach eine große Straße darüber baute. Einige Bürger haben sich daraufhin beschwert, dass man den Fluss einfach so vergraben könne und so hat man das Projekt für viel Geld wieder rückgängig gemacht und versucht, ein kleines Erholungsgebiet mit Spazierwegen daraus zu machen. Vielleicht lag es mal wieder daran, dass wir Winter hatten, aber ich fand es dort nicht so wirklich hübsch. Das Flüsschen strömt durch einen Betonkanal, der unterhalb des umgebenden Straßenniveaus liegt. Zu beiden Seiten davon gibt es Spazierwege und an einigen Stellen befinden sich große Steine im Wasser, damit Fußgänger kreuzen können. Es ähnelte frappierend dem deutlich weniger bekannten Gewässer, das in unserem Vorort von Busan hinter unserem Mietshaus vor sich hinplätscherte.

Zum Abschluss des Tages habe ich mich wieder relativ früh auf mein Hotelzimmer verkrümelt, um meine Grippe zu pflegen. Das Nachtleben von Insadong erschien mir ohnehin vernachlässigbar. Dafür hatte ich auf meinem Zimmer diesmal wesentlich mehr TV Kanäle und konnte so fasziniert ein Starcraft-Turnier im TV verfolgen, das von aufgeregten Kommentatoren wie ein tatsächliches Sportereignis wortreich analysiert wurde. Es gab dabei nicht nur ein Publikum, dieses war zu meiner Überraschung sogar fast ausnahmslos weiblich! Anscheinend haben koreanische Mädchen eine schwache Stelle für verwegene Computerspieler. Manche hatten sogar Plakate mitgebracht und haben sich richtig aufgeregt, wenn ihr Schwarm das Spiel verloren hat! In der Halle, die ich noch am selben Nachmittag besucht hatte, fand auch ein Computerspiel-Duell statt, in diesem Fall jedoch in Baduk. Das ist ein Brettspiel, welches bei uns meist unter dem Namen „Go" oder „Igo" bekannt ist und welches taktisch noch komplexere Optionen bietet als Schach. Bereits am Vortag hatte ich im TV zudem irgendein komisches Spiel mit ferngesteuerten Robotern bewundern dürfen. Generell schien es mir jedoch, dass das koreanische TV-Programm vor allem von Seifenopern und Spielshows dominiert wird. Spielshows dürfen dabei gerne auch zu Karaoke führen.

Der Preis für den kreativsten Geschäftsnamen in Seoul geht heute von mir an den Laden „Friend Lee" (ausgesprochen: friendly) in Itaewon.

Der Engrisch-Preis des Tages geht diesmal an die Ersteller koreanischer Speisekarten. Da bricht man sich nämlich manchmal einen Ast ab, um die Hangeul-Schriftzeichen zu entziffern, nur um herauszufinden, dass die Gerichte eigentlich englische Namen haben und da etwas von „mochalella jiseu" (mozarella cheese) oder „staekeu baga" (steak burger) steht. Leider wird man meistens bei der

Bestellung jedoch nur verstanden, wenn man das Gericht auch so ausspricht, wie es auf der Karte geschrieben wird.

Den Vogel abgeschossen hat aber die Karte der Kette „Kraze Burger". Übrigens sehr empfehlenswert, die haben wirklich die besten Hamburger, die ich bisher außerhalb von Nordamerika gegessen habe! Diese Beurteilung könnte jedoch von akutem Fleischmangel und einem zu hohen Seetangkonsum beeinflusst worden sein. Die Karte dieser Läden ist jedenfalls größtenteils in Englisch gehalten, glänzt aber durch kleine Highlights wie dem folgenden Sicherheitshinweis: „Please, remove the plastic fork before taste the menu (It might cause the safety problem)" HERRLICH. Soll heißen: bitte die bunten Plastikzahnstocher vor dem Essen aus den Hamburgern ziehen und nicht mitessen.

Seoul – Tag 4
4. Januar

Am nächsten Morgen habe ich mir erst einmal schön mein kostenloses Frühstück gemacht und dabei allerlei andere Motelgäste getroffen. Das war eigentlich einer der Gründe, warum ich ursprünglich lieber sofort in so einer Herberge untergekommen wäre. Ich finde es nämlich ziemlich klasse, auf diese Weise neue Leute kennenzulernen. Zudem findet man in solchen Hostel-Ähnlichen Unterkünften meistens schnell jemanden, mit dem man zusammen die Gegend erkunden kann. Oder man lässt sich zum Beispiel beim Frühstück von einem Marokkaner mit australischem Akzent erklären, wie er dazu gekommen ist, Englischlehrer in Korea zu werden. Einen wirklichen Grund hatte er nicht, aber interessanter als eine TV Doku über planlose deutsche Auswanderer war es allemal!

Danach hatte ich die Auswahl, mir noch etwas in der Gegend anzugucken oder noch einmal das Museum zum Koreakrieg in Angriff zu nehmen. Da das Museum auf dem halben Weg zum Bushof lag, entschied ich mich erneut für diese Option. Diesmal erreichte ich es tatsächlich auch problemlos und konnte vor Ort zum Glück meinen ganzen Kram in einem Schließfach lassen. Allerdings hatte ich die Größe des Museums etwas unterschätzt. Die gesamte Anlage läuft eigentlich unter der Bezeichnung „War Memorial" und ist nicht gerade klein. Das Herzstück bilden dementsprechend einige Kriegsdenkmäler. Vor dem Museum gibt es erst einmal jede Menge Kriegsspielzeug für große und kleine Kinder. Von nordkoreanischen Spionagebötchen über verschiedene Hubschrauber und Panzer bis hin zu einer SCUD-Rakete und einem B52 Bomber gibt es allerlei Großgerät zu bestaunen. Interessant ist auch der ausgestellte „K1 Typ 88" Panzer, quasi der erste eigene südkoreanische Panzer. Genau genommen handelt es sich dabei um eine kleinere, leicht veränderte Version des amerikanischen M1A1 Abrams, daher haben die Amis die koreanische Kiste auch mit dem Spitznamen „Baby Abrams" bedacht. Mittlerweile gibt es wohl sogar schon ein Nachfolgemodell, das international groß vermarktet werden soll. Nachdem koreanische Autos sich weltweit recht gut etabliert haben, will man scheinbar jetzt auch koreanische Panzer weltweit an den Mann bringen. Bei dem ausgestellten koreanischen Panzerchen konnte man auf jeden Fall Geld einwerfen, damit es ein Bisschen blinkt und Krach macht. Da half nur Kopfschütteln und Weitergehen.

Zentrales Stück des Museums ist eine weitere Gedenkhalle für gefallene Soldaten. Ansonsten rollen sie das Thema Krieg wirklich sehr gründlich auf, der Rundgang beginnt nämlich mit Faustkeilen und Handäxten aus der Steinzeit. Im Teil über das Mittelalterliche Korea sieht man unter anderem Nachbauten antiker, raketenbetriebener Pfeilschleudern (kein Scherz!) und ein nachgebautes Schildkrötenschiff. Darauf sind die Koreaner ganz besonders stolz, da sie mit Hilfe ihrer Schildkrötenschiffe im 16. Jhd. einige Siege über japanische Invasoren erringen konnten. Der Name ist bei diesem Schiffstyp Programm und beschreibt sowohl das Aussehen als auch die Funktion dieses Schiffstyps: Es handelte sich um rundum geschlossene Panzerschiffe, die einer Schildkröte optisch ähneln. Die Panzerung und eine Bewehrung mit Stacheln sollte den Schiffen Schutz gegen Beschuss sowie gegen Enter-Attacken verleihen. Die Schildkröte besaß vorne einen Drachenkopf, war mir zahlreichen Kanonen ausgestatten und konnte sowohl durch Segel als auch durch Ruder fortbewegt werden. Sozusagen ein antiker Schwimmpanzer.

Sobald man in der Ausstellung beim modernen Koreakrieg angelangt ist, landet man erstmal in einem Raum, der einen quasi von allen Seiten mit Film- und Audioaufnahmen des Kriegsgeschehens bombardiert. Das ist eine ziemlich wirkungsvolle Abschreckungsmaßnahme und war meiner Meinung nach die beste Stelle des gesamten Museums, die meisten Besucher haben nämlich eindeutig zu viel Spaß an den ganzen Mordwerkzeugen. Danach geht es dramatisch weiter und die nordkoreanische Invasion wird in möglichst vielen unangenehmen Einzelheiten dargestellt. Dabei wurde Südkorea übrigens fast komplett überrannt, bis zum Schluss quasi nur noch Busan ganz im Südosten übrig war. Dann griffen die Amis hilfreich ein und die Front rollte zurück in die andere Richtung. An dieser Stelle verliert die Ausstellung leider den vorigen ernsten Unterton und widmet sich mehr der glorreichen Darstellung koreanischer Kriegshelden. Man kommt sich ein Bisschen vor, wie in einem patriotischen amerikanischen Kriegsfilm, nur eben auf Korea gemünzt. Der Krieg tobte also daraufhin auch durch ganz Nordkorea. Als der Norden wiederum fast komplett eingenommen war, schickte China Truppen, um den Amis Paroli zu bieten (mit sowjetischem Geld und Ausrüstung) und alles endete ungefähr da, wo es angefangen hat. Man merkt auch, dass im Koreakrieg Kameras schon wesentlich präsenter waren als im zweiten Weltkrieg, da wirklich Massenhaft originales Filmmaterial von damals gezeigt wird.

Wer mehr über den Koreakrieg wissen möchte, der mangels deutscher Beteiligung und Interesses im Geschichtsunterricht gerne übergangen wird, dem sei der Film „Taegukgi" empfohlen. Taegukgi ist der Name der koreanischen Flagge. Außerhalb Koreas wird der Film jedoch unter dem Namen „Brotherhood" vertrieben. Brotherhood ist ein ziemlich langes Epos über zwei Brüder im Koreakrieg im Stil amerikanischer Kriegsfilme wie „Der Soldat James Ryan" und ähnlich gut gemacht, wenn auch wahrscheinlich nicht immer ganz historisch korrekt. Läuft auch schon mal im deutschen Fernsehen und ist wirklich sehenswert, vor allem wenn man nichts über den Koreakrieg weiß. Stellenweise aber etwas eklig und brutal. In Korea einer der erfolgreichsten Filme aller Zeiten, manchmal aber unfreiwillig komisch. Zitat: „Der Kimchi! Wir können doch nicht den Kimchi zurücklassen!".

Der Museumsrundgang geht natürlich noch weiter und ist stellenweise wirklich gut gemacht. Man versucht teilweise wirklich, den Besucher in die Situation der Beteiligten hinein zu versetzen, z.B. indem der Fußweg des Rundgangs sich plötzlich in den kaputten Untergrund einer zerstörten Stadt verwandelt. An einer Stelle lässt sich auch ein realistischer Nachbau eines koreanischen Kriegsschiffes der Neuzeit betreten. Es gibt auch einen Raum, in dem Nachtgefechte simuliert werden, ich wollte aber keine Stunde bis zur nächsten Vorführung warten und kann daher leider nicht berichten, ob es sich dabei eher um eine lehrreiche oder eine unterhaltsame Vorstellung handelt. Wer sich zum Wehrdienst meldet, kann so etwas aber ganz kostenlos auch dort erleben.

Sobald man im Zeitstrahl der Ausstellung jedoch in etwa das aktuelle Zeitgeschehen erreicht hat, wird der Rundgang eher wieder penetrant bis nervig, da man sich dort hauptsächlich mit der Beweihräucherung und Anpreisung der modernen Streitkräfte Südkoreas beschäftigt. Hat man sich prima von den Amis abgeguckt, aber so etwas konnte ich in Amerika schon nicht leiden. Auch die ganzen kleinen Modelle von koreanischen Panzern, Schiffen und Fluggeräten hätten sie sich wirklich sparen können. Sowas kann ich auch zu Hause selber zusammenbauen, wenn ich möchte.

Insgesamt ist das Museum wie gesagt sehr groß, ich musste mich also schon sputen, um auch ja nicht zu spät einen Bus zurück nach Busan zu erwischen. Wen die Materie interessiert, der muss auf jeden Fall ein paar Stunden einplanen. Man merkt auch, dass der Staat dort scheinbar viel Geld in Eigenwerbung investiert hat. Gerade die Modelle und Nachbauten, auch im mittelalterlichen Bereich, sind meist viel aufwendiger gemacht als man es von Museen gewohnt ist. Nur an der englischen Beschriftung müssen sie noch feilen. Teilweise sind Rechtschreibfehler zwar schon überklebt, man findet aber noch mehr als genug Engrisch auf den Schildern. Manchmal würde man auch gerne mehr wissen und neben einem halbwegs ausführlichen koreanischen Text steht auf Englisch nur so etwas wie „Schwert". An der überheblichen Eigendarstellung in einigen Teilen des Museums, z.B. bei Siegen über fremde Voelker im Altertum, lässt sich ebenfalls noch arbeiten. Ein Bisschen Nationalstolz ist zwar ganz gut, aber gerade bei einem Volk, dass Jahrhundertelang von China und Japan im Wechsel drangsaliert wurde, sollte langsam angekommen sein, dass es auch in diesem Erdteil keine Herrenrasse gibt.

Tja, das war's eigentlich auch schon bzw. endlich von meinem Trip nach Seoul. Zum feierlichen Abschluss habe ich mich noch in der falschen Schlange für Bustickets angestellt. Der Aufkleber, der auf einen Extraschalter mit englischsprachigem Verkauf für Ausländer hinweist, war aber auch wirklich nur für Leute sichtbar, die eh schon in der ersten Reihe vor den Schaltern angelangt waren. Da die junge Dame an meinem Schalter sichtlich genervt schien, dass jemand den winzigen Hinweisaufkleber nicht gesehen hatte, trug ich ihr mein Anliegen lieber auf Koreanisch vor so gut es ging. Sie ließ sich davon nicht beirren und fing an die entsprechenden Fragen, die ich gerade schon beantwortet hatte, auf Englisch zu stellen, bis ihr Kopf registrierte, dass die Antworten schon da waren, was sie nur noch genervter wirken ließ, mir aber immerhin ein Ticket zurück nach Busan bescherte. Premium, diesmal – Holzklasse hätte an diesem Tag auch länger gedauert. Mit breiten Ledersesseln und Busfahrer in Pilotenhemdchen.

Als wir auf der Rückfahrt eine Raststätte angefahren haben, hatte Korea noch eine weitere tolle Überraschung für mich parat. Der Begriff „Fish'n Chips" aus England sollte hoffentlich den meisten Lesern bekannt sein. An der Raststätte gab es einen Ableger einer Imbisskette namens

„Dog'n Chips". Bei der kulinarischen Vorbelastung von Hunden in der koreanischen Küche ist der Name denkbar ungünstig gewählt. Dabei ist das gar nicht so gemeint: Sie verkaufen nämlich Hot Dogs! Ich habe jedoch dankbar darauf verzichtet, dort einen Hot Dog zu bestellen.

Abschließend kann ich nur sagen, dass ein Trip nach Seoul sich auf jeden Fall lohnt! Wer viel Trubel und Action sucht, wird in anderen Metropolen der Welt wahrscheinlich besser bedient, was an der allgemein eher ruhigen und zurückhaltenden Natur der Koreaner liegt. Trotzdem sind viele Eigenschaften, die ich als „typisch koreanisch" bezeichnen würde, bei der Bevölkerung von Seoul weit weniger stark ausgeprägt als in anderen Teilen von Korea, mit allen Vor- und Nachteilen. Es ist in Seoul also durchaus lauter und lustiger als in den anderen koreanischen Städten, die ich besucht habe. Dafür sind die Leute oft auch weniger höflich und man begegnet beispielsweise mehr Besoffenen und Obdachlosen als in anderen Teilen des Landes. Was aber immer noch wesentlich weniger Besoffene und Obdachlose als in vielen anderen Teilen der Welt bedeutet.

Insgesamt würde ich die meisten Besonderheiten einem stärkeren internationalen Einfluss in dieser Stadt zuschreiben. Dieser äußert sich auch in den besseren Englischkenntnissen der Bevölkerung und dem vielfältigeren Shoppingangebot, aber ebenso in der größeren Abneigung gegen Ausländer, auf die man dort manchmal stößt. Dafür macht man sich in Seoul schneller Freunde, wenn man ein paar Worte Koreanisch kann, das ist nämlich bei Fremden dort eher eine Seltenheit. ,

Bleibt noch zu erwähnen, dass Seoul wenigstens über ein paar ansehnliche moderne Hochhäuser verfügt und sich dadurch etwas von den sonst üblichen, potthässlichen Betonklötzen absetzen kann. Das liegt aber wohl eher an der gigantischen Größe der Stadt, der entsprechend vorhandenen Konzentration von Finanzmitteln und dem Bedürfnis, sich mit Prestigebauten als Haupt- und Weltstadt zu präsentieren.

Als humorvolle Schlussnote des Kapitels möchte ich gerne noch ein Zitat meines Mitbewohners präsentieren. Der hustete und keuchte urplötzlich, als gäbe es kein Morgen. Auf meine Frage, ob alles in Ordnung sei antwortete er mit „Ja, danke, ich habe mich nur verschluckt. Ich hatte Hunger und habe mir eine Packung Seetang aufgemacht." Ein Satz, den ich in Deutschland bestimmt so schnell nicht wieder hören werde!

A Tale of Two Cities
6. Januar

Zum Abschluss meiner Tour von gleich zwei asiatischen Metropolen habe ich mir den Spaß gemacht, einige Zahlen zu diesen beeindruckenden Städten zu vergleichen. Hier ein kurzes Städteduell:

Hong Kong hat einen ziemlich starken Ruf als Weltstadt mit lächerlich hoher Bevölkerungsdichte und wahnsinnigen Immobilienpreisen. Dort wohnen ca. 7,4 Mio. Menschen auf etwa 1100 km², was zu einer Bevölkerungsdichte von 6727 Menschen pro Quadratkilometer führt. Gegründet wurde dieser Ameisenhaufen als britische Kolonie etwa 1843, also vor gar nicht so langer Zeit. Seoul ist weniger bekannt und auch etwas schwieriger zu datieren, ich würde aber mal grob sagen, dass es seit etwa 1000 Jahren bedeutungsvoll ist - damals wurden dort die ersten Paläste gebaut. Aber: Es wohnen ca. 10 Mio. Menschen dort, dabei hat die Stadt „nur" 605 km² Fläche. Das ist die 1,5fache Fläche von Köln bei 10facher Bevölkerungszahl. Ergibt eine Bevölkerungsdichte von 16 529 Einwohnern pro Quadratkilometer in Seoul, also nahezu die 2,5fache Bevölkerungsdichte von Hong Kong. Irre!

Das Problem: Scheinbar will jeder Koreaner, mit dem ich darüber gesprochen habe, unbedingt in Seoul wohnen! Zumindest die jüngeren Koreaner. Da wohnen aber schon so viele! Vor allem muss man eigentlich die Umgebungsstädte mitzählen, da die Grenze fließend ist. Z.B. liegt der internationale Flughafen von Seoul eigentlich in der Nachbarstadt Incheon. Die Nachbarstädte sind teils sogar in das U-Bahn Netz von Seoul integriert. Zählt man die Umgebung also mit, dann wohnen 25,6 Mio. Menschen in der Region Seoul. Fast 50% aller Südkoreaner! Was soll das? Wollen die so etwas wie einen Rekord aufstellen? Oder den Nordkoreanern das Zielen erleichtern? Unglaublich. Geldtechnisch habe ich mir auch keinen Gefallen getan. Laut Wikipedia ist Hong Kong auf Platz 6 der teuersten Städte für Auswanderer. Seoul schafft es sogar auf Platz 1. Das geht auch einem Millionär ans Geld.

Die Zahlen entstammen übrigens aus Gründen der Aktualität der Wikipedia, stimmen von der Größenordnung her jedoch mit den Erwartungswerten überein.

Da ich durch die Ausflüge nach Hong Kong und Tokio wiederholt in den Genuss von Flügen mit koreanischen Fluggesellschaften kam, interessierte es mich sehr, dass zu dieser Zeit ein Autor namens Malcolm Gladwell durch die Medien tingelte. Dieser analysierte in seinem Buch „Outliers" eine Serie von Unfällen und Pannen bei Korean Air. Er kam zu dem Schluss, dass das strikt in der koreanischen Kultur verankerte Rangordnungsdenken der Grund für die Zwischenfälle war. Diese Folgerung basierte auf einer Audio-Aufnahme aus dem Cockpit bei einem Unfall in Guam, in welchem der Pilot nicht auf die zögerlichen Einwürfe seines Navigators reagierte. Angeblich wechselte man nach einer Schulung durch amerikanische Spezialisten im Cockpit zur Kommunikation auf Englisch, wodurch eine gleichberechtigte Kommunikation vereinfacht wurde.

Gegen die Argumente von Herrn Gladwell wurden inzwischen zahlreiche Gegenargumente vorgebracht, welche nicht minder stichhaltig sind. Meiner Meinung nach wurde dabei jedoch eines der wichtigstem Argumente ignoriert: Ich konnte mir nicht vorstellen, dass koreanische Piloten wesentlich besser Englisch sprechen als beispielsweise meine damaligen Kollegen, von denen viele auf Aufenthalte im englischsprachigen Ausland im Lebenslauf verweisen konnten. Meinen Erfahrungen mit koreanischen Fremdsprachkenntnissen sollten in diesem Text hinreichend dokumentiert sein. Der Gedanke, dass nun auch im Cockpit Engrisch geredet wurde, beruhigte mich somit ganz und gar nicht!

Natürlich sind damit die Besonderheiten von Flugreisen nach und aus Korea noch lange nicht erschöpft. Zum Beispiel scheint es durchaus eine übliche Praxis zu sein, das Flugticket erst kurz vor dem Abflug vor Ort zu kaufen. Und bei der Ausreise muss man öfter den Pass vorzeigen als bei der Einreise! Auf einreisende Ausländer sind sie dafür in Busan manchmal gar nicht vorbereitet und müssen erst einmal schnell einen Schalter für Nicht-Koreaner aufmachen. Und man wird per Wärmebildkamera auf erhöhte Körpertemperatur überprüft, damit sie einen gegebenenfalls unter Quarantäne stellen können – was allerdings inzwischen auch in anderen asiatischen Ländern Usus ist.

Auch schön ist, dass mit Ausnahme des internationalen Flughafens von Seoul (bzw. Incheon) fast alle Flughäfen in Korea hauptsächlich Militärflughäfen sind. Deswegen ist Fotografieren dort oft verboten, Flugzeugfans können dafür aber vom eigenen Flieger aus oft einige geparkte Militärmaschinen bewundern, z.B. vom Typ F-16 oder A-10.

Um noch einmal zum Thema statistische Besonderheiten zurückzukehren: Obwohl es vermutlich in jedem Land dieser Welt gewisse Allerweltsnamen gibt, beschleicht einen in Korea besonders schnell der Eindruck, dass ein nahezu unheimlich großer Teil der Bevölkerung die Nachnamen Kim, Lee oder Park trägt. Und das zurecht! Laut Volkszählung der Regierungsbehörde „Statistics Korea" von 2015 tragen 44,6% der Koreaner einen dieser drei Familiennamen! Alleine 21,5%, also mehr als ein Fünftel der koreanischen Bevölkerung, haben den Namen „Kim". Das sind nahezu elf Millionen Menschen! Mehr als drei Viertel der Bevölkerung, genaugenommen 77,8 %, tragen einen der 20 häufigsten Nachnamen. Mit den Top 50 Familiennamen können schon 94,2% erfasst werden.

Laut Wikipedia besitzen immerhin bis zu 700 000 Menschen in Deutschland den häufigsten Nachnamen „Müller" oder eine Variante davon. Das sind etwa 0,85% der Einwohner. Im Vergleich zu einem „Kim" kann sich ein „Müller" somit glücklich schätzen, einen geradezu seltenen Familiennamen zu tragen!

Rien ne va plus!
11. Januar

Der Übergang Hong Kong, 3 Tage arbeiten und sofort ab nach Seoul war nicht unbedingt die entspannendste Möglichkeit, den Jahresanfang zu erleben. Die Gelegenheit für das lange Wochenende in Seoul war jedoch zu gut, um sie verstreichen zu lassen. Nur habe ich damit mein Immunsystem scheinbar vollends zerstört und die Erkältung, die ich bereits in Seoul mit mir herumschleppte, ist nachfolgend so richtig eskaliert.

Ich war also so richtig schön krank. Leider nicht krank genug, um einfach mal im Bett zu bleiben. Nach einem längeren inneren Streitgespräch mit mir selbst rang ich mich dazu durch, tapfer zur Arbeit zu gehen. Der innere Schweinehund hat allerdings ein paar Zugeständnisse gefordert und so habe ich den Arbeitsweg ausnahmsweise mal unrasiert und im warmen Pulli statt im Hemd angetreten. Dies alles in der Hoffnung, mich in einem warmen Buero bis Feierabend hinter meinem Schreibtisch verstecken zu können oder so krank auszusehen, dass man mich wieder nach Hause schickt.

Natürlich war das ein kompletter Griff ins Klo, am ersten Arbeitstag des Jahres gab es in meiner Firma nämlich genau so eine Vollversammlung der Belegschaft wie schon am letzten Tag des Vorjahres. Hätte ich das gewusst (mir sagte ja nie jemand was), dann wäre ich WIRKLICH im Bett geblieben! Denn natürlich hatte ich an diesem Tag das Glück, dass nicht nur der Geschäftsführer und alle anderen wichtigen Leute unserer Gesellschaft an dieser Versammlung teilnahmen, sondern auch der Vorsitzende der Firma höchstpersönlich. Für meine Kollegen war das sowas wie Gott. Eher noch wichtiger. Was der sagt, wird erstmal mitgeschrieben. Ich kannte den Mann bisher nur von Bildern. Wie schön, dass der erste Tag, an dem ich mal KEIN Hemd zur Arbeit trage und auch sonst so aussehe, wie man eben aussieht, wenn man besser im Bett geblieben wäre, auch der Tag ist, an dem ich der gesamten Firmenleitung die Hand schütteln darf. Fettnäpfchen, hier komme ich!

Hier sollte ich vielleicht noch kurz einbringen, dass meine Kollegen keineswegs täglich schick angezogen zur Arbeit erschienen, sondern gerne auch mal Pulli, Jeans und Turnschuhe favorisierten. Allerdings kannten die Kollegen ja alle wichtigen Termine und putzten sich dann an den Tagen heraus, an denen es nötig war. Da ich mangels Koreanischkenntnissen immer als absolut Letzter von wichtigen Terminen erfuhr, meistens ungefähr fünf Minuten vorher, blieb mir sonst keine andere Wahl, als mich täglich präventiv für den Ernstfall zu kleiden.

Auf der Versammlung wurde das neue Firmenmotto ausgegeben, das letztjährige lautete in etwa „Null Fehler machen!", und es gab wieder das beliebte Nationalhymnen-Karaoke. Und mir erklärte endlich jemand die Bedeutung der komischen Sitzverbeugungen, über die ich mich schon zu Silvester gewundert hatte. Alle Reden bei den Versammlungen wurden simultan von einem Übersetzer in koreanischer Gebärdensprache wiedergegeben. Die Geste für Verbeugung, Respektbezeugung und Ähnliches ist dabei ein mit beiden Armen über dem Kopf geformtes Herz. Man streckt quasi beide Arme schräg nach oben von sich weg, winkelt die Ellenbogen an und berührt mit den Fingerspitzen den Kopf. Ist schwer zu erklären, sieht aber ein Bisschen so aus als wollte gleich jemand den YMCA-Tanz der Village People aufführen. Unser großer Firmenvorsitzender hat die Geste wohl einmal zufällig bemerkt und fand sie so lustig, dass das jetzt alle machen mussten. Im Sitzen kann man sich schließlich sowieso nicht vernünftig verbeugen. Zumindest war das die Begründung, die mir ein Kollege gegeben hat. Ich habe aber mal die Augen offengehalten und mir ist aufgefallen, dass sich der Einsatz dieser merkwürdigen Geste nicht auf unsere Firma beschränkte. Auch im koreanischen Fernsehen ließ sich dieser Brauch hin und wieder beobachten. Dadurch gelangte ich dann endlich zu der Erkenntnis, dass das Ganze ein großes Herz darstellen soll - im TV wurde nämlich meist ein rosa Herzchen dazu eingeblendet. Es kann wohl auch so etwas wie „ich liebe Dich" heißen – eine merkwürde Methode, zu flirten. Ich glaubte damals nicht, dass sich dieses abstruse Handsignal jemals außerhalb Asiens durchsetzen würde. Auch hier hat mich die Menschheit jedoch eines Besseren belehrt: Inzwischen sieht man die Geste auch gelegentlich bei uns. Zum Glück favorisieren Sportler und Popstars in unseren Breitengraden jedoch die Variante, in der das Herz nur mit den Händen gebildet wird.

Eine andere gebräuchliche Geste in Korea ist das „Heranwinken" indem man mit abwärts gerichteter Handfläche eine Greifbewegung vollführt. Das sieht leider ein Bisschen aus wie die bei uns gebräuchliche „Geh weg!" Geste, bei der man quasi eine scheuchende Handbewegung macht und hat mich daher mehrfach irritiert, obwohl ich schon vorher davon gehört hatte. Mir wurde gesagt, dass es in Korea als unhöflich gilt, jemandem die Handfläche zu zeigen. Daher wird diese Geste gegenüber der westlichen Variante mit nach oben gerichteter Handfläche bevorzugt.

In Korea muss man sich auch von dem Vorurteil verabschieden, dass alle Asiaten Körperkontakt scheuen. Allgemein stimmt das Klischee eigentlich. Allein durch Verbeugen statt Händeschütteln ergibt sich bereits wesentlich weniger physischer Kontakt zu den Mitmenschen als in Europa. Viele Koreaner neigen aber dazu, bei Menschen, die sie gut kennen oder sympathisch finden, auf Tuchfühlung zu gehen. Stört mich grundsätzlich nicht, wer das allerdings nicht kennt und in der Kneipe plötzlich eine Fremde Hand auf dem Oberschenkel liegen hat, könnte das durchaus falsch interpretieren. Allgemein würde ich diese Angewohnheit den besonders stark ausgeprägten gleichgeschlechtlichen Freundschaften in diesem Land zuschreiben. Beste Freunde, egal ob zwei Männer oder zwei Frauen, sieht man oft händchenhaltend oder Arm in Arm durch die Gegend laufen. Dafür besteht eine wesentlich größere Scheu bei Pärchen, ihrer Zuneigung durch Gesten Ausdruck zu verleihen.

Männer und Frauen leben in der Öffentlichkeit grundsätzlich aneinander vorbei. Gemischtgeschlechtliche Grüppchen sieht man so gut wie nie auf der Straße. Bei Firmenfeiern bringt auch nie jemand seinen Ehepartner mit. Ein Kollege ist sogar ohne seine Frau ein paar Tage zu seiner Schwester nach Japan gefahren, hat dafür aber seine Mama mitgenommen. Auch bei gemischten Partys herrscht angeblich meist eine ziemlich strikte Grüppchenbildung, also z.B. Frauen in der Küche, Männer im Wohnzimmer.

Entsprechend schwierig gestaltet sich dann auch für die Koreaner die Suche nach einem Partner bzw. einer Partnerin, sie begegnen ja kaum Personen des anderen Geschlechts. Meist geschieht dies wohl durch Kuppelversuche von Eltern oder Bekannten. Sollte entgegen aller Wahrscheinlichkeiten doch mal ein Pärchen zusammenfinden (irgendwo müssen die kleinen Koreaner ja herkommen), dann wird auf der Straße vielleicht mal Händchen gehalten oder so, mehr aber auch nicht. Es gibt auf jeden Fall weniger Körperkontakt als zwischen Freunden, was wohl erneut auf das gesellschaftliche Tabu zurückzuführen ist, keine Emotionen in der Öffentlichkeit zur Schau zu stellen. Stattdessen verleiht man der Zusammengehörigkeit durch identische Kleidung Ausdruck. Besonders Partner-T-Shirts sind sehr beliebt. Identische Schals, Schuhe, etc. Sind mir aber auch schon untergekommen. Manchmal gleicht sich sogar das komplette Outfit.

Auch das koreanische Nachtleben scheint allgemein etwas weniger aufregend zu sein, als bei uns. Unter anderem soll es besondere Dating-Clubs geben, in denen jedes Grüppchen einen Tisch bekommt und die Kellner dann die Aufgabe übernehmen, die Gäste einander vorzustellen. Die Männer bestellen dabei möglichst teure Sachen, um ihren Tisch attraktiv erscheinen zu lassen und die Damen lassen sich dann vom Kellner dazusetzen, wenn sie an den Herren interessiert sind. Ich konnte das Ganze aber nicht aus erster Hand erfahren. Wahrscheinlich sollte ich dafür dankbar sein, meine Fähigkeiten Smalltalk auf Koreanisch zu betreiben, lassen nämlich stark zu wünschen übrig.

Back to Business
19. Januar

Nach den Erkundungstouren durch Hong Kong und Seoul wird es Zeit, thematisch zum normalen Tagesgeschehen zurückzukehren. Erster Programmpunkt: Koreanische Nachrichten. Ich hatte den Fehler gemacht, tatsächlich mal englischsprachige koreanische Nachrichten online zu lesen. Zuvor hatte ich hauptsächlich online nachgeguckt, was zu Hause in Deutschland so vor sich ging. Da ich auf diese Weise von aktuellen Neuigkeiten in meinem Gastgeberland eher wenig mitbekam, wollte ich das ändern.

Ganz ehrlich: Die Koreaner sollten ihre Nachrichten lieber nicht übersetzen. Sie schaden damit nur ihrem Image. Die Tagesnachrichten ließen selbst die umstritteneren amerikanischen Präsidenten der jüngeren Vergangenheit als leuchtende Vorbilder in Sachen Logik, Diplomatie und Denkvermögen erscheinen. Und bevor mich jemand für die nun folgenden Äußerungen einsperren möchte (dazu kommen wir noch): Die Nachrichten, über die ich hier schreibe, wurden alle online von der Korea Times veröffentlicht. Die Kommentare, die ich zu diesen Meldungen abgebe, sind lediglich Ausdruck meiner ganz persönlichen Gedanken zu diesen Themen im Rahmen der freien Meinungsäußerung, welche in jedem demokratischen Rechtsstaat gewährleistet sein sollte und wurden nicht in der Absicht erstellt, der Wirtschaft oder Regierung der Republik Korea in irgendeiner Weise zu schaden. Ceterum censeo Carthaginem esse delendam.

Für alle, die noch schlechter Latein können als ich: „Im Übrigen bin ich der Meinung, dass Karthago zerstört werden muss." Berühmter Ausspruch Cato des Älteren. Den sollte man immer zitieren, wenn man sich rhetorisch auf dünnes Eis wagt, dann klingt es wenigstens dramatischer!

Und nun zu den Nachrichten: In Korea wurde während meines Aufenthalts tatsächlich ein Blogger eingesperrt, weil dieser düstere Prophezeiungen hinsichtlich der koreanischen Wirtschaftslage gemacht hat. Hallo? Bin ich doch aus Versehen in Nordkorea gelandet? Oder hat da jemand ein Bisschen zu viel Starcraft gespielt? Ich denke, in der Republik Korea gibt es sowas wie Demokratie und freie Meinungsäußerung? Leute, packt Eure Koffer und haut ab! Wenn man Euch für so etwas schon einsperren kann, dann wollt Ihr gar nicht erst wissen, was beim nächsten Mal Falschparken passiert! Geht nach China, da werden Menschenrechte wenigstens offiziell mit Füßen getreten!

Das Ganze führte mich zu zwei weiteren bedenklichen Schlussfolgerungen.

Erstens: Wenn ein einzelner Blogger in diesem Land schon so viel Macht haben kann, dass die Regierung sich durch ihn bedroht sieht, dann läuft ganz gewaltig etwas falsch. Der Mann hatte unter dem Pseudonym „Minerva" gebloggt und sich wohl mit einigen korrekten Voraussagen, wie des Zusammenbruchs der Bank Lehman Brothers in der Finanzkrise 2008, eine große Leserschaft erarbeitet. Angeblich misstrauen viele Koreaner den offiziellen Medien und sind eher bereit, anonymen Informationen aus dem Internet zu vertrauen, als den Fernsehnachrichten. Das kann so surreale Folgen haben wie plötzliche Massenproteste gegen den Import von amerikanischem Rindfleisch, welche im Sommer vor meiner Anreise wohl ebenfalls durch Diskussionen in Internetforen und Blogeinträge verursacht wurden.

Passenderweise bestand eine meiner Reiselektüren in einen Roman, welcher unter anderem dieses Thema aufgreift. Es handelte sich um „Ender's Game" von Orson Scott Card: Dort nehmen einige hochbegabte Kinder gezielt Einfluss auf die Politik durch Kolumnen und Forenbeiträge im Internet. Beim Lesen habe ich mir noch gedacht „so ein Unsinn, das funktioniert doch nicht so einfach". Tja, wie es aussieht funktioniert es doch. Die Menschen sind wohl leichter zu beeinflussen, als ich gehofft hatte. Herrn Orson Scott Card kann ich diesbezüglich nur gratulieren, bereits 1985 die soziale und technologische Entwicklung der Menschheit derart präzise vorhergesehen zu haben. Chapeau! Andererseits kann ich den Leuten in Korea auch keinen Vorwurf daraus machen, den Fernsehnachrichten grundlos zu misstrauen, die scheinen mir nämlich etwa so neutral zu sein wie die Berichterstattung der amerikanischen Fox News oder des chinesischen Staatsfernsehens. Also ist es kein Wunder, dass die Regierung Angst vor Bloggern hat.

Laut Korea Times ruft wohl bereits eine Zeitung dazu auf, anonyme Einträge im Internet zu verhindern, damit jeder nur noch unter seinem wahren Namen schreiben kann. Was das bringen soll weiß ich nicht, da das Internet schließlich eine weltweite Sache ist und die Koreaner genauso gut auf Servern im Ausland weiter anonym schreiben können. Zudem war es bereits vor diesem Vorfall in Realität, dass man zahlreiche koreanische Internetseiten nur nutzen konnte, wenn man ein Nutzerkonto anlegte und dabei eine gültige Nummer eines koreanischen Personalausweises angab. Also auch nicht gerade anonym. Das hat übrigens den Nebeneffekt, dass es vielen Ausländern auch im Inland unmöglich gemacht wird, koreanische Seiten zu verwenden – Nummern von „Alien Registration Cards" werden nicht akzeptiert! Neugierige aus dem Ausland werden oft genug auch direkt per Geoblocking ausgeschlossen.

Die zweite Schlussfolgerung ist eigentlich noch bedenklicher: Minerva hatte nämlich (angeblich?) orakelt, dass der südkoreanische Won bald nahezu wertlos sein würde und dass die örtliche Wirtschaft spätestens im März komplett am Ende wäre. Wenn die Regierung dermaßen heftig auf eine solche Aussage reagiert, lässt das nur den Schluss zu, dass an der Aussage etwas dran ist. Zu dieser Zeit drückte ich mir die Daumen, dass der vollständige Kollaps nicht vor meiner Abreise geschehen würde, falls der Herr Blogger Recht behalten sollte. Die offizielle Begründung für die Festnahme von „Minerva" war übrigens die Verbreitung von Unwahrheiten. Wenn so etwas strafbar wird, dann kann die Bildzeitung aber einpacken!

Obwohl der große Zusammenbruch ausblieb, schien der Mann zumindest teilweise Recht zu behalten: Der kleinste koreanische Automobilbauer Ssangyong Motors ging etwa zeitgleich mit der Vorhersage in Insolvenz und musste Gläubigerschutz beantragen. Den Sturzflug der Ssangyong-Aktienkurse hatte ich ja bereits im Dezember erstaunt hervorgehoben. Wahrscheinlich sollte ich daher langsam lieber das Thema wechseln und die Augen nach Polizeininjas mit Gummischwertern offenhalten.

Womöglich war das Design der Autos von Ssangyong einfach nicht langweilig genug für den koreanischen Markt – neuere Fahrzeuge wie der kantige Actyon wiesen ein recht polarisierendes Design auf. Rettung für den Autobauer versprachen nur noch Finanzspritzen des Hauptaktionärs Shanghai Automotive Industry Corporation (SAIC), eines großen chinesischen Automobilherstellers, bzw. neue Kredite koreanischer Staatsbanken.

Die anderen Hersteller hatten wohl alle schon Kredite erhalten, weswegen mancherorts nun Spannungen mit China befürchtet wurden, da ausgerechnet die Firma mit chinesischem Eigner zunächst kreditlos bleiben sollte. Andererseits gab es Ressentiments auf koreanischer Seite, da das chinesische Unternehmen wohl vor dem Einstieg bei Ssangyong große Investitionen angekündigt hatte, diese jedoch nie umsetzte. Geradezu tragikomisch erschienen mir die Vorwürfe, dass die Chinesen Ssangyong nur Benutzt hätten, um Technologien illegal abzuschöpfen und nie an der Firma selbst interessiert waren. Das ist allein deswegen schon lustig, weil Ssangyong nicht unbedingt für den Einsatz moderner Technologien berühmt ist. Als Beispiel basieren die SUVs von Ssangyong alle noch auf Leiterrahmen, einer eher antiquierten Karosseriebau-weise. Für wirkliche Geländewagen sollen Leiterrahmen Vorteile in der Verwindungssteifigkeit haben. Den aktuel-len Modellen von Ssangyong ist jedoch unschwer anzuse-hen, dass diese kaum für richtige Geländeausflüge gedacht sind. Es ist also durchaus humorvoll von den Chinesen, ausgerechnet bei Ssangyong abzukupfern. Auch die Ironie der Situation, dass technologisches Know-How von Korea nach China abfließen sollte, blieb mir nicht verborgen. Es gab ja sogar mal eine Zeit, da hatten die Japaner noch ei-nen Ruf weg als große Kopiernation. Oder eben wir Deut-schen. Mittlerweile stellen die Japaner selbst Produkte her, die man beispielsweise in Korea gerne als „Inspiration" verwendet. Und jetzt besitzen die Chinesen die Unverfro-renheit sich die japanische, will sagen koreanische Tech-nik einfach abzugucken! Wie unverschämt. Bei so einem dreisten Fall von Raubkopiererei lädt der Koreaner doch fast vor Wut ein paar Gigabytes an lauten MP3s herunter! Ssangyong existiert im Übrigen immer noch und befindet sich inzwischen in indischem Besitz.

Die merkwürdigen Nachrichten sind damit aber lange noch nicht erschöpft. Wer will, der kann sich zum Beispiel stundenlang mit Meldungen über ausländische Englisch-lehrer beschäftigen, die vielen Koreanern quasi als Wurzel allen Übels zu gelten scheinen. Das liegt ganz einfach da-ran, dass ein Großteil der westlichen Ausländer in Korea als Englischlehrer beschäftigt sind. In den seltenen Fällen, in denen ich auf amerikanische oder australische Expats traf, fragten diese auch nicht „Was machst Du in Korea?" sondern „Wo unterrichtest Du?". Was immer noch nicht bedeutet, dass man in Korea vielen westlichen Ausländern begegnen würde. Aber um sicher zu gehen, dass die gan-zen kriminellen Ausländer draußen bleiben, wurden nun die Regelung eingeführt, dass potentielle Sprachlehrer ein Gesundheitszeugnis sowie ein makelloses polizeiliches Führungszeugnis vorweisen müssen, bevor sie ins Land dürfen. Man bemerke, dass diese Regelung speziell für Visa als Lehrer für Fremdsprachen gilt. Dabei wird zumeist ein Universitätsabschluss vorausgesetzt, um in Korea überhaupt eine Fremdsprache unterrichten zu dürfen! Und irgendwie drängt sich mir nicht die Vorstellung auf, dass ausgerechnet Kriminelle aus höheren Bildungsschichten den Bedarf haben, Englischlehrer in Südkorea zu werden. Mal abgesehen davon müssen Ausländer koreanischer Abstammung, sogenannte „Gyopo", keine derartigen Dokumente vorweisen. Die sind wahrscheinlich genetisch immun gegen Krankheiten und Gesetzesverstöße. Bei uns hätte so eine Regelung direkt wieder öffentliche Rassismusdebatten zur Folge, in Korea ist das anscheinend normal. Dabei möchte ich noch anmerken, dass unter einheimischen Lehrern die Prügelstrafe scheinbar lange noch nicht ausgestorben ist, wenn auch offiziell mittlerweile verboten. Ob man diesen seine Kinder also besser anvertrauen kann als Lehrern aus dem Ausland erschien mir daher zweifelhaft.

Weitere interessante Themen in den koreanischen Medien umfassten den Streit um die Legalisierung von Bärenfleisch als Lebensmittel in Korea (bisher waren nur Bären-Gallenblasen als Medizin zugelassen) und einen Bericht über die diesjährige Kimchi Bowl. Jawohl, das ist kein Tippfehler! In Korea gibt es eine American Football Liga und das Endspiel heißt nicht Superbowl sondern Kimchi Bowl. Wirklich.

Was für Außenstehende ebenfalls nur schwer nachvollziehbar ist, das ist die Versessenheit der Koreaner auf die Inselgruppe Dokdo, neutral auch „Liancourt Felsen" genannt, in Japan als „Takeshima" bekannt. Die beiden Länder Korea und Japan (bzw. die drei Länder, Nordkorea streitet manchmal wohl ein wenig mit) zanken sich schon seit mindestens 100 Jahren um diese kargen Felsen wie kleine Kinder. Theoretisch mag es um die Fischgründe gehen, welche diese Inseln umgeben, möglicherweise auch noch um Gasvorkommen. Praktisch geht es aber wohl einfach nur um das Prinzip. Zumindest auf koreanischer Seite scheint dabei eine geradezu euphorische Begeisterung für diese Inselgruppe ausgebrochen zu sein: Auto-Aufkleber oder Plakate mit dem Spruch „Ich liebe Dokdo" sind keine Seltenheit! Selbstverständlich gibt es auch T Shirts, mit welchen man seiner grenzenlosen Liebe zu Dokdo Ausdruck verleihen kann. Auch ganze Kolumnen koreanischer Zeitungen mit Gedichten über Dokdo und Begründungen, warum diese Inseln zu Korea gehören sind keine Seltenheit. Inzwischen gibt es sogar ein Action-Spiel für Handys namens „I Love Dokdo", in welchem die Insel heroisch zu verteidigen ist! Ich glaube, es gibt sogar Grundschulbücher, die dieses Thema aufgreifen, um kleine Koreaner rechtzeitig zu indoktrinieren (indokdonieren?). Mir wurden sogar mal Fotos gezeigt von anti-japanischen Bildern, die Kinder in der Schule gemalt hatten. Schön, wenn man schon den Jüngsten eine tolerante Einstellung vermittelt!

Eine weitere Facette des kulturellen Schlagabtauschs zwischen Japan und Korea ist, dass bisweilen behauptet wird, die vielgerühmten japanischen Samurai seien in Wahrheit in Anlehnung an koreanische Elitekrieger namens „Samurang" entstanden. Ein Schelm, wer daran zweifelt und nach historischen Belegen fragt.

Die Koreaner scheinen allgemein Japan ungefähr so gern zu haben, wie die Engländer Frankreich. Was sicherlich auch damit zusammenhängt, dass die Koreaner ihrem Nachbarland in der Vergangenheit die eine oder andere Invasion zu verdanken hatten. Gleichwohl verbinden beide Länder genug kulturelle, sprachliche und kulinarische Besonderheiten, dass die Intensität dieser anhaltenden Feindseligkeiten für mich nur schwer begreiflich ist.

Aus diesem Grund sollte kurzzeitig sogar mein geplanter Trip nach Tokio zur Zeit des koreanischen Neujahrsfestes ins Wasser fallen. Man wollte mir nämlich nur Urlaub geben, wenn ich in dieser Zeit NICHT nach Japan fahre, sondern mir Korea angucke. Es ist mir ein Rätsel, wie Korea und Japan jemals gemeinsam eine Fußball WM auf die Beine stellen konnten, so wie diese zwei Völker sich teils gegenseitig anfeinden.

Nach diversen diplomatischen Verhandlungen wurde mir meine Reise nach Tokio dennoch genehmigt. Ich musste dafür jedoch ein Formular unterschreiben, dass ich selbst dafür verantwortlich bin, wenn mir im wilden Japan etwas passiert. Also vielleicht auch eine Versicherungsangelegenheit? Man bemerke übrigens, dass mein Arbeitgeber grundlos versuchte, mir vorzuschreiben, wie ich meine Privatfreizeit gestalten soll. Irgendwie habe ich es geschafft, mich darüber äußerlich nicht aufzuregen. Vermutlich war ich einfach schon lange genug in Korea, um stets durch äußerliche Contenance glänzen zu können. Der kleine Freiheitskämpfer in mir hüpfte jedoch schon längst Claymore-schwenkend mit blau bemaltem Gesicht und kariertem Kilt durch die koreanischen Highlands und brüllte nach Rebellion (hier dient die Darstellung von William Wallace durch Mel Gibson im Film Braveheart als Vorbild, falls das an jemandem vorbeigegangen ist). Ich hatte in diesem Praktikum schon vieles widerspruchslos mitgemacht, worüber man eigentlich nur den Kopf schütteln kann, aber die Freiheit, den Inhalt meines Urlaubs zu bestimmen, die wollte ich mir dann doch nicht nehmen lassen!

Hätte es tatsächlich so etwas wie Neujahrsfeierlichkeiten geben, dann wäre es ja sogar noch irgendwie sinnvoll gewesen, in Korea zu bleiben. In Realität fahren aber die meisten Koreaner für diese Seollal genannten Feiertage zu ihren Eltern, es ist also eher ein Familienfest. Aufgrund dieser ungewöhnlichen Reisefreudigkeit sollten innerhalb von Korea sämtliche Transportmittel und Hotels zu Seollal ziemlich ausgelastet sein, es ist also kein guter Zeitpunkt um sich im Land umzusehen. In China ist der Andrang auf wichtige Bahnhöfe zum dortigen, parallel stattfindenden Neujahrsfest oft sogar so groß, dass die Bilder davon es bis ins deutsche Fernsehen schaffen.

Klassische Geschenke für die Eltern zu Seollal sind übrigens Lebensmittel. Neben normaleren Geschenkpackungen mit teurem Alkohol kann man auch mal eben für einen dreistelligen Eurobetrag hübsch verpacktes getrocknetes oder eingelegtes Gemüse kaufen. Auch roher Fisch und rohes Fleisch werden in Geschenkpackungen angeboten. Am abstrusesten sind wohl die Geschenkpackungen mit Spam Dosenfleisch. Aber auch Instant-Kaffee (schließlich hat kaum jemand eine Kaffeemaschine) oder Duschgel in einer Sammelpackung sind tolle Mitbringsel. Der Besuch bei Eltern und Großeltern nennt sich übrigens Sebae und dient der Respektbezeugung nach konfuzianischer Tradition, inklusive ritueller Verbeugungen. Zum neuen Jahr werden auch häufig Spiele in der Familie gespielt. Traditionell hüpfen beispielsweise die Frauen auf einer großen Stehwippe herum. Der historische Grund dafür ist, dass es den Frauen früher kaum gestattet war, das Haus zu verlassen. Das Wippen am Neujahrstag hat ihnen dann einmal pro Jahr die Möglichkeit gegeben, über die Mauern ihres Innenhofs nach draußen zu gucken. Also der sprichwörtliche Blick über den Tellerrand.

Bei der ganzen Diskussion um meinen Kurzurlaub in Tokio ging es übrigens gerade einmal um die Gewährung von ZWEI Urlaubstagen. Der Rest der Woche um Seollal ist sowieso frei. Nur damit keiner meint, meine Vorstellungen wären unverschämt: Die Gesamtzahl beantragter Urlaubstage stieg damit auf drei, also weniger als ein freier Tag pro Monat. Das ist auch in Korea eine vertretbare Menge, sogar für Mitarbeiter, die weniger entbehrlich sind als ein Praktikant. Dadurch, dass sich meine Vorgesetzten so viel Zeit mit der Abwägung meiner Urlaubswünsche gelassen hatten, wurde es schon wieder höchste Eisenbahn, um noch Flug und Hotel gebucht zu bekommen.

Dabei war es nicht hilfreich, dass meine koreanische „Lieblingsfluggesellschaft" klammheimlich ein neues Sicherheitssystem für Onlinebuchungen eingeführt hatte. Wer das neue Sicherheitszertifikat noch nicht bei seiner Bank beantragt hatte, musste dort erst persönlich vorstellig werden und das tun. Danach konnte man die Karte online für das neue System freischalten lassen und die passende Software installieren, vorher ging gar nichts. Gut zu wissen, wenn man es eilig hat.

Ich hätte in die Tischplatte beißen können! Insbesondere, da die Flugbuchung mit meiner Korea-Kreditkarte nur wenige Wochen zuvor überhaupt kein Problem war. Herzlich gelacht haben die koreanischen Programmierer sicherlich auch, als sie das Zahlungssystem in einer komplett englischen Version anlegten, dann aber das Menü zur heimlich neu eingeführten Sicherheitsabfrage nur in Koreanisch abfassten. Ein echter Schenkelklopfer! Auch mit der deutschen Kreditkarte kam ich nicht weiter, für internationale Karten gab es nun nämlich jetzt auch so ein Sicherheitszertifikat. Laut der Infoseite meiner Kreditkartengesellschaft im Internet war dieses aber noch bei keiner deutschen Bank eingeführt worden. Ein weiterer Freudenschrei meinerseits. Natürlich hätte ich von einer deutschen Internetseite aus buchen können, der Preis für die Flugtickets in Euro basierte aber anscheinend auf Wechselkursen, die man an einem fröhlichen Abend bei ein paar Gläschen Soju zufällig ausgewürfelt hatte. Auch von der direkten Buchung bei japanischen Fluggesellschaften kann ich nur abraten. Diese informierten nämlich auf ihren Internetseiten ausführlich über ihre flexible Preisgestaltung und die Flugpläne, achteten aber peinlichst genau darauf, keine Verbindung zwischen diesen Dingen herzustellen, bis man sich tatsächlich auf eine Buchung einließ.

Um gegen den Willen der Fluggesellschaften trotzdem ein Ticket nach Tokio zu bekommen, habe ich irgendwann aufgegeben und telefonisch gebucht. Was natürlich leider teurer war als per Internet. Auch hat die Dame es nicht geschafft, mir mein Ticket wie versprochen per E-Mail innerhalb von fünf Minuten zuzuschicken, es ist nämlich nie angekommen. Wie gut, dass ich die Seite der betreffenden Fluggesellschaft inzwischen gut genug kannte, um zu wissen, dass alle Buchungen unter meinem Namen dort für mich abrufbar waren. Die Internetreservierung, welche ich dank der lückenhaften Technik nicht bezahlen konnte, war übrigens auch noch dort eingetragen und auch nicht löschbar. Die Dame am Telefon hat behauptet, solche Reservierungen würden nach ein paar Tagen automatisch (und kostenfrei!) gelöscht. Zum Glück sollte sie dabei Recht behalten.

Bei der Internetsuche nach Reise-Infos beschäftigte mich die Frage, ob die japanische Hauptstadt nun besser als Tokio oder Tokyo zu buchstabieren sei. Im deutschen Sprachraum scheint die Schreibweise mit „i" zu dominieren. Wer jemals eine Unterkunft in der Stadt sucht, sollte aber definitiv der Schreibweise mit Ypsilon den Vorzug geben. Die Ergebnisse einer Google-Suche nach „Tokio Hotel" erfreuen nämlich höchstens Leute mit einem Interesse für kreativen Kajaleinsatz bei singenden Igeln. Erinnert sich überhaupt noch jemand an diese Band mit den komischen Frisuren?

Eine komische Frisur musste ich inzwischen jedoch auch meinem Spiegelbild zugestehen. Kurzentschlossen und mit strahlender Zuversicht betrat ich somit den Friseursalon unserer Hochhaussiedlung. Nach einer höflichen Begrüßung übernahm die freundliche Ajumma, die mir die Haare schneiden sollte, sofort die Gesprächsführung – mein Part bestand maximal aus kurzen Einwürfen wie „ja", „nein", „prima" und „naja...". Zumindest die Besprechung des gewünschten Haarschnitts verlief jedoch erfreulich einfach, da die entsprechenden Fragen und Antworten natürlich die gleichen waren wie woanders auf der Welt auch und automatisch von den typischen Gesten begleitet wurden: „Ja, genau, an den Seiten und hinten kurz, oben etwas länger, Ohren frei". Oder so. Ich bin mir noch recht sicher, dass sie mir mehrfach erzählt hat, dass das Schneiden dünner blonder Haare für sie etwas ungewohnt sei, dem weiteren Redefluss konnte ich jedoch wenig bis gar nicht folgen. So lange ich die „Konversation" mit einem der gelegentlich erlaubten, einsilbigen Einwürfe oder einem Schulterzucken am Leben erhielt, redete sie jedoch fröhlich weiter. Mit dem Ergebnis dieses wortreichen Friseurbesuchs war ich recht zufrieden, auch wenn der Schnitt für den Winter etwas kurz geraten war – nach Verlassen des Friseursalons machte sich sofort eine ungewohnt kühle Brise frisch abisolierten Bereich bemerkbar.

Sobald mein Mitbewohner mein frisch gestutztes Haupthaar erblickte, war seine Neugier sichtlich geweckt. Er marschierte prompt am Folgetag ebenfalls zum Friseur, um sich meinen Besuch in allen Einzelheiten berichten zu lassen. Sein Fazit: „Sie hat gar nicht gemerkt, dass Du kein Koreanisch sprichst!". Nun, dafür haben wir uns trotzdem ganz gut unterhalten.

Das Thema Haare schien ihn jedoch zu beschäftigen. Als wir ein paar Wochen später morgens gemeinsam zur Arbeit gingen, fluchte ich darüber, mein Käppi am Vortag im Büro gelassen zu haben und somit der klirrend kalten Morgenluft schutzlos ausgeliefert zu sein. Nach einem prüfenden Blick auf meine immer noch knappe Haarpracht entgegnete er dann unter schallendem Gelächter: „Was ist mit Deinen Haaren eigentlich los? Die wachsen ja gar nicht!" Na, danke.

Mandu und Mittagspausen

Eine der größten kulinarischen Offenbarungen meines Aufenthalts waren kleine gefüllte Teigtaschen namens Mandu. Diese lassen sich gebraten, gedämpft oder gekocht genießen, gerne auch als Suppenzutat. Die Füllung hinterfragt man am besten nicht. Soweit ich es in Erfahrung bringen und herausschmecken konnte, besteht die beliebteste Füllung aus gehacktem Schweinefleisch mit würzigen Kräutern. Es gibt jedoch auch Mandu mit Kimchi-Füllung (natürlich!) oder Mandu mit Meeresfrüchten. Diese hervorragenden kleinen Klößchen sind auch in China und Japan sehr beliebt. Ohne zu wissen, welches Land nun den originären Ursprung dieser Spezialität darstellt, kann ich zumindest sagen, dass nahezu identische Gerichte in China als Jiaozi und in Japan als Gyoza bekannt sind. Je nach Zubereitungsart erhält man gerne auch Essig oder SojaSoße zum Dippen dazu. Mandu sind einfach fantastisch! Maultaschen oder Ravioli ziehen im Direktvergleich leider klar den Kürzeren.

Kurios erschien es mir, dass es günstige Restaurants gibt, die Fertigsuppen zubereiteten und garnieren. Man stoppt kurz an einem dieser Imbisse und bestellt sich dort eine Tütensuppe. Dazu wählt man dann beispielsweise ein Ei, Gemüse, Tofu, Mandu oder Tteok. Man erhält dann die gewählte Instant-Suppe samt Garnitur – nicht mehr, und nicht weniger. Warum der kleine Schritt zu einer richtigen Suppe, zu der man sich die Garnitur auswählen kann, vermieden wird, ist mir ein Rätsel. Womöglich ist dieser Snack trotzdem immer noch gesünder als Hamburger, Currywurst und Co. Instant-Suppen waren sogar in der Firmenkantine verfügbar. Wenn an der Essensausgabe ein Teil der Kollegen direkt naserümpfend abbog und sich lieber eine Instant-Suppe aus dem Regal schnappte, war ich immer direkt vorgewarnt, dass das heutige Menü vielleicht etwas zu exotisch sein könnte.

Falls ich es bislang noch nicht deutlich genug erwähnt haben sollte: Ich mag weder Fisch noch Meeresfrüchte. Natürlich hatte ich schon vor meiner Anreise darüber nachgedacht, ob dies zu Problemen in Sachen Speiseplan führen könnte. Da meine Vorerfahrungen mit koreanischem Essen recht positiv gewesen waren, hatte ich den Anteil von Fisch, Muscheln, Tintenfischen, Garnelen, Krabben, Seetang und ähnlichen Dingen im koreanischen Speiseplan leider zunächst sträflich unterschätzt! Ich glaube, Qualle hatte ich auch einige Male auf dem Teller (bzw. Tablett).

Da man sich beim Essen in der Kantine selbst bediente, lautete mein Plan B, die Fischgerichte einfach zu ignorieren und nur Reis und Beilagen zu nehmen, wenn die Situation es verlangte. Dabei hatte ich die Rechnung jedoch ohne unsere Kantinen-Damen gemacht! Diese merkten schnell, dass ich um die Fischgerichte einen Bogen schlug und hatten scheinbar Angst, der ausländische Gast würde ihnen verhungern. Somit bekam ich jedes Mal, wenn Meeresgetier auf dem Speiseplan stand, stattdessen zwei kleine Spiegeleier extra für mich zubereitet. Das war so nett, dass ich es schlecht ablehnen konnte! Ich habe daher in diesem halben Jahr in Korea wirklich sehr, sehr viele Spiegeleier verzehrt. Wofür ich mich am Ende meines Aufenthalts auch ausdrücklich in furchtbarem Koreanisch bei den Damen bedankt habe. Allerdings durfte ich mich von den dreien nicht dabei erwischen lassen, das Hauptgericht zu verschmähen, wenn es mal keinen Fisch gab – da verstanden sie dann keinen Spaß mehr! Also entweder direkt vorbeihuschen und eine Nudelsuppe schnappen oder Mund auf und rein damit!

Nach dem Mittagessen pflegte unsere Arbeitsgruppe, schönes Wetter und genügend Zeit vorausgesetzt, einen kleinen Spaziergang einzulegen. Hier kam uns die ländliche Umgebung etwas entgegen und wir konnten uns an Gemüsegärten und Kaki-Bäumen erfreuen. Als es im Oktober noch warm genug war, wurde auch oft genug mitten auf der Straße Reis in der Sonne getrocknet. Dann waren jeweils auf einer Fahrbahnseite große schwarze Tücher ausgebreitet, die von einer patrouillierenden Ajumma mit wachsamem Blick gehütet wurden.

Alternativ standen wir nach dem Essen kurz im Vorgarten herum und leisteten dem „Wachhund" der Firma Gesellschaft. Der Wachhund steht in Anführungszeichen, da es sich um ein kleines, weißes, wuscheliges Viech handelte, dass nachts vielleicht ein Bisschen Wauwau machen konnte, aber mit Sicherheit keinen Einbrecher in die Flucht geschlagen hätte. Vielleicht sollte der Hund auch ähnlich den Goldfischen im Werk zur Erbauung der Angestellten dienen? Ich weiß es nicht.

Jedenfalls hatte das Tier im kleinen Vorgarten am Haupteingang eine Hundehütte und verbrachte die meiste Zeit dort angekettet. Daher freute es sich wirklich über jeden, der sich ein paar Minuten mit ihm beschäftigte. Dabei wurde er allerdings nur meist mit den Füßen angestupst oder „gekrabbelt", was ich anfangs etwas befremdlich fand. Ich lernte jedoch ziemlich schnell, dass alles, was mit dem Hund in Berührung kam, danach ziemlich staubig und schmutzig war – die Interaktion auf die Schuhe zu beschränken war daher die einzige Alternative dazu, den Rest des Tages in schmuddeligen Klamotten im Büro zu sitzen. Das Anketten hat mir natürlich auch missfallen, aber dass Menschen in Ostasien oft ein anderes Verständnis von Tierhaltung haben als wir war mir bereits vor meiner Reise klar gewesen. Jedenfalls handelte es sich bei dem kleinen Wuschelviech, soweit ich es bestimmen konnte, um einen noch nicht ausgewachsenen, koreanischen Jindo Hund. Vielleicht durfte er ja von der Kette, wenn er groß genug war, sich zu benehmen.

Bei einer dieser Mittagspausen im Vorgarten ereignete sich auch eine der absolut genialsten Szenen meiner Korea-Zeit: Als ich nach dem Essen um die Ecke bog, stand mitten im Garten ein kleiner Kollege mit Brille, der eine noch versiegelte Pappschale mit Instant-Nudelsuppe auf dem Kopf balancierte. Davor wechselten sich mehrere Kollegen darin ab, einen Dwit-Dollyo-Chagi (auch Bandae Dollyo Chagi) zu üben – eine Art rückwärts gedrehter Roundhouse-Kick im Taekwondo. Die Kollegen zeigten dabei zwar „nur" die vereinfachte Version, bei der man mit einem zusätzlichen Schritt in die Drehung startet, es war aber ein Bild für die Götter!

Der Plan war klar: In einer koreanisierten Re-Inszenierung von Wilhelm Tell sollte jemand die Suppenschüssel vom Kopf des bewegungslos dastehenden Kollegen treten, der beim Anblick der nicht ganz zielsicheren Übungstritte bereits sichtlich nervös geworden war und wiederholt versuchte, sich aus der Affäre zu ziehen. Mich hat es ja wirklich gejuckt, meine Taekwondo-Kenntnisse vom Hochschulsport zu mobilisieren und es zu versuchen, aber ich hatte echt Bammel, dem Kollegen mit einem enthusiastischen Schwung meinen Schuh ins Gesicht zu pflanzen! Den anderen erging es ähnlich, denn es blieb leider beim Üben und keiner traute sich letztendlich, die Probe aufs Exempel zu machen.

Unnatürliche Auslese
23. Januar

Auch wenn während meiner Zeit in Korea nicht alles ideal lief, stehe ich Land und Kultur sehr positiv gegenüber und hoffe, dass dies trotz meinem Hang zu launischen Kommentaren in diesem Text erkennbar bleibt. Manche Aspekte des koreanischen Lebens sind von einem europäischen Standpunkt aus etwas merkwürdig, aber nicht unbedingt schlechter. Es ist eben eine andere Kultur und wenn die Koreaner nun mal z.B. keine Schloesser mögen, die zuschnappen, dann ist das eben so. Da sperrt man sich wenigstens nicht aus, wenn man vergessen hat, den Schlüssel einzustecken. Andererseits muss man auch beim Betreten der Wohnung daran denken, von innen wieder abzuschließen, sonst steht hinterher noch die Tür offen, wenn man gerade nackig aus der Dusche hüpft. Die Nachbarn hätten bestimmt ihren Spaß daran. Noch nicht mal mein Fahrradschloss schnappte von alleine zu. Allerdings hätte mein koreanisches Fahrradschloss in Deutschland sowieso nur der Erheiterung der Fahrraddiebe gedient. Nun, zum Glück sind Fahrräder in Korea nicht sonders beliebt.

Dennoch muss ich an dieser Stelle leider erneut auf ein weniger heiteres Thema eingehen. Irgendwann stellte sich mir die Frage, wie das zwischen Männlein und Weiblein in diesem Land so funktioniert. Einerseits sind die Koreaner da erzkonservativ: Mit der Freundin darf man halt ins Kino oder irgendwo schön essen gehen, aber z.B. vor der Hochzeit in eine gemeinsame Wohnung ziehen schien schier undenkbar zu sein! Andererseits gibt es sehr viele Institutionen, um die gesellschaftlichen Tabus doch irgendwie zu umgehen. Eine solche sind sogenannte „DVD-Bangs" (Bang = Zimmer), in denen man sich alleine oder mit Freunden die neuesten Filme angucken kann. Genutzt werden diese Dinger wohl hauptsächlich von jungen Pärchen, die so effektiv dem Wirkungsbereich ihrer Eltern entkommen können. Weswegen ich mich wirklich niemals auf ein Sofa in einem DVD Bang setzen möchte! Preiswerte Motels gibt es natürlich auch. Wie bereits erwähnt, ist es zwar mittlerweile auch in Korea ganz normal, in einem Motel tatsächlich nur zu übernachten, früher dienten solche Motels allerdings nur einem einzigen Zweck. Gut, dazu kommt natürlich noch, dass die meisten Koreaner wirklich kleine Wohnungen haben und auch Mama & Papa mal alleine sein wollen, aber darum geht es hier nicht.

Gelegenheit ist also reichlich vorhanden, da muss es doch auch außereheliche Kinder geben! Und so extrem konservativ, wie die koreanische Gesellschaft nun einmal ist, konnte dies doch nur der absolute Supergau für ein junges Mädchen sein! Wäre es auch, ist es aber nicht. Die Koreaner sind nämlich quasi Vizeweltmeister im Abtreiben – nur in Ländern des ehemaligen Ostblocks wird scheinbar noch mehr abgetrieben! Laut der Nachrichtenagentur Reuters wird in Südkorea fast JEDES ZWEITE KIND abgetrieben! Und das, obwohl Abtreiben dort ILLEGAL ist! So etwas kann man wohl in jedem Krankenhaus machen lassen, sogar in katholischen. Da Aufklärung nicht besonders groß geschrieben wird, ist es wohl auch mit der Verhütung nicht besonders weit her.

Besonders drastisch hat für mich der bereits erwähnte Film „My Sassy Girl" illustriert, wie normal Abtreibungen in Korea zu sein scheinen. In dieser Komödie, welche auf realen Blog-Einträgen eines jungen Koreaners basiert, gibt es eine Szene, in welcher das Mädchen ihren männlichen Gegenpart aus dem Schulunterricht holen will, damit dieser Zeit für sie hat. Also geht sie einfach zum Lehrer und erzählt ihm, dass sie gerade auf dem Weg zu einer Abtreibung ist und möchte, dass der Vater dabei ist. Das ist peinlich für den Hauptdarsteller und soll dadurch wohl lustig sein. Mir ist dabei eher die Kinnlade nach unten geklappt. Ein Grund für diese so fremdartige Perspektive ist angeblich die buddhistische Prägung der koreanischen Gesellschaft. Wenn man daran glaubt, dass alles Leben Wiedergeboren wird, dann beeinflusst dies wohl die Wertschätzung, die man diesem Leben entgegenbringt.

Auch in Korea ist es übrigens ein Thema, dass viele Eltern sich unbedingt Söhne wünschen. Die einfachste und günstigste Variante, das Geschlecht zu bestimmen, ist, zu warten, bis das Geschlecht per Ultraschall erkennbar wird. Das ist dann etwa im 4. Monat. Dann ist ja immer noch genug Zeit zum Abtreiben. Dabei ist es auch in Korea angeblich ebenfalls ungesetzlich, werdenden Eltern das Geschlecht des ungeborenen Kindes in diesem frühen Stadium zu verraten, um genau diese gezielten Abtreibungen von Mädchen zu verhindern. Interessiert aber scheinbar auch keinen.

Da bleibt einem doch die Spucke weg! Auf die Art und Weise kommen in Korea ca. ein Drittel mehr Jungen zur Welt, als in den meisten anderen Ländern. Die Krone des Ganzen ist, dass durch die unglaublich hohe Anzahl von Abtreibungen, welche durch ihren illegalen Status den Ärzten ein steuerfreies Zusatzeinkommen bringen, scheinbar das halbe Gesundheitssystem finanziert wird. Oh Mann. Ich verstehe ja, dass es viele nachvollziehbare Gründe für eine Abtreibung geben kann, aber wie häufig so etwas in Korea passiert, hat mich dann doch schockiert.

Aber vom Gesundheitssystem hat man in diesem Land sowieso eine andere Vorstellung als bei uns. Beim Zahnarzt bekommen Patienten z.B. nicht die Frage „Kunststoff oder Amalgam?" gestellt, sondern häufig direkt eine Goldfüllung verpasst. Bisher wusste ich gar nicht, dass es Gold auch als Füllung gibt. Sowas kannte ich bislang nur als Krone! Leider konnte ich zu dem Thema nicht genug herausfinden, um den Grund dafür zu eruieren, warum Goldfüllungen das Nonplusultra koreanischer Dentaltechnik darstellen. Es dürfte genug gesundheitliche Gründe geben, die für die Bevorzugung von Edelmetall sprechen. Dennoch hege ich den Verdacht, dass diese Strategie eher der Optimierung der Profitmarge der Zahnärzte dient.

Der Preis dieser Goldfüllungen sollte dann auch der Grund sein, warum es bei uns in der Firma nach jedem Essen einen Becher Wasser gibt, um den Mund ein wenig auszuspülen. Nach dem Essen, nicht zum Essen! Fast alle Kollegen gehen auch sofort nach dem Essen immer ihre Zähne putzen. Das scheint aber nur bedingt zu wirken – in Korea sieht man leider wirklich viele Leute mit schlechten Zähnen. Eine Zahnbürste darf in Korea übrigens auch unter der Dusche nie fehlen. Ich kenne zwar auch ein paar Deutsche die sich beim Duschen die Zähne putzen, aber die meisten Ausländer finden es wohl sehr merkwürdig von den Koreanern, immer mit der Zahnbürste unter die Dusche zu rennen. Insbesondere in einem öffentlichen Bad ist es ulkig, wenn sich alle gemeinsam beim Duschen die Zähne putzen.

Letzter Punkt zum Thema Gesundheit: Schönheits-OPs. Diese sind scheinbar ähnlich häufig wie Abtreibungen. Dabei muss ich eigentlich sagen, dass die koreanischen Frauen es gar nicht so schlecht erwischt haben und größtenteils recht gutaussehend sind. Zumindest bis zu dem Alter, wo die Mutation zur Ajumma einsetzt - siehe Kapitel „Der Berg ruft!". Die koreanischen Männer kommen da schon deutlich schlechter weg. Trotzdem gibt es an jeder Ecke eine „Schönheitsklinik". Darunter darf man sich selten ein ganzes Krankenhaus vorstellen, meistens hat so etwas eher die Größe eines normalen Wohnhauses oder einer großen Arztpraxis, aber das tut der Funktion ja keinen Abbruch. Und diese Kliniken zielen bestimmt nicht auf die Männer als Kunden! Die Koreaner finden daran nichts verwerflich, aus rein ästhetischen Gründen bauliche Veränderungen am eigenen Körper vornehmen zu lassen. Das ist scheinbar eine rein finanzielle Frage.

Diese Schönheitskliniken machen auch Werbung und begeistern teils mit sehr hübschen Werbesprüchen. Auf manchen Verkehrsbussen lässt sich zum Beispiel der Slogan „Small face, lovely breast" bewundern. Jetzt mal bewusst wörtlich übersetzt kann man dort also ein kleines Gesicht und eine reizende Brust erhalten. Klingt irgendwie nicht sehr vertrauenserweckend, insbesondere, da nur von einer Brust die Rede ist. Und nur eine reizende Brust pro Kundin dürfte vermutlich eher gespaltene Reaktionen hervorrufen. Eine andere Klinik bezeichnete sich als „Vaginal Rejuvenation Institute". Es war genau das, wonach es sich anhört. Aber inzwischen hat man ja sogar in Deutschland von vaginalen Verjüngungs-OPs gehört.

Weiteres interessantes Detail zum Thema Mann und Frau in Südkorea: Erst seit 2015 wird Ehebruch dort nicht mehr als Verbrechen eingestuft.

Feuer und Eis
2. Februar

So langsam hatte ich nahezu sämtliche denkbaren Höhen und Tiefen, mit Betonung auf den Tiefen, des Wohnens in Korea mitgemacht. Ratten, Durchzug, Möbelmangel, marode Elektrik und das ständige Sitzen auf dem Fußboden einer meist ungeheizten Wohnung hatten wir ja schon. Ende Januar bin ich dann eines Tages von der Arbeit nach Hause gekommen und das halbe Treppenhaus stand unter Wasser. Genau genommen wäre „unter Eis" die richtige Bezeichnung, denn es herrschten auch tagsüber Minusgrade und das Treppenhaus war ungeheizt. Dank des dicken Eispanzers der Treppenstufen wurde die Benutzung der Treppe nur durch einen beherzten Griff zum Geländer ermöglicht.

Nachdem ich die ersten zwei Etagen bewältigt hatte, ohne mir den Hals zu brechen, habe ich dann den Grund für das Wasser entdeckt: Einen ziemlich großen Brandfleck an der Wand. Lange kann es eigentlich nicht gebrannt haben, es hat nämlich kaum danach gerochen. Vielleicht auch nur ein Schwelbrand. Das Feuer war direkt an einem der Ventile für die Treibstoffzuleitung der Ölheizungen entstanden. Das ist die Heizung, die bei uns so gut wie nie eingeschaltet wurde, weil das meinem Mitbewohner/Vermieter zu teuer war.

Also haben wir anscheinend Glück gehabt, dass das Ventil dem Feuer standhielt und nicht der ganze Straßenzug in Flammen aufging. Das Ölventil sah bereits vorher ziemlich kaputt aus und war scheinbar auch etwas undicht, da vor dem Brand ständig jemand (hatten wir einen Hausmeister?) neue Lumpen in die Wandnische rund um das Ventil stopfte. Spekulationen der Nachbarn zufolge hatte wahrscheinlich jemand morgens seine Zigarette dort ausgedrückt oder dort hineingeascht, was dann den Brand ausgelöst hat. Klang leider sehr plausibel.

Beim weiteren Aufstieg zu unserer Wohnung fiel mir dann auf, dass so ein Brand trotzdem unangenehme Folgen haben kann. Im Treppenhaus hatten sich nämlich sämtliche Spinnweben schwarz gefärbt. Jeder Emo (das sind diese schwarz gekleideten, weinerlichen Jugendlichen, die sich gerne schminken und selbst verletzen) würde aufgrund einer solchen stilvoll-gruseligen Dekoration vermutlich sofort in Freudentränen ausbrechen. Mir kam nach ein paar Momenten dafür der Gedanke, dass Ruß und Rauch nicht nur die Spinnweben schwarz gefärbt haben könnten.

Selbstverständlich war es dann auch genau wie befürchtet und wir mussten an dem Abend auch noch unsere gesamte Wohnung putzen. Es war nämlich alles, wirklich alles in der Wohnung mit einer dünnen schwarzen Rußschicht überzogen! Ganz kriegt man so etwas natürlich leider nicht weg. Der eine oder andere schwarze Fleck sollte mir noch ein Weilchen erhalten bleiben. Allein aufgrund der Tatsache, dass sich reichlich Ruß auf der Tastatur meines Laptops gesammelt hatte, obwohl dieser während der Geschehnisse zugeklappt in einem Nebenzimmer der verschlossenen Wohnung stand, war ich bereits sehr froh, dass es nicht stärker gebrannt hatte. Elektronische Geräte reagieren nämlich nicht unbedingt positiv auf solche Verschmutzungen, die garantiert auch ihren Weg ins Innere meines Laptops gefunden hatten!

Jedenfalls war die Wohnung nach unserer Putzaktion endlich wieder sauber genug, um zu bügeln. Für Verwunderte sollte ich jetzt vielleicht die direkte Verbindung zwischen einem dreckigen Fußboden und dem Bügeln herstellen. Nun, es ist ganz einfach: In Korea sitzt man zu Hause meistens auf dem Fußboden. In koreanischen Standardwohnungen sind daher auch alle Tische dieser Sitzmethode angepasst und haben nur so kurze Beine, dass man bequem im Schneidersitz oder kniend vor dem Tisch Platz nehmen kann. Schreibtische sind die Ausnahme, dazu werden dann auch westliche Bürostühle gereicht. Jedenfalls war auch unser Bügelbrett an diese Sitte angepasst und besaß nur ganz kurze Stummelfüße, man bügelte also auf dem Fußboden kniend. Diese Methode hat den großen Nachteil, dass alles, was vom Bügelbrett herunterhängt, sofort in Kontakt mit dem Fußboden kommt. Man sollte also nur dort bügeln wo es möglichst sauber ist. Oder das Bügelbrett auf einen Tisch stellen, den ich natürlich nicht hatte.

Immerhin war das Treppenhaus wenige Tage später wieder eisfrei und frisch gestrichen. Ein neues Ventil wurde auch in die Ölleitung eingesetzt. Nur die Ratten waren noch da. Es hatte wohl nicht lange genug gebrannt, um die Viecher in die Flucht zu schlagen! Sogar meine deutsche Zeitung erhielt ich neuerdings, bei der ich einfach mal den Versuch gestartet hatte, mir diese ins Ausland nachsenden zu lassen. Allerdings erhielt ich jede Ausgabe mit zwei Monaten Verspätung, da jemand beim Verlag meine Adressangabe von „Republik Korea", der empfohlenen und korrekten Bezeichnung für Südkorea in „Volksrepublik Korea", also Nordkorea uminterpretiert hatte.

Ansonsten habe ich im Januar nur einige kleinere Sehenswürdigkeiten abgeklappert. Als einen der letzten verbliebenen Programmpunkte in Busan stand noch der UN Friedhof offen. Dieser interessierte mich eigentlich nicht sonderlich brennend, ist andererseits weltweit der einzige Friedhof der vereinten Nationen. Also habe dachte ich mir, ein Besuch könnte dennoch ganz interessant sein. Dort angekommen standen am Eingang zwei hilfsbereite koreanische Soldaten Wache. Bei den Jungs handelte es sich um die mit Abstand kräftigsten Koreaner, die mir bis dahin untergekommen waren. In Kombination mit den offensichtlichen Hautproblemen dieser beiden führten mich deren Muskelmasse allerdings zu dem Schluss, dass es auch in Korea Leute gibt, die Muskelaufbaupräparate nehmen. Die zwei wirkten zwar nicht übermäßig aggressiv, was auch eine häufige Nebenwirkung anaboler Steroide ist, ich hätte jedoch Geld darauf verwettet, dass sie etwas in der Richtung einwerfen.

Der Friedhof selbst war mäßig interessant. Ein Soldatenfriedhof, eben. Es gibt ein paar Denkmäler, vor allem für im Krieg vermisste Soldaten und kleine Ausstellungen mit Fotos oder Briefen und Postkarten, die die Soldaten damals nach Hause geschrieben hatten. Natürlich auch Flaggen der beteiligten Länder. Hauptsächlich ist noch viel Platz für weitere Gräber, falls der Koreakrieg jemals in die zweite Runde geht. Und es ist sogar noch ruhiger als bei dem konfuzianischen Schrein, den ich in Busan ebenfalls mal besucht habe. Mit Ausnahme von etwas dramatischer Klaviermusik aus Lautsprechern herrscht eine angenehme Ruhe. Quasi eine Totenstille, falls mir dieser morbide Scherz gestattet ist. Wer also in Busan mal ein ruhiges Plätzchen zum Spazierengehen sucht, dem kann ich nur den UN Friedhof empfehlen. Da sind garantiert weniger Leute unterwegs als z.B. beim Wandern in den Bergen! Ich glaube, das haben die meisten anderen Besucher auf dem Friedhof auch ausgenutzt, die sahen nämlich nicht wirklich so aus, als wären sie an den Gräbern und Denkmälern interessiert.

Auch nach Jinju habe ich es im Januar endlich einmal geschafft! Die Stadt ist als Universitätsstadt bekannt und mit einer Einwohnerzahl von gerade mal 340.000 Menschen für asiatische Verhältnisse wenig mehr als ein Dorf. Dort zu sehen gibt es eine der wenigen Festungsanlagen in Korea, die noch in sehenswerter Form erhalten sind bzw. vernünftig restauriert wurden. Da ich aber bereits die wirklich schicke Befestigungsanlage von Suwon bewundern durfte, musste ich in Jinju meine Ansprüche wieder etwas herunterschrauben.

Die Festung in Jinju ist ganz nett. Und eigentlich umschließt ihre Mauer auch ein relativ großes Gebiet. Dieses Gebiet war früher größtenteils mit Holzgebäuden angefüllt. Dementsprechend findet man dort jetzt einen ziemlich leeren Park zum Spazierengehen mit ein paar Denkmälern. So etwas wie eine richtige Burg, also eine Festung mit Bergfried, sucht man in Korea leider vergebens.

Dafür hat Jinju wenigstens ein paar nette Geschichten rund um seine Festung zu bieten. Hauptsächlich geht es dabei natürlich wieder einmal um Krieg gegen die Japaner. Die Details dazu kann man sich in astreinem Engrisch im örtlichen Ableger des koreanischen Nationalmuseums erklären lassen.

Dort wird zum Beispiel von dem heroischen Moment berichtet, in welchem 3800 Koreaner die Stadt im Jahre 1592 gegen 20 000 Japaner verteidigten. Klingt toll, hat aber leider wenig gebracht. Die Japaner sind nämlich im nächsten Jahr mit 70 000 Mann wiedergekommen und haben es nochmal probiert, diesmal erfolgreicher. Dabei kostet der Eintritt in die Festung doch gerade mal 1000 Won (ca. 50 Eurocents), das hätten sie ruhig zahlen können. Bei 20 000 Mann gibt es bestimmt auch Gruppenrabatt! Laut Erläuterungen im Museum waren die japanischen Truppen übrigens „armed with their teeth" (mit ihren Zähnen bewaffnet). Das deutet auf verbissene Kämpfe hin. Die Japaner haben quasi die Zähne gezeigt und sich durchgebissen. Oder sie waren stattdessen „armed to their teeth" (bis an die Zähne bewaffnet). Das wäre zumindest meine Auslegung dieser engrischen Geschichtsschreibung.

Die populärste Geschichte um Jinju ereignete sich jedoch nach dem Sieg der Japaner bei ihrem zweiten Angriff auf die Stadt. Nach diesem Sieg verführte nämlich eine koreanische Gisaeng, eine Kurtisane ähnlich einer japanischen Geisha, den feindlichen General und lockte ihn auf einen Felsen am Fluss hinter der Festung. Dort angekommen, umklammerte die Dame den General und stürzte sich mit ihm in die Tiefe, was zum Tod der beiden führte. Dieser Gisaeng namens Nongae zu Ehren wird seitdem jedes Jahr ein Fest in Jinju gefeiert und es finden sich auch diverse Denkmäler für sie in der Festung. Wenn man nun diese Geschichte hört, dann stellt man sich eine hoch aufragende Felswand hinter der Festung vor, von welcher ein tiefer Sturz in die Fluten unweigerlich zum Tod führen muss. Wer durch ein Seitentor der Festung zum Fluss hinaustritt, der steht auch erst einmal an einer mehreren Meter steil abfallenden Kante. Ohne Geländer, übrigens. Nur ein Schild warnt davor, dass es dort gefährlich ist. Das Schild stand früher vermutlich noch nicht da, sonst wäre die Geschichte eventuell anders ausgegangen.

Die weitere Beschilderung weist jedoch darauf hin, dass sich der dramatische Tod von Kurtisane und General an einem viel niedrigeren Felsen ereignete, zu dem man erst eine Treppe hinabsteigen muss. Mit viel gutem Willen betrug die Höhe des tödlichen Sturzes vielleicht zwei Meter. Ich kann daraus nur schlussfolgern, dass beide Beteiligten nicht schwimmen konnten oder dass Nongae wirklich so lange den Mann mit erstaunlicher Kraft umklammert hat, bis ihr selbst die Luft ausging.

Überraschenderweise bin ich im Museum von Jinju auch auf weitere Relikte von Gwak Jae-U gestoßen, an den ich mich eigentlich nur erinnerte, weil ein Schwert von ihm im War Memorial in Seoul ausgestellt war. Nun, der Mann hatte anscheinend mehrere Schwerter, in Jinju lässt sich nämlich ein weiteres bewundern.

Da mir der Name des Herrn Gwak jetzt nicht so geläufig war, habe ich kurz recherchiert und herausgefunden, dass dieser ein General der koreanischen Widerstandsarmee war. Man nannte ihn angeblich auch „Rotmantel General". Und zwar (Überraschung!), weil er gerne in der Schlacht einen roten Mantel trug und dazu farblich passend ein weißes Pferd ritt. Angeblich, hier ist vermutlich etwas Skepsis angebracht, färbte der Mann seine Mäntel mit dem Blut von Frauen, die von Japanern getötet worden waren. Das sollte wohl seine Männer motivieren. Auf mich hinterlässt es eher einen leicht psychopathischen Eindruck. Vor allem hat mich das natürlich sofort wieder zum Nachgrübeln gebracht, wie man so etwas denn praktisch anstellen mag. Schließlich muss die Dame ja frisch verstorben sein, sonst gerinnt das Blut ja. „Oh, das tut mir aber leid um ihre Tochter... darf ich mal kurz meinen Mantel tunken?" Nationalhelden sind auch nicht mehr das, was sie mal waren.

Als abschließende Kuriosität möchte ich noch Mehrfachsteckdosen für Autos erwähnen. Dieses wichtige Detail schien mir bislang entgangen zu sein. Nachträglich gekaufte Zusatzelektronik für das Auto, wie Freisprechanlagen, Navigationssysteme, bunte esoterische Lämpchen, Radarwarngeräte und zusätzliche Fernseher oder MP3 Player war in Korea bei meinem Aufenthalt dort sehr, sehr beliebt. Da diese Geräte zwecks Stromversorgung nicht alle am Zigarettenanzünder angeschlossen werden konnten, musste irgendwie Platz für die ganzen Stecker geschaffen werden. Ergo gab es in den Fahrzeugen richtige Mehrfachsteckdosen für den Zigarettenanzünder.

Eine Innovation, die mir genauso unnötig schien, wie die koreanischen Reißverschlusskrawatten, deren Geheimnis ich ebenfalls ergründen konnte. Diese Accessoires für den modeunbewussten Mann von heute zeichnen sich durch einen Reiß- oder Klemmverschluss auf der Rückseite aus, mit dem man die Krawatte nach Belieben weiter und enger machen kann. Ausgehend von der Menge derartiger Schnell-Krawatten im Angebot der örtlichen Geschäfte konnte ich nur davon ausgehen, dass es sich dabei um die dominante Krawattenspezies in Korea handelt. Aber solch traurige Geschichten ereignen sich wahrscheinlich zwangsläufig, wenn die Leute schon ohne ein Wimpernzucken begeistert zu lilafarbenen Glitzerkrawatten greifen, um damit einen Anzug im ebenfalls beliebten silbrig-glänzenden Stoff durch einen Farbtupfer zu garnieren. Dieser Geschmacksverirrung trotzend werde ich weiterhin

nicht-glitzernden Krawatten mit frisch von Hand ge-
schlungenem Knoten treu bleiben!

Tokio Trip
4. Februar

Kiki und ich hatten, wie bereits erwähnt, unsere Praxis-semester so geplant, dass diese zeitgleich stattfanden. Während ich in Korea weilte, war Kiki also zeitgleich in China. Dies hatte uns bereits das kurze Treffen in Hong Kong zu Weihnachten ermöglicht. Im Februar hatte es den unweigerlichen Vorteil, dass in beiden Ländern das Neujahrsfest nach traditionellem Kalender zeitgleich statt-finden sollte. Wir hatten also beide einige Tage frei und beschlossen, gemeinsam neutralen Grund zu erkunden: Tokio! Über diese Stadt und unsere Woche dort gibt es eigentlich so viel zu erzählen, dass es schon wieder zu viel ist, um alles davon aufzuschreiben. Da es aber vermutlich niemanden interessiert, zu lesen, an welchem Tag wir wo gegessen haben und mit welcher U-Bahn wir dorthin ge-fahren sind, habe ich mich entschlossen, nur die interes-santeren Dinge nachfolgend stichpunktartig aufzuführen.

Einführend möchte ich noch erwähnen, dass ich mir er-neut keinen Gefallen damit tat, von einer riesigen Stadt in die nächste zu taumeln. Dermaßen viele Menschen um sich zu haben ist nämlich nicht unbedingt angenehm. Per Definition ist Tokio noch nicht einmal die größte Stadt der Welt, innerhalb der Stadtgrenzen wohnen nämlich „nur" ca. 9,5 Mio. Menschen, also weniger als beispielswei-se in Seoul. Lässt man allerdings die offizielle Stadtgrenze außer Acht und betrachtet, wie viele Leute im Großraum Tokio leben, so steigt die Einwohnerzahl auf ca. 37,5 Milli-onen. Das ist das 4,5fache der Bevölkerung der Schweiz! Wenn die Stadt noch weiter wächst, wohnen da bald so viele Leute wie in ganz Südkorea! Kurz: in Tokio gibt es einfach viel zu viele Leute.

Was ich hier niederschreibe kann sich auch leider na-türlich nur auf Tokio beziehen, da ich andere Gegenden von Japan nicht kenne. Die Unterschiede sollen aber recht groß sein, so kommt man zum Beispiel in Tokio mit Englisch meist ganz gut durch und sieht auch viele Ausländer, während die eigentliche Anzahl in Japan lebender Ausländer verschwindend gering ist. Dafür bedient Tokio fast jedes Klischee, welches man von Japan haben mag!

Sushi: Kiki reiste etwas früher an als ich und nutzte daher die Gelegenheit, frühmorgens Sushi auf dem weltberühmten Tsukiji-Fischmarkt zu genießen. Nach allem, was ich gehört habe, war es hervorragend! Da ich weder gerne Fisch esse, noch gerne früh aufstehe, war dies für meine Liebste geradezu der ideale Programmpunkt, um ihn ohne mich wahrzunehmen. Damit ich nicht traurig sein sollte, wurde mir im Flugzeug jedoch ebenfalls Sushi als Mahlzeit serviert.

Verkehr: In Japan fährt man auf der linken Straßenseite. Das fällt aber weniger stark auf als beispielsweise in Hong Kong, weil die Japaner die Verkehrsregeln tatsächlich beachten und man nicht bei jeder Straßenüberquerung um sein Leben fürchten muss. Die Fußgänger gehen auch oft links, weichen auf jeden Fall meist nach links aus, wenn sie einem entgegenkommen. Das steht dem antrainierten europäischen Drang nach rechts leider ziemlich im Wege. In öffentlichen Gebäuden hat man sich zusätzlich den Spaß gemacht, die Richtungen ständig zu wechseln. So muss man in manchen U-Bahn-Stationen die Treppe auf der rechten Seite hochgehen, in manchen auf der linken Seite, auch die Rolltreppen wechseln dann die Seiten. Wenn viele Leute unterwegs sind, also viel Gegenverkehr herrscht, ist die Verwirrung komplett.

Ich möchte wetten, dass das Sicherheitspersonal zur Berufsverkehrszeit mit Popcorn vor den Überwachungsmonitoren sitzt und sich kaputtlacht. Auf den Rolltreppen steht man aber immer links, damit rechts Leute vorbeigehen können, die es eilig haben. Dafür sind die Rolltreppengeländer farblich passend zur jeweiligen U-Bahn Linie gehalten. Besonders schön sind natürlich die rosa Roll-treppen der Oedo Linie.

Internationalität: Im Viertel Roppongi sieht man teilweise mehr Ausländer auf den Straßen als Japaner. In den Bars auch. Das liegt aber daran, dass die meisten Japaner klug genug sind, irgendwo hin zu gehen, wo das Bier weniger kostet als 10 Euro pro Glas.

Essen: Japanische Restaurants stellen meistens Plastikmodelle des angebotenen Essens aus. Wenn man die Speisekarten nicht lesen kann, ist so ein Modell vom Essen eine ziemlich praktische Sache! Einmal hatten wir zum Bestellen auch eine Art „Kartenspiel" mit Bildern verschiedener Gerichte.

Miet-Miezen: In Tokio findet man Geschäfte, in denen man Eintritt zahlt, um mit Katzen spielen zu können. Ich habe mich von der Existenz überzeugt. Das Betreten kann ich aber nur absoluten Katzenliebhabern empfehlen, ich wurde nämlich bereits von dem Katzen-Fanartikel Laden vor dem eigentlichen „Streichelzoo" hinreichend abgeschreckt. Ein Laden, wo Musik läuft, die nur aus Katzenlauten besteht (Katzenjammer?) ist mir einfach zu unheimlich. Die diensthabenden Katzen werden potentiellen Kunden am Eingang mit Foto, Name und persönlichen Daten (spricht man bei Tieren von persönlichen Daten?) präsentiert. Diese Werbetafeln ähneln frappierend denen für Amüsierdamen und Herren an den Hauswänden der Etablissements von Kabukicho, dem Rotlichtviertel Tokios.

Maid Cafes: Es gibt in Tokio Anime bzw. Manga Themencafes, so etwas nennt sich dann „Maid Cafe". Anime sind japanische Zeichentrickserien oder Filme, Manga sind japanische Comics. In den besagten Cafés arbeiten Mädchen als Bedienung, die im Stil von Zeichentrickfiguren verkleidet, frisiert und geschminkt sind. Leider sind sie sogar darauf gedrillt, sich so zu benehmen, wie die Figuren im Fernsehen und in niedlichem Nuscheljapanisch mit

Fistelstimmchen zu reden. Zentrales Element aller Kostüme ist natürlich ein sehr kurzer Rock. Und ja, wir sind in so einem Ding drin gewesen und haben ein Eis bzw. einen Käsekuchen verdrückt. Die piepsigen japanischen Fistelstimmchen und niedliche knallrosa Dekoration haben mich mehr gegruselt als jede Geisterbahn, während Kiki den Laden total toll fand. Fotos waren leider verboten, aber vermutlich aus gutem Grund. Sogar das Essen ist in diesen Bars auf niedlich getrimmt: Wer ein Omelett bestellt, bekommt mit Ketchup eine Mangafigur drauf gemalt. Im Übrigen sind Omeletts in Japan geradezu unheimlich beliebt und finden sich auf zahlreichen Speisekarten.

Ab 18: Eine Grenze zwischen normalen Manga/Anime und Pornografie ist in Tokio nicht feststellbar, daher ist auch das Fotografierverbot in dem eher harmlosen Maid Cafe verständlich. Sogar in einer normalen Bücherei endet die Comicabteilung oft plötzlich bei nackten Zeichentrickmädels in eindeutigen Posen. Und Schlimmerem. Darüber, wo die Comicläden mit den „Zutritt erst ab 18 Jahren" Schildern enden, schweige ich mich lieber aus. Es gibt Dinge, von denen ich nie wissen wollte, dass sie existieren. Befremdlich war für mich auch, dass pornografische Manga ganz normal am Kiosk zwischen anderen Comics und Zeitschriften angeboten werden und dass sich manche Japaner auch nicht scheuen, solche gezeichneten Schmuddelheftchen offen in der U-Bahn zu lesen.

Otaku: Normale Comicläden ohne Pornografie im Angebot sind auch sehr amüsant und finden sich in großer Zahl in Tokio. Meist sind die Platzverhältnisse ziemlich beengt, da sämtliche Verkaufsräume bis zur Decke mit Manga und Anime Fanartikeln vollgestopft sind. Dafür gehen solche Läden nicht selten über mehrere Gebäude oder ein Dutzend Stockwerke. Wer bereit ist, die oft unverschämten Preise zu zahlen, findet von Roboter-Bausätzen und Silberschmuck bis zu Visitenkartenetuis so ziemlich alles, was man im Manga-Stil gestalten könnte! Daneben erhalten auch weitere spezielle Hobbies gebührende Beachtung. In einem Laden sind wir beispielsweise auf eine ganze Etage mit Militärzubehör für Leute, die gerne am Wochenende im Wald Krieg spielen gestoßen. Neben realistisch aussehenden Softair Waffen für ein paar hundert Euro konnte man dort fast ein komplettes SWAT Outfit erwerben und sich bei Bedarf sogar mit militärischen Essensrationen eindecken. Wobei ich nicht wüsste, warum jemand das freiwillig tun sollte – die Mahlzeiten bei der Bundeswehr sind mir noch lebhaft in Erinnerung! Obwohl ich mir vielleicht ein paar Rationen hätte mitnehmen sollen, um auf das nächste koreanische Kantinenessen mit zu hohem Seetang- und Tentakelgehalt vorbereitet zu sein. Das Wort „Otaku" beschreibt übrigens im Japanischen einen Fan, der ein besonders hohes Maß an Zeit und Leidenschaft für sein jeweiliges Hobby aufwendet.

Videospiele: Es finden sich zahllose Videospielhallen in Tokio. Manche haben ganze Etagen, welche jeweils nur für eine Art Videospiel ausgelegt sind, also beispielsweise Musikspiele oder Kampfspiele. Mich haben vor allem die Musikspiele fasziniert. Neben Geräten, bei denen man auf Befehl im Takt herum hopsen, trommeln, bunte Knöpfe schlagen oder Plastikgitarre spielen muss, gibt es sogar Varianten, die aussehen wie ein DJ Mischpult mit zwei Plattenspielern. Wer geübten Japanern zusieht, wie sie Minutenlang fehlerlos in irrsinniger Geschwindigkeit auf ein solches Gerät eindreschen, der beginnt erst zu verstehen, mit welchem Fanatismus sich manche Leute in diesem Land ihren Hobbies widmen.

Pachinko: Neben normalen Videospielen ist in Japan „Pachinko" sehr beliebt. Dabei handelt es sich um eine Art Kombination aus Flipper, Videospiel und einarmigem Banditen, bei der ständig zahllose Metallkügelchen wild durch die Gegend schießen. Das Ziel ist, mehr Metallkü-

gelchen zu erspielen, welche dann in Gewinne einge-
tauscht werden können. Ich habe Leute dabei beobachtet,
wie sie diese Geräte mit 10.000 Yen Noten gefüttert haben
(etwa 85 Euro)! Pachinkohallen erkennt man übrigens
sofort an dem höllischen Lärm, den die Pachinko Maschi-
nen verursachen. In diesen Hallen herrscht so eine ohren-
betäubende, von Blink- und Blitzlichtern begleitete Kakophonie, dass man sie einfach erlebt haben muss!

Every Flavour Beans: Japanische Süßigkeitenprodu-
zenten haben sich scheinbar ein Beispiel an den Harry
Potter Büchern genommen. Neben normalen Jelly Beans
kann man in Japan nämlich auch Scherz-Jelly-Beans kaufen. Die sehen genauso aus wie die Originale, sind aber in
erlesenen Geschmacksrichtungen wie „Erbrochenes", „Po-
pel" und „Feuchte Babyreinigungstücher" erhältlich.

Baumkuchen: Japaner lieben anscheinend Baumkuchen und verwenden auch den deutschen Namen dafür. Es
gibt ihn in fast jedem Café in Tokio zu kaufen. Ich habe in
den wenigen Tagen Tokio mehr Baumkuchen gesehen als
in meinem ganzen Leben zuvor.

Auf die Hand: In Japan gibt es richtigen Kaffee! Und
meistens auch sehr guten! Nach dem ständigen Instant-
Kaffee in Korea war der japanische Kaffee für mich eine
Offenbarung! Ein weiteres beliebtes Lebensmittel in Tokio
ist Döner Kebab, der oft aus mobilen Imbissbuden verkauft wird! Leider habe ich es versäumt, den türkisch-
japanischen Döner zu probieren, aber der Geruch war
schon recht authentisch und die Schilder an den Imbissbuden manchmal sogar auf Deutsch! Einige kulinarische
Kreationen wie Sandwiches mit gebratenen Nudeln als
Belage habe ich aber lieber gemieden.

Shopping: Man kann in Tokio so ziemlich alles kaufen,
was man kaufen wollen könnte, auch viele Dinge, von denen man vorher noch nie etwas gehört hat. Meistens gibt
es sogar einen Automaten dafür. Die berühmt-
berüchtigten Automaten für gebrauchte Damenunterwä-

sche sind uns trotzdem nicht untergekommen. Dafür haben wir entdeckt, dass ein frischer Apfel in Tokio 3 Euro kostet. Das exotische Stück Obst sah fantastisch aus, erwies sich jedoch als enttäuschend geschmacksneutral.

Elektronik: Der Kauf von Elektronik lohnt sich in Japan nicht wirklich. Ausnahme: Man sucht etwas Spezielles, das sonst nur schwer zu finden ist. Der große Elektronikladen in Akihabara, den wir begutachtet haben, hatte allein schon an Computermäusen und USB Sticks jeweils eine dermaßen große Auswahl im Angebot, dass jeder deutsche Elektromarkt im Vergleich prompt zum Kiosk degradiert wird.

Moderne: Wer historische Gebäude mag, der sollte lieber nach Kyoto als nach Tokio fahren. Mal abgesehen davon, dass in Tokio fast alles spätestens im zweiten Weltkrieg vernichtet wurde, haben Normalsterbliche zum Kaiserpalast nämlich keinen Zutritt. Die Ausnahme bilden Besuchsmöglichkeiten am Geburtstag des Kaisers und zum Neujahrstag. Ein paar restaurierte Tempel etc. gibt es in der Stadt natürlich schon zu sehen, dennoch war Tokio in dieser Hinsicht recht enttäuschend.

Schoko: Im Gegensatz zu Koreanern finden Japaner Schokolade total toll. Deswegen gibt es in Tokio auch zahlreiche exklusive Schokolaterien. Die kleinen Schoko-Kunstwerke sind meist sehr hübsch anzusehen. Sobald der Blick auf die Preisschilder fällt, wähnt man sich jedoch im Juwelierladen! Einzelne Pralinen kosten dort schonmal 20 Euro pro Stück, Schokoladentafeln gibt es zum Schnäppchenpreis von 50 Euro. Für den Preis von 2-3 Tafeln Schokolade kann man in der gleichen Stadt auch schon bei Tiffany's eine Kleinigkeit bekommen, die bestimmt nicht aus Schokolade ist!

Mülltrennung: Auch in Japan wird Müll getrennt. Allerdings nach merkwürdigen Kriterien wie „brennbar" und „nicht brennbar", die für die meisten Touristen eher unverständlich sein dürften. So ähnlich wie die Trennung nach „rund" und „flach" im deutschen Landkreis Ludwigsburg.

Armut: In Tokio gibt es erschreckend viele Obdachlose. Im Gegensatz zu den Obdachlosen in der U-Bahn bemühen sich diejenigen, die in irgendwelchen Parks hausen dort um ein relativ normales Leben und waschen z.B. weiterhin ordentlich ihre Wäsche und hängen diese zum Trocknen auf.

Tokio Drift: Der Film „The Fast and The Furious: Tokio Drift" war scheinbar erstaunlich nah an der Realität! Wir haben nicht nur diverse getunte japanische Sportwagen auf Tokios Straßen entdeckt, sondern auch mindestens einen davon mit röhrendem Motor und nachschwingendem Heck um eine Kurve driften sehen.

Pandas: Im Ueno Zoo gibt es keine Riesenpandas mehr, obwohl der Zoo noch mit jeder Menge Pandadekoration warb und der damals aktuelle Lonely Planet noch das Gegenteil behauptete. Über das Ableben des letzten Pandas informieren mehrere große Hinweistafeln im Zoo. Diese stehen aber wirklich IM Zoo, nicht davor, man muss also erst Eintritt zahlen, bevor man sich ärgern darf.

Hinweise: Japaner haben ein Talent, auf das Offensichtliche hinzuweisen, am liebsten per Bandansage. Beispiel: „Sie erreichen jetzt das Ende der Rolltreppe". Dafür hängen sie gerne Stadtpläne auf, bei denen Norden nicht oben ist.

Pendler: Die berüchtigten U-Bahn-Stopfer, welche möglichst viele Leute in die U-Bahnen zwängen, sind uns nicht begegnet. Vermutlich lag das aus daran, dass wir nie zur Rush Hour U-Bahn gefahren sind. Die Bahn fuhr aber immer erst dann los, wenn ein Schaffner sich vom kompletten Schließen der Türen überzeugt hat und dem Zugführer mit einer altmodischen Laterne ein Zeichen gegeben hat.

Hipster: Bei unserem Besuch in Tokio waren dicke, schwarze Brillengestelle gerade sehr in Mode. Besonders bei Leuten, die eigentlich keine Brille brauchen oder Kontaktlinsen benutzen. Wir haben jedenfalls mehrfach Leute beobachtet, die Brillengestelle ohne Brillengläser trugen! Das war noch bevor die Hipster bei uns einen ähnlichen Kleidungsstil entdecken sollten.

Harajuku: Das Stadtviertel Harajuku ist ein beliebter Treffpunkt für Cosplayer. Cosplayer sind Personen, die sich in ihrer Freizeit gerne kostümieren, bevorzugt als Figuren japanischer Mangas, Anime oder Videospiele. Viel interessanter als die paar verkleideten japanischen Teenager fanden wir jedoch die Damen und Herren älteren Semesters, die sich am benachbarten Yoyogi Park versammelt hatten, um ihrer Vorliebe für Rock'n Roll und Rockabilly zu frönen. Die Schmalztollen der lederkluftbewehrten Männer des Tokyo Rockabilly Club hätten sogar Elvis ehrfürchtig innehalten lassen. Wenig weiter sind wir in einer trendigen Einkaufsstraße gelandet, die dermaßen mit Menschen vollgepackt war, dass die Shopping-Meilen von Busan oder Hong Kong dagegen einfach nur noch harmlos wirkten! Die Klamotten und Accessoires, welche dort angeboten wurden, waren jedenfalls sehr sehenswert, für nicht-Japaner allerdings meist viel zu schrill. Und ansonsten einfach nur zu teuer.

Shibuya: Eine der bekanntesten Kreuzungen der Welt befindet sich unmittelbar vor dem Bahnhof Shibuya. Die mit fünf Zebrastreifen versehene Kreuzung wird in Stoßzeiten pro Ampelphase angeblich von über 2000 Personen überquert. Bei uns waren es zum Glück nicht ganz so viele Leute, die dort durcheinanderwuselten, aber immer noch mehr als genug. Erstaunlicherweise kommt jeder auf die andere Seite, auch wenn alle in unterschiedliche Richtungen rennen. Man kriegt quasi alle paar Minuten eine „Wall of Death" geboten. Komplett spontan und ganz ohne Musik und Konzert! Kostenlos! Bei grün geht's los! Die Teilnehmer dieser Wall of Death sind zumeist einheitlich in schwarzen Anzügen uniformiert. Für Sararimen, das sind japanische Geschäftsleute, die mit dem engrischen Wort für „salaryman" bezeichnet werden, scheint diese Uniform verpflichtend zu sein. Aber vielleicht sind das auch Men in Black Cosplayer.

Hachiko: Der beliebteste Treffpunkt am Bahnhof Shibuya ist eine kleine Statue von einem Hund namens Hachiko. Es stehen wirklich immer Leute davor, die auf jemanden warten. Die Geschichte dahinter ist die, dass der Hund dort jeden Abend auf sein Herrchen gewartet hat. Irgendwann ist Hachikos Besitzer leider gestorben und kehrte daher abends nicht zurück. Der Hund hat aber den Rest seines Lebens brav jeden Abend dort weiter gewartet und konnte irgendwann sogar noch Zeuge der Einweihung seines eigenen Denkmals werden. Der Bahnhofsausgang an dieser Stelle heißt offiziell Hachiko Exit.

Tempel und Schreine: Da ich langsam zu einem erfahrenen Connaisseur ostasiatischer Tempel herangereift war, mussten wir natürlich auch einige japanische Bauwerke dieser Kategorie besichtigen. Obwohl mir die Gefahr, dass diese Tempel in der Vergangenheit als Brennmaterial japanischer Invasoren gedient hatten, deutlich geringer schien als in Korea, handelte es sich bei den Gebäuden leider erneut um Rekonstruktionen. Hier zeichnete sich der zweite Weltkrieg verantwortlich. Neben dem Buddhismus ist in Japan der Shintoismus von großer Bedeutung. Im Shintoismus wird eine Vielzahl verschiedener Gottheiten (Kami) verehrt, wozu sowohl Naturgottheiten als auch Verstorbene zählen können. Jeder Tempel bzw. Schrein ist bestimmten Gottheiten geweiht, die dort verehrt werden können. Wir haben unter anderem den Meiji Schrein besucht. Dort werden, wie der Name schon sagt, die Geister des japanischen Kaisers Meiji und seiner Gattin verehrt. Meiji ist jener Imperator, der die sogenannte Meiji-Restauration einleitete, wodurch effektiv der Stand der Samurai abgeschafft und das Land dem Westen geöffnet wurde. Im Vergleich mit koreanischen Tempeln ist der

Meiji Schrein sehr schlicht gestaltet und ist weniger stark dekoriert. Auch die Farben der Anlage sind dezenter: Es dominieren dunkles Holz und die grüne Kupferpatina der Dächer. Durch klare, geschwungenen Linien wirkt der Schrein dennoch sehr elegant und nicht schmucklos. Ein Kontrast dazu war der deutlich kleinere Tosho-gu Schrein in Ueno. Dieser ist mit dermaßen vielen vergoldeten Details und Dekorationen versehen, dass er im Vergleich geradezu überfrachtet wirkt. Immerhin hatte dieser Schrein dafür das seltene Glück, seit seiner Erbauung im 17. Jhd. alle Katastrophen schadlos überstanden zu haben.

Doch auch in Japan mussten wir feststellen, dass es bei den Buddhisten irgendwie lustiger und lebhafter zugeht. Davon konnten wir uns am Senso-ji Tempel überzeugen, der die Besucher bereits am Tor mit gigantischen Lampions willkommen heißt und überwiegend in den „unauffälligen" Farben rot und gold dekoriert ist. Um auf dem Weg zum Tempel in besinnliche und meditative Stimmung zu kommen, muss man sich zunächst an zahllosen Souvenirshops und Imbissbuden vorbeiquetschen. Wir unterstützten diesen Unsinn direkt durch den Kauf einiger typisch japanischer Snacks. Der Senso-ji Tempel ist einem weiblichen Bodhisattva namens Kannon gewidmet. Nach der Legende hat im 7. Jhd. ein Fischer eine Statue von Kannon im Fluss entdeckt. Die Dorfbewohner erkannten in dieser ein Heiligtum und errichteten für die Statue einen Tempel. Die Statue befindet sich angeblich weiterhin im Tempel, wird der Öffentlichkeit jedoch nicht gezeigt. Pilger wissen also nicht, ob die heilige Statue, zu der sie pilgern tatsächlich existiert. Genau meine Art von Humor.

Klingelbeutel: Unmittelbar vor den einzelnen Schreinen stehen jeweils tischartige Behälter mit vielen Schlitzen, um Geldspenden einzuwerfen. Dazu klatscht man dann in die Hände und verbeugt sich. Das ist dann wohl so etwas wie beten. In den buddhistischen Tempeln in

Tokio durfte man stattdessen nach der Geldspende eine Glocke läuten.

Hatsumode: In Japan ist es Brauch, zu Beginn des neuen Jahres einen Schrein oder Tempel zu besuchen. Dies nennt sich Hatsumode und erklärt, warum die Tempel bei unseren Besichtigungen außergewöhnlich gut besucht waren. Viele Besucher des Meiji-Schreins hatten sich besonders herausgeputzt und trugen einen Kimono. Zudem hatten wir dort das Glück, mehrere Hochzeitsgesellschaften bewundern zu dürfen. Die häufig sehr farbenfroh und edel aussehenden Kimonos der Damen waren wirkliche Hingucker. Auch für die Herren ist ein Kimono jedoch deutlich vorteilhafter als ein koreanischer Hanbok. Jede dieser Bekleidungen ist hingegen einem traditionellen japanischen Brautkleid vorzuziehen! Dieses wird statt Schleier mit einer gigantischen weißen Haube kombiniert, die von vorne in etwa so aussieht, als würde gerade ein riesiger weißer Pac-Man den Kopf der Braut verspeisen! Auch zum Äußeren eines Beluga-Wals lassen sich parallelen ziehen. Ist womöglich ein letzter Versuch, den Bräutigam abzuschrecken. Schön fand ich hingegen, dass einige ältere Herren, vermutlich die Väter des Hochzeitspaares in Cutaways gekleidet waren, was in Japan zu solchen Anlässen durchaus üblich zu sein scheint. Dagegen kann ich mich nicht erinnern, jemals in Deutschland jemanden in Cutaway oder Stresemann gesehen zu haben.

Bier: Da es direkt am Fluss Sumida steht, ist das Hauptquartier des Asahi Brauereikonzerns kaum zu übersehen. Das Gebäude ist unter anderem auch als "Super Dry Hall" bekannt. Wirklich! So eine einen Unsinn kann ich mir gar nicht ausdenken. Die Bezeichnung hat dabei nichts mit der gleichnamigen Bekleidungsfirma, die im Übrigen aus England stammt, zu tun, sondern wurde der Biersorte Asahi Super Dry entlehnt. Das Gebäude ist vor allem daher auffällig und erwähnenswert, da es vom französischen Designer Philippe Starck recht extravagant gestaltet wurde. Soviel vorab: Die Felix Bar des Peninsula Hotels in Hong Kong ist ihm besser gelungen. Das linke Gebäude ist ja noch ganz ok und es ist recht gut erkennbar, dass es ein Bier mit Schaumkrone darstellt. Macht beim Betrachten irgendwie durstig. Der rechte Gebäudeteil besteht hingegen aus einem schwarzen Klotz, auf dem ein merkwürdiges goldenes Etwas thront. Das goldene Dingsbums soll wohl eine Flamme darstellen, ist in Japan jedoch als "kin no unko" bekannt, was übersetzt so etwas wie "goldene Kackwurst" bedeutet. Nein, ich denke mir das wirklich nicht aus! Im Vergleich zu dem, was in Korea unter der Bezeichnung „Bier" verkauft wird, ist japanisches Bier übrigens ein wahres Geschmackserlebnis! Sehr erfreut hat mich daher, dass wir in Tokio gelegentlich auf Getränkeautomaten gestoßen sind, die vollständig auf Bier spezialisiert waren. Die Japaner wissen, was die Leute wirklich wollen!

Museen: Aus der Fülle von Museen in Tokio haben wir unter anderem das Tokyo National Museum und das Edo Tokyo Museum besucht. Beide waren allein aufgrund der Präsentation der Ausstellungsstücke bereits sehenswert. Ich bin noch nie zuvor in einem Museum gewesen, in dem die Objekte so gekonnt und ansprechend in Szene gesetzt wurden! Allerdings bin ich durch alte Samurai-Rüstungen und Schwerter auch leicht zu begeistern. Wer möchte, kann dort ehrfürchtig die glänzende Klinge des Kanze Masamune bewundern, welches im 13. Jahrhundert von einem der berühmtesten Schwertschmiede aller Zeiten geschmiedet wurde. Das Messerchen kann also getrost als "unbezahlbar" eingestuft werden. Damit man das gesamte Kunstwerk inklusive eventueller Signaturen der Schmiede bewundern kann, werden die Klingen in den Museen zumeist ohne Anbauteile wie Heft und Parierscheibe präsentiert. Ein weiteres Highlight war ein zusammenklappbares Holzgestell, welches als „Reisekopfkissen" deklariert war. Sicherlich praktisch, falls im Jimjilbang schon alle Holzklötze vergriffen sind. Montags haben in Tokio (in Japan?) übrigens anscheinend sämtliche Museen geschlossen. Der Zoo auch. Ich glaube der japanische Ausdruck dafür lautet "is zu".

Ghibli: Die Ghibli Studios sind so etwas wie die japanische Version von Disney und dafür bekannt, besonders aufwendige und detailverliebte Animationsfilme zu produzieren. Der bekannteste Film ist vermutlich „Chihiros Reise ins Zauberland", welcher 2003 den Oskar für den besten Animationsfilm erhielt. Die Ghibli Studios betreiben ein Museum in der Nähe von Tokio, welches wir gerne besuchen wollten. Trotz ausführlicher Internetrecherche im Vorfeld scheiterte der Kauf kurzzeitig jedoch fast daran, dass Eintrittskarten dafür vorbestellt werden mussten und dies nur an den Ticket-Automaten einer einzigen Supermarktkette möglich war. Obwohl die Bedienung des Automaten unmöglich war, dieser unsere Kreditkarten nicht akzeptieren wollte und die Angestellten des Supermarkts kaum ein Wort Englisch konnten, haben wir es doch irgendwie geschafft. Für uns hat es sich gelohnt: Das Museum ist wirklich schön und ganz im Stil der Filme sehr detailverliebt gestaltet. Wer keine der Ghibli-Filme kennt, der kann jedoch vermutlich auch mit dem Museum nicht viel anfangen. Ansonsten hat der Ausflug nach Mitaka sich für uns auch dadurch gelohnt, dass wir dort an vielen kleinen, altmodischen Einfamilienhäusern vorbeispazieren konnten, die zumindest optisch noch sehr traditionell wirkten.

Sumo: Sumoringer tragen scheinbar gerne auch in ihrer Freizeit traditionelle Kimonos, an denen man sofort erkennt, was sie beruflich machen. Das trifft einerseits natürlich die Aussage „Ich bin nicht dick, ich bin Profisportler". Andererseits sieht es absolut surreal aus, wenn ein Sumoringer in bademantelähnlichem Gewand auf einem Fahrrad durch die Gegend düst oder durch einen Comicladen schleicht. Sumo ist eine der wenigen Sportarten, bei der man die Athleten angucken kann und sich dabei schlank fühlt. Anscheinend macht Sumo gucken aber auch hungrig, meine Sitznachbarn beim Besuch eines Sumo-Wettkampfs haben nämlich durchschnittlich 3 große Bento Boxen (japanische Lunchpakete) plus Snacks und mehrere Dosen Bier während der Kämpfe verdrückt. Die eigentlichen Kämpfe waren meist sehr kurz, aber überraschend spannend. Für ihre Größe waren die schweren Jungs zudem erstaunlich schnell. Leider gab es vor den Kämpfen jedoch ein ziemlich langes Vorprogramm. Unter anderem gaben die Ringer traditionelle Gesänge zum Besten, die definitiv keine goldene Schallplatte gewinnen werden. Nach einigen Kämpfen passierten dann noch merkwürdigere Dinge wie Haareschneiden im Ring. In der Hoffnung, dass es noch weitere Kämpfe geben würde, habe ich dabei eine Weile ausgeharrt. Da ich erst an meinem letzten Tag in Tokio ein Wettkampf stattfand, musste ich nach etwa einer Stunde Haareschneiden Reißaus nehmen, um meinen Flieger nicht zu verpassen. Viele japanische Zuschauer haben jedoch zeitgleich die Flucht ergriffen.

Narita: Der Flughafen Tokio-Narita ist etwas irreführend benannt, denn er befindet sich nicht in Tokio, sondern in der Stadt Narita. Die schnellste Verbindung per Bahn benötigt für die Strecke etwa eine Stunde. Wenn man die Fahrtzeit knapp kalkuliert, um beispielsweise noch einen Sumo-Ringkampf vor dem Abflug zu besuchen und dann nicht weiß, dass in manchen Stadtteilen von Tokio mehrere Bahnhöfe, die nicht die gleichen Zugverbindungen anbieten, unmittelbar benachbart sein können, dann kann diese lange Anfahrt einem eine sehr nervenaufreibende Stunde bescheren. Rein hypothetisch, natürlich. Schließlich habe ich meinen Flug noch erreicht.

Zentrales Heiligtum
des Meiji-Schreins

284

San'ai Gebäude
in Ginza

Stählerner Riese im
Ghibli Museum

Pachinko

Sunglasses at night
8. Februar

Nach meiner Rückkehr in unser malerisches Bergtal wurden wir fleißig mit Werbung zugepflastert. Ob hinter Autoscheibenwischer geklemmt oder in den Briefkasten gestopft: Werbeflyer sind auch in einem papiersparenden Land wie Korea allgegenwärtig. Dabei kriegt man in diesem Land sonst noch nicht einmal Papierhandtücher! Was fatal ist, da die meisten koreanischen Händetrockner leider gar nix bringen, aber immerhin die Luft von der Seite einsaugen. Was besser als das Ansaugen von unten bei vielen altmodischen Trocknern in Deutschland ist, da dies eher der Bakterienverteilung dient.

In seltenen Fällen trifft man in Korea und Japan jedoch auf spezielle Turbo-Händetrockner. Diese Supertrockner sind von mehreren Seiten umschlossen und reflektieren so den Luftstrom mehrfach auf die Hände zurück. Da werden die Hände WIRKLICH mal einigermaßen trocken gepustet! Allerdings hängt meist auch eine Warnung an diesen Geräten, keine Gegenstände hinein zu halten oder zu legen, damit es bei dem entfachten Miniorkan keine Verletzten gibt.

Aber ich schweife schon wieder ab, es ging schließlich um Werbeflyer. Die waren bislang eher harmloserer Natur. Nun klemmten jedoch plötzlich hinter allen Scheibenwischern in der Umgebung Bildchen von einer jungen Dame in kurzem Minirock und gebückter Haltung, dazu ein paar kurze Worte und eine Telefonnummer. Ich hätte das Ganze ja fast ignoriert, wenn zwei Tage später nicht schon wieder ähnliche Flyer die Straße geziert hätten. Natürlich habe ich in meiner Neugier mal nachgefragt und erfahren, dass es nicht um Telefonsex, sondern um Call Girls geht. Flugblattwerbung für Nutten! Das war mir neu. Aber wenigstens habe ich dabei gelernt, dass man in Korea doch nicht so viel amerikanischen Hip-Hop hört, wie ich dachte. Meine Kollegen mussten nämlich erst ein Wörterbuch nutzen, um herauszufinden, wie man „Nutte" übersetzt.

Es gab noch ein weiteres Beispiel koreanischer Werbung, dass mich stark beeindruckt hat. Irgendwo in der U-Bahn, ich glaube es war in Seoul, lief auf den Bildschirmen zwischen den Stationen Werbung gegen Selbstmord. Richtig gelesen: Werbung gegen Selbstmord! Keine Werbung dafür, das machen schließlich schon Emo-Bands und Islamisten. Koreanische Anti-Selbstmord-Werbung sieht so aus, dass ein Zeichentrickmännchen sich gerade deprimiert aufhängen will, als Frau und Kind zufällig reinkommen, entsetzt sind, Papa anfängt zu heulen, alle sich umarmen und wieder glücklich sind. Das Problem bei dieser Werbung ist, dass doch eher vereinsamte Personen OHNE Familie und Kinder anfällig für Selbstmordgedanken sind. Die werden von so einer Werbung doch erst recht depressiv! Aber vielleicht ist der Sinn der Werbung auch einfach nur, den Leuten nahezulegen, sich im Zweifelsfall lieber einen Strick zu nehmen, als vor die U-Bahn zu springen. Schließlich lief die Werbung in der U-Bahn und die Betreiber derselben müssen wohl unerfreulich häufig potentielle Fahrgäste von den Gleisen putzen lassen.

Im koreanischen Fernsehen faszinierte mich unterdessen erneut die Zensur. Anscheinend dürfen sogar Handschellen nicht im Fernsehen gezeigt werden und müssen ausgeblendet werden. In Japan galt so etwas noch als modisches Accessoire! Und in Berlin als Visitenkarte für eine Tätigkeit im horizontalen Gewerbe. Womit wir thematisch schon wieder bei den Nutten wären.

Am Freitag dieser Woche habe ich an einer koreanischen Trauerfeier teilgenommen. Zum Glück was es nur eine Trauerfeier und keine Beerdigung, ich hatte mir nämlich schon Gedanken gemacht. Bei buddhistischen Beerdigungen ist es angeblich Brauch, dass nach der Einäscherung ein Knochen der oder des Verstorbenen von Trauergast zu Trauergast mit Hilfe von Essstäbchen weitergegeben wird. Deswegen gilt es als unhöflich, unter normalen Umständen Essen, dass bei Tisch weitergegeben wird, mit Hilfe von Stäbchen anzunehmen. Jedenfalls habe ich mir schon Sorgen gemacht, was denn passiert, wenn man als europäischer Stäbchendilettant dabei Mist baut und den Knochen etwa fallen lässt. Dazu kam es wie gesagt aber glücklicherweise nicht.

Die Trauerfeier fand in einem Gebäude an einem buddhistischen Friedhof statt, welches anscheinend genau für diese Gelegenheit dient. Eine gewisse Ähnlichkeit zu Hochzeitshallen war nicht zu leugnen, die Atmosphäre ist tendenziell allerdings weniger fröhlich. Man begibt sich dort in ein Zimmer, in dem ein Bild (und die Asche?) der Verstorbenen ausgestellt werden und verbeugt sich dann mehrmals kniend ganz tief davor. Christen dürfen auch einfach nur beten. Danach folgen ähnliche Verbeugungen vor den Angehörigen der Verstorbenen. Ich kam mir da etwas merkwürdig vor, da ich weder die Verstorbene noch die dort Anwesenden Trauernden persönlich kannte.

Beim nachfolgenden Mahl (in Korea wird eigentlich zu jeder Gelegenheit gegessen und zu jedem Essen was getrunken, es sei denn man geht nur was trinken und isst was dabei) habe ich dann aber endlich den Kollegen entdeckt, dessen Mutter verstorben ist und aufgrund dessen wir überhaupt dort waren. Der Mann war recht einfach zu erkennen, er hat nämlich jedem neuen Gast ein Glas Alkohol (Soju oder Bier) eingeschenkt und anscheinend zuvor bereits selbst seinen Kummer reichlich ertränkt. Dementsprechend viel Bier ging am Glas vorbei, als er mir etwas einschenkte. Normalerweise muss man in Korea bei Alkoholgenuss immer ziemlich oft anstoßen und sich gegenseitig einschenken, da es unschicklich ist, als Einzelner zu trinken. Bei Trauerfeiern wäre es nun aber genauso unpassend, sich fröhlich zuzuprosten, daher darf ausnahmsweise jeder still für sich selbst trinken, was wohl zum bedenklichen Zustand des Gastgebers geführt hat.

Nach der Trauerfeier hat unsere Arbeitsgruppe die Gelegenheit genutzt, früh Feierabend zu machen und Ski fahren zu gehen. Etwas unpassend, aber mein Chef hatte uns bereits seit November schon auf einen gemeinsamen Skiausflug eingeschworen und es bislang immer wieder verschoben, weil er spontan dann doch lieber alleine Ski fahren wollte. Diesmal war jedoch alles schon seit einer Woche reserviert und es war vermutlich auch die absolut letzte Gelegenheit für einen derartigen Ausflug. Seit ein paar Tagen war es nämlich schon warm genug, dass draußen die Bienchen herumschwirrten und Honig suchten! Dementsprechend hatte ich auch nicht mit viel Schnee auf der Piste gerechnet, wohl aber den Willen der Koreaner zum konsequenten Einsatz von Schneekanonen unterschätzt! Am Südzipfel der koreanischen Halbinsel schneit es nämlich sowieso nicht sehr viel, daher ist ein Skigebiet ohne Kunstschnee nahe Busan schlichtweg undenkbar.

Die Anfahrt zum „Eden Valley Ski Resort" im nahegelegenen Yangsan zeigte bereits den ersten großen Unterschied zu westlichen Skigebieten. Aus Europa und Amerika bin ich tendenziell eher große Skigebiete gewöhnt, an denen einige wenige Ski- und Snowboardläden sich etabliert haben. Da Koreaner aber grundsätzlich total verrückt nach professionell aussehender Ausrüstung sind, ist das Verhältnis dort genau umgekehrt: Der Weg zum eher kleinen Skigebiet ist buchstäblich gepflastert mit Geschäften und Verleihen für Ski- und Snowboardausrüstung, Zubehör und Bekleidung. Das hätte mich eigentlich nicht weiter überraschen sollen, schließlich wird in diesem Land noch nicht einmal eine halbe Stunde gewandert ohne sich auszurüsten wie Reinhold Messner auf Yeti-Jagd. Man fährt also ein ganzes Weilchen durch eine Allee aus Skigeschäften, stoppt nur kurz zum Umziehen bei dem Verleih, in dem man schon per Internet seine Ausrüstung reserviert hat und düst dann direkt weiter. Die Ski werden vom Laden separat per Kleintransporter direkt zur Piste geliefert, Liftpässe erhält man auch direkt beim Verleih. Was ein Service!

Die Auswahl bei Skischuhen in Sondergröße, also in durchschnittlicher europäischer Größe, war leider jedoch sehr gering. Die verfügbaren Modelle ähnelten eher dem, was man bei uns etwa 30 Jahre vorher benutzte. Bei den eigentlichen Ski hatte ich die üblichen Marken erwartet, da mir sogar in den USA nur Bretter von den Herstellern untergekommen sind, die man in Europa auch kennt. Also Voelkl, Atomic, Head, Rossignol, Salomon und wie sie alle heißen. Im koreanischen Verleih und später auf den Pisten habe ich jedoch so gut wie keine Marken gesehen, die mir bekannt vorgekommen wären. Einige waren offensichtlich japanisch, der Rest mochte sonstwoher kommen (gibt es koreanische Skihersteller?). Da es schwer war, den Unterschied zwischen Marken- und Modellbezeichnung oder auch nur modisch-englischer Beschriftung zu erkennen, habe ich mir leider keine Herstellernamen gemerkt.

Obwohl man die Pisten von der Anfahrtsseite des Berges nicht sehen konnte, war das Ziel für uns schon von weitem klar erkennbar: Es ist der Berg, der leuchtet! Und zwar, weil auf der anderen Seite eine riesige Flutlichtanlage steht. Schließlich sind wir nach der Arbeit erst dorthin gefahren, es war also längst dunkel. Nach Einbruch der Dunkelheit fuhren einige meiner Kollegen sogar am liebsten dorthin, da nachts die Sonne den Schnee nicht matschig werden lässt und die Schlangen an den Skiliften kürzer sind. Wir hatten diesmal aber wirklich Glück, da sich die meisten Leute wohl, genau wie ich, gedacht hatten, dass aufgrund der frühlingshaften Temperaturen kaum noch Schnee liegen würde. Man musste am Lift also kaum anstehen. Noch zwei Wochen früher betrugen die Wartezeiten am Lift sogar nachts angeblich über 40 Minuten.

Das Skigebiet selbst war überraschend groß! Zumindest dafür, dass es in einer Gegend liegt, wo kaum Schnee fällt. Ich hatte mehr mit einigen kleinen Hügeln wie im Sauerland gerechnet oder mit etwas in der Größenordnung einer Skihalle. Die Pisten waren zwar alle unmittelbar nebeneinander und maximal 1,5km lang, aber dafür, dass es mal eben um die Ecke lag, fand ich das ganz ordentlich.

Als naturschneeverwöhnter Alpen-Urlauber war ich von dem Kunstschnee, der eher winzigen Eiswürfeln ähnelte, jedoch weniger begeistert. Für Anfänger scheint sich dieser jedoch erstaunlich gut zu eignen. Wahrscheinlich, da der Kunstschnee viel schwerer zu verdrängen ist und dementsprechend auch das Risiko viel geringer ist, in den Furchen fremder Skifahrer hängen zu bleiben.

Tiefschnee gab es auch nicht, da nur die Pisten beschneit wurden und am Rand komplett eingezäunt waren. Jene meiner Kollegen, welche nach eigenen Angaben nie zuvor Ski gefahren sind, schlossen mit diesen Zäunen schnell innige Bekanntschaft und intensivierten diese bei jeder Gelegenheit. Sie erzielten jedoch erstaunlich schnelle Fortschritte. Ein Grund dafür mochte auch sein, dass man heutzutage mit kurzen Carving Ski die Technik leichter erlernt, als auf den langen Latten des 20. Jahrhunderts. Vielleicht hatten die Kollegen auch dadurch, dass sie alle als Kinder Taekwondo lernen mussten, ein besseres Gleichgewichtsgefühl. Oder es lag einfach daran, dass sie mich angelogen hatten und nicht zum ersten Mal auf Ski standen.

Letzteres sollte sich zumindest bei einigen von Ihnen später bestätigen. Trotz der steilen Lernkurve hatte der Mensch aber recht, der mal behauptet hat, dass sich treffliche Analogien zwischen dem Verhalten einer Person auf der Skipiste und im Straßenverkehr ziehen lassen. Ich äußerte dazu die Vermutung, dass in Korea die japanische Skitechnik dominiert. Die Kollegen machten große Augen und fragten mich erstaunt, ob ich die Stile nach Land unterscheiden kann. Im Allgemeinen kann ich das natürlich nicht. Die filigrane japanische „Kamikaze" Technik erkenne ich jedoch sofort!

Im Übrigen gibt es auch in Korea sehr viele Snowboarder. Diese tragen auch brav weite Snowboardklamotten im Baggy-Style, schließlich gehört auch zum Snowboarden das korrekte Outfit. Wenn die sonst so betont unauffällig gekleideten Koreaner plötzlich modetechnisch alle zu Nachwuchs-Hip-Hoppern mutieren, finde ich das trotzdem wahnsinnig witzig. Genauso komisch fand ich die Tatsache, dass in einem Land, wo sogar in Bus und Bahn sämtliche Fahrkartenkontrollen komplett automatisiert sind, ausgerechnet die Karten für den Skilift, welche quasi in sämtlichen Ländern der Erde automatisch eingelesen werden, noch von Hand kontrolliert wurden! Vor jedem Lift stand tatsächlich eine Person und schaute, ob auch jeder Vorbeikommende eine passende Karte gut sichtbar an der Jacke hängen hatte. Wie das bei richtigem Hochbetrieb vernünftig funktionieren sollte, ist mir schleierhaft.

Nachdem meine Kollegen erst einmal die Erkenntnis verarbeiten mussten, dass ich tatsächlich ganz gut Ski fahren kann, schockierte ich sie auch noch dadurch, dass ich mir keine spezielle Skibrille kaufte. Das war anfangs auch kein Problem, als wir noch unser Leben auf den Kamikaze-Hängen des Anfängerhügels riskierten und ich mich bemühte, einigen Kollegen die Vorzüge des korrekten Pflügens näher zu bringen. Bei schnelleren Abfahrten ohne ständig zu bremsen treibt einem der Wind ohne Brille dann aber doch die Tränen in die Augen, was dem Tragen von Kontaktlinsen nicht unbedingt förderlich ist. Also habe ich das gemacht, was ich früher beim Skifahren auch zu tun pflegte und mir meine Sonnenbrille auf die Nase gesetzt. Die Flutlichter waren aber auch hell!

Danach waren wir noch Galbi (Rippchen) essen, wo man mich wieder erst einmal gewarnt hat, dass das Essen scharf ist. Hatte ich mich in Korea jemals über zu scharfes

Essen beklagt? Nein. Mir ist bei scharfem Essen auch noch nie so der Schweiß ausgebrochen, wie vielen meiner koreanischen Kollegen. Solange es nicht aus dem Meer gezogen wurde, war ich meistens wunschlos glücklich! Diesmal hatte ich mich aber beim Essen dermaßen dämlich angestellt (Rippchen mit Stäbchen festhalten und dabei abnagen ist auch leicht kompliziert), dass ich den Warnungen doch noch recht geben musste. Wenn man es nämlich schafft, sich beim Abnagen der Rippchen Soße ins Auge zu spritzen (Wie? Keine Ahnung. Ich werde nicht versuchen, es noch einmal nachzustellen!), dann brennt es tatsächlich sehr.

Es folgte eine kurze (die anderen mussten Samstagmorgen arbeiten) und relativ schlaflose (diverse Handys klingelten nachts, geschnarcht wurde auch fleißig) Nacht im Jimjilbang und ein Frühstück mit Muschelsuppe. Immerhin habe ich auf das Drängen einiger Kollegen statt Muscheln Sojasprossen in meine Suppe gekriegt. Mein Gruppenleiter wurde trotzdem nicht müde, mich zu möglichst vielen Gelegenheiten in Fischrestaurants zu schleppen, obwohl er sich im Lauf der letzten Monate gemerkt hatte, dass ich Fisch und Meeresfrüchte nicht mag. Dennoch guckten mich aus meinem Süppchen noch genug dieser winzigen weißen Garnelen mit den schwarzen Knopfaugen an, wie auch immer die Viecher heißen mögen. Nicht ganz das, was ich mir unter einem idealen Start in den Morgen vorstelle. Man kommt sich beim Frühstück so beobachtet vor.

Nach einem kurzen Bonusschlaf zu Hause habe ich mich dann noch in die Stadt begeben, um Ersatz für meine mittlerweile durchgescheuerte Jeans zu finden. Dabei musste ich feststellen, dass Markenjeans in Korea weder billig, noch in großer Auswahl in ausländerkompatiblen Größen zu finden sind. Vor allem unterschiedliche Längen waren oft nicht auf Lager, üblicherweise lässt man sich die Jeans dann wohl beim Schneider kürzen. Ich habe nach zwei Fehlschlägen lieber die Kaufhäuser gemieden und ein Geschäft meiner Lieblingsjeansmarke aufgesucht, zum Glück wusste ich inzwischen ja, wo sich so etwas in Busan finden ließ. Dabei ist mir erstmals aufgefallen, wie touristisch das Einkaufsviertel Nampodong im Vergleich zu meinen sonstigen Aufenthaltsorten war, denn dort konnten die Verkäufer teilweise ein wenig Englisch! So etwas begeisterte mich immer wieder. Meine Jeansgröße musste ich trotzdem auf Koreanisch nennen, was erstaunlicherweise sogar gut klappte. Mein Koreanisch war zwar immer noch schlechter als erbärmlich, aber wenigstens die Zahlen funktionierten nun halbwegs! Im Zuge meiner Erkundungen stellte ich zudem fest, dass auch Busan über mindestens einen Elektronikmarkt verfügt. Die von mir entdeckte mehrstöckige „Markthalle" war leider jedoch komplett auf PCs spezialisiert und daher nur mäßig interessant, wenn man nichts Spezielles sucht.

Abends habe ich mich dann noch ein letztes Mal mit Caro getroffen, deren Praktikum bereits endete. Sie war auch recht traurig, Korea bereits wieder verlassen zu müssen. Wir entdeckten bei dieser Gelegenheit erneut, dass wir uns häufig über die gleichen Eigenheiten unserer koreanischen Gastgeber gewundert, geärgert oder amüsiert hatten. Zudem waren wir endlich mal „hot pot" essen, auf Deutsch auch als „Feuertopf" bekannt. Wie das auf Koreanisch heißt weiß ich nicht, es ist auch eher ein chinesisches Gericht und in ganz Asien beliebt. Man sucht sich aus einer Karte die Zutaten aus und kann sich dann am eigenen Tisch einen Eintopf daraus zubereiten. In dem Restaurant, wo wir waren, hat die Bedienung jedoch diese Aufgabe übernommen.

Danach hat Caro mir dann noch eins ihrer Lieblingscafés gezeigt, wo es mich aus eigenem Antrieb niemals hineingezogen hätte. Ehrlich gesagt sind mir diese Dinger bis dahin noch nicht einmal aufgefallen, es gibt aber wohl recht viele davon. Das Gebäude war von außen romantisch-koreanisch (also pseudo-europäisch) dekoriert. So etwas wurde bei mir im Hinterkopf automatisch in die Rubrik „Love Motel" einsortiert und ausgeblendet. Innendrin setzte sich der Kitsch fort und wir wurden von einem Kellner, der mit seiner weiblichen Seite anscheinend noch aktiver in Kontakt stand als viele andere Asiaten, in einem der zahlreichen Séparées mit rosa Spitzenkissen und rosa Vorhängen platziert. Die herzchenumrankten Edding-Graffitis, mit denen sich diverse Pärchen auf den Wänden des Séparées verewigt hatten sprachen Bände über die übliche Kundschaft, es schien aber auch generell bei Mädchen recht populär zu sein.

Der Gruselfaktor war niedriger als bei dem Maid Cafe in Tokio, aber definitiv ebenfalls vorhanden! Ich habe experimentierfreudig einen Mokka-Grüntee bestellt. Leider handelte es sich dabei lediglich um eine abenteuerliche Bezeichnung für japanischen Matcha, also pulverförmigen Grüntee, der nach dem Aufbrühen noch geschäumt wird. Mindestens ein Drittel des Tassenvolumens wurde bei der servierten Variante von einer gigantischen Sahnehaube eingenommen. Was denkbar unpraktisch war, da dazu kein Löffel gereicht wurde. Muss ich nicht nochmal haben.

Die Neuigkeit der Woche lautete übrigens, dass ich im Februar noch umziehen musste. Der Mietvertrag meines Mitbewohners lief nämlich aus, obwohl er mir ursprünglich versichert hatte, dass er die Wohnung erst wechseln würde, wenn ich wieder weg wäre. Die neue Wohnung konnte ich dann auch schon besichtigen. Es war ein etwas kleineres Apartment in einem der frisch fertiggestellten Hässlichhochhäuser. Diese Dinger sind in ganz Ostasien beliebt und erzeugen gerne Déjà-vu-Erlebnisse, da meist direkt mehrere Reihen identischer Hochhäuser hintereinander gebaut werden. Die copy-paste-Ästhetik wird noch dadurch verschlimmert, dass häufig mehrere dieser Hochhausviertel aneinandergrenzen. Theoretisch hätte mich dieser Umzug freuen können, da in Aussicht stand, dass sich unsere Wohnqualität deutlich verbessern würde. Da das Ende meines Praktikums jedoch ebenfalls nahte, hätte ich auf diesen Umzug wirklich gut verzichten können. Der Winter war quasi vorbei, die fehlende Heizung also kein Thema mehr und mit den Ratten in der Decke musste ich mich nun schon so lange arrangieren, dass ich sie auch noch einen Monat länger aushalten würde. Vor allem sollte sich mein Arbeitsweg durch den Umzug deutlich verlängern. Aber immerhin: Ich würde in der neuen Wohnung einen Einbauschrank haben! Einen Schrank! Wo man Sachen reinlegen kann! Und dann macht man die Tür zu! Und die Sachen sind im Schrank! Herrlich!

Ich zweifelte jedoch nicht daran, dass auch diese Wohnung nach spätestens einem Jahr furchtbar aussehen würde. Mein Mitbewohner hatte in den ca. 4 Monaten unserer Koexistenz nämlich noch nie Anstalten gemacht, die Wohnung zu putzen. Höchstens mal sein Zimmer gestaubsaugt. Die Ausnahme war der Brand im Treppenhaus, als ihm keine andere Möglichkeit blieb, als mir zu helfen, überall die Rußschicht wegzuputzen. Das Badezimmer hingegen blieb trotz einiger Reinigungsversuche meinerseits ein ziemlich hoffnungsloser Fall und relativ komplett von einem widerstandsfähigen Kalk-Schmutz-Panzer überzogen.

Unser neues Heim war noch so neu, dass die Einrichtung noch mit Schutzfolie versehen war und es noch jede Menge Baustaub zu entfernen galt. Der Fahrstuhl in dem Gebäude sah trotzdem bereits so aus, als müsste das Haus bald abgerissen werden. Der Grund dafür war jener, dass in Korea Werbung oft an die Wohnungstür geklebt wird. Die Wohnungstüren sind für gewöhnlich aus nicht-austenitischem Stahl gefertigt, Pizzadienste usw. können also einfach Werbung mit einem Magneten an die Tür heften. Die Bewohner machen die Werbemagneten dann ab und hängen sie für den Fall der Fälle an den Kühlschrank. Jetzt war unser neues Wohngebäude aber an-

scheinend so groß, dass es den Mitarbeitern der Liefer-
dienste zu anstrengend war, an jede Tür einen Magneten
zu heften. Stattdessen wurde der ganze Aufzug von innen
mit Aufklebern bepflastert, teilweise war die Werbung
auch einfach mit Edding an die Wand geschrieben! Mir
schien, dass sogar Wohngebäude als Wegwerfprodukte
angesehen wurden.

Schließen möchte ich diesen Eintrag mit einem weiteren Leidensbericht zum Thema Essen. Montagsnachmit-
tags gab es in der Kantine nämlich eine Suppe, deren Inhalt keine leicht identifizierbaren Merkmale wie Tentakel,
Saugnäpfe oder Stacheln aufwies. Stattdessen schwamm
da irgendetwas drin herum, was offensichtlich tierischen
Ursprungs war, aber für mich nicht eindeutig mit bekannten Tieren oder Körperteilen korrespondierte. Von der
Struktur her habe ich auf Kutteln oder Hirn getippt. Es
waren komische gewundene Dinger. Leider habe ich versäumt, das Essen zu fotografieren, um hinterher Mediziner
und Biologen konsultieren zu können. Viele koreanische
Kollegen haben diese Einlage ebenfalls verschmäht. Die
Suppe selbst war dabei schon gewöhnungsbedürftig genug, es handelte sich um eine Zubereitung aus Fischrogen
namens „Al Tang", also quasi Kaviarsuppe. Kulinarisch
gesehen war das wohl nicht meine Woche.

Nachträge
10. Februar

Da der erste Eindruck manchmal täuscht, muss ich an dieser Stelle ein paar meiner ersten Eindrücke von Korea ergänzen oder richtigstellen. Als wichtigste Richtigstellung wäre da die Musik zu nennen, die den ganzen Tag den Bereich um unsere Firma beschallte und mir mit penetranter Regelmäßigkeit auf den Wecker ging – inzwischen kannte ich die Platte. Dank der wortakrobatischen Engrischkunststücke meiner Gesprächspartner und mangels einer besseren Erklärung war ich zunächst zu dem Schluss gelangt, dass die eigentümliche Beschallung der Motivation der Mitarbeiter dienen solle, ähnlich den Aquarien in den Produktionshallen. Die koreanische Angewohnheit, nicht verstandene Fragen mit „ja" zu beantworten, war bei der Aufklärung dieses Mysteriums ebenfalls nicht sonderlich hilfreich.

In Wahrheit sollte uns dieser Krach jedoch weder motivieren, noch stammte er tatsächlich von unserer eigenen Firma. Als Quelle dieser akustischen Tortur entpuppte sich vielmehr eines der benachbarten Unternehmen. Die tägliche Kakophonie sollte nicht zur Arbeit ermutigen, sondern zur Niederlegung der selbigen. Es handelte sich um eine Art Streik, der offensichtlich längerfristig angelegt war! Diese Erkenntnis erklärte auch die komischen Fähnchen am Zaun der betreffenden Firma. Diese wurden jedoch nicht etwa von streikenden Arbeitern geschwenkt, sondern waren nur dort aufgestellt. Mir schien, dass entweder die Koreaner oder ich beim Streiken etwas falsch verstanden haben.

Da wir mittags bei schönem Wetter gelegentlich einen Verdauungsspaziergang einlegten, war ich mittlerweile öfters an dieser Firma vorbeigelaufen - mit Fingern in den Ohren, dort war die Musik nämlich wirklich laut! Dabei sind mir weder Streikposten noch anderweitig nichtarbeitende Menschen aufgefallen. Für mich sah alles nach ganz normalem Arbeitsbetrieb aus, mit Ausnahme der Fähnchen und der nervenzermürbenden Musik. Vielleicht gingen sie ja aus Protest alle schon um 8 Uhr abends nach Hause? Oder sie durften nur nach Feierabend streiken? Womöglich sollte auch die Musik auf Dauer genügen, um die Arbeitgeber zum Einlenken zu bewegen. So etwas müsste allerdings dringend in die Genfer Konvention aufgenommen und umgehend verboten werden! Zumindest haben sie sich nach ein paar Wochen eine zweite CD mit Streikliedern zugelegt. Die alte war da schon so abgedroschen, dass ich freiwillig für eine neue Scheibe gespendet hätte.

Es gab auch noch ein Zelt, welches die Musikanlage beherbergte, aber nie besetzt zu sein schien. Einmal habe ich da jemanden Kaffee trinken sehen. Bei solch effektiver Streikerei schienen mir die Arbeitszeiten und Gehälter in diesem Land nicht weiter verwunderlich. In Anbetracht der damaligen Wirtschaftskrise kann ich nur annehmen, dass sie mindestens bis zum nächsten Konjunkturaufschwung durchstreiken mussten, um etwas zu erreichen. Sie streikten auf jeden Fall schon länger, als mein Praktikum dauerte, also mindestens 5 Monate. Es hätte mich nicht überrascht, irgendwann nach meiner Rückkehr einen TV Bericht darüber zu sehen, dass eine kleine koreanische Firma mit dem längsten Streik der Geschichte im Guinness Buch der Rekorde gelandet ist. Aber vielleicht streiken sie ja noch.

Was uns zur neuen Erkenntnis Nummer 2 bringt, den noch rekordverdächtigeren Arbeitszeiten, als anfangs von mir beschrieben: Koreaner arbeiten nicht nur mindestens 12 bis 14 Stunden pro Tag, dazu den halben Samstag und manchmal sonntags. Nein, sie arbeiten auch noch einmal pro Monat die Nacht durch (zumindest in unserer Firma, ich erwähnte es bereits kurz)! Damit ist immerhin das besondere Privileg verbunden, am nächsten Tag mittags um 12 Feierabend machen zu dürfen. Also ein Arbeitstag von schlappen 28 Stunden und 20 Minuten, inklusive Pausen. Frühstück darf man sich auch noch kurz kaufen gehen. Den Vorteil dieser Regelung verstehe ich allerdings noch nicht so ganz. Gut, die Firma hat auf diese Weise einen kostenlosen Nachtwächter mehr. Aber in der Produktionshalle ist eh immer die Nachtschicht zu Werke (wenn nicht gerade Wirtschaftskrise ist) und normales Wachpersonal sowie einen Hund haben die meisten Firmen auch. Dazu sind die meisten Mitarbeiter sowieso chronisch übermüdet und arbeiten gut und gerne 14 Stunden pro Tag. Ein Tag mit Nachtschicht ergibt also in etwa genau so viel Arbeitszeit, wie zwei lange Arbeitstage hintereinander. Nur, dass der Angestellte dann noch müder ist als sonst.

Womöglich ist es einfach wie bei den diversen Streitkräften dieser Welt: Man wird so lange darauf trainiert, sinnlose Anweisungen zu befolgen, bis sich eine Art bedingungsloser Gehorsam einstellt. Das fügte sich auch gut in die bereits im Abschnitt „Blutwurst und Reiskuchen" beschriebenen, militärischen Gepflogenheiten ein: Einen UvD (Unteroffizier vom Dienst, der Nachtwache hält), hatten wir somit auch! Passend zum Job gab es sogar eine ähnliche Armbinde wie beim Bund.

Da vergleichbare Methoden zur Konditionierung der Schüler im Unterricht ebenfalls üblich zu sein scheinen, könnte an der Sache mit dem Gehorsam sogar etwas dran sein. An koreanischen Schulen nimmt nämlich, wie in vielen weiteren ostasiatischen Ländern, das Auswendiglernen einen sehr hohen Stellenwert ein. Einen Dialog mit den Lehrern im Unterricht gibt es wohl kaum und auch die Prügelstrafe wird, obwohl offiziell abgeschafft, angeblich immer noch häufig praktiziert. Hinzu kommt, dass dort in der Schule niemand sitzen bleiben kann. Wer also später eine Uni besuchen möchte und sich das finanziell leisten kann, der muss sich gegen eine schier endlose Zahl von Mitbewerbern durchsetzen. Aus diesem Grund werden nachmittags nach der Schule oft noch ergänzende Privatschulen besucht, Hagwon genannt, damit die Kinder später eine Chance haben, die Uni-Aufnahmeprüfungen zu schaffen.

Abends gehen viele Kinder dann noch in eine Musik- oder Sportschule. Der Schultag ist daher ähnlich lang, wie die späteren Arbeitstage, wird aber nicht gerade von Selbständigkeit geprägt. Wie effektiv dieses System ist, sieht man daran, dass Korea zwar in der PISA Studie immer ganz vorne mit dabei ist, im ganzen Land aber kaum jemand vernünftig Englisch spricht. Alle, die gut Englisch können, haben das im Ausland gelernt. Dennoch bin ich genug Koreanern begegnet, die sich trotz Sprachaufenthalt im Ausland kaum auf Englisch artikulieren konnten. Dabei sind ZWEI Fremdsprachen an jeder koreanischen Schule Pflicht! Viele hatten sogar Deutsch als zweite Fremdsprache gelernt, versicherten mir auch, dass diese Sprache gar nicht so schwer sei und ihnen viel Spaß gemacht habe. Die meisten dieser Deutschschüler können aber nur noch „Guten Tag" sagen und ein wildes Deklinieren von Artikeln (der, dem, die, das....) von sich geben. Was mich doch stark an der Aussagekraft der PISA Studie zweifeln lässt.

Ideal am koreanischen Bildungssystem ist, dass die weiterführenden Prüfungen an den Unis wohl sehr einfach sind. Wer die Aufnahmeprüfung geschafft hat, der kriegt auch seinen Abschluss. Daher wird in der Universitätszeit hauptsächlich die Freizeit nachgeholt, die man als Schüler versäumt hat. Ist auch verständlich, schließlich gibt es das nächste Mal Freizeit, wenn man in Rente geht. Somit wird das Wichtigste, nämlich das Fachwissen für den späteren Beruf, quasi unter den Teppich gekehrt. Der übliche Universitätsabschluss ist ein Bachelor. Wer einen Master oder Phd (Doktortitel) haben möchte, macht das meistens wohl berufsbegleitend am Wochenende. Je mehr Geld man dabei für diese Fortbildung zahlen kann, umso geringer ist angeblich der Zeitaufwand.

Diese Einblicke in den Alltag von Schülern und Angestellten erklären dann wohl auch die hohe Selbstmordrate in Korea. Die Daten variieren je nach Jahr und Quelle, Korea zählt jedoch unbestritten zu den Weltmarktführern in Selbstmorden. Im Jahr 2017 brachten sich jedes Jahr 24,1 von 100.000 Einwohnern um. In Deutschland waren es nur 9,1 pro 100.000. Für 10- bis 40-jährige war Selbstmord im Jahr 2015 damit die häufigste Todesursache in Korea!

Über alle Altersgruppen verteilt rangierte Selbstmord jedoch „nur" auf Platz 5. Noch mehr Leute sterben nur durch Krebs (Platz 1, es rauchen ja nahezu 100% der Männer und der Umweltschutz ist auch noch stark verbesserungsfähig), Herz-Kreislauf-Erkrankungen (Platz 2, auch nicht verwunderlich dank Rauchen, Stress und mangelnder Bewegung. Schließlich bleibt kaum Zeit für Sport), Gehirnschlägen (Platz 3, vielleicht durch leichten Stress und Schlafentzug gefördert...) und Lungenentzündung (gibt es noch mehr Leute, die nicht heizen, um zu sparen?).

Das grobe Resümee ist also, dass Arbeit in Korea lebensgefährlich ist. Dafür spricht, dass es auch auf Koreanisch ein Wort für „Tod durch Überarbeitung" gibt: Kwarosa. Zum Glück haben Praktikanten weniger Stress. Aber in Verbindung mit der koreanischen Abtreibungswut (siehe entsprechenden Eintrag) könnte der Eindruck entstehen, dass im Land bald ein paar Wohnungen frei werden. Es gibt aber auch viel zu wenig Platz auf dieser kleinen Halbinsel!

Da ich während einer Finanz- und Wirtschaftskrise in Korea weilte, schnellten die Selbstmordraten natürlich besonders in die Höhe. Obwohl es beim Selbstmord ja meist eher bergab geht. Vielleicht war es auch einfach eine andere Form von Ehrgeiz: Wenn die Wirtschaft krankt, dann muss man eben in anderen Disziplinen die Weltspitze erreichen! Die Anzahl der U-Bahn-Springer (toller Begriff, klingt nach einer Extremsportart) stieg nach einer damaligen Nachrichtenmeldung in der Selbstmordsaison 2007/08 um 150%, weswegen in Seoul viele U-Bahn-Stationen verglast wurden. Darüber hatte ich bis dahin nie nachgedacht, aber auch in der Innenstadt von Busan sind die Gleise der wichtigsten Stationen von Glaswänden eingefasst. Die Türen in den Glaswänden öffnen und schließen sich nur, während eine Bahn dahinter hält.

Der Vollständigkeit halber muss ich an finaler Stelle noch anmerken, dass ich zwar in unserer Gegend als einziger westlicher Ausländer einen ziemlichen Exotenstatus genoss, jedoch nach genauer Betrachtung bei weitem nicht der einige Ausländer in unserem Tal war. Insbesondere im Niedriglohnsektor schienen die umliegenden Firmen durchaus eine Nennenswerte Zahl von Nicht-Koreanern zu beschäftigen. Soweit ich es eruieren konnte, handelte es sich dabei überwiegend um Usbeken. Für mich war zunächst die Erkenntnis überraschend, dass es auch aus koreanischer Perspektive noch genug Niedriglohnländer gibt.

Als sich beim abendlichen Kurzeinkauf mal die Gelegenheit für ein Gespräch mit einem Usbeken ergab, erwies sich die Sprachbarriere jedoch als noch unüberwindlicher als bislang gewohnt. Der Kollege aus Zentralasien freute sich offensichtlich, einen anderen Ausländer zu treffen und wollte eigentlich nur wissen, woher ich komme. Leider verstand er jedoch weder Deutsch, noch Englisch. Auch bei Koreanisch winkte er nur ab. Probeweise wiederholte ich jedoch das Wort Deutschland mehrfach in allen drei Sprachen. Wir gingen bereits wieder auseinander, als bei ihm endlich der berühmte Groschen fiel und er mir freudestrahlend mit ausgestrecktem rechten Arm noch einige Heilswünsche hinterherbrüllte. Da ich ihn nicht davon abbringen konnte, das bitte nicht mehr zu tun, ergriff ich bald die Flucht.

Von Hasen und Tigern

12. Februar

Vor langer, langer Zeit in einem weit, weit entfernten Land hat mal jemand beschlossen, dass Märchen immer mit genau dieser Formulierung anfangen. Das gilt aber nur für den Westen. In Korea beginnen Märchen mit der Einleitung „Vor langer Zeit, als die Tiger noch Pfeife rauchten...". Alternativ kann man diese Zeile als Redewendung nutzen, um etwas zu bezeichnen, was altmodisch oder veraltet ist. Daneben gibt es wohl noch eine ganze Reihe weiterer Sprichwörter und Bräuche, welche mit koreanischen Tigern zu tun haben. Irgendwie scheint mir die Story von Tigern in diesem Land jedoch nach wie vor absurd – wahrscheinlich, da es am damit assoziierten Dschungel mangelt und nur wenige Tiger gerne Kimchi mögen.

Dabei hat Seoul mittlerweile seine Tigerschutzmauer eingebüßt, spannenden Großstadtdschungelduellen zwischen koreanischen Tigern und koreanischen Kleinwagen würde also nichts mehr im Wege stehen! Den Kleinwagen gestehe ich dabei keine große Siegeschance zu. Bezeichnend für die koreanische Tigerliebe ist aber mal wieder, dass diese Großkatzen inzwischen ausgerottet sind. Angeblich sogar erst seit dem Koreakrieg. Eventuell gibt es noch einige Tiger in den entlegeneren Bergregionen von Nordkorea, aber die Nordkoreaner haben ganz andere Probleme als in Berggegenden nach Tigern zu suchen. Die betreffende Katzenrasse ist daher auch eher unter der Bezeichnung „sibirischer Tiger" geläufig. Man könnte die Märchen also durchaus auch anders beginnen: „Vor langer Zeit, als es in Korea noch Tiger gab..."

Also, vor langer Zeit, als es in Korea noch Tiger gab, existierte dort trotzdem noch kein Mann im Mond. Auch heutzutage gibt es für Asiaten keinen Mann im Mond. Dafür viele andere Leute. Besonders wichtig ist dabei ein Hase, der auf dem Mond steht und in einem Mörser Wun-

derkräuter stampft. Warum er dies tut ist nicht ganz eindeutig. In der chinesischen Variante der Legende stampft
der Hase Kräuter für die Mondgöttin. Die Japaner und
Koreaner wiederum sind der Ansicht, dass der Hase dort
ganz alleine vor sich hinmörsert.

Laut einem buddhistischen Märchen war der Hase irgendwann mal mit ein paar Freunden unterwegs (je nach
Variante Affe, Otter und Schakal oder Affe und Fuchs)
und begegnete einem hungrigen Bettler. Da Buddhisten
keinem Lebewesen etwas zu Leide tun dürfen und auch
sonst ethisch korrekt handeln sollen, gestaltete es sich
entsprechend schwierig, dem Bettler ein buddhistisch akzeptables Essen zu organisieren. Die anderen Tiere pflück-
ten daher Früchte, aber der Hase konnte nichts finden,
was ihm akzeptabel genug erschien außer ein paar Gras-
halmen. Also beschloss er, dem Bettler Hasenbraten zu
servieren und stürzte sich selbst in ein Feuer. Der Bettler
aber war natürlich kein normaler Bettler, sondern die
buddhistische Gottheit Shakra. Ergo ist dem Hasen nichts
passiert und er wurde als Belohnung für seine Tugendhaf-
tigkeit für alle sichtbar auf dem Mond platziert. Der Rauch
oder Nebel, der das Hasenbild im Mond scheinbar umgibt
ist natürlich der Rauch von dem Feuer, in welches sich der
Hase stürzen wollte.

Ob es nun eine besonders schöne Belohnung ist, bis in
aller Ewigkeit alleine auf dem Mond zu sitzen und Kräuter
zu stampfen, weiß ich nicht. Ich würde den Job noch nicht
einmal als Praktikum machen wollen. In einer Variante
habe ich gelesen, dass aus dem Mörser des Hasen der
Morgentau tropft. Das wäre ja zumindest noch niedlich.
Der koreanisch-japanische Mondhase stampft jedoch angeblich noch nicht mal Kräuter, sondern Reis für die Zubereitung von Reiskuchen. Somit hatte sich für mich auch
die Frage geklärt, warum ein Mondhäschen auf manchen
koreanischen Süßigkeiten abgebildet ist. Was noch viel

wichtiger war: Ich hatte endlich den Witz an den zwei Mashimaro Cartoons mit dem Mond verstanden!

Mashimaro ist ein niedlicher, kleiner, dicker, weißer Comichase, der so etwas wie die koreanische Antwort auf Hello Kitty darstellt. Er wird auf jeden Fall ähnlich erfolgreich in Korea vermarktet. Bekannt geworden ist der Hase durch ein paar kurze Animationsfilme im Internet, die sich hauptsächlich durch Fäkalhumor auszeichnen. In Australien ist das Häschen daher angeblich auch als Shit Rabbit bekannt. Seinen Originalnamen hat der Hase allerdings von der Nichte oder dem Neffen des Zeichners bekommen, da das Kind das amerikanische Wort „marshmallow" nicht aussprechen konnte und daraus Mashimaro gemacht hat. Das Viech sieht sogar ein wenig aus wie ein Marshmallow. Es gibt auch noch einen dümmlicheren braunen Hasen, der Mashimaro sehr ähnlich sieht und versucht, diesen nachzumachen. Der braune Hase hört dabei auf den Namen Chocomaro.

Wer neugierig ist, sollte sämtliche Mashimaro-Folgen im Internet leicht aufstöbern können. Die Folgen sind sehr kurz und lassen sich daher in wenigen Minuten schauen. Die 2 „Parodien" mit Chocomaro sollte man aber erst nach den Originalen angucken, sonst sind sie nicht lustig.

Aber kehren wir zurück zum Mondthema: Der Erdtrabant bescherte mir im Februar einen weiteren koreanischen Feiertag, an dem allerdings gearbeitet werden musste. Arbeit macht auch die Aussprache des Namens dieses Tages, er nennt sich nämlich Jeongwol Daeboreum! Auf Deutsch bedeutet das so etwas wie „großer Vollmond", habe ich mir sagen lassen. An diesem Tag gehen angeblich alle Leute nachts raus und bestaunen den ersten Vollmond des neuen Mondjahres – immerhin schrieben wir erst seit kurzem das Jahr 2553 nach buddhistischer Zeitrechnung! Wer den Vollmond als erstes sieht, hat angeblich den Rest des Jahres Glück. Dank der paradiesischen Arbeitszeiten in unserer Firma war der Mond längst am Himmel erschienen, als wir Feierabend machen durften. Für das Glück des Betriebs im kommenden Jahr standen die Vorzeichen somit denkbar schlecht. Gefeiert hat auch kein Kollege den ich kenne, es ist wohl eher ein Fest für überzeugte Buddhisten. Im Fernsehen wurde der große Vollmond allerdings ausgiebig präsentiert und kommentiert, während der gleiche Tag in China angeblich recht groß gefeiert wird und quasi das offizielle Ende der Neujahrsfeierlichkeiten darstellt.

Leider konnte ich also keinen Feierlichkeiten zum Vollmondtag beiwohnen, traditionell sind jedoch viele kuriose Bräuche zu beachten. Zum Beispiel soll man an diesem Tag keine Hunde füttern, weil sie sich sonst Ungeziefer zuziehen und im Sommer krank werden. Ob man sich vor koreanischen Gremlins fürchten muss, falls die Hunde dann auch noch nass werden, konnte ich nicht in Erfahrung bringen. Ein weiterer Brauch ist das Nussknacken mit den Zähnen. Was der Valentinstag für die Floristen ist, das ist der erste Vollmond des Mondjahres also quasi für die Zahnärzte. Der Valentinstag wird in Korea übrigens auch gefeiert, unabhängig davon, dass am 11.11. schon Waffelstäbchentag war. Dabei wird jedoch immer betont, dass es sich um den St.Valentinstag handelt, man scheint die Einführung dieses amerikanischen Brauches also irgendwie christlich-religiös legitimieren zu wollen. Im Endeffekt unterscheiden sich Valentinstag und Pepero Tag (11.11.) aber nur durch die Form der verschenkten Süßigkeiten.

Am Tag vor St. Valentin, passenderweise Freitag dem 13., hat es zur Abwechslung so richtig geregnet und gestürmt – bis dahin waren wir von größeren Wetterkapriolen verschont geblieben. Die volle Macht der Naturgewalten bekam ich nachts zu spüren, da unsere Wohnung extrem zugig war und die Schiebetüren meines Zimmers viel Spiel in ihren Führungen hatten. Es klang daher die ganze Nacht so, als würde jemand ununterbrochen an beiden

Außentüren meines Zimmers rütteln. Das unregelmäßige Geklapper der Türen wurde nur dann durchbrochen, wenn die koreanischen Windgötter kurz Luft holen, um einen besonders heftigen Windstoß loszuschicken. In diesem Fall wurden die Türen so stark in ihren Führungen herumgeschlagen, dass es klang, als hätte jemand mit voller Wucht dagegengetreten. Als Bonus waren unsere Haustiere, die Ratten, bei diesem Wetter besonders unruhig und bemühten sich, möglichst viel Krach zu machen. Teilweise taten sie das so erfolgreich, dass ich mich erst einmal bei Licht davon überzeugen musste, dass das Kratzen und Schaben tatsächlich nur aus der Decke kam und ich keine Ratte im Zimmer hatte. Die Kombination aus lautem Türknallen und dem Gefühl, Ratten im Zimmer zu haben, ist einer geruhsamen Nacht nicht unbedingt förderlich. Ich glaube, da habe ich sogar auf diversen Rockfestivals schon besser geschlafen! Ein einschläfernd tuckernder Dieselgenerator oder ein paar beruhigende „Helga!" Rufe hätten diesmal die Nachtruhe sogar eher begünstigt.

Als ich am Morgen nach jener unruhigen Nacht den ersten Schritt vor die Tür machte, war der Grund für den Sturm auch sofort klar: Noch einen Tag vorher war es überraschend wieder so kalt, dass ich meinen Atem sehen konnte. Eine stürmische Nacht später herrschten morgens wieder 15°C Außentemperatur.

Beim diesmaligen ABC-Schützenfest hatte eine Imbissbude am Bahnhof von Busan für mich den absoluten Engrischvogel abgeschossen. Und zwar mit dem Namen „Coffee in Sandwiches". Ich glaube, das Ding sollte mal kurz „Coffee 'n Sandwiches" heißen, aber für Geschäftsleute, die es WIRKLICH eilig haben, wäre Kaffee im Brötchen vielleicht mal eine Innovation. Quasi so ähnlich wie der „beer cake", der in der Innenstadt von Busan ebenfalls beworben wird...

Weitere kuriose Entdeckung: Eine Tierhandlung, in der weiße Igel als Haustiere angeboten werden. Das Streicheln stelle ich mich schwierig vor.

Templestay – Teil 1
14. Februar

In Korea bieten einige buddhistische Tempel die Möglichkeit, einen Tag oder länger am Tempelleben teilzunehmen, um zu erfahren, wie es sich als buddhistischer Mönch so lebt. Das Ganze wird unter dem Begriff „Templestay" beworben. So einzigartig, wie mein Reiseführer für den einsamen Planeten behauptete, ist das Konzept aber nicht. In Japan beispielsweise gibt es nämlich ein ähnliches Programm, wie auch die japanische Ausgabe des Lonely Planet zu berichten weiß. Da dies nicht das erste Detail im Reiseführer war, das so nicht ganz zutraf, stand ich dem Buch inzwischen mit einiger Skepsis gegenüber. Abgesehen davon wurde es mir langsam fast peinlich, damit gesehen zu werden. Wer ein wenig die Augen offen hält, merkt in Korea nämlich schnell, dass fast sämtliche westlichen Touristen mit identischen bunten Reiseführern ausgerüstet sind und gleich willenlosen Zombies den Anweisungen ihrer Bücher folgen, als wären sie ihnen auf Steintafeln vom Himmel gereicht worden. Einige Infos in dem Führer waren dennoch wirklich hilfreich und da Korea als Reiseland wirklich nicht sonderlich beliebt ist, mangelt es schlicht an aktuellen und brauchbaren Alternativen.

Zurück zum Tempelaufenthalt: Wenn man darüber nachdenkt, ist so etwas sogar in Deutschland machbar und üblich. Es gibt genug Gemeinden und kirchliche Schulen, die Klosteraufenthalte organisieren. Auch wer auf Wallfahrt geht übernachtet oft im Kloster. Und spätestens seit Hape Kerkelings Buch über esoterische Erfahrungen auf dem Jakobsweg hat das Pilgern ja quasi ein Revival erlebt. Für meinen Teil muss ich zugeben, dass ich so etwas zu Schulzeiten gemieden habe, wie der Teufel das Weihwasser und dem Buch von Herrn Kerkeling nur wenig abgewinnen konnte, mich also auch nichts auf den Jakobsweg zieht.

Allerdings haben wir während des Wehrdienstes mal ein Angebot zu einem mehrtägigen Aufenthalt in einem Kloster im Saarland genutzt. Natürlich mit dem Hintergedanken, dass ein paar Tage Kloster besser sind als ein paar Tage Kaserne. Aber ich habe damals in diesem Kloster wirklich einige der nettesten und freundlichsten Menschen getroffen, die mir jemals begegnet sind, was mich so nachhaltig beeindruckt hat, dass ich es immer wieder erzähle! Bei den einfachen Mönchen kann sich meiner Meinung nach so mancher hochgeistiger Theologe ein paar dicke Scheibchen abschnippeln! Ein wenig vorgelebte christliche Nächstenliebe würde womöglich auch der wachsenden Zahl freiwilliger Kirchenaustritte entgegenwirken.

Von koreanischen Christen war mein Eindruck, dass sie die Regeln ihrer jeweiligen Konfessionsrichtung als eine Art technische Anleitung zur Erlangung der Erlösung zu betrachten scheinen. Quasi wie bei uns im Mittelalter, nur ohne Ablasshandel. Uns so rennen viele koreanische Christen tatsächlich dreimal pro Sonntag in die Kirche und beten fünfmal pro Tag, um auch ja in den Himmel zu kommen. Außerdem machen sie es sich zur Aufgabe, Andersgläubige zu missionieren. Besondere Nächstenliebe und Zufriedenheit habe ich bei diesen Menschen trotzdem nicht entdecken können. Die christliche Pflichtergebenheit äußerte sich dafür auf kuriose Weise im koreanischen Alltag: Einer meiner Kollegen ist einmal fast in Panik verfallen, als ihn jemand mit einem katholischen Mädchen verkuppeln wollte. Er hatte tatsächlich furchtbare Angst, ständig in die Kirche gehen und beten zu müssen. Christliche Hochzeiten, die unter Umständen über eine Stunde dauern können und bei denen man sich bitte nicht laut unterhalten soll, stießen ebenfalls auf vehemente Ablehnung und Unverständnis. Dennoch schienen mir die Buddhisten in diesem Land teils christlicher zu sein als die Christen. Zudem kann religiöse Toleranz in Zeiten islamischer Selbstmordattentäter, rechtsradikaler Bischöfe und eines in Tibet unerwünschten Dalai Lamas meiner Meinung nach gar nicht groß genug geschrieben werden. Und neugierig bin ich sowieso. Also habe ich mich endlich zu einem Templestay angemeldet und einen Tag im Golgul-Tempel nahe Gyeongju verbracht.

Nach Golgulsa wollte ich aus verschiedenen Gründen. Zum einen war Caro nur wenige Wochen vor mir dort und wusste nur Gutes zu berichten. Zum anderen war Golgulsa einer der wenigen Tempel mit englischsprachiger Betreuung, außerdem relativ nah und nicht so groß und von Touristen überlaufen wie beispielsweise Beomeosa in Busan. Hauptgrund war aber wohl, dass in diesem Tempel Seonmudo unterrichtet wird!

Seonmudo, manchmal auch Bulmudo genannt, ist eine Kampfkunst ähnlich jener der Shaolin-Mönche in China. Dazu muss ich kurz erwähnen, dass ich während meines Studiums jahrelang und mit großer Begeisterung den koreanischen Kampfsport Taekwondo ausgeübt habe. Da ich in Sachen Taekwondo in Korea überhaupt nicht auf meine Kosten kam, bot sich so für mich endlich eine Gelegenheit, ein wenig Kampfsport in Korea zu machen! Doch dafür musste ich erst einmal den Weg zum Tempel finden. Theoretisch war das natürlich kein Problem! In der Praxis liegt Golgulsa jedoch ziemlich weit außerhalb von Gyeongju und man sollte auf jeden Fall den Busfahrer auf den Tempel ansprechen, wenn man nicht an der falschen Haltestelle aussteigen will. Vor allem, da die Ansagen der Haltestellen, sofern der Busfahrer diese überhaupt einschaltet, sehr schwer zu verstehen sind und die zwei Tempel Girimsa und Golgulsa auch an einer anderen Haltestelle angesagt werden. Aber mit ein wenig Armwedeln und unter grober Missachtung koreanischer Grammatik bin ich doch irgendwie zum Ziel gekommen.

Erste Feststellung: Der Tempel war nicht ganz so unbekannt, wie erhofft und ziemlich gut besucht. Da ich bis zum ersten Programmpunkt noch etwas Zeit totzuschlagen hatte, war ich erst einmal wahnsinnig genervt von den Massen koreanischer Wochenendausflügler. Es waren zwar bei weitem nicht so viele Besucher wie in den großen Tempeln, aber in einem kleinen Tempel kann man dafür nirgendwohin flüchten, um seine Ruhe zu haben – es sei denn, man möchte trotz Sonnenschein lieber im Zimmer hocken.

Hinzu kam, dass man mich beim „Einchecken" über die Tempeletikette aufgeklärt hatte, die eigentlich wenig Erstaunliches beinhaltete: Die Mönche freundlich grüßen, kein Alkohol, nicht rumbrüllen, etc. Da aber, wie bereits mehrfach erwähnt, viele Koreaner ab einem bestimmten Alter aufhören auf Regeln zu achten und anfangen, sich nach Herzenslust schlecht zu benehmen, konnte man im Tempel genug Ajeossis und Ajummas in Wanderklamotten beobachten, die einem vormachten, wie es nicht geht. Da wurde kreuz und quer durch den Tempel gebrüllt („Wir sind noch hier oben beim Buddhaaaaaa!!!"), mit dicken Wanderschuhen in Bereichen herumspaziert, die nur mit Socken betreten werden sollten und so viel geschubst und gedrängelt, wie sonst noch nicht mal in der U-Bahn. Das erklärte vermutlich auch den Zeitplan der Mönche, der das Aufstehen um 4 Uhr morgens beinhaltete. Um die Uhrzeit hat man wenigstens seine Ruhe.

Aber der Reihe nach: Als Templestay-Teilnehmer erhält man bei Ankunft einen Zeitplan, der angibt, wann und wo man zu erscheinen hat, um an verschiedenen Tagesaktivitäten teilzunehmen. Wer zu spät oder gar nicht auftaucht, muss zur Strafe 1080 Verbeugungen machen, also aus dem Stand hinknien, bis zum Boden verbeugen, aufstehen, wiederholen. Wer gar den Morgengesang um 4:30 Uhr verpasst, muss dafür 3000 Verbeugungen machen. Juhu!

Erster Programmpunkt für mich war das Abendessen im Tempel. Buddhisten, besonders Mönche, ernähren sich grundsätzlich vegetarisch. Das störte mich erst einmal gar nicht, dann ist nämlich wenigstens mal kein Fisch im Essen. Da das meiste Gemüse auch noch selbst angebaut und/oder selbst eingelegt gewesen sein dürfte, hat es bei den Mönchen sogar wesentlich besser geschmeckt als in der Firma. Einzige Ausnahme bildete vielleicht die Seetangsuppe, da ich nun mal kein großer Fan von Seetang bin. Im Tempel aßen Männer und Frauen an getrennten Tischen. Dabei galt eine für Koreaner ganz ungeheuerliche Regel: Man muss alles aufessen, was man sich nimmt! Das mache ich eigentlich sowieso immer. Meine Kollegen ließen jedoch regelmäßig beim Essen jede Menge Reste an die Küche zurückgehen, obwohl das zwischenzeitlich in unserer Firma sogar verboten wurde. Dabei musste man sich dank Selbstbedienung eigentlich auch nur so viel nehmen, wie man tatsächlich essen mochte. Für besonders hungrige gab es zudem jederzeit kostenlos mehr Reis oder Beilagen – das gilt sogar in vielen normalen Restaurants! Diese Methode war mir definitiv lieber als das lieblose Austeilen riesiger, da preiswerter Portionen der Sättigungsbeilagen in meiner damaligen deutschen Uni-Mensa, wo einem hinterher eher übel war, wenn man tatsächlich alles verdrückte.

Nach einer kurzen Verdauungspause ging es in Trainingsklamotten ab zur Seonmudo Schule, welche dem Tempel angeschlossen ist. „Seon" ist übrigens die koreanische Schreibweise von „Zen", in Golgulsa wird also Zen-Buddhismus praktiziert. Ein kurzes Video zur Einführung von Seonmudo war schon einmal recht eindrucksvoll. Live-Vorführungen gab es leider nur sonntags. Danach konnte beim Abendgesang der Mönche schon mal das rhythmische Verbeugen geübt werden. In einer Sporthalle tendiert der fremdartig-mystische Reiz buddhistischer Mönchgesänge allerdings stark gegen Null. Außerdem habe ich mich teilweise wirklich gefragt, ob der vorsingende Mönch sich den Text nicht einfach ausdenkt, weil das Gemurmel eh keiner versteht. Soweit es mich angeht hätte er jedenfalls das Fernsehprogramm der letzten Woche rezitieren können, ohne dass ich eine Silbe verstanden hätte. Danach folgten ein paar Dehnübungen, die einem schon beim Zuschauen die Tränen in die Augen treiben konnten – vor allem wenn man, wie ich, so etwas seit geraumer Zeit nicht mehr gemacht hatte! Den Kopf- bzw. Handstand habe ich zu meinem eigenen Erstaunen sogar fast hinbekommen, bin allerdings zur Freude aller Anwesenden dann im Zeitlupentempo langsam umgekippt. Das hätte ich sehr gerne auf Video gehabt, es muss sehr lustig ausgesehen haben - vor allem der Übergang des Gesichtsausdrucks von „wow, es geht ja" zu „nein... nein.... aaaah, Hilfeeeee!".

Danach ging es dann ans Eingemachte. Der Trainer für die Anfänger war Franzose und konnte sowohl vernünftig Englisch wie auch einigermaßen gut Koreanisch. Wie es den Mann zum Seonmudo Training in einen kleinen koreanischen Tempel verschlagen hat, konnte ich ihn leider nie fragen, da er offensichtlich leicht davon genervt war, täglich den gleichen Text für Besucher auf Englisch und Koreanisch herunterzuleiern. Sonst war er aber recht nett und hat auch alles ganz gut erklärt. Außerdem kann ich nicht leugnen, dass es amüsant war, ihm zuzuhören, wie er versuchte, möglichst wenige englische Worte mit „th" zu verwenden, da dieser Laut wohl eine Herausforderung für französische Zungen darstellt.

Wer auch immer im Lonely Planet geschrieben hat, dass Seonmudo und Taekwondo sich ähneln, hat aber mal wieder keinen Schimmer davon gehabt, wovon er schrieb. Gut, beides sind Kampfsportarten und es gibt zwangsläufig nur eine begrenze Anzahl von Möglichkeiten, um verschiedene Tritte und Schläge auszuführen. Insgesamt ähnelt Seonmudo für den Zuschauer aber viel mehr den altertümlichen chinesischen Kung Fu Techniken, die so gerne in alten Hong Kong Filmen verarbeitet wurden. Viele Bewegungen sind nämlich auch bei Seonmudo dem Tierreich entnommen, es werden z.B. Schlange und Affe nach-geahmt. Allgemein ist es wesentlich weniger praxisorien-tiert als Taekwondo. Wobei praxisorientiert vielleicht ein schlechtes Wort ist, denn auch Taekwondo ist, im Gegen-satz zu anderen modernen Systemen, nicht unbedingt gezielt auf Selbstverteidigung in realistischen Situationen ausgelegt, sondern mehr als Wettkampfsport. Es verzich-tet daher beispielsweise auf tiefe Tritte, die allzu schnell zu Gelenkverletzungen beim Getroffenen führen können. Dennoch sind Tritte, Schläge, Stellungen und Verteidi-gungen beim Taekwondo darauf ausgelegt, dass man sie schnell und effektiv einsetzen kann.

Beim Seonmudo wird hingegen mehr Gewicht auf Sym-bolik, Gleichgewicht und Körperkontrolle gelegt. Es sind teilweise sehr viele Zusatzbewegungen zu absolvieren, bevor man tatsächlich so etwas wie einen Tritt oder einen Schlag ausführen darf. Für meditative Zwecke, denen es schließlich dienen soll, ist Seonmudo sicherlich geeigne-ter. Ich wage sogar zu behaupten, dass es schwerer zu er-lernen ist, viele Techniken sind nämlich (absichtlich) ext-rem umständlich ausgelegt und stellen hohe Ansprüche an Gleichgewicht und Koordination.

Für mich war es vor allem schwierig, einige Kleinigkei-ten, die ich beim Taekwondo jahrelang anders üben muss-te plötzlich abzuändern. Schließlich wiederholt man bei solchen Sportarten nicht grundlos alle Techniken so lange, bis man ohne Nachdenken alles richtig macht! Weiterhin eindrucksvoll fand ich, dass der Abt/Großmeister einen Teil der Fortgeschrittenen selbst unterrichtet hat. Und zwar bei aktiver und korrekter Vorführung der Techniken! Ich weiß zwar nicht, wie alt der Mann genau war, aber wer mit geschätzten 60 Jahren noch Problemlos Akrobatik vollführen kann, die ich wahrscheinlich nie können werde, hat meinen Beifall!

Zu meiner großen Enttäuschung hat aber niemand Feuerbälle geschleudert oder versucht, uns selbiges beizubringen. Ich sehe da noch Verbesserungsspielraum.

Nach dem Training ging es ab unter die erfreulich warme Dusche und dann ins Bett. Mein Zimmer besaß einen Kleiderständer und zwei Bambusstangen zum Aufhängen von Klamotten, außerdem ein Bänkchen, auf dem Decken und Kopfkissen zum Schlafen gestapelt waren. Das war's. Dafür war immerhin der Fußboden geheizt. Es war somit gemütlicher als mein Zimmer in Busan und bis auf das fehlende Bett quasi gleichwertig eingerichtet! Fenster und Tür hatten eine „Verglasung" aus Papier und führten unmittelbar nach draußen. Nur die Kopfkissen waren mir etwas suspekt. Sie raschelten und fühlten sich so an, als wären sie mit getrocknetem Laub gefüllt. Ich habe sie allerdings nicht auseinandergenommen, um nachzugucken.

Nachtruhe ist im Tempel übrigens um 10, Aufstehen dann um 4 Uhr morgens. Buddhistische Mönche schlafen also nie länger als 6 Stunden am Stück. Auf Dauer wäre mir das ein Bisschen zu wenig, aber vielleicht legen sie ja heimlich ein Nickerchen am Nachmittag ein oder so. Es wäre ansonsten ein Erklärungsansatz dafür, warum die Buddhisten der Meinung sind, dass das Leben hauptsächlich aus Leid besteht.

Einen Wecker braucht man im Tempel jedenfalls nicht, um 4 Uhr morgens läuft nämlich ein Novize mit Holzglocke durch die Gegend und verursacht mit diesem Instrument einen erstaunlichen Lärmpegel. Wer das entfernte Geklopfe (und Gesinge? Ich weiß nicht mehr mit Sicherheit, ob er dazu gesungen hat, es war wirklich sehr früh am Morgen) am anderen Ende des Tempels noch nicht vernimmt, der wacht spätestens dann auf, wenn der junge Mann mit seinem Holzinstrument direkt vor der eigenen Papiertür auf und ab wandert und zur Sicherheit mit voller Hingabe noch etwas fester auf die Glocke klopft. Außerdem stellt man spätestens zu dieser Uhrzeit fest, dass sie nachts die Fußbodenheizung ausschalten, es hält einen also sowieso nicht mehr sehr viel im Bett bzw. auf dem Fußboden.

Nebenbei: Ein Unterschied zwischen buddhistischen Mönchen und ihren christlichen Pendants ist, dass die Gelübde der Buddhisten nur für die Dauer der Ordenszugehörigkeit gelten. Es ist daher durchaus üblich, dass Buddhisten nur einen Teil ihres Lebens als Mönch verbringen und danach den Orden wieder verlassen. Sogar mehrfache Eintritte sind möglich!

Templestay – Teil2
15. Februar

Nachdem ich zu geradezu unchristlicher, jedoch sehr buddhistischer Zeit um 4 Uhr morgens aus dem Bett getrommelt worden war, begann der Morgen (die Nacht?) wieder mit Gesang. Die koreanische Schrift Hangeul konnte ich inzwischen recht gut entziffern. Zumindest gut genug, um im Bus bei voller Fahrt die Namen von Bushaltestellen oder Hinweisschildern lesen zu können – was manchmal wirklich wichtig war! Die ausgeteilten buddhistischen Sutren wurden beim Morgengesang jedoch dermaßen schnell heruntergerasselt, dass ich noch nicht einmal annähernd mitlesen konnte, geschweige denn hätte mitsingen können, selbst wenn ich das gewollt hätte. Teilweise hatte das Ganze eher etwas von buddhistisch-koreanischem Rap.

Die zwei mit Gebetsperlen-Halsbändern versehenen Tempelhunde, die dem Tagesablauf größtenteils folgten und meist brav vor der Tür warteten, schienen auf jeden Fall eine ziemliche Vorliebe für den Morgengesang zu haben. Sie haben sich im hinteren Teil des Raums zusammengerollt und nach einer Weile genau das gemacht, was alle Anwesenden zu dieser Uhrzeit gerne gemacht hätten: Geschlafen.

Die meisten Mönche haben sich nach einer Weile dann in einen anderen Teil des Tempels verdünnisiert, um dort weiterzusingen oder zu meditieren. Für uns Laien sollte eine Sitzmeditation folgen. Nun hatte uns der französische Trainer am Vorabend zwar hastig den Ablauf einer solchen Meditation nebst einer meditativen Bewegungsabfolge von ca. 20-30 Handbewegungen gezeigt, so schnell blieb das Ganze bei mir jedoch leider nicht im Gedächtnis haften. Mein koreanischer Nebenmann hat sich direkt professionell positioniert und mit einer zusätzlichen Decke ausgerüstet, also dachte ich mir „OK, der weiß an-

scheinend was er tut, da kannst Du Dir zur Not was abgu-
cken". Nach ein paar kurzen Entspannungsanweisungen
klopfte der verbliebene Mönch dann mit seinem Bambus-
stab dreimal auf den Boden und verkündete, dass wir nun
mit der Meditation beginnen sollen. Wie denn, jetzt los-
meditieren? Meine Augen wanderten zum Nebenmann.
Der brach auch spontan in Aktivität aus, kramte unter
seiner Decke ein Handy hervor und fing an, Kurznachrich-
ten zu texten. Sehr hilfreich. Bis auf die nervigen Handy-
Tippgeräusche neben mir war es aber recht entspannend.
Komischerweise war ich noch nicht einmal besonders müde, fühlte mich hinterher aber auch nicht erleuchteter als
vorher.

Mit weiterem Bambusstabstampfen wurde die Meditation beendet. Überhaupt fuchtelte in diesem Tempel bei
fast jeder Veranstaltung jemand mit einem großen Bam-
busstab herum und klopfte damit, um Signale zu geben,
auch beim Seonmudo Training. Ich hatte ehrlich gesagt
beim Training am Vortag schon Bedenken, ob der Bam-
busstab auch für rabiatere Erziehungsmethoden Verwendung finden würde. Zumindest während meiner Anwesenheit wurde jedoch niemand damit fromm geklopft.

Es folgte eine kurze Pause im Tagesplan, während der
einige Teilnehmer etwas Schlaf nachgeholt haben. In Ermangelung eines Weckers habe ich darauf lieber verzichtet, schließlich wollte ich keine 1080 Verbeugungen zur
Strafe riskieren. Es folgte eine buddhistische Essenszere-
monie namens „Balwoogongyang". Zu dieser erhielten wir
eine kurze Einweisung von unserem französischen Freund,
der an diesem Tag etwas besser gelaunt war. Die gute
Laune würde ich darauf zurückführen, dass er vermutlich
nicht um 4 Uhr aufstehen musste. Auch diverse Internats-
schüler der Seonmudo-Schule haben sich erst dann dazu-
gesellt. Grundgedanke des Balwoogongyang ist, dass man
das Mahl mit sauberem Geschirr und reinem Wasser beginnt und dass abschließend ebenfalls nur sauberes Ge-

schirr und reines Wasser übrigbleibt. Man muss beim Aufdecken einer bestimmten Reihenfolge folgen, darf die ganze Zeit nicht sprechen und kein Essen übriglassen. Außerdem hielt ich es für ziemlich ironisch, dass man sich zwar an Gemüse nehmen kann was man möchte, aber mindestens 1 Stück Kimchi dabei sein muss, sonst kann man das Ritual nicht ordnungsgemäß beenden. Anscheinend geht in Korea noch nicht einmal Religion ohne Kimchi!

Den Kimchi benötigt man, um damit seine Schale am Ende des Rituals auszuwischen, wonach das Stück Kimchi verzehrt werden darf. Daraufhin wird die Schale mit Wasser ausgespült und dieses wird eingesammelt. Der Abt kontrolliert dann das Wasser und wenn es nicht sauber genug ist, wird es wieder ausgeteilt und alle müssen das schmutzige Wasser zur Strafe trinken. Ist bei uns nicht passiert, die wassersammelnden Mönche haben aber aus eigenem Interesse das Wasser der anderen Teilnehmer sicherheitshalber so abgeseiht, dass jeder einen Schluck zum Trinken übrigbehielt, in dem sich eventuelle Reste wie Reiskörner oder Gewürze sammeln konnten.

Während des ganzen Vorgangs durfte nicht geredet werden und es sollten möglichst keine Geräusche gemacht werden. Obwohl Männer und Frauen getrennt saßen, befanden sich alle auf gleichem Niveau. Auch der Abt bekam dabei keinen gesonderten Platz oder anderes Essen. Die Zeremonie dauerte wesentlich länger als ein normales Essen, obwohl es sich dabei angeblich um die kürzeste Variante des Balwoogongyang handelte. In Golgulsa wird nur sonntags so gefrühstückt, in einigen anderen Tempeln wird hingegen jedes Mahl auf diese Weise durchgeführt.

Nach einer Verdauungspause war der Nächste Programmpunkt Teetrinken mit einem Mönch. Der Mann konnte zwar leider kein Englisch, aber eine Koreanerin mit längerem Templestay-Aufenthalt hat für ihn übersetzt. Beim Teetrinken habe ich vor allem eins bestätigt gefunden: Koreanische Frauen reden wirklich viel, wenn man sie dazu auffordert! Die Story, die die meistredendste Frau erzählte, entbehrte jedoch nicht einer gewissen, wenn auch unfreiwilligen Komik. Sie erzählte, dass einer ihrer Söhne extrem unordentlich sei, jedoch genauso einen Dickkopf besäße wie sie. Daher stritten sich Mutter und Sohn ständig, da sie wollte, dass er seinen Kram aufräumt und er dazu keine Lust hatte, was weltweit täglich in etwa milliardenfach passieren dürfte. Um ihre Ruhe zu haben, hat die Familie der Frau innovativ gehandelt und Mama eine Woche ins Kloster geschickt, damit sie lernt, sich zu entspannen und aufhört, sich aufzuregen. Nach der Woche hat die Familie sie besucht und beschlossen, dass eine weitere Woche Kloster noch besser für sie wäre! Ich musste mich an dieser Stelle der Erzählung extrem bemühen, mit ernsthafter Miene weiterhin meinen Tee zu schlürfen – vor allem, als eine zweite Frau dann ebenfalls anfing, sich über ihre unordentlichen Kinder aufzuregen.

Der Mönch hat dazu übrigens gesagt, dass man sich nicht zu sehr an seine Kinder klammern soll, weil sie sowieso irgendwann erwachsen werden und das Haus verlassen. Das war zwar eine sehr buddhistische Antwort, mir aber irgendwie eher unsympathisch. Andererseits scheinen viele Ostasiaten ja derartige Weisheiten zu befolgen: Lächeln und Abwarten, die Probleme werden sich schon irgendwann von selbst lösen. Den Anwendern beschert dieses Vorgehen möglicherweise innere Ruhe, die davon Betroffenen treibt es aber mit Sicherheit in den Wahnsinn!

Sehr angetan war ich von den Teeschalen, die bei dieser Gelegenheit verwendet wurden. Die Teeschalen waren mit einer Glasur versehen, welche auf der Innenseite ein blasses, spiralförmiges Muster aufwies. Der geringe Kontrast zwischen diesem Muster und der Grundfärbung der Schale führte dazu, dass sich ein besonderer optischer Effekt ergab: War die Schale mit Tee gefüllt, so wurde die Spirale zum Zentrum hin zunehmend undeutlicher und war in der Mitte der Schale schließlich nicht mehr zu erkennen. Das Muster verlor sich somit langsam im Tee, wenn der Blick der Spirale folgte. Auf dem Boden hockend, mit einer warmen und duftenden Schale Tee in den Händen, lud diese Glasur förmlich dazu ein, in der Betrachtung der Teeschale zu versinken und den eigenen Gedanken nachzuhängen. Die Schalen schienen zudem handgetöpfert zu sein und passten ideal in die Kontur der eigenen Hand. Hätte ich diese Schalen in irgendeinem Geschäft gefunden, würde ich daraus nun zu Hause meinen Tee genießen!

Nach dem Tee war mein Templestay leider schon wieder fast vorbei. Theoretisch stand an dieser Stelle Seonmudo Training, aber anscheinend machten sie das sonntagmorgens nicht mehr. Da ich keine Lust hatte, bis zum Mittagessen in meinem Zimmer zu hocken, habe ich mich bereits am Vortag für eine horrende Gebühr von 5 Euro zu einem „kostenpflichtigen" Ausflug angemeldet, der um diese Zeit angeboten wurde. Eigentlich gab es für diesen ein Minimum von 5 Teilnehmern und es wollte nur noch die Frau mit dem unordentlichen Sohn mit, aber ich glaube, um uns einen Gefallen zu tun, haben sich noch ein paar Tempeldauergäste dazugesetzt. Was wirklich ein feiner Zug von ihnen war!

Wir sind dann mit dem Tempelbüsschen zum Strand gedüst, um das Unterwassergrab von König Munmu anzugucken. Munmu, nicht Mumu! Dabei handelte es sich um das angeblich weltweit einzige Grab, das absichtlich unter Wasser angelegt wurde. Der Legende nach wollte der König im Ostmeer bestattet werden, weil er den starken Drang hatte, Korea zu beschützen. Von einer Bestattung in diesem Meer versprach er sich, dass sein Geist sich in einen Wasserdrachen verwandeln können würde, um potentielle japanische Invasoren und ihre Streichhölzer fernzuhalten. Es ist umstritten, ob seine Asche wirklich auf der kleinen Felsinsel vor der Küste bestattet oder nur dort verstreut wurde. Die Insel selbst war jedenfalls nicht sehr sehenswert. Dafür fanden am Strand gerade einige buddhistische Zeremonien mit Picknick statt. Eine davon, so wurde mir erzählt, war eine Zeremonie, die man vollzieht, wenn man einem Tier das Leben nimmt. Da strenggläubige Buddhisten Vegetarier sind, dient diese Zeremonie sozusagen als Entschuldigung, damit auch Buddhisten mal Fisch oder Fleisch zu sich nehmen können.

Wir haben die Gelegenheit genutzt, noch ein wenig Seonmudo Training am Strand zu machen. Bis dahin glaubte ich noch, keinen Muskelkater zu haben. Sobald wir aber die Übungen vom Vortag im Sand wiederholten, wurde ich eines Besseren belehrt. Der koreanische Mönch, der als Trainer mitgekommen war, hat dabei ebenfalls etwas gelernt: Wenn man im Sand Seonmudo trainiert, darf man sich nicht vor die Gruppe stellen und sie Vorwärtstritte üben lassen! Es sei denn, man wird gerne mit Sand beschleudert. Obwohl ich mich bei den Seonmudo Übungen natürlich als Anfänger etwas ungelenk angestellt habe, hat mir das Training am Strand doch wirklich gut gefallen! Nur zum Schluss war ich ein wenig abgelenkt, als die Buddhistengruppe nebenan mit ihrer Zeremonie fertig war und anfing, lebende Fische und Aale ins Meer zu entlassen. Die hauptsächlich aus Frauen bestehende Gruppe war nämlich nicht unbedingt gut geübt im Aal-Weitwurf und so landeten viele von den Viechern erst einmal japsend im Sand. Als dann endlich die rettende Welle kam, wurden die Aale teilweise nur noch weiter den Strand hinaufgespült und mussten sehr zum Missfallen ihrer Freiheitsspender erneut geworfen werden. Sehr amüsant!

Unsere zweite Station war der Gameun-Tempel. Oder besser gesagt der Ort, wo dieser Tempel einmal stand, denn es sind davon nur zwei Steinpagoden übrig. Das Besondere an Gameunsa war, dass der Sohn von König Munmu diesen für seinen Vater bauen ließ. Der Tempel verfügte über einen Kanal zum Meer, damit die Seele des

Vaters trotz Seebestattung zu einem Tempel gelangen konnte. Während ich mir also kurz die Pagoden angeguckt habe, nutzten die anderen lieber die Zeit, um vor historischer Kulisse Fotos voneinander in möglichst spektakulären Seonmudo-Posen zu machen. Leider hat das wohl nicht ganz geklappt. Ich fand es aber sehr amüsant, dass sogar Tempel-Dauerbewohner, die den ganzen Tag kaum etwas anderes machen, als fernöstliche Kampfkunst in einem buddhistischen Tempel zu üben (was ja schon ziemlich exotisch klingt), Spaß an solchen Fotos haben.

Letzte Station des Ausflugs war der Girim Tempel, der ziemlich in der Nähe von Golgulsa liegt. Auch dort fand sich für mich erneut Anlass zur Erheiterung, da sich am Tempeleingang ein Stand mit buddhistischer „Mode" befand. Sobald dieser entdeckt war, haben sich die größtenteils weiblichen Teilnehmer unseres Ausflugs darüber begeistert hergemacht. Buddhistische Kleidung zeichnet sich vornehmlich dadurch aus, dass sie eben NICHT hübsch aussehen soll und ist meist grau und unförmig. Manchmal sieht man auch weiß oder schwarz, bei Frauen schonmal ein grau-rosa oder grau-lila. Wer jetzt aber begeistert die verschiedenen Farben kombiniert und sich dabei auch noch möglichst Kleidungsstücke mit kleinen Zierstreifen oder bunten Stoffknöpfen aussucht (die bunten Knöpfe fanden sie wirklich toll!), der untergräbt eigentlich damit den Sinn der betont einfachen und unauffälligen buddhistischen Tracht! Aber bitte, die Damen waren schließlich im Tempel nur zu Gast und keinen Nonnen.

Girimsa war ganz nett, aber weniger sehenswert als die meisten anderen Tempel, die ich zuvor besichtigt hatte. Angeblich wird auch von den Mönchen in Girimsa Seonmudo trainiert, früher soll dort gar eine Elitegarde der koreanischen Armee ausgebildet worden sein. Im Tempel steht auch noch eine alte Halle, die angeblich zur Unterbringung von Soldaten in Kriegszeiten diente. Die Mönche haben früher wohl auch aktiv bei kriegerischen Auseinandersetzungen mitgewirkt. Man war also bei weitem im Kloster nicht so friedfertig, wie Buddha sich das vorgestellt hat! Aber die europäischen Kreuzritter haben ja auch nicht unbedingt gewaltlos der Bibel nachgeeifert.

Es folgte eine kurze Rückfahrt, bei der ich mich weiter bestens unterhalten habe. Der kleine Sohn eines Ausflugteilnehmers hat zwei junge Koreanerinnen im Bus, beide geschätzt etwa 30 Jahre alt, auf dieser Fahrt nämlich mit „Ajumma" angesprochen. Obwohl mein Koreanisch weiterhin grottenschlecht war: DAS habe ich verstanden! Und ich habe noch nie die Gesichtszüge von Koreanern dermaßen entgleisen sehen! Die beiden Damen empfanden sich nämlich definitiv noch nicht als der Ajumma-Kategorie zugehörig und haben heftig protestiert, konnten den Kleinen jedoch nicht vom Gegenteil überzeugen.

Zurück im Tempel gab es dann noch Mittagessen und schon war mein Aufenthalt dort wieder vorbei. An Wochentagen ist im Tagesplan etwas mehr Meditation und gemeinnützige Arbeit vorgesehen, neuerdings konnte man bei gutem Wetter wohl auch Zen-Bogenschießen lernen oder Reiten gehen. Der Aufenthalt war ansonsten ziemlich preiswert: Für den Tag im Tempel inklusive Training, Essen und Übernachtung habe ich ca. 22 Euro bezahlt. Leider habe ich kaum daran gedacht Fotos zu machen, was meistens aber auch eher unpassend gewesen wäre. Insgesamt hat es mir in Golgulsa jedoch sehr gut gefallen! Der erste Abend war noch etwas merkwürdig, da es kaum Gelegenheit gab, die anderen kennenzulernen und es nach Abendessen und Sport direkt ins Bett ging. Auch kam ich mir anfangs etwas ausgeschlossen vor, da die meisten Gäste schon länger da waren und sich untereinander kannten.

Es waren aber alle wirklich sehr nett und haben sich auch bei schlechten Englischkenntnissen wesentlich mehr Mühe gegeben, mich zu integrieren, als ich von vielen meiner Kollegen auf der Arbeit hätte behaupten können. Da der Tempel nahezu täglich neue Besucher aufnahm, die nicht lange blieben, habe ich Ihnen dies wirklich sehr hoch angerechnet! Für Langzeitgäste ist es sicherlich nicht einfach oder angenehm, sich ständig mit neuen Leuten anfreunden zu müssen, die einen Tag später schon wieder verschwinden.

Die einzige andere Fremde außer mir an diesem Wochenende war übrigens eine amerikanische Studentin, die nahe Seoul als Englischlehrerin arbeitete. Die junge Dame hat es geschafft, mich auf mehrere Weisen zu schockieren. Unter anderem hat sie mir nämlich auf der gemeinsamen Rückfahrt nach Gyeongju erzählt, dass sie ziemlich außerhalb von Seoul wohnt und es dort sehr langweilig ist, weswegen sie seit einem halben Jahr jeden Abend zum Taekwondo Training geht und inzwischen den blauen Gürtel hat. Nun hat mich das an mein eigenes Taekwondo Training an der Uni erinnert. Ich bin früher „nur" 2-3 Mal die Woche zum Training gegangen, habe dabei aber dermaßen viele Kalorien verbrannt, dass ich wesentlich mehr essen konnte als vorher und trotzdem abgenommen habe.

Das amerikanische Mädel war, vorsichtig ausgedrückt, eher einer gehobenen Gewichtsklasse zuzuordnen und zudem Vegetarierin, schien also zumindest auf gesunde Ernährung zu achten. Wenn sie nun tatsächlich monatelang mindestens 5 Tage die Woche Taekwondo trainiert hatte, musste entweder das Training ziemlich mies sein oder sie hat vorher gewichtstechnisch noch in einer ganz anderen Liga gespielt! Da mir bei ihren Verrenkungen im Seonmudo Training so etwas wie „Naja, die macht sowas bestimmt zum ersten Mal" durch den Kopf ging, tendierte ich zur Vermutung „mieses Training".

Ihre Einstufung als Blaugurt, was in etwa Stufe 7 von 10 bei den Schülergraden entspricht, hat mich da noch weiter verwirrt. Bis dahin hatte ich angenommen, dass im Heimatland des Taekwondo sicherlich höhere Trainingsstandards als in Deutschland herrschen müssten. Die Erklärungen der jungen Dame zu dem Thema haben mich dann aber doch ein wenig schockiert.

Zu den bunten Gürteln fällt mir außerdem noch ein, dass mir mal ein Koreaner in Deutschland folgenden „schlauen" Spruch aus Karate Kid aufs Auge drückte, als ich meinen damaligen Trainer nach möglichen Gürtelprüfungen fragte: „In Korea ist der Gürtel auch nur dazu da, um die Hose oben zu halten". Ich empfand es daher als pure Ironie, dass mich jeder Koreaner als erstes nach dem Gürtel fragte, wenn das Gespräch darauf kam, dass ich früher Taekwondo gemacht hatte. Zudem gingen meine koreanischen Gesprächspartner grundsätzlich davon aus, dass ich nach 3 Jahren Training den schwarzen Gürtel haben müsste. Dieser schien somit in Korea wirklich nicht schwer zu erringen zu sein. Ich hoffte, dass ein Besuch im Kukkiwon, der Zentrale des weltgrößten Taekwondo-Verbandes, mich später noch eines Besseren belehren sollte.

Der zweite Schock des Gesprächs ergab sich aus der grausamen Aussprache der Amerikanerin, als sie mal etwas auf Koreanisch sagen wollte, verknüpft mit der Tatsache, dass sie angeblich gerade mit ihrer Promotion in Latein und Altgriechisch beschäftigt war. Ihre Aussprache des Koreanischen war so konsequent amerikanisch, dass sogar ich Probleme hatte, zu verstehen, was sie meinte – die Koreaner waren komplett irritiert. Ich wusste zwar aus eigener Erfahrung, dass in amerikanischen Highschools das Latein genauso furchtbar ausgesprochen wird, hatte aber doch irgendwie die Hoffnung, dass jemand, der seinen Doktor in Fremdsprachen macht, ein wenig mehr Gefühl für die Betonung fremder Laute aufbringen kann! Als ich sie gefragt habe, ob sie Koreanisch lernt, meinte sie dann auch „Nein, das möchte ich auch gar nicht lernen, nach meinem Korea-Aufenthalt kann ich ja bestimmt nie wieder mit jemandem Koreanisch reden". Das mochte stimmen, es gab da jedoch noch eine Neuigkeit: Auf Latein oder Altgriechisch kann man heutzutage noch viel seltener mit jemandem reden!

Mir selbst bereitete es übrigens diebische Freude, dass mein Koreanisch zwar nach wie vor unterirdisch mies war, ich aber die Aussprache meist ganz gut hinbekam. Als ich mich bei der Teestunde im Tempel auf Koreanisch vorstellte, ist erst einmal mehreren Koreanern buchstäblich die Kinnlade heruntergeklappt – sah lustig aus! Später habe ich auch mal mit dem Satz „Ich spreche ein wenig Koreanisch" einen ganzen Bus voller Schüler im Teenager-Alter zum Ausrasten gebracht, die sich bis dahin ganz offensichtlich lautstark über mich unterhielten. Wirklich viele Koreaner schienen Ausländer nämlich grundsätzlich für völlig unfähig zu halten, etwas von ihrer Sprache zu lernen und ich muss wohl mit der Aussprache in beiden Fällen voll ins Schwarze getroffen haben. Das Teekränzchen im Tempel hat sich aber wieder beruhigt, als ich danach auf Englisch weitergeredet habe. Schließlich mag mir vielleicht die Aussprache liegen, das gilt aber nicht für die Grammatik!

Ein kleiner Tipp noch für Leute, die auch mal in einen Tempel oder einfach nur allgemein nach Korea wollen: Nehmt um Buddhas Willen Schuhe mit, die Ihr schnell an- und ausziehen könnt! Ich hatte an dem Wochenende nämlich ausgerechnet das Paar an, bei dem ich am längsten dafür brauche und habe mich mehrfach ausgiebig über diese Entscheidung geärgert. Überhaupt scheint es so, dass bei uns in Europa die Kinder im Kindergarten lernen, wie man Schuhe bindet, während man in Korea den Kindern beibringt, genau das nicht zu tun! Ich hätte gar nicht gewusst, ob alle Koreaner Schuhe binden könnten, wenn sie es müssten. Jedenfalls tun sie das so gut wie nie, können dafür aber ihre Schuhe abstreifen oder anziehen ohne dafür stehen bleiben zu müssen. Dafür sehen die meisten koreanischen Schuhe auch entsprechend kaputt und an den Versen plattgetreten aus.

Zudem schien sich an diesem Wochenende ein weiteres Geheimnis für mich geklärt zu haben: Der Grund dafür, warum koreanische Tempel immer Dachziegel verkaufen! Anfangs dachte ich, man könne dort womöglich gesegnete Dachziegel für das eigene Heim kaufen. Tatsächlich ist es jedoch so, dass man für eine Spende einen Ziegel mit den eigenen Gebeten beschriften darf, welcher dann bei Bedarf im Tempel verbaut wird. Das erklärt auch, warum einige Tempel Mauern aus Dachziegeln haben – so viele von den Dingern verbrauchen sie dann wohl doch nicht.

Wieder zurück in Busan suchte ich noch schnell den nächstbesten Supermarkt auf und lief dabei an einem Bierregal mit amerikanischem Miller Bier vorbei. Spontan habe ich mich zum Abschluss des Wochenendes dann für den Härtetest entschieden: Miller gegen Max. Max war weniger Deutsch, als sein Name vermuten lässt und mein neues koreanisches „Lieblingsbier", das fast so etwas wie Eigengeschmack aufwies. Nächster Schock: Max schlägt Miller. Dabei war es noch nicht einmal Miller Light! Koreanisches Bier ist womöglich also doch nicht das schlechteste der Welt! Den Test Hite (das am wenigsten bierähnliche koreanische Bräu, jedoch von der gleichen Großbrauerei wie Max) gegen amerikanisches Bier traute ich mich aber nicht durchzuführen, das wäre vermutlich zu deprimierend geworden: „Hmm, hat dieses Bier jetzt am wenigsten Eigengeschmack, oder doch das andere?"

Von Mülleimern und Penissen
18. Februar

Mit dem Umweltschutz ist das so eine Sache in Korea. Einerseits gehen die Leute dort bei jeder Gelegenheit wandern und sind sehr naturbegeistert. Dass beim Wandern ständig telefoniert, Radio gehört oder Fernsehen geguckt wird, muss man dabei als kleinen Abstrich akzeptieren. Zumindest in den Vororten hat auch fast jeder irgendwo einen eigenen kleinen Gemüsegarten, selbst wenn es sich dabei oft nur um ein Stück unbebautes Land hinter dem Wohnblock handelt, das stillschweigend annektiert wurde. Scheinbar gibt es kaum eine Freifläche, egal wie klein oder abstrus gelegen, die nicht als potentieller Gemüsegarten geeignet wäre. Es hätte mich nicht überrascht, auf eine Verkehrsinsel mit Gemüsegarten darauf zu stoßen. Aber irgendwo muss der ganze Kimchi ja herkommen! Denn über die Verwendung des Gemüses besteht kein Zweifel: Kohl und Chili-Schoten, die zwei wichtigsten Zutaten für Kimchi, stehen meist in alternierenden Reihen fein säuberlich nebeneinander gepflanzt.

Insgesamt müsste man den Koreanern also eine gewisse Naturverbundenheit durchaus unterstellen können. Aktiven Umweltschutz betreiben die Koreaner trotzdem nur, wenn man sie dazu zwingt. Wer beispielsweise seinen Müll nicht ordentlich trennt, muss unter Umständen saftige Gebühren dafür zahlen (gut, ist in Deutschland auch so)! Spezielle Müllbeutel für Hausmüll müssen auch gekauft werden. Wer sparen will, muss also weniger Müll produzieren. Für mich war das Ganze allerdings ein wenig tricky, da oft der blaue Mülleimer für Plastik und der gelbe für Papier verwendet wurde. Da rächte sich die jahrelange Gewöhnung an gelbe und blaue Tonne in Deutschland mit umgekehrter Zuordnung! Zum Glück waren oft Bildchen auf den Mülleimern. Wenn es denn welche gab.

Die Sache mit den Mülleimern war für mich nämlich ebenfalls rätselhaft. Gerade am Rand großer Straßen ärgerte mich der viele Abfall, der einfach so aus dem Auto geworfen wurde. Den könnte man ja nun wirklich bis zum nächsten Halt mitnehmen. Andererseits gibt es in Korea NIRGENDS öffentliche Mülleimer! Nur an touristischen Zielen wie Tempelanlagen, die ja ein gewisses Eigeninteresse an der Sauberkeit hegen, stehen öffentliche Müllbehältnisse in ausreichender Zahl zur Verfügung. Aber in der Stadt? Nichts! Ich habe schon so manche Getränkedose stundenlang mit mir herumgeschleppt, weil einfach kein Mülleimer aufzutreiben war! Anfangs wunderte ich mich noch, warum Koreaner an Imbissständen immer stehen bleiben und vor Ort ihr Essen verzehren. Dann ist mir aufgefallen: Wenn man mit dem Zeug weitergeht, dann wird man einfach den Müll nicht mehr los, den man zwangsläufig übrigbehält! Wenn man nirgendwo Mülleimer aufstellt, dann ist es auch kein Wunder, dass die Leute ihre Sachen einfach in die Gegend werfen.

Auch in der Industrie gibt es beim Umweltschutz durchaus noch Verbesserungsbedarf. Dort, wo Geld gespart werden kann, wie beim Stromverbrauch, wird durchaus viel getan. Abluftfilter etc. schienen mir jedoch eher Fremdworte zu sein. Wer im Flugzeug mal in Seoul oder Busan landen sollte, kann von oben eine wunderbare gelbe Smogglocke bewundern, die diese Städte umhüllt. Und das bei diesem gesundheitsversessenen Völkchen, das Vitamine und Gesundheitsmittelchen zu sich nimmt, dass es eine wahre Freude ist! Aber vielleicht kommt der Smog ja auch daher, dass es noch so viele Raucher gibt.

Auf der positiven Seite der Umweltbilanz ist wiederum zu verbuchen, dass durchaus viele Fahrzeuge über einen Autogas- oder Biodieselantrieb verfügen. Auch das ist vermutlich eher durch die Benzinpreise motiviert, die zwar etwas niedriger als in Deutschland sind, aber immer noch in ähnlicher Größenordnung liegen. Da die koreanischen Gehälter das nicht tun, muss an anderer Stelle gespart werden. Zum Beispiel kommt man ja auch klasse ohne Möbel aus. Denn wer es sich leisten kann, der fährt wirklich viel mit dem Auto. Etwas mehr Begeisterung für den Umweltschutz wäre allerdings durchaus angebracht, dann kann man vielleicht auch das Leitungswasser wieder trinken. Die Koreaner misstrauen ihrem Wasser so sehr, dass sie häufig sogar selbstgespülte Gläser und Tassen vor der Benutzung extra noch einmal mit Trinkwasser auswaschen! Von den bereits erwähnten „Sterilisatoren" ganz zu schweigen.

Zur koreanischen Stromversorgung habe ich nur recht widersprüchliche Zahlen gefunden. Obwohl es seit meinem Praktikum wohl deutliches Wachstum gegeben hat, bewegte sich der Anteil erneuerbarer Energien noch im Jahr 2017 nur im deutlich einstelligen Prozentbereich. Und das in einem Land, das raue Mengen fossiler Energieträger importieren muss, um seinen Energiebedarf zu stillen! Während meines Praktikums waren Windkraftanlagen quasi nicht existent in Korea, ich bin nur ein einziges Mal auf eine einsame Pilotanlage gestoßen. Möglicherweise erweisen sich die ganzen Berge als hinderlich bei der Installation von Windgeneratoren. Da Korea eine Halbinsel ist, wären allerdings größere Offshore-Parks denkbar. Ich konnte jedoch erfahren, dass weitere Pilot-Projekte für Windkraftanlagen auf der Insel Jeju umgesetzt wurden.

Jeju ist unter Ostasiaten eine bekannte und beliebte Ferieninsel, besonders für die Flitterwochen. Aus diesem Grund gibt es dort auch einen Freizeitpark namens „Jeju Love Land". Das klingt jetzt vielleicht romantisch, dient aber eher der Aufklärung, die sonst stark vernachlässigt wird. Das Thema hatten wir ja schon. Zu diesem Zweck sind dort neben Aufklärungsfilmen etwa 140 Sex-Skulpturen gezeigt. Zutritt erst ab 18. Die Anlage ist nicht zu verwechseln mit dem Haeshindang Park, einer weiteren Sehenswürdigkeit Koreas, die auch als „Penis Park" bekannt ist. Eine merkwürdige Begeisterung der Koreaner für unanständige Skulpturen scheint nicht von der Hand zu weisen.

Der Penis Park liegt leider genauso wenig in der Nähe von Busan wie Jeju, daher habe ich es nicht geschafft, mir diesen persönlich anzusehen. Wobei Fotos von dort sich vermutlich auch etwas merkwürdig im Album machen würden. Die Story zu diesem Park ist jedenfalls super und hat auch wieder was mit dem Heiraten zu tun. An jener Stelle, wo sich jetzt der Park befindet, hat sich angeblich einst ein koreanisches Paar kurz vor seiner Hochzeit am Strand herumgetrieben. Die zukünftige Braut ist wohl etwas übermütig geworden, ins Wasser gefallen und wurde dabei von der Strömung erfasst. Ihr Verlobter hat es nicht geschafft, sie zu retten und so musste die Hochzeit aufgrund akuten Brautmangels abgesagt werden. Sie fiel sozusagen ins Wasser. Die Fischer der Region hatten jetzt urplötzlich das Problem, dass sie nach dem Tode des Mädchens kaum noch Fische fingen. Ein einzelner Fischer hatte jedoch Glück und wieder volle Netze, nachdem er dem Meer zugewandt seine Blase entleert hatte. Koreanische Schlussfolgerung: Der Geist der Frau ist sexuell frustriert, weil sie kurz vor ihrer Hochzeitsnacht als Jungfrau sterben musste. Wenn man ihr also gibt, was sie möchte, dann beißen auch die Fische wieder. Also hat man angefangen, Penisse am Meer aufzustellen. Und zwar jede Menge, nur um sicher zu gehen. Ich weiß zwar nicht, wie viele es sind, aber sie stehen immer noch da und man kann sie sich angucken gehen.

Um in harmlosere Gefilde zurückzukehren: Die Insel Jeju ist auch bekannt für Mandarinen und Orangen. Sie liegt südwestlich vom koreanischen Festland und wird von ca. 600.000 Menschen und 18.000 Lokalgottheiten bevölkert. Da ich im Winter in Korea weilte, schien mir ein Inselurlaub nur bedingt intelligent zu sein. Allerdings besitzt Jeju wohl ein subtropisches Klima und bietet daher auch im

Winter mildere Temperaturen als das Festland. Dass die Insel im Winter einen „Pinguin-Schwimmwettbewerb" abhält, deutet allerdings eher auf das Gegenteil hin. Dafür soll die Kirschblüte im Frühling dort sehr schön sein.

Blumen für den Doktor
20. Februar

Je länger mein Korea Aufenthalt andauerte, desto weniger berichtenswerte neue Erlebnisse durchbrachen naturgemäß den grauen Alltag. Eine willkommene Abwechslung in meinem Praktikantendasein stellte somit die Doktorfeier meines Chefs dar. Ursprünglich war nicht geplant, dass von der Arbeit jemand hinfahren sollte, dann bin ich aber doch noch mit zwei Kollegen zusammen kurzfristig abkommandiert worden, um auf Firmenkosten ein paar Blumen zu überbringen und zu gratulieren. Da ich mich längst daran gewöhnt hatte, dass die deutsche Marotte des Vorausplanens in Ostasien wenig geschätzt wird, verschwendete ich wenig Zeit darauf, mich über diesen Sinneswandel zu wundern. Stattdessen machten wir aus der Spontanität eine Tugend und begaben uns umgehend auf den Weg.

Zunächst mussten wir also Blumen organisieren. Für Blumenläden gilt das gleiche, wie für viele andere Spezialgeschäfte in Korea: Wenn man nicht weiß, wo man suchen muss, findet man keinen einzigen. Hat man aber erst einmal einen Blumenladen gefunden, dann gibt es unmittelbar daneben noch mindestens ein Dutzend gleichartiger Konkurrenzgeschäfte zur Auswahl. Wobei das Konkurrenzdenken selten besonders ausgeprägt ist: Falls man mal in einer solchen Ansammlung von Fachgeschäften etwas sucht, was nicht vorhanden ist, dann haben die Verkäufer meist auch kein Problem damit, das bei den Kollegen nebenan zu besorgen oder die Kunden an ein Nachbargeschäft zu verweisen. Jetzt bin ich kein großer Blumenkenner und –Liebhaber, das Angebot war aber sehr vielfältig und schien auch qualitativ recht vernünftig zu sein. Das mag auch damit zu tun haben, dass Blumen, gemessen an koreanischen Geldbeuteln, eine recht kostspielige Angelegenheit sind. Im direkten Vergleich mit Deutschland dürfte ein Besuch bei einem koreanischen Floristen dennoch wieder einmal preisgünstiger ausfallen.

Der eigentliche Clou war aber, dass es in Korea unabdingbar zu sein scheint, die Blumen mit Unmengen an buntem Stoff und Tüll zu umgeben! Die meisten Blumenarrangements in den Geschäften ähnelten eher Grabgebinden als normalen Blumensträußen, nur farbenfroher und mit viel buntem Tüll drum herum. Dabei scheint die Regel zu greifen, dass vor allem kleine Sträuße mit viel Stoff zu möglichst großem Volumen aufgebauscht werden müssen! Mein Favorit an diesem Tag waren Gebilde, die von weitem betrachtet aussahen wie große bunte Klobürsten. In Wahrheit handelte es sich dabei aber jeweils um einzelne Rosen, die mit besonders viel Stoff umwickelt waren, um das Volumen eines kleinen Sträußchens zu erreichen! Für meinen Chef wurde jedoch ein Grabgebinde in dezentem Knallrosa ausgewählt.

Nun waren wir mit dem geeigneten Rüstzeug für unsere Mission versehen. Es schien jedoch an Zeit zu mangeln, um rechtzeitig zu den Feierlichkeiten noch die Uni zu erreichen. Jedenfalls ließ mich der Fahrstil des Kollegen am Steuer nahezu durchgehend daran zweifeln, dass wir unser Ziel noch lebend erreichen würden. Der Umstand, dass wir bereits ein Grabgebinde an Bord hatten, war dem Optimismus nicht unbedingt förderlich. Dennoch erreichten sowohl wir als auch die Blumen lebend die Uni. Dort angekommen stelle ich erst einmal fest, dass es sich nicht um eine einzelne Doktorfeier, sondern um eine Großveranstaltung für den ganzen Jahrgang handelte. Der ganze Bereich um die Busan National University war komplett überfüllt mit Gästen in schicken Klamotten, das Eingangstor praktischerweise von Blumenständen umlagert. Da diese Stände sogar preiswerter waren als die zuvor besuchten Blumenläden, wurde das große knallrosafarbene Grabgebinde noch schnell um ein wirklich nach Bestattung aussehendes, kleineres weißes Grabgebinde ergänzt.

In Anbetracht der vielen schick herausgeputzten Absolventen und Gratulanten war mir die Planlosigkeit unserer Aktion wieder einmal etwas peinlich. Ich wurde nämlich, wie üblich, erst etwa fünf Minuten vor der Abfahrt vorgewarnt, dass wir zu dieser Feier fahren würden. Mein Outfit beschränkte sich also auf das, was ich morgens zur Arbeit angezogen hatte. Da ich mich, wie bereits erwähnt, für gewöhnlich um ein ordentliches Erscheinungsbild am Arbeitsplatz bemühte, hatte ich mir zum Glück nur wenig vorzuwerfen. Die morgendliche Auswahl von Pullover statt Hemd war wieder ungünstig, aufgrund der niedrigen Außentemperaturen und der dünnen Firmenjacken jedoch wirklich angebracht und bei uns im Büro absoluter Usus. Einer meiner Kollegen ist dafür in Jeans und Turnschuhen erschienen, wofür ich mich an seiner Stelle in Grund und Boden geschämt hätte. Trotzdem reichte bereits die wenig schmucksame, jedoch auf der Arbeit unvermeidliche Arbeitsjacke mit Firmenlogo aus, um sich inmitten zahlreicher Schlips- und Anzugträger reichlich deplatziert zu fühlen. Nun, wenigstens waren wir mit Grabgestecken bewaffnet.

Die eigentliche Feier fand in der ungeheizten Sporthalle der Uni statt. Spätestens dort war ich doch sehr froh, einen Pulli anzuhaben, es war nämlich wirklich nicht warm. Die Abschlussfeier selbst lief stark nach amerikanischem Vorbild ab, wie man das eben aus dem Fernsehen so kennt. Für Korea, wo Talar und Doktorhut keine lange Tradition besitzen, fand ich das eher merkwürdig. Da man in Korea aber nun einmal sehr großen Wert auf das Erreichen bestimmter Titel und Auszeichnungen legt, ist eine zeremonielle Verleihung wohl angebracht. Doktorprüfungen und –feiern im kleineren Rahmen, wie sie an meiner deutschen Uni üblich waren, gefielen mir insgesamt besser. Ich fand es trotzdem ein wenig schade, dass es für das Abschlusszeugnis bei uns lange Zeit nur an wenigen Unis oder Fakultäten eine zeremonielle Verleihung gab. Eine

Zustellung per Post ist irgendwie reichlich unspektakulär für etwas, auf das man jahrelang hingearbeitet hat. Danke, liebe 68er! Zum Glück wurde dieses Defizit inzwischen erkannt und viele Fakultäten in Deutschland sind wieder darum bemüht, ihren Studenten einen feierlichen Abschluss zu ermöglichen.

Schockiert hat mich übrigens, dass die Pusan National University als eine der renommiertesten Universitäten Koreas gerade einmal 1946 gegründet worden ist! Jetzt befinden sich in Deutschland nicht unbedingt die ältesten Universitäten der Welt, aber irgendwie ist es schon ein großer gefühlter Unterschied, ob eine Uni nur 50 Jahre oder schon 150 Jahre alt ist. Auch schien der Campus zwar im ersten Moment relativ groß zu sein, stand aber trotz vergleichbarer Studentenzahlen in keinem Verhältnis zu den riesigen Gebäuden und Anlagen vieler westlichen Universitäten. Aus dem Internet konnte ich jedoch erfahren, dass immerhin das zahlenmäßige Verhältnis von Professoren zu Studenten mehr als doppelt so gut ist, wie an meiner eigenen Alma Mater. Die Pusan National University darf übrigens nicht mit der Busan National University of Education verwechselt werden, welche sich scheinbar ausschließlich mit der Ausbildung von Lehrern beschäftigt.

Wer sich für die Ursachen der späten Gründung vieler koreanischer Universitäten interessiert, stößt schnell wieder auf den Einfluss von Konflikten mit Japan. Da Korea von 1910 bis 1945 unter Fremdherrschaft durch das japanische Kaiserreich stand, wurden viele Universitäten erst nach dieser Zeit gegründet. Während der Besatzungszeit war das Bildungssystem wohl eher auf die „Japanisierung" koreanischer Schüler ausgerichtet. Immerhin führten die japanischen Besatzer in Korea jedoch erstmals ein flächendeckendes und kostenloses öffentliches Schulsystem ein.

Jedenfalls gab es in der Uni eine große Zeremonie, deren Ablauf ähnlich gut organisiert zu sein schien wie unser spontanes Glückwunschkommando. Viele Gäste liefen die ganze Zeit umher oder schliefen während der Reden der Professoren fast ein. Es folgte eine schier endlose Prozession der Top Master- und Bachelor-Absolventen des Jahrgangs sowie der frisch gebackenen Doktoren, untermalt von klassischer Musik des Universitätsorchesters. Da alle Gäste gleichzeitig gratulieren und Fotos machen wollten und bei den Absolventen große Uneinigkeit herrschte, ob man sich mit seiner Urkunde zurück auf den Platz begeben oder doch besser sofort gehen solle, wich die bemüht feierliche Atmosphäre zunehmend einem heillosen Chaos!

Sogar das Orchester trug auf seine Weise zum Chaos bei. Der Ersteindruck von der Musik war recht positiv. Dank der präzisen, fast staccatohaften Spielweise fiel es aber extrem auf, wenn ein Musiker mal im Ton oder Takt verrutschte... und das kam dann doch das eine oder andere Mal vor. Bei der Musikauswahl schien die einzige Gemeinsamkeit der verschiedenen Stücke gewesen zu sein, dass sie alle vom gleichen Orchester gespielt wurden. Die Kleine Nachtmusik war zum Beispiel doch ein arger Kontrast zum eher krawalligen Universitätsmarsch. Ein amerikanisch-koreanischer Freund von mir hat zu dem Thema mal gesagt, dass er Mozart nicht ausstehen kann, da grundsätzlich bei jedem Klassik-Konzert, egal ob in den USA oder Korea, entweder die Kleine Nachtmusik oder eines der anderen wirklich bekannten Stücke von Mozart gespielt wird. Und anscheinend hatte er damit nicht ganz Unrecht.

Nach der Zeremonie bekamen wir noch kurz das eher bescheiden ausgestattete Institut zu sehen, an welchem mein Chef promoviert hatte und anschließend ein leckeres Mittagessen spendiert. Das im traditionellen Stil gehaltene Restaurant bot eine kuriose Alternative zu Minzbonbons als Atemerfrischer: Holz! Wer mochte, konnte sich nach dem Essen ein paar Stückchen Holz nehmen und darauf herumkauen. Was zuerst ein wenig nach getrocknetem

Grünschnitt aussah, entpuppte sich bei der Kostprobe als Süßholz und Zimt.

Seoul Revival
22. Februar

Am letzten Februarwochenende bin ich erneut nach Seoul gefahren, um endlich mal meinen Kollegen Yeong-Chae zu besuchen. Dieser war kurz nach Beginn meines Praktikums nach Seoul versetzt worden und hatte mich schon öfters zu sich eingeladen. Unter anderem verband uns eine innige Begeisterung dafür, die Kollegen beim gemeinsamen Besuch von Noraebangs mit unserer laut gebrüllten Version von Nirvanas „Smells like Teen Spirit" das Fürchten zu lehren. Also habe ich mich freitags nach der Arbeit in den nächsten Bus nach Seoul gesetzt. Trotz aller Eile war ich erst um 0:30 Uhr dort, was bedeutete, dass die U-Bahn bereits geschlossen hatte. Doch zum Glück gibt es ja das Internet! Von alleine wäre ich nämlich nie auf die Idee gekommen, mitten in der Nacht die abgeschalteten Rolltreppen im Bushof an einem griesgrämig blickenden Wachmann vorbei nach unten zu klettern und mich im Keller auf die Suche nach einem Jimjilbang zu machen. Aber es gab dort tatsächlich eins, bzw. eine „Sauna" und ich muss sagen, dass so ein heißes Bad am Abend doch manchmal sehr erfreulich sein kann! Dabei hat mir dann ein koreanischer Marineleutnant von seiner Weltumsegelung erzählt. Sehr lustig.

Weniger lustig war, dass sich erneut die üblichen Superschnarcher eingenistet hatten. Dabei weisen die meisten Jimjilbangs und Saunas sogar besondere Räume extra für Schnarcher aus! Aber es ist natürlich viel schöner, wenn sich diese gleichmäßig auf sämtliche Kammern verteilen, damit auch alle etwas davon haben. Bei diesen Härtefällen war es auch schlichtweg unmöglich, dass diese Leute selbst nicht wussten, dass sie schnarchen! Da war bestimmt schonmal der Nachbar vom anderen Ende der Straße nachts klingeln, weil er bei dem Krach nicht schlafen konnte! Einige der Schnarcher entwickelten eine Lautstärke, die auf natürlichem Wege kaum noch zu erklären war. Kein leises Sägen. Kettensäge! Mit Turbo! Und ohne Schalldämpfer! Aber vielleicht schliefen diese Gesellen auch in der Sauna, weil sie ihren Frauen zu laut schnarchten und daher zu Hause rausgeworfen worden waren.

Jedenfalls habe ich trotz Schnarcherei geschlafen und bin am nächsten Morgen schlaftrunken ins Klo geschlurft, um direkt einen wunderbaren Fauxpas zu begehen, den ich bis dahin immer sorgfältig vermieden hatte. Und zwar musste der Hausmeister unbedingt genau dann das Klo wischen, als ich dort hineinwollte. Das aufdringliche Gewische in meiner unmittelbaren Nähe veranlasste mich dazu, die Toilette baldmöglichst fluchtartig zu verlassen. Kurz darauf erhob sich hinter mir ein lautes Gebrüll. Der nun offensichtlich wütende Hausmeister hatte wild gestikulierend samt Wischmopp die Verfolgung aufgenommen. Ein Blick auf meine Füße klärte den Grund für seinen Temperamentausbruch: Ich hatte vergessen, beim Verlassen des Toilettenbereichs die Badelatschen wieder abzustreifen, die ausdrücklich NUR für das Klo gedacht waren!

Naja, jetzt ist mir auch das einmal passiert. Wahrscheinlich regen sich die Betreiber der Sauna immer noch über den komischen Ausländer auf, der zu doof war, die Latschen an der Tür auszuziehen. Aber ich möchte wetten, dass das zu früher Morgenstunde so manchem Koreaner auch schon passiert ist. Und ich fand den dicken Typen, der splitterfasernackt mitten im Umkleideraum gepennt hat wesentlich schlimmer als ein paar versehentliche Schritte in Badelatschen!

Nach einem vernünftigen Kaffee, um die Augen aufzukriegen und nicht noch mehr Unsinn anzustellen habe ich mich dann mittags mit Yeong-Chae und unserem neuen schwedischen Kollegen Per-Emil getroffen, um gemeinsam etwas durch Seoul zu streifen. Getroffen haben wir uns am Deoksugung, einem der kleineren Paläste (wir erinnern uns: es gibt 5) in Seoul. Da ich etwas zu früh am Deoksu-

gung war, kam ich gerade rechtzeitig zur „Wachablösung".
Der ganze Brauch, kostümierte Wachen aufzustellen, die
starr geradeaus blicken und auch noch eine Wachablösung aufführen, erinnerte mich erneut frappierend an den
Buckingham Palace und dürfte vermutlich auch wenig
koreanisch sein. Sollte eine Wachablösung früher wirklich
wie demonstriert abgelaufen sein, dann konnten sich die
Koreaner zumindest auch schon im 15. Jahrhundert sehr
für Bürokratie begeistern! Die zwei Kommandanten der
Wache waren nämlich hauptsächlich damit beschäftigt,
diverse Ausweise, Siegel und Formalitäten vorzuzeigen
bzw. auszutauschen. Eine kostümierte Musikgruppe war
auch dabei und hat bei Ein- und Ausmarsch gehörigen
Lärm verursacht – vermutlich eine Art erste Verteidi-
gungslinie. Ergänzt durch ein paar Flaggenträger hat der
Aufmarsch der Gruppe mich am Karnevalssamstag so
doch noch zu meinem ganz persönlichen, kleinen, koreanischen Rosenmontagszug gebracht!

Der Palast selbst war zwar ganz nett, aber relativ klein
und unspektakulär. Die zwei großen Paläste der Stadt sind
definitiv sehenswerter! Immerhin wurde das Palastgelände
des Deoksugung leise aus Lautsprechern mit etwas beschallt, was sich im ersten Moment wie Baustellengeräu-
sche anhörte, nach kurzem Innehalten dann aber als traditionelle koreanische Musik entpuppte. Ansonsten bietet
das Gelände noch ein Kunstmuseum, das wir nicht besucht haben, und eine Statue von König Sejong, der das
moderne koreanische Alphabet Hangeul erfunden hat. Da
der Mann ein großer Förderer der Wissenschaft war, sind
dort auch noch eine große Glocke, eine mit Wasserkraft
betriebene Uhr und ein altertümliches hölzernes Raketen-
artilleriegestell zu bewundern.

Nach kurzer Begutachtung der eislaufenden Koreaner
auf dem Platz gegenüber des Deoksugung sind wir dann
zum abgebrannten Namdaemun spaziert, um zu sehen,
was vom ehemaligen großen Südtor der Stadt noch übrig

war. Scheinbar war durchaus noch etwas davon übrig, man durfte es aber nicht angucken! Das Namdaemun war komplett eingezäunt und dabei fast komplett hinter Planen versteckt, welche immerhin ein Foto vom Namdaemun im Ursprungszustand schmückte. Was man durch die verbliebenen Sichtfenster vom Tor noch sehen konnte war leider wenig sehenswert. Nach einem kurzen Schlenker über den Namdaemun Markt und einem Mittagessen war unsere nächste Station der Jongmyo Schrein. Den hatte ich mir beim letzten Besuch in Seoul glatt vergessen anzugucken!

Obwohl die Ausstattung dieses konfuzianischen Schreins erneut sehr karg war, hat sich der Besuch doch sehr gelohnt! Der Jongmyo Schrein gehört zum Weltkulturerbe und wurde im Jahr 1395 erbaut. Er ist somit etwas älter als der Chungnyeolsa Schrein aus dem 17.Jhd., den ich in Busan besucht hatte. Wo in Chungnyeolsa jedoch karges, weiß getünchtes Mauerwerk dominierte, bot Jongmyo eine traditionelle Holzbauweise im Stil der alten Paläste und buddhistischen Tempel. Wie die Tradition es erfordert, wurde auch dieser Schrein im Imjin-Krieg im 16.Jhd. von den Japanern niedergebrannt. Hier hätte weiß getünchtes Mauerwerk vielleicht Vorteile gegenüber Holz gehabt.

Der Jongmyo Schrein wurde zur Aufbewahrung der Gedenktäfelchen der Könige und Königinnen der Joseon Dynastie errichtet. Nach konfuzianischem Brauch also quasi zur Beherbergung ihrer Geister. Neben dem wirklich großen Hauptgebäude gibt es noch ein kleineres Nebengebäude, da der Hauptbau irgendwann zu klein für die ganzen Geister wurde. Die Kammern mit den Gedenktafeln sind leider fast immer verschlossen, ein paar Türen waren sogar noch zusätzlich mit dicken Balken und schweren Vorhängeschlössern gesichert. Anscheinend ist man der Meinung, dass die Geister mancher Könige besser bleiben, wo sie hingehören und geht daher bei der Türverriegelung lieber kein Risiko ein.

Da meine Kollegen offensichtlich großen Durst auf ein Bier hatten, sind wir danach nach Hongdae. Mit der Bezeichnung wusste ich kurz nichts anzufangen, bis mir dann irgendwann das Licht aufging, dass es eine Abkürzung für Hongik Daehakgyo ist, was Hongik Universität bedeutet. Dabei handelt es sich um eine reine Frauen-Universität, was die Umgebung der Uni automatisch zu einem der beliebtesten Mode- und Partyviertel in Seoul macht. Angeblich nehmen dort die meisten koreanischen Modetrends ihren Anfang – was leider nicht viel heißen will. Insgesamt sind die Leute dort aber schon etwas trendiger angezogen als der koreanische Durchschnitt. Unter anderem ließ sich wieder die merkwürdige japanische Sitte beobachten, einen dicken Brillenrahmen ohne Glaeser zu tragen. Auch an den Noraebang (Karaoke-Räumen) der Gegend war zu erkennen, dass dort hauptsächlich Frauen als Kundschaft umworben wurden. Die kitschig-romantische Deko mit großen Fenstern und Samtvorhängen ließ mich nämlich erst einmal verwirrt auf die Schilder blicken, um zu prüfen, was in diesen Häusern überhaupt angeboten wurde. Normalerweise sind Noraebang nämlich eher unscheinbar-dunkle Räume, die in irgendeinem Keller oder einem der höheren Stockwerke eines Hauses versteckt sind.

Wirklich toll waren auch die Namen einiger Clubs und Bars in der Gegend, allen voran die Ho-Bar mit mindestens 5 verschiedenen durchnummerierten Ablegern. „Ho" sollte wohl ein chinesisches Wort sein, bedeutet im amerikanischen Slang aber so viel wie „Nutte". Gegen Weihnachten empfiehlt sich vermutlich ein Besuch in der Ho-Bar 3, also der HoHoHo-Bar. Es gab sogar die „Luxury Ho Bar", also Luxusnuttenkneipe! Erinnern kann ich mich auch noch eine Bar namens „Ride`em Cowboy" (Reite sie, Cowboy?) und einen Modeladen namens „Volkswagen" (wie exotisch!). Es gab sicherlich noch mehr ulkige Namen, aber als Beispiel sollte dies hier genügen. Die Gegend hat mir jedenfalls besser gefallen als das stark auf Ausländer getrimmte Itaewon. Für amerikanische Soldaten ist aber Hongdae abends ebenfalls Sperrgebiet, auch wenn uns diesmal keine Militärpolizei über den Weg gelaufen ist

Unser Ziel sollte eine Kneipe mit tschechischem Bier sein, da mein koreanischer Kollege uns zwei Europäern, also dem Schweden und mir, etwas Gutes tun wollte. Auch Per-Emil hatte schon Bekanntschaft mit koreanischer Bierschorle gemacht, wir waren also beide der Aussicht auf ein ordentliches Pils nicht abgeneigt! Dumm nur, dass Yeong-Chae zwar von der Kneipe wusste, aber nicht ihren genauen Standort kannte. Auch die Befragung von Passanten erwies sich als wenig hilfreich. Erstaunlicherweise haben wir das „Castle Praha" aber doch noch gefunden. Sobald wir davorstanden, mussten wir uns auch wirklich an den Kopf packen: Die Kneipe sieht nämlich wirklich aus wie das burgähnliche, mittelalterliche Rathaus von Prag samt astronomischer Uhr! Eine Beschreibung des Gebäudes wäre daher dezent hilfreicher gewesen, als sämtliche Kneipenschilder der Gegend zu lesen und nach einer tschechischen Bar zu fragen.

Jedenfalls haben wir das Ding gefunden und die Suche hat sich tatsächlich gelohnt! Es gab zwar leider nicht das erhoffte tschechische Importbier, dafür handelte es sich um eine große Kneipe mit eigener Hausbrauerei (neudeutsch „micro brewery"), die angeblich nach tschechischen Rezepten braute. Tschechisches Essen gab's auch. Wie zu erwarten, waren die Rezepte dem koreanischen Geschmack etwas angepasst: Das „Pils" schmeckte mehr wie süßliches Weißbier mit einem leichten Pils-Nachgeschmack und der tschechische Fleischklops (so ähnlich wie Saumagen?) war mit einer traditionellen tschechischen Soße versehen, die in der deutschen Gourmetküche eher unter dem Namen „Ketchup" bekannt ist.

Trotzdem war die Abwechslung von der landesüblichen Kost genau nach unserem Geschmack! Mein koreanischer Kollege hat zu der Gelegenheit auch einen der besten Aussprüche meines ganzen Korea-Aufenthaltes gebracht: „Was? Das ist echtes Bier? Das ist ja toll, sowas kannte ich ja gar nicht!"

Spätestens, als wir dann noch Kartoffeln bestellt haben (wir erhielten einen gemischten Teller mit Fritten, Kroketten, etc. zum Dippen) war auch Per-Emil total happy. Ich bin zwar nicht sooo ein riesiger Kartoffelfan, aber da es sonst fast immer nur Reis gab, freute auch ich mich darüber! Die Deko der Burgkneipe war natürlich nicht unbedingt originalgetreu, jedoch weit weniger kitschig, als ich erwartet hätte. Da habe ich in Amerika und anderswo in Asien schon wesentlich schlimmere „echt europäische" Restaurants gesehen! In anderen Erdteilen würde eine derart aufwendige Dekoration für ein Restaurant oder Brauhaus vermutlich viel zu viel Geld kosten, daher hat mich das Ganze irgendwie mehr an einen Club erinnert.

Nach einigen tschechisch-koreanischen Bieren trieb uns der Erkundungsdrang weiter. Die Theorie, dass die Ho-Bar gut sein muss, weil sie schon so viele Ableger hat, erwies sich als falsch. Eigentlich wollten wir auch nur kurz rein, weil wir den Namen so lustig fanden. Die nächste Bar haben wir vor allem nach der Musik ausgesucht. Es schallte nämlich gerade Nirvana heraus und ich hatte seit Monaten außerhalb meiner Wohnung quasi nur koreanische Popmusik vernommen. Damit haben wir tatsächlich noch einmal voll ins Schwarze getroffen! Die Bar, deren Namen mir leider entfallen ist, war eher im westlichen Stil gehalten: Es gab Stühle und man musste nix essen. Sowohl Musik wie auch Getränkekarte boten Erfreuliches! Wir saßen direkt an der Bar und haben auf Wunsch meiner Kollegen erst einmal einen Jägermeister-Cola bestellt. Mit original Jägermeister Kühlvorrichtung. Exotisch! Direkt bei uns stand ein mittelalter und langhaariger koreanischer DJ, der vom Outfit her prima in ein altes Bon Jovi Musikvideo gepasst hätte. Er hat uns dann auch sofort ein kleines Buch rübergeschoben, in das man Musikwünsche schreiben konnte. Ich hab's zum Spaß mal mit zwei weniger bekannten und einer bekannten Band versucht, wobei er leider natürlich nur die bekannteren Sachen hatte – wir waren ja immer noch in Korea. Er konnte wohl nicht sehr gut Englisch, hat aber ein neugieriges Ohr in unsere Richtung gespitzt, als wir natürlich prompt angefangen haben, uns über Musik zu unterhalten.

Das hatte dann wiederum zur Folge, dass er sich ereifert hat, von jeder Band, über die wir uns unterhalten haben, eine CD rauszukramen und aufzulegen, was meinem schwedischen Kollegen und mir einen Heidenspaß gemacht hat. Der ursprünglich dritte Teilnehmer in unserer Unterhaltung (1 EA Kollege, Koreanisch) hat unterdessen ein Nickerchen auf seinem Barhocker eingelegt. Was uns zeigte, warum die meisten Koreaner gerne sehr viel sehr schnell trinken, aber längere Abende selten üblich sind: Die großen Biergläser waren dann wohl doch etwas ungewohnt. Wir haben ihn aber aufgeweckt, als wir gehen wollten.

Damit war das Wochenende in Seoul im Wesentlichen auch schon rum, da die Fahrt nach Busan leider wirklich lange dauert. Ich sollte vielleicht noch sagen, dass sich mein Kollege aus Seoul wirklich, wirklich Mühe gegeben hat ein guter Gastgeber zu sein! Das rechne ich ihm sehr hoch an! Die meisten meiner Kollegen waren zwar höflich und freundlich, aber eben nur, solange es keine Taten erforderte. Was ich wirklich schade fand, da in Korea eigentlich extrem viel Wert auf Höflichkeit und Gastfreundschaft gelegt wird.

Am Montag nach diesem Wochenende in Seoul fand in der Firma auch noch eine kleine Bonusfeier zu Ehren der bestandenen Prüfung meines Chefs statt (wir erinnern uns an die Doktorfeier im vorherigen Kapitel). Im Wesentlichen verlief das Ganze analog zu einer Firmen-Geburtstagsfeier, nur ohne Kuchen und Geburtstagslied. Dafür hat er zur Feier des Tages eine Handtasche geschenkt bekommen. Ganz recht, eine Handtasche. Sie sah auch nicht aus, als wäre sie für Männer gemacht, war aber wenigstens groß genug für ein paar Din A4 Blätter – im Gegensatz zu dem Rucksack, den alle von der Firma zum neuen Jahr bekommen hatten.

Als abschließende Kuriosität hätte ich noch die Information anzubieten, dass in Korea sogar die Katholiken katholischer sind als zu Hause. Zum Beispiel bedecken die Frauen in der Kirche immer noch ihre Köpfe, was in den meisten anderen Ländern längst abgeschafft wurde. Warum sie dafür weiße Spitzendeckchen nehmen ist eine andere Frage. Und nein, es war auch keine Sonderaktion zu Karneval sondern wird angeblich ganzjährig so gehandhabt. Das Thema erweckte an dieser Stelle mein Interesse, da der Erzbischof von Seoul, „Stephen" Sou-Hwan Kim, in jedem Februar verstarb, was im Fernsehen lange und ausführlich betrauert wurde. Und zwar wesentlich länger als alle anderen Themen. Hätte ich z.B. nicht die deutschen Nachrichten verfolgt und öfters einmal mit der Heimat telefoniert, dann hätte ich noch nicht einmal mitbekommen, dass zeitgleich die Biathlon WM in Korea stattfand.

D'r Zoch kütt!
(Deoksugung)

Taekwondo im
Kukkiwon

N Seoul
Tower

Umzug auf Koreanisch – Teil 1
25. Februar

Mit leichter Verspätung kam im März noch ein ganz besonderes Schmankerl auf mich zu: Der Umzug in die neue Wohnung. Dabei ziehe ich schon in Deutschland nicht gerne um! Ich hatte ja noch die kleine Hoffnung, dass ein Umzug in Korea weniger Aufwand bedeutet, schließlich gibt es kaum Möbel zu tragen. Selbstverständlich hätte ich es besser wissen müssen.

Die Umstände, die zum Umzug hinführten, hätten mich eigentlich schon vorwarnen sollen. Zum Beispiel hatte mein Mitbewohner bereits vor geraumer Zeit erwähnt, dass er etwa im März umziehen wollte, mir aber hoch und heilig versprochen, dass er damit warten würde, bis ich wieder weg bin – ich erwähnte es bereits. Dann ist er irgendwann doch damit rausgerückt, dass er früher umziehen will, wollte aber kein Datum nennen. Irgendwann hat er dann ein Datum festgelegt, das mitten in der Woche auf einem Dienstag lag. Ich habe ihn dann erst einmal gefragt, ob es nicht einfacher wäre, an einem Wochenende umzuziehen. Schließlich war jeder Urlaubstag, den ich bislang bekommen hatte (insgesamt drei) ein wahrer Kampf! Und sollte ich noch ein oder zwei weitere Tage bekommen, hätte ich die lieber für den Besuch meiner Eltern eingesetzt als für einen Umzug. Aber nein, das wäre schon kein Problem mit dem Datum, so mein Mitbewohner, er würde sich um alles kümmern und ich soll mir um nichts Sorgen machen.

Das habe ich erstmal für einen feinen Zug von ihm gehalten, schließlich war ich nur mit einem Koffer und einer Tasche angereist und hatte meine Besitztümer seitdem kaum gemehrt. Ergo hätten sie beim Umzug eigentlich auch nur zwei Taschen von mir mittransportieren müssen. Und mein Bett, was aber im eigenen Interesse war, da dieses nach meiner Abreise in der neuen Wohnung verbleiben sollte. Man bemerke, dass ich jetzt in der Mehrzahl rede. Eine weitere Neuigkeit war nämlich, dass ich in der neuen Wohnung zwei Mitbewohner haben würde statt einem. Ein weiterer, dritter Kollege würde zudem noch eine Nachbarwohnung beziehen. Die neue Wohnung sollte zwei Zimmer plus Wohnzimmer haben, was die Frage aufkommen ließ, wie man das zu dritt aufteilt. Zum Glück wollten sich die beiden freiwillig bis zu meiner Abreise ein Zimmer teilen. Das taten sie meistens sowieso, denn sie übernachteten auch sonst immer beieinander, wenn sie unter der Woche zusammen einen trinken gingen, was durchaus des Öfteren passierte. Außerdem besaß der neue Mitbewohner kein Bett, muss also sowieso warten, bis ich mein Schlafmöbel zu seinen Gunsten räume.

Soweit klang also alles noch recht positiv. Aber (und an dieser Stelle wusste jeder, dass jetzt ein „aber" kommt) irgendwann kam mein Mitbewohner dann morgens mit folgendem Satz an: „Ich habe übrigens mit Deinem Chef geredet, er sagt es ist kein Problem und Du kriegst am Dienstag Urlaub für den Umzug".

Wenn Blicke töten könnten, hätte ich plötzlich wieder alleine gewohnt. Das ist ihm dann auch nicht verborgen geblieben. „Oh, Du musst natürlich nicht helfen, Du kannst auch stattdessen zur Arbeit gehen." Sehr schön formuliert. Es hinterlässt bestimmt auch einen spitzenmäßigen Eindruck, wenn ich zu meinem Chef gehe und sage „Ich möchte doch keinen Urlaub, denn ich habe keine Lust meinem Gastgeber zu helfen, wie er meine Sachen in die neue Wohnung bringt." Also kam mir ein mühsames „Nein, das ist schon OK" über die Lippen. Aber er hätte mich ja wenigstens mal fragen können, ob ich mithelfe, wenn er schon das Datum festlegt und meine Urlaubstage verplant. Das war nämlich garantiert auch mein letzter Urlaubstag! Insgesamt hatte ich somit vier davon in sechs Monaten. Als ich dann mal gefragt habe, wie der Umzug denn nun ablaufen solle, kam wieder nur viel Herumgedrucske heraus. Ob denn die anderen beiden dann mit uns am gleichen Tag umziehen und wir ihnen helfen würden hätte ich noch gerne gewusst. Nein, die würden schon vorher umziehen, meinte er.

Etwa zehn Tage vor dem Umzug fing er dann an mich zu nerven, ich soll schon mal packen. Habe ich natürlich nicht, schließlich brauche ich keine Woche, um einen einzelnen Koffer zu packen. Ich war aber zu dem Zeitpunkt erfreut, dass er soweit vorausplante. Meine nächste Frage war dann, um wie viel Uhr wir denn dienstags anfangen würden. Nach langer Denkpause kam ein „Wie wär's mit elf Uhr?" raus. Das war mir natürlich recht, so würde ich wenigstens an meinem freien Tag etwas ausschlafen können.

Es kam der Vorabend des Umzugs. Als ich nach Hause kam waren Kühlschrank, Waschmaschine und Kleiderstangen schon weg. Die Kleiderständer dienten wie gesagt als Schrankersatz. Die anderen hatten diese in ihrer Mittagspause schon abtransportiert. Theoretisch hätte ich mich darüber freuen können, schließlich bedeutete dies, dass ich die Geräte nicht schleppen musste. Praktisch hatte dies aber zur Folge, dass meine Kleider in Ermangelung eines Kleiderständers auf dem Boden lagen und der ehemalige Kühlschrankinhalt über die ganze Küche verteilt war. Der bestand nun aber größtenteils aus Dingen, die mein Mitbewohner schon lange über ihr Verfallsdatum hinaus in Kühlschrank und Gefrierfach untergebracht hatte. Es breitete sich bereits das liebliche Aroma von aufgetautem, gammeligem Fisch in der Küche aus und die Ratten rasten schon hungrig in der Decke hin und her. Welch eine Freude. Also schnell ein paar Müllbeutel gepackt und alles möglichst luftdicht verschlossen. Rausbringen konnte ich den Müll nicht, dazu brauchte man nämlich die erwähnten Pfandbeutel, die je nach Wohngebiet in unterschiedlichen Varianten erhältlich waren. Trotz beharrlichen Fragens hatte mir mein WG-Partner aber nie erklärt, wo man diese Müllbeutel kauft und woran man erkennt, dass es die richtigen sind. Ich war da also mal wieder komplett auf meinen Mitbewohner angewiesen, der die Dinger leider nur in ziemlich unregelmäßigen Abständen anschleppte. Genau genommen tat er dies dreimal in fünf Monaten, jedes Mal natürlich nur einen einzelnen Müllbeutel.

Jetzt hatte sich im Gefrierfach des verschwundenen Kühlschranks aber auch noch ein wenig von meinem eigenen, unverdorbenen Essen befunden. Das war natürlich auch längst aufgetaut. Also musste erst einmal Abendessen gekocht werden. Eigentlich wollte ich danach auch spülen, nur war die ganze Spüle schon mit dreckigem Geschirr meines Mitbewohners voll und die Anrichte um die Spüle herum komplett mit Müll belegt. Normalerweise hätte ich seine Sachen ja trotzdem mitgespült, das hatte ich in den vergangenen Monaten aber schon ziemlich häufig gemacht. Oft blieb mir auch gar keine andere Wahl, denn mein Wohnungsgenosse besaß nicht viel Geschirr und er ließ seine benutzten Töpfe, Teller und Tassen gerne auch mal 2-3 Wochen in der Spüle stehen. Störte ihn ja nicht, er verbrachte schließlich kaum Zeit in seiner Wohnung. Also habe ich beschlossen, dass er das Ausnahmsweise mal selber machen darf, er hatte ja noch den ganzen Abend und den nächsten Vormittag dafür Zeit.

Nach dem Essen habe ich also in Ruhe mein Zeug gepackt und mich unterdessen gewundert, wo mein Mitbewohner schon wieder blieb, schließlich waren meine Sachen schon fast alle im Koffer, seine Sachen aber erst zu einem Bruchteil eingepackt. Und das, wo er mir doch ständig auf die Nerven gegangen ist, ich solle ja früh genug anfangen zu packen. Irgendwann kam er dann doch in die Wohnung gestolpert und fragte mich, ob es ok wäre, wenn wir erst um 12 anfangen würden anstatt um 11, er wolle nämlich nochmal weg. Das erntete erst einmal hoch gezogene Augenbrauen. Mit einem demonstrativen Blick in sein Zimmer habe ich ihm dann gesagt, dass mir das egal wäre (Juhu! Länger schlafen!), wollte aber wissen, wie er seine ganzen Sachen bis dahin denn fertigbekommen würde. „Oh, das ist kein Problem, mach Dir keine Sorgen", so die Antwort. Und weg war er. Ich fand es zwar irgendwie merkwürdig, dass er sogar am Abend vor dem Umzug mit seinen Kumpanen einen trinken gehen wollte (macht man sowas nicht hinterher?), aber das war ja nicht meine Sache.

Am nächsten Morgen wurde ich dann durch laute Aufräum-Geräusche aus der Küche geweckt. „Super, klingt als kümmert er sich endlich mal um Müll und Geschirr, " dachte ich mir. Da das Gerumpel und Rumoren länger dauerte, war leider nichts mehr mit Ausschlafen an meinem freien Tag und ich dachte mir „Gut, stehst Du halt auf uns hilfst ihm etwas." Sobald ich den Kopf zu meiner Zimmertür rausstreckte, fiel mir erst einmal auf, dass mein Mitbewohner nicht allein mit Aufräumen beschäftigt war. Die zwei Kollegen, welche mit uns ins gleiche neue Haus ziehen wollten, waren nämlich auch dabei. In der Küche sah es aber noch nicht viel ordentlicher aus als am Vorabend. Dafür waren es erst etwa 9 Uhr morgens, nicht 11 oder gar 12. Ergo lauteten meine ersten Worte ungefähr, „Guten Morgen! Warum habt ihr denn schon so früh angefangen?". Antwort meines WG-Genossen „Früh? Ich habe doch gesagt, wir fangen um 1 Uhr morgens an!"

An dieser Stelle hätte ich ihn fast ausgelacht, war aber viel zu irritiert dafür. Meine verblüffte Antwort war also nur so etwas wie „Nein, hast Du nicht. Um 1 Uhr war ich aber übrigens noch wach, es wäre mir also aufgefallen, wenn ihr dann angefangen hättet. Aber WARUM sollte man mitten in der Nacht umziehen?" Darauf gab es natürlich mal wieder keine Antwort. Genau genommen hatte er weder 1 Uhr gesagt, noch dass er nachts anfangen wollte, noch dass die anderen beiden mit umziehen würden. Um ehrlich zu sein, kann ich immer noch nicht ganz rekonstruieren, was die drei Jungs angeblich die ganze Nacht getrieben haben. Soweit ich weiß, sind die anderen beiden wohl schon nachts bzw. frühmorgens umgezogen und mein Mitbewohner hat die ganze Nacht lang seinen Krempel gepackt. Hätte man wohl auch früher machen können. Trotz alledem waren meine restlichen Sachen wenig später transportbereit und ich habe mich bemüht, den anderen beim Tragen möglichst zu helfen, um die leicht feindselige Stimmung etwas zu entschärfen. Sobald alles auf der Straße stand wurde dann telefonisch ein Lieferwagen mit offener Ladefläche herbeizitiert. Da kaum Möbel zu transportieren waren, hat alles irgendwie draufgepasst und wurde mit Hilfe eines strategisch platzierten Sicherungsgurtes fixiert.

In der neuen Wohnung ging alles wie gewohnt rückwärts: Erst ausladen, dann hochtragen, diesmal allerdings mit Aufzug. Der erstaunlichste Einrichtungsgegenstand, den dieser Umzug ans Tageslicht beförderte, war übrigens eine niegelnagelneue Trommelwaschmaschine! Also so ein Modell, wie man es auch aus Deutschland gewohnt ist. Das z.B. mit heißem Wasser waschen kann, im Gegensatz zu der Waschmaschine, die wir bis dahin gebraucht hatten. Das war nämlich so ein Billigmodell nach amerikanischem Vorbild, wo man die Wäsche von oben hineinwirft und ein „Rührquirl" in der Mitte die Wäsche dann irgendwie durchmischt. Mit heißem Wasser ließ sich die Wäsche nur waschen, wenn man es von Hand dazugoss. Die neue Waschmaschine war bislang in einer großen Kiste in der Abstellkammer versteckt gewesen, sorgfältig getarnt durch einen Berg weiterer Schachteln, Taschen und sonstigem Krimskrams. In der neuen Wohnung stand sie nun neben einer weiteren Waschmaschine auf dem Balkon, war aber nicht angeschlossen. Warum, das war mir einfach nur noch schleierhaft. Wahrscheinlich fand mein Mitbewohner, dass es zu viel Strom kosten würde, mit heißem Wasser zu waschen oder zu hygienisch wäre. Vielleicht betrachtete er die Maschine auch als Geldanlage und wollte ihren Wiederverkaufswert nicht durch Gebrauch verringern. Um die Verwirrung komplett zu machen: Die Waschmaschine, die letztendlich angeschlossen und benutzt wurde, war keine der bisher erwähnten! Sie war dafür fast baugleich mit unserer alten und gehört wohl dem neuen Mitbewohner. Von der alten Maschine kann ich nur vermuten, dass sie bei unserem Nachbarn gelandet ist.

Spätestens, als beim Umzug Waschmaschine Nummer drei auftauchte, konnte ich wirklich nicht mehr anders, als meinen Mitbewohner zu fragen, wann er angefangen hat, Waschmaschinen zu sammeln. „Vor zwei Jahren", lautete seine trockene Antwort. Ironie und Sarkasmus scheinen in Korea wirklich unbekannt zu sein. Meine Lieblingsentdeckung in diesem Zusammenhang war übrigens, dass unsere neue Wohnung sogar einen Heißwasseranschluss für Waschmaschinen besaß! Man musste also noch nicht einmal eine Waschmaschine mit Heizstab besitzen, sondern konnte das Ding auch unmittelbar an die Heißwasserleitung anschließen. Offensichtlich war aber auch diese Variante meinen Wohnungsgenossen zuwider.

Als Mittagessen gab es Jajangmyeon vom Lieferservice. Jajangmyeon ist neben Chimaek vermutlich das typischste koreanische Liefergericht – zumindest nach meiner Erfahrung. Bei Chimaek handelt es sich um Hühnchen mit knuspriger, meist würzig-scharfer Panade, welches zwingend mit Bier zu genießen ist. Hühnchen heißt, das ist jetzt kein Scherz, „chikin" auf Koreanisch. Bier ist „maekju". Beides zusammen heißt somit „Chimaek". Wir verzehrten stattdessen jedoch Jajangmyeon. Dieses Gericht besteht aus Nudeln mit Schweinefleisch in einer dicken salzig-süßlichen Sojasoße. Ein wirklich sehr, sehr leckeres und vermutlich ebenso ungesundes Gericht, welches jedoch aufgrund der zähflüssigen, nahezu schwarzen Soße bei Nicht-Koreanern gelegentlich vehemente Abwehrreaktionen hervorruft.

Nach dem Essen haben sich die beiden anderen wieder in die alte Wohnung verdrückt, um dort sauberzumachen. Nach einer Durchsage vom Hausmeister ist dann erst einmal der Strom ausgefallen. So ganz fertig schien unser neues Wohnhaus wohl noch nicht zu sein. Das hatte aber immerhin den Vorteil, dass Fahrstuhl und Klingel für eine Weile außer Gefecht waren und ich somit in Ruhe mit dem Aufräumen anfangen konnte. Sobald der Strom nämlich wieder da war, wurde quasi bei uns Sturm geklingelt.

Anscheinend blieb so ein Einzug nicht lange unbemerkt und es kamen sofort jede Menge Leute mit Werbung vorbei, angefangen vom Supermarkt um die Ecke über Werbung für Einrichtungsgegenstände (Möbel? Nein, danke, sowas benutzen wir nicht) bis zur Kinderbetreuung. Wobei ich dem Angebot für Jalousien oder Vorhänge nicht abgeneigt gewesen wäre. Analog zur alten Wohnung verfügte mein neues Zimmer nämlich über zwei große Schiebetüren, die auf einen der Balkons hinausführten – verglaste Balkons sind essentiell für koreanische Wohnungen. Allerdings waren die alten Türen aus Milchglas, die neuen hingegen durchsichtig. Zum Glück war auch das Haus gegenüber erst spärlich bewohnt, man fühlte sich aber doch ein wenig beobachtet. Außerdem hatte dies den surrealen Effekt zur Folge, dass es abends bei mir in der Wohnung heller wurde, wenn die Nachbarn schräg gegenüber das Licht anmachten.

Zusätzlich zu den Werbebesuchen am ersten Tag kam auch noch der eine oder andere Handwerker vorbei, zum Beispiel, um noch etwas an den Türen herum zu schrauben, bis diese auch alle vernünftig schlossen. Da ich die meiste Zeit an diesem Nachmittag alleine in der Wohnung war, wurde mein beschränktes Vokabular auf eine harte Probe gestellt und mein Gesprächspart bestand größtenteils aus den Antworten „Ja", „Nein" und „Ich spreche nicht gut Koreanisch". Als dann der Techniker auftauchte, der das Internet anschließen sollte, sind meine zwei Mitbewohner zum Glück kurzzeitig aufgetaucht.

Das ist übrigens eine der wenigen Sachen, die in Korea wirklich besser funktionieren als zu Hause! Ein kurzer Anruf genügt und schon taucht ein Techniker auf, der einem noch am selben Tag einen Internetanschluss freischaltet. In der neuen Wohnung waren auch schon in jedem Zimmer Netzwerkanschlüsse vorinstalliert, so dass man theoretisch den PC nur noch einstöpseln musste und auch ohne WLAN in jedem Zimmer Internet gehabt hätte. Praktisch war es aber so, dass meine zwei Mitbewohner Kabelfernsehen haben wollten und es wohl billiger war, dann beim Kabelnetzbetreiber auch direkt einen Internetzugang mitzubestellen. Also nutzten wir nicht die Netzwerkanbindung mit voreingebauten Dosen, sondern erhielten Internet per Fernsehkabel und hatten wieder Netzwerkkabel vom Router aus quer durch die Wohnung liegen. Ich wohnte also immer noch im Land mit der weltweit durchschnittlich schnellsten Internetanbindung, hatte aber dank der ausgefuchsten Sparpläne meiner Gastgeber nun tatsächlich eine langsamere Verbindung als zu Hause in Deutschland, obwohl wir in eine viel modernere Wohnung gezogen waren... Fortschritt, wir kommen!

Nachdem der Fernsehheini da war, habe ich die zwei noch darauf aufmerksam gemacht, dass in der nagelneuen Wohnung im Badezimmer Wasser von der Decke tropft und es wurde ein Klempner bestellt um diesen Zustand zu bereinigen. Danach waren die beiden wieder futsch. Um die Wogen ein wenig zu glätten, habe ich neben dem Einräumen meines eigenen Zimmers noch das Bett im anderen Zimmer aufgebaut, das Geschirr eingeräumt und im Wohnzimmer etwas Ordnung geschaffen. Entschuldigt für das Missverständnis mit der Anfangszeit habe ich mich später auch noch. Inzwischen sprang ich schon so oft über meinen eigenen Schatten, dass Muskelkater davon drohte. Jedenfalls habe ich natürlich nicht alles gemacht, schließlich wollte ich weder die Unterhosen der beiden einräumen noch wusste ich, wo sie die hinhaben wollten. Was natürlich dazu geführt hat, dass die zwei noch ewig am Räumen waren als ich schon längst fertig war. Hilfe haben sie ausgeschlagen, waren aber offensichtlich motzig, dass sie immer noch arbeiten mussten, während ich schon längst fertig war.

An dieser Stelle möchte ich noch ein schönes Zitat aus der koreanischen Fernsehwerbung unterbringen: „Learn Engrish!"

Der Umzugswagen.
Obenauf: Mein Bett!

Umzug auf Koreanisch – Teil 2
1. März

Am Abend unseres Umzugstags waren meine Mitbewohner noch kräftig am Auspacken und Einräumen. Dennoch wurde es langsam Zeit, an Abendessen zu denken.

Das Abendessen verlief ähnlich harmonisch und elegant wie der Rest des Tages. Da meine Instant-Nudelsuppen auf mysteriöse Weise verschwunden waren (hmm... hatte da jemand kein Frühstück vorrätig, weil alles aus dem Kühlschrank vergammelt war?) habe ich gefragt, ob sie Lust auf Abendessen hätten oder etwas aus dem Supermarkt bräuchten, da wollte ich nämlich gerade hingehen. Nein, sie wollten nix und hatten auch keinen Hunger. Also habe ich den nächsten Supermarkt lokalisiert und mir ein neues Nudelsüppchen als Abendessen geholt. Als dann wenig später die Nudelsuppe verzehrbereit in der Küche vor sich hin dampfte, standen plötzlich die beiden anderen vor mir und fragten: „Wir gehen jetzt essen, kommst Du?". Ich zeigte nur noch ungläubig auf mein Süppchen. „Also... nee, mein Abendessen ist gerade fertig, jetzt esse ich es auch."

Gut, vielleicht war es nicht sehr diplomatisch, die anderen alleine essen gehen zu lassen, aber mal ehrlich: Ist es denn so schwer, mal vorher Bescheid zu sagen? Vor allem, wenn ich vorher auch noch frage? Andererseits hätte ich wohl langsam daran gewöhnt sein müssen, dass diese beiden Spezialisten selten mehr als 5 Minuten weit vorausplanten und dass es schon mal die eine oder andere Kommunikationspanne gab. Inzwischen hatte ich nämlich verstanden, dass auch mein Mitbewohner schlechter Englisch konnte, als der Schein es vermuten ließ. Er sprach zwar verhältnismäßig akzentfrei, verstand aber längst nicht alles. Das versteckte er leider noch besser als die meisten seiner Landsmänner, denen man es auch immer an der Nasenspitze ansehen musste. Schließlich würde kaum ein

Asiate es freiwillig zugeben, etwas nicht verstanden zu haben. Was einer reibungslosen Kommunikation nicht unbedingt förderlich ist. Viel zu oft redete der Junge zudem absichtlich Unsinn, vor allem dann, wenn die Wahrheit unangenehm gewesen wäre. Sehr koreanisch!

Zum Beispiel hatte ich mich darauf gefreut, in der neuen Wohnung endlich mal die Heizung nutzen zu können. In der alten Wohnung argumentierte mein Mitbewohner schließlich damit, dass dort die Heizung über einen altmodischen Dieselgenerator betrieben wurde und das Öl dafür heutzutage viel zu teuer sei. Deswegen war die Heizung so gut wie nie an, es sei denn mein Mitbewohner, Vermieter und selbsternannter Herr über die Fußbodentemperatur (in Korea gibt es grundsätzlich Fußbodenheizung) hatte zufällig mal Lust, sie einzuschalten, z.B. weil er Gäste hatte. In der neuen Wohnung hatten wir nun eine modernere Heizung. Und von anderen koreanischen Wohnungen kannte ich nur durchgehend warme Fußböden, Frieren ist also keineswegs ein verbreiteter Volkssport (naja, vielleicht in Nordkorea).

In unserer neuen Behausung war es jetzt erst einmal ganz schön kalt, also habe ich voller Vorfreude die Heizdecke in den Schrank gepackt und die Heizung eingeschaltet, als es abends langsam kühler wurde. Nachdem sich jedoch 1-2 Stunden später noch keine wirkliche Besserung der Fußboden- oder Zimmertemperatur einstellte, bin ich nochmal gucken gegangen... und Wunder, oh Wunder, die Heizung war plötzlich wieder aus und mein Mitbewohner hatte sich in seinem Zimmer versteckt! Ich liebe solche Kindertaktiken. Also habe ich die Heizung erst einmal ausgelassen und die Diskussion auf den nächsten Morgen verschoben. Und obwohl es langsam Frühling wurde und in der neuen Wohnung weit weniger zog als in der alten war es doch kalt genug, dass ich am nächsten Morgen sofort wieder die Heizdecke rausgekramt habe. Das Thermometer im Wohnzimmer zeigte behagliche

17 °C im Innenraum. Die nachfolgende Diskussion lief dann ungefähr so: „Sag mal... wir haben jetzt keine Ölheizung mehr und es ist doch recht kalt in der Wohnung. Also warum schaltest Du immer noch die Heizung aus?" „Habe ich doch gar nicht." „Ich habe sie aber gestern Abend angemacht und kurz danach war sie wieder aus. Da muss schon jemand auf den Knopf gedrückt haben." „Ach so, das. Ja, wir sind ins Bett gegangen." Wie schön. Bleibt vielleicht hinzuzufügen, dass die beiden anderen in ihrem Zimmer unter anderem einen Schreibtisch nebst Stühlen besaßen, also abends nicht auf dem kalten Fußboden sitzen mussten. Weitere Experimente ergaben, dass der Fußboden in den Schlafzimmern sich leider auch kaum erwärmte, wenn die Heizung lief, das tat hauptsächlich nur der Boden im Wohnzimmer. Dafür brauchte die Heizung locker 3 Stunden oder mehr, um auf Temperatur zu kommen. Sie also nur abends anzuschalten brachte auch rein gar nix. Bei einer Einstellung von 19 °C erreichten wir schlussendlich eine Art Waffenstillstand. Die Heizdecke blieb vorsichtshalber im Bett.

Übrigens hatte ich dennoch starke Zweifel daran, dass die Jungs beim Umzug wirklich die Nacht durchgemacht hatten. Sie wirkten nämlich auch abends noch relativ fit, waren nicht am Gähnen und sind auch nicht früh ins Bett, sondern haben noch relativ lange durch die zahllosen neuen TV Kanäle geschaltet und Computer gespielt. Naja, das konnte mir eigentlich ziemlich egal sein, ich lasse mich nur ungern verschaukeln.

Natürlich hatte ich mich auch zu früh gefreut, als ich bereits kurz nach unserem Einzug wieder Internetzugang hatte. Die zwei Technikprofis aus dem anderen Zimmer haben nämlich wenig später beschlossen, die dafür benötigten Geräte aus dem Wohnzimmer in ihr Zimmer zu transferieren. Nachdem die Internet-Anzeige an meinem Laptop gut 20 Mal von „Aus" auf „An" und wieder zurück gewechselt ist, bin ich dann mal gucken gegangen, was die beiden da treiben. „Sag mal, was macht ihr da eigentlich?" „Oh, wir haben den Router ein paarmal neu gestartet, das Internet ging nicht." „Naja, das würde ich so nicht sagen. Bei mir ging es ja, wie ihr wisst. Zumindest bis jemand angefangen hat, auf einem bestimmten Reset-Knopf herumzudrücken. Wenn ich ins Internet kann und ihr nicht, meinst Du dann wirklich, das ändert sich, wenn man nur oft genug den gleichen Knopf drückt?" „Hmm. Hast Du jetzt noch Internet?" „Nein. Aber irgendetwas sagt mir, dass das an einem bestimmten Knopf liegen könnte..." Nach kurzer Wartepause ging dann auch wieder alles. Am nächsten Tag hat sich das Spielchen in ähnlicher Variante wiederholt. Diesmal hat mein Mitbewohner allerdings den Router ausgesteckt, als ich gerade per Skype mit meinen Eltern telefoniert habe. Ich glaubte langsam zu wissen, warum es in koreanischen Haushalten kaum Messer gibt. In solchen Situationen kann das durchaus zur Vermeidung von Haushaltsunfällen beitragen!

Andererseits stellte ich an dieser Stelle vielleicht zu hohe Ansprüche. Schließlich wohnte ich mit zwei Ingenieuren zusammen, die in stundenlanger Zusammenarbeit an der Reparatur eines Lichtschalters gescheitert waren! Diese Episode ereignete sich allerdings noch in der alten Wohnung. Den Schalter habe ich am allerersten Wochenende repariert, um endlich wieder die Klotür schließen zu können, ohne deswegen im Dunklen zu stehen. Sehr zum Verblüffen der beiden.

Am Wochenende hatte ich mir zur Abwechslung nur Ausschlafen vorgenommen. Danach beschloss ich, zur Abwechslung mal etwas Leckeres zu kochen, da wir nun endlich über eine vernünftig ausgestattete Küche verfügten. Zum Beispiel etwas Einfaches wie Spaghetti mit Tomatensoße. Erste Erkenntnis: Kleine Supermärkte in Korea haben weder Knoblauch noch Tomaten in irgendeiner Form vorrätig, mit Ausnahme von kleinen Cocktailtomaten. Oregano etc. natürlich auch nicht. Also habe ich es mir anders überlegt und fertige TomatenSoße gekauft, laut Packungsangaben sogar ohne künstliche Zusätze und Konservierungsstoffe. Zurück in der Wohnung stellte sich das Problem des eigentlichen Spaghettikochens. Wir hatten eine Gasleitung und einen kleinen Gasherd, auf den hatte ich eigentlich gezählt. Dummerweise schienen Einbauherd und Anschluss nicht kompatibel zu sein.

Also Plan B: Die halbkaputten Elektrokochplatten aus der alten Wohnung, die hatte ich beim Umzug noch gesehen. Jetzt allerdings nicht mehr. Keine Ahnung, wo meine beiden Zeitvertreiber die Elektroplatten versteckt hatten, jedenfalls waren sie unauffindbar. Blieb noch Plan C: Der tragbare Gaskocher, den mein Mitbewohner in der alten Wohnung stets benutzt hatte. Für 1-2 Minuten ging der auch. Danach fing die Gaspatrone Feuer, vermutlich weil Gas am Übergang von Patrone zu Kocher entwich. Also Spaghettipackung fallengelassen, das Ding sofort ausgemacht und erst einmal gefreut, dass nichts explodiert ist. Nur leider hatte ich immer noch Hunger, aber keinen Plan D.

In der Situation hat mich die Tatsache gerettet, dass die koreanischen Mie-Nudel-Spaghetti schon vorgekocht waren und der neue Mitbewohner einen funktionierenden Wasserkocher zum Haushalt beigesteuert hatte. Die „Spaghetti" ähnelten eher Mie-Nudeln und mussten somit nur ein paar Minütchen in heißem Wasser einweichen. Während das Wasser langsam heiß wurde fiel mir dann auf, dass wir noch nicht einmal Salz in der Wohnung hatten. Dem Geschmack nach waren die vorgekochten Spaghetti aber auch schon vorgesalzen, also trotzdem genießbar. Die „Tomatensoße" enttäuschte allerdings durch eine eher ketchupartige Konsistenz.

Über die neue Wohnung konnte ich aber eigentlich nicht meckern. Noch war sie ziemlich sauber, auch wenn meine Zukunftsprognose eine andere war, wenn mein alter Mitbewohner weiterhin so fleißig putzen würde wie in seiner alten Wohnung. Es gab fließend warmes Wasser ohne einen Dieselgenerator anwerfen zu müssen, also konnte man jederzeit heiß duschen und mit heißem Wasser spülen. Der Wasserdruck war nahezu vorbildlich (vorher... ach, lassen wir das), das Leitungswasser roch nicht komisch (oder kaum), wir hatten keine Ratten in der Decke, die Türen knallten nicht bei Wind, alle Steckdosen und Sicherungen funktionierten... kurzum: Eine deutliche Verbesserung.

Beim Duschen musste ich mir somit endlich kein Wasser mehr mit einer Schale über den Kopf kippen! Da der Duschkopf in einer Höhe für Durchschnittskoreaner montiert war, musste ich mich nun allerdings ein wenig ducken. Ich fühlte mich sofort wie Bill Murray, der die erforderlichen Verrenkungen im Film „Lost in Translation" eindrucksvoll demonstriert.

Ehrfürchtig bewunderte ich auch die „Descending Life Line", mit der unsere Wohnung nun ausgestattet war. Es handelte sich um eine Art Wäscheleine, mit der man sich im Falle eines Brandes aus dem Fenster stürzen sollte. Waren ja nur acht Stockwerke nach unten. Das beste Feature blieb jedoch der bereits erwähnte Einbauschrank: Dort konnte man Sachen hineintun, statt sie auf den Fußboden zu legen oder im Koffer aufzubewahren! Große Klasse, sowas. Vor lauter Begeisterung konnte ich sogar über die hässliche und hellhörige Konstruktion des Gebäudes hinwegsehen, ich tippte jedoch auf ostalgische Plattenbauweise.

Sogar meinen Ersteindruck vom Fahrstuhl musste ich revidieren: Der Fahrstuhl sah zwar schon komplett ramponiert aus, die Holzverkleidung innendrin war aber anscheinend nur eingebaut, um den Fahrstuhl vor Umzugsschäden zu schützen. Bis sämtliche Wohnungen belegt waren, sollte es aber noch eine Weile dauern, die von Werbeaufklebern bedeckte Schutzverkleidung blieb uns also vorerst erhalten. Die Umgebung unseres neuen Heims war eine komplett geplante Mini-Stadt. Die Siedlung bestand aus verschiedenen Hochhausinseln unterschiedlicher Preisklassen. Wir wohnten natürlich im billigsten Viertel. Wer es etwas nobler mochte zog nach „Richeville", was irgendwie nach einem Namen aus einem Richie-Rich-Comicbuch klang. Super waren auch die „Lotte Castle" Hochhäuser des allgegenwärtigen Lotte Konzerns. Als Logo prangten daran riesige goldgelbe Adlerwappen, die nachts leuchteten. Da diese Dinger aussahen wie Staatswappen oder Polizeiabzeichen, mutete das Ganze abends ein wenig an, wie die Kulisse eines düsteren Science-Fiction Streifens à la Judge Dredd, Vendetta oder Equilibrium. Um die Hochhäuser herum wurde alles platziert, was man so braucht, von Spielplätzen, Supermärkten, Kirchen und Schulen bis zu einer Bank (leider war ich bei einer anderen) und mehreren Taekwondo Schulen.

Letzteres ärgerte mich besonders. Nun, wo mein Aufenthalt in Korea de facto bereits vorbei war, hatten wir plötzlich ganze drei Taekwondo Clubs direkt vor der Haustür! Mal wieder perfektes Thai Ming. „Thai Ming" ist die alte asiatische Kunst, immer genau pünktlich zu sein, später von britischen Großmeistern zum sogenannten „timing" weiterentwickelt. Die praktisch denkenden Städteplaner haben auch direkt daran gedacht, dass die ganzen Bewohner der neuen Hochhäuser ja irgendwohin müssen, wenn sie fertig gewohnt haben. Ergo wurde hinter dem nächsten Hügel eine passend große Friedhofsanlage gebaut.

Zum Schluss dieses Abschnitts muss ich noch erwähnen, dass es in dieser Woche in der Firma noch einmal „westliches" Essen gab. Das westlichste daran war eigentlich die Tatsache, dass dazu die Stäbchen durch Messer und Gabel ersetzt wurden. Das Menü bestand nämlich aus einem panierten Schnitzel, Nudelsalat und Kartoffelsuppe. Klingt zwar recht europäisch, alle drei Gerichte gab es aber auch hin- und wieder als Teil des normalen Essens.

Nur eben nicht alle drei zusammen. Und die Schnitzelstückchen waren sonst kleiner, damit man sie besser mit Stäbchen essen konnte. Als alles zusammen serviert wurde, merkte man doch schnell, dass die Damen in der Kantine mehr Erfahrung mit richtig koreanischem Essen hatten. Das war vor allem schade, weil die Kollegen (die übrigens scheinbar alle total auf Kartoffelsuppe standen... würde ich vermutlich auch, wenn man versucht hätte, mich mit Seetangsuppe großzuziehen) natürlich alle dachten, ich wäre total happy, westliches Essen zu bekommen.

Aber ich will mich nicht beschweren: Es war fisch- und seetangfrei, also prima. Zum Spaß habe ich dann das ungewohnte Besteck aus Messer und Gabel erst einmal verwirrt angeschaut und wie Stäbchen in die Hand genommen, den Scherz hat aber niemand verstanden. Mein Gegenüber schaute mich nur total entgeistert an und machte mir demonstrativ vor, wie man das Esswerkzeug korrekt einsetzt. Wahrscheinlich sind asiatische Komödien deswegen auch immer total übertrieben: Es merkt sonst keiner, dass gescherzt wird!

Ein tolles Detail beim westlichen Essen war auch noch die Beigabe einer Orangenscheibe zum Schnitzel anstatt eines Zitronenspalte. Ich habe mich kurz gewundert, warum ich Orange auf mein Schnitzel träufeln soll und die Scheibe danach getrost ignoriert. Das hat bei der Tellerabgabe dann plötzlich für große Aufregung gesorgt. „Oh, guck mal, der Deutsche hat seine Orangenscheibe gar nicht mitgegessen!" „Ja, wieso das denn nicht, die ist doch noch gut!" Ein Kollege hat die Problemscheibe dann schnell aufgemampft. Lustig.

Ein kleines Mysterium wurde bei diesem Essen ebenfalls gelüftet. Erst kurz zuvor hatte mich ein Kollege nach einem einwöchigen Aufenthalt in Deutschland gefragt, warum wir Deutschen denn alle so schnell essen würden. Mich hat die Frage verwirrt, da ich der Meinung war, dass die Koreaner viel schneller essen. Meist war ich beim Essen als einer der letzten fertig und musste mich beeilen, weil normalerweise alle gemeinsam aufstehen, die sich gemeinsam hingesetzt haben und Koreaner nun mal ein recht ungeduldiges Völkchen sind. Entsprechend verblüfft war ich, als beim westlichen Essen alle länger brauchten als ich. Messer und Gabel sind scheinbar für Ungeübte nicht unbedingt einfacher zu bedienen als Stäbchen!

Kalter Kimchi – Teil 1
7. März

Nach fast einem halben Jahr in Korea stand nun endlich die entmilitarisierte Zone (= demilitarized Zone = DMZ) an der Grenze zu Nordkorea auf der Agenda! Zu diesem Zweck hatte ich zunächst ein Date mit Katey X. Katey ist eigentlich Französin und in ihrem Heimatland unter dem Namen TGV bekannt, die koreanisierte Version dieses Schnellzuges nennt sich KTX – die Abkürzung wird vor Ort amerikanisch ausgesprochen. Der Zeitvorteil dieser Variante gegenüber den Reisebussen war leider nicht so groß, wie man denken würde, da sich nicht die gesamte Strecke nach Seoul für Hochgeschwindigkeitsfahrten eignet und ich fast eine Stunde zusätzliche U-Bahn-Fahrt in Busan einplanen musste, um zum Hauptbahnhof zu gelangen.

In Seoul lag mein Ziel, nämlich das Hotel, welches sich meine Eltern ausgesucht hatten, dafür in unmittelbarer Nähe des Bahnhofs. Daher war eine Zugfahrt ausnahmsweise mal praktisch! Außerdem wird man im Zug nicht so durchgeschüttelt wie im Bus. Komischerweise hat nie jemand bei einer meiner vier KTX-Fahrten die Tickets kontrolliert! Theoretisch bekommt man zwar nur mit Fahrkarte überhaupt Zugang zum Bahnsteig, praktisch sind aber die Kartenleser an den Gleisen für Fernzüge immer ausgeschaltet. Da ganz Eilige ihre Fahrkarte auch erst im Zug lösen können ist das sogar notwendig, sonst hätte man ja gar keine Möglichkeit, den Zug ohne Karte zu erreichen, um dort dann den Fahrschein zu lösen! Aber scheinbar ist Schwarzfahren in Korea kein großes Problem oder der Eisenbahngesellschaft herzlich egal. Es gibt trotzdem jede Menge Bahnangestellte im Zug, die alles machen, was Zugbegleiter in Deutschland auch zu tun pflegen, mit Ausnahme von Fahrkartenkontrollen. Beim Betreten und Verlassen der Waggons verbeugen diese sich tief vor den

Fahrgästen. Wer nicht auf das Verkaufswägelchen warten will, kann Getränke und Snacks zusätzlich auch noch an einem der zahlreichen im Zug verteilten Automaten ziehen!

Aber genug vom Zug, schließlich will ich was vom kalten Krieg erzählen. Nachdem Katey X mich also nach Seoul gebracht hatte folgte nur eine sehr kurze Nacht. Abfahrt zur DMZ war nämlich um 7:30 Uhr morgens, wobei man sich bereits um 0700 an der US Kaserne in Yongsan einfinden musste. Unser Tourveranstalter war nämlich die USO, die United Service Organisation, eine Art Freizeitbüro für US-Soldaten. Dementsprechend war ich trotz meiner immer noch sehr kurzen Haare einer der langhaarigsten Tourgäste! Beim Marine Corps sind die Frisurvorschriften scheinbar etwas kompromissloser als bei der deutschen Bundeswehr.

Die Anfahrt zur Grenze war weniger beeindruckend, als man sie mir beschrieben hatte. Man fährt zwar auf einer großen Autobahn bis zur Grenze, die im Notfall für schnelle Truppenbewegungen genutzt werden kann, aber die hohe Bevölkerungsdichte von Südkorea hat auch in diesem Bereich ihre Spuren hinterlassen. Ein Großteil des Wegs von Seoul zur Grenze ist inzwischen von Trabantenstädten gesäumt, die hauptsächlich aus riesigen Plattenbausiedlungen bestehen und von der Einwohnerzahl her an europäische Großstädte heranreichen. Als Maßnahme gegen die Anlandung nordkoreanischer Kommandoeinheiten ist der Han-Fluss dort mit Stacheldrahtzäunen, Wachtposten und Schützenstellungen versehen. Das klingt vielleicht auf dem Papier recht eindrucksvoll, ist aber in Natura recht unspektakulär. Das mit den Kommandoeinheiten ist aber kein Witz: Bis in die späten 6oer Jahre hinein sind vom Norden wohl immer wieder Gruppen von Attentätern auf diesem Weg geschickt worden. Heutzutage liegt wohl der Seeweg per getarntem Spionageboot im Trend. Es dürfte für die Schergen von Kim Jong

Il bzw. Kim Jong Un aber wesentlich einfacher sein, mit gefälschten Pässen über ein Drittland wie China einzureisen. Beeindruckender als die Stacheldrahtzäune war jedenfalls die Panzersperre über der Autobahn. Nahe der Grenze hängt nämlich an einer bestimmten Stelle ein riesiger Betonklotz wie eine Brücke über der Fahrbahn, der im Notfall durch Zündung fest installierter Sprengladungen aus seiner Position befreit werden kann, um als massive Invasionssperre auf die Autobahn herunter zu krachen!

Unser erster Anlaufpunkt war Camp Bonifas in der sogenannten „Joint Security Area" (JSA). Früher von US-Soldaten bemannt, heutzutage hauptsächlich von Koreanern, liegt diese Basis so nahe an der Grenze, dass sie sich im Kriegsfall sofort zwischen den Fronten befinden würde. Das Motto von Camp Bonifas lautet daher passenderweise „In Front of Them All". Bis auf ein paar wuchtige Hummer Geländewagen macht die Basis aber auch nicht mehr her als jede beliebig kleine Bundeswehrkaserne. Größte Sehenswürdigkeit ist vermutlich der 1-Loch-Golfplatz, den das „Sports Illustrated" Magazin mal zum gefährlichsten Golfplatz der Welt gekürt hat. Er ist nämlich auf drei Seiten von Minenfeldern umgeben. Was natürlich den Vorteil hat, dass man es immer genau mitkriegt, wenn ein Ball mal abseits vom Fairway landet.

Ab Camp Bonifas hat ein amerikanischer Soldat unsere Tourführung übernommen, die sonstige Tour wurde von einem älteren Koreaner mit Rentnerhütchen geleitet. Beide erklärten gerne Dinge, indem sie sie leicht verändert wiederholen, ohne dabei wirklich etwas zu erklären. Zum Beispiel so: „Wir warten hier noch auf den Verbindungsoffizier der koreanischen Armee, weil er noch nicht da ist." Oder: „Die Zivilisten hier haben alle gelernt mit Gewehren zu schießen, sie können also mit Gewehren schießen." Genauso wie: „In diesem Wald sehen Sie Schilder, die vor Minen warnen, weil dort Minen liegen." Höchst informativ! Bei dem koreanischen Führer ließ sich das noch mit einem beschränkten Vokabular erklären, bei dem amerikanischen Soldaten blieb jedoch nur noch die Folgerung, dass man wohl nicht unbedingt Soldat wird, weil man ein begnadeter Rhetoriker ist.

Vor der eigentlichen Tour gab es noch ein kurzes Briefing über die Entstehung der DMZ und JSA sowie die zu befolgenden Regeln. Zum Beispiel sollten schnelle Bewegungen vermieden werden und es ist streng verboten, irgendetwas zu tun, was von Nordkorea auf Bildern zu Propagandazwecken verwendet werden könnte. Zum Beispiel Winken. Anscheinend mögen es Nordkoreaner nicht, wenn man ihnen winkt. Selbstverständlich mussten wir auch noch ein Formular unterschreiben, dass wir selbst schuld sind, wenn wir bei dieser Führung erschossen werden. Sowas passiert halt, wenn man winkt.

Danach ging es direkt ab zur JSA. Die Joint Security Area ist vermutlich einer der ulkigsten Orte weltweit. Das Kernstück sind ein paar blaue Baracken, die genau auf der Grenze stehen und in denen hin und wieder Friedensverhandlungen stattfinden. Innerhalb der Baracken kann man auch mal nach Nordkorea rüberlaufen, sonst nicht. Die Tür nach Nordkorea wird allerdings von einem böse aussehenden Soldaten bewacht, genau wie eine Seite des Verhandlungstischs, um die man aus irgendeinem Grund nicht herumlaufen darf. Wer es versucht, der kriegt Haue. Laut unserem Tourleiter war der Konferenztisch des mittleren Gebäudes unter anderem Schauplatz des sogenannten „Blasenkrieges", der komischerweise in den wenigsten Geschichtsbüchern Erwähnung findet. Es ging dabei um eine „Verhandlung" zwischen Norden und Süden, bei der sich beide Seiten stundenlang beharrlich anschwiegen. Dabei wollte nicht nur niemand der erste sein, der das Schweigen bricht, sondern es wollte auch niemand der erste sein, der den Tisch verlässt, um das Klo aufzusuchen. Der Sieger dieses historischen Duells ist nicht überliefert, ich würde ihnen aber zutrauen, dass es irgendwann ein

Rematch gibt. Im Konferenzraum gibt es übrigens nur noch starre Plastikfähnchen hinter einer Glasscheibe und keine richtigen Länderflaggen mehr. Hintergrund ist der heimtückische nordkoreanische Übergriff auf eine wehrlose US-Flagge vor einigen Jahren, bei denen zwei Nordkoreaner in den Konferenzraum eindrangen, um sich mit dem amerikanischen Banner die Nase und die Schuhe zu putzen. Die einen nennen es „kalter Krieg", die anderen „Kindergarten".

Außerhalb der Baracken werden ebenfalls komische Spielchen gespielt. Die südkoreanischen Wachen sollen aus Selbstschutzgründen immer halb hinter der Hauswand stehen und nur mit einem Auge um die Ecke gucken, sie verbringen also einen Großteil des Tages damit, mit dem anderen Auge eine hellblaue Wand anzustarren. Auf der anderen Seite steht nur ein einziger Nordkoreaner, der noch dazu wenig Freude daran zu haben scheint, ständig von Touristen beguckt zu werden. Daher versteckt er sich ebenfalls gerne hinter einer Säule. Er ist aber auch nicht ganz alleine: In einem Fenster neben ihm sitzt ein Kollege mit Fernglas und passt auf, ob auch ja keiner die Frechheit besitzt, zu winken!

Das Fenster und die Säule gehören zu einem protzigen Repräsentativbau, der nördlich der Baracken platziert ist. Auch im Süden gibt es ein solches Gebäude. Dieses ist irgendwann neu gebaut worden, um für die Zusammenführung von Familien genutzt werden zu können, welche durch die Ziehung der Grenze getrennt wurden. Zu einem regelmäßigen Austausch kam es allerdings nie, weil der Norden den Familien die Ausreise nicht gestatten wollte. Man nahm im Norden jedoch Anstoß daran, dass der Neubau im Süden grösser war als das eigene Gebäude. Also hat Nordkorea sich nicht lumpen lassen und in einem überraschenden strategischen Manöver ein weiteres Stockwerk auf das eigene Bauwerk gesetzt, wodurch sie wieder das höhere Gebäude hatten!

Unser nächster Stopp war ein Aussichtspunkt, von dem aus man ähnliche Kindereien beobachten konnte. Nicht zu übersehen ist nämlich die gigantische nordkoreanische Flagge, die jenseits der Grenze an einem „Flaggenmast" weht. Auch diese ist das Ergebnis eines Wettrüstens, bei dem jede Seite den größeren Flaggenmast haben wollte. Dieses endete damit, dass der Süden eine 100 Meter hohe Konstruktion errichtete, um eine wirklich große Flagge daran zu hissen, was der Norden mit einem 160 Meter hohen Mast übertrumpfte, an dem eine 270 kg schwere Fahne flattert! Bzw. eher nicht flattert, schließlich muss ziemlich viel Wind wehen, um eine solche Fahne in Bewegung zu bringen! Das eiffelturmähnliche Gebilde, welches die Flagge trägt, galt lange Zeit als welthöchster Flaggenmast, wurde inzwischen jedoch von anderen Herrschern mit Geltungsbewusstsein übertrumpft.

Gerüchteweise bot das Söldnermagazin „Soldier of Fortune" lange Zeit eine Prämie von einer Million US\$ für einen Quadratmeter der nordkoreanischen Riesenflagge! Die Nordkoreaner klotzen aber auch gerne bei kleineren Anlässen und sind angeblich auch schon zu Konferenzen in der JSA mit Flaggen erschienen, die zu groß waren um durch die Tür ins Konferenzgebäude zu passen. Als weitere Kinderei haben die Südkoreaner anlässlich der olympischen Sommerspiele 1988 in Seoul eine olympische Flagge an der Stelle ihrer üblichen riesigen Landesflagge gehisst, um die Nordkoreaner zu foppen. Die hatten nämlich aus Prinzip in jenem Jahr die Spiele im Nachbarland boykottiert.

Der nordkoreanische Flaggenmast steht in einem „Dorf" namens Kijongdong. Das Dorf wurde aus Propagandazwecken für viel Geld in den 1950ern an der Grenze errichtet. Die großen, damals für Korea hochmodernen Gebäude mit heller elektrischer Beleuchtung waren dazu gedacht, durch Vortäuschung einer hohen Lebensqualität Überläufer aus dem Süden anzuziehen. Das Dorf ist allerdings schon immer unbewohnt und wird nur für Instandsetzungsarbeiten besucht. Nicht bewundern konnten wir die legendären riesigen Lautsprecher, die früher in Kijongdong aufgestellt waren. Diese plärrten ursprünglich in wahnsinniger Lautstärke Texte, welche ebenfalls Leute auf der anderen Seite der Grenze zum Überlaufen motivieren sollten. Als das nichts brachte, wechselte man die Taktik und beschallte die Gegenseite lieber mit Hassreden und patriotischer Marschmusik, teilweise 20 Stunden am Tag. Was mich irgendwie an den Streik neben unserer Firma erinnerte. Jedenfalls hatten die Südkoreaner irgendwann die Nase voll und stellten im Jahr 2004 ebenfalls Lautsprecher auf. Als Gegenprogramm wählte man südkoreanische Popmusik in gleichfalls körperverletzender Lautstärke. Das brachte kein Ergebnis, also wechselte man das Programm zu westlicher Rockmusik, unter anderem angeblich Nickelback, Led Zeppelin und Linkin Park. Insgesamt stellte sich damit so eine nervenzerfetzende Mischung ein, dass beide Seiten irgendwann die Anlagen ausgeschaltet haben. In Zeiten erhöhter politischer Spannungen stellen die Lautsprecher jedoch weiterhin ein bewährtes Mittel dar, dem Nachbarn auf den Kimchi zu gehen.

Der südliche Flaggenmast steht übrigens ebenfalls in einem Dorf, dieses heißt allerdings Taesongdong und wird tatsächlich bewohnt. Da es technisch gesehen nicht in der Republik Korea liegt, müssen die Einwohner auch keine Steuern zahlen. Sie verdienen ihren Lebensunterhalt hauptsächlich als Bauern, müssen sich dabei an verschiedene Auflagen halten und erhalten dafür staatliche Subventionen. Laut Angaben unseres Tourführers haben die Einwohner ein durchschnittliches Jahreseinkommen von 80.000 US$ pro Jahr – was wirklich nicht schlecht ist für jemanden, der nur etwas Reis und Ginseng anbaut!

Die Tür nach Nordkorea!

Kalter Kimchi – Teil 2
(Der Kimchi schlägt zurück)
7. März

Eine weitere Eigenheit, die man vom Aussichtspunkt nach Nordkorea aus bemerken konnte, war die Tatsache, dass die Berge im Norden komplett kahl sind. Natürlich mit Ausnahme eines kleinen dekorativen Grünstreifens an der Grenze. Der Grund dafür ist angeblich die Abholzung zur Holzgewinnung ohne Wiederaufforstung. Das kahle Land dürfte aber auch sehr praktisch sein, um Überläufer auszumachen, die zur Grenze gelangen wollen. Was uns zu einem weiteren Unterschied bringt: Die südkoreanischen Wachposten sind natürlich alle nach Norden ausgerichtet. Viele nordkoreanische Posten beobachten aber ebenfalls diese Richtung, da man dort mehr Angst vor Überläufern als vor einer Invasion der Republik Korea hat!

Womit wir bei einer weiteren schönen Abkürzung wären: „Republic of Korea", also Südkorea, wird immer „ROC" abgekürzt. Da Amis Abkürzungen gerne einfach so aussprechen, als würde es sich dabei um Wörter handeln, wird ROC immer ausgesprochen wie das Wort „rock". Man hat uns also ständig etwas von „rock soldiers" erzählt, was irgendwie lustig klingt. Ich konnte mich einfach nicht entscheiden, ob dieser Begriff mehr nach Felssoldaten oder mehr nach einer Art Ableger der KISS Army klingt (KISS ist eine amerikanische Rockband...). An der Grenze ebenfalls gut sichtbar waren große nordkoreanische Funktürme. Dabei handelt es sich um Störsender, welche dafür sorgen, dass das nordkoreanische Volk kein verbotenes kapitalistisches Radio- oder Fernsehprogramm empfangen kann. Zur Sicherheit werden im Norden aber auch nur Empfangsgeräte verkauft, die auf den Staatssender voreingestellt sind und sonst keine Regelmöglichkeiten bieten! Soweit ich weiß, war es damals in der DDR wesentlich einfacher, Westfernsehen zu empfangen!

Beide Seiten besitzen im Grenzbereich natürlich alarm-
bereite Reaktionstruppen, die bei Zwischenfällen jederzeit
sofort eingreifen können. Südlich der Grenze machen sich
die verschiedenen eingesetzten Trupps wohl einen Spaß
daraus, bei Übungen ihre Zeitrekorde gegenseitig zu un-
terbieten. Das Ganze nennt sich dann „Quick Reaction
Force". Die äquivalente Gruppe nördlich der Grenze hat
hingegen den Spitznamen „Slow Reaction Force" bekommen, da dieser oft noch nicht einmal Fahrzeuge zur Verfügung stehen, mit deren Hilfe sie schnell reagieren könnte.

Eine weitere Sehenswürdigkeit: Die eher triste „Brücke
ohne Wiederkehr". Sie verdankt ihren Namen der Tatsache, dass dort nach dem Krieg die freigelassenen Kriegsge-
fangenen vor die Wahl gestellt wurden in welchem der
beiden neuen Länder sie leben wollten. Sie konnten bleiben wo sie waren oder sich entscheiden, die Brücke einmal
zu überqueren. Die Entscheidung war allerdings endgültig: Wer über die Brücke ging, der durfte nicht mehr zurück. Ergo die Namensgebung.

Nahe dieser Brücke spielte sich zudem der bekannteste
Zwischenfall der JSA ab. Die Wachtposten beider Seiten
waren früher räumlich weniger eindeutig getrennt als
heutzutage. Dies führte dazu, dass in der Nähe dieser Brücke der „einsamste Wachposten der Welt" zu finden war.
Der UN Wachposten an dieser Stelle wurde damals noch
häufig mit amerikanischen Soldaten besetzt und war auf
drei Seiten von nordkoreanischen Posten umzingelt. Zudem bestand nur im Winter Sichtkontakt von dort zum
nächsten UN Posten, da sonst die Sicht durch eine dicht
belaubte Pappel versperrt wurde. Aufgrund dieser Verhältnisse gab es mehrfach Versuche, die UN Posten bei
Nacht und Nebel zu kidnappen und über die Brücke in die
Volksrepublik Korea zu verschleppen. Daher kam irgendwann im Jahr 1976 endlich jemand auf die Idee, diesen
Baum zu stutzen. Als die südkoreanisch-amerikanische

Delegation sich jedoch daran machte, der Pappel mit zwei Äxten zu Leibe zu rücken, versammelten sich immer mehr nordkoreanische Truppen in der Nähe und gingen nach ein paar feindseligen Worten zum Angriff über. Lange Rede, kurzer Sinn: Fast alle Beteiligten wurden verletzt und zwei amerikanische Offiziere mit ihren eigenen Äxten erschlagen. Das Ganze ist unter der Bezeichnung „Axt-mord Vorfall" (Axe Murder Incident) in die koreanische Geschichte eingegangen und hatte noch ein Nachspiel. Die kommunistische Regierung der Volksrepublik Korea stellte den Vorfall nämlich daraufhin als reine Selbstver-teidigung der nordkoreanischen Wachen dar und wies jede Schuld für die zwei Todesfälle von sich.

Als Reaktion darauf führten die UN Truppen die „Ope-ration Paul Bunyan" durch. Hierbei wurde unter Einbezie-hung des Flugzeugträgers Midway und mehrerer umlie-gender Militärbasen unter der Kulisse kreisender Helikop-ter, B52 Bomber und Jagdflugzeuge sowie einer größeren Menge Fahrzeuge und Truppen der Baum mittels Ketten-sägen zu Kleinholz verarbeitet, wobei die Nordkoreaner diesmal nur dumm zugucken konnten. Paul Bunyan ist übrigens der Name eines mythologischen nordamerikani-schen Holzfällers. Jedenfalls sind wir jetzt eigentlich schon wieder bei der Kategorie Kindergarten angelangt, nur dass das kindische Benehmen in diesem Beispiel zwei Todesop-fer gefordert hat.

Bei der Tour durch die JSA wird man nicht nur an dieser Stelle, sondern auch an diversen anderen Orten auf kleine Denkmäler und Plaketten hingewiesen, die Stellen mar-kieren, an denen jemand bei Konflikten zwischen Nord und Süd erschossen oder sonstwie getötet wurde. Es gab also noch wesentlich mehr Zwischenfälle, nur eben kei-nen, der so spektakulär war wie der Einsatz eines Flug-zeugträgers zur Beseitigung eines Baumes. Was auch ziemlich schwer zu toppen ist. Daher hat es mich erstaunt, dass wir auf unserer Tour nur einen einzigen nordkoreanischen Soldaten (und ein Fernglas) gesehen haben. Spätestens nach dem Formular, auf dem man die Verantwortung für das eigene Ableben übernehmen muss, habe ich mir die Sache irgendwie etwas brisanter vorgestellt.

Nachdem wir diese ganzen Schauplätze absurder Begebenheiten von diversen Aussichtspunkten unter die Lupe nehmen durften, folgte noch die Besichtigung des dritten Invasionstunnels. Das Ding wird „der dritte Tunnel" genannt, weil es sich dabei um den dritten von bislang vier gefundenen nordkoreanischen Invasionstunneln handelt. Um dort hinein zu gelangen, muss man einen Zubringertunnel satte 73 Meter weit hinabsteigen. Ich hatte irgendwie nicht erwartet, dass die Nordkoreaner dermaßen tief graben bzw. sprengen würden! Dafür ist der Tunnel selbst sehr unspektakulär und garantiert an den meisten Stellen niedriger als die offiziell angegebenen 2 Meter. Jeder Besucher wurde zum Glück mit einem Helm ausgestattet, denn man hörte nahezu ununterbrochen das Geräusch von behelmten Köpfen, die an eine Tunneldecke stoßen.

Dort, wo sich die Grenze nach Nordkorea befindet, hat man den Tunnel mit mehreren Schießscharten-bewehrten Betonwänden befestigt, um weiteren nordkoreanischen Vorstößen ein Ende zu bereiten. Leider durfte man dort keine Fotos machen, obwohl es eigentlich nicht viel zu verstecken gab. Die Nordkoreaner werden ja wohl sowieso noch wissen, wie ihr Tunnel aussieht. Der Clou waren übrigens noch die schwarzen Flecken an einigen Stellen der Tunnelwand. Beim Rückzug haben die nordkoreanischen Truppen nämlich noch hastig diese Stellen schwarz angemalt, um hinterher die wahnsinnig überzeugende Ausrede vorbringen zu können, es würde sich bei diesem Tunnel um ein altes Kohlebergwerk handeln! So etwas kann auch nur jemandem einfallen, der sein ganzes Leben lang nur einen einzigen Radiosender gehört hat.

Damit wäre eigentlich alles Erzählenswerte von der DMZ-Tour gesagt. Zurück in Seoul haben wir noch das

Kukkiwon angesehen. Dabei handelt es sich um das selbsterklärte „Welt Taekwondo Hauptquartier". Effektiv ist es das Zentrum des größten Taekwondo-Verbandes WTF (World Taekwondo Federation). Im Sommer veranstaltet das Kukkiwon wohl ziemlich viele Demonstrationen und Mitmachprogramme, im Winter ist das Angebot eher mau. Also sind wir einfach mal so hingegangen. Ich hätte mich nämlich geärgert, ein halbes Jahr in Korea zu verbringen, ohne dabei das Kukkiwon besucht zu haben, auch wenn es nicht gerade in jedem Reiseführer steht.

Das Gebäude selbst war auch absolut nicht sehenswert – irgendwie hatte ich etwas in Richtung des Budokan in Tokio erwartet. Wir hatten aber Glück, es fanden nämlich gerade Schwarzgurt-Prüfungen für Kinder und Jugendliche statt. Dementsprechend wuselten überall kleine Kinder mit rot-schwarzen Gürteln herum. Man konnte auch ohne Probleme bei den Prüfungen auf drei direkt benachbarten Wettkampfflächen zugucken, ich war davon aber insgesamt sehr enttäuscht. Da Taekwondo in Korea Volkssport ist, hatte ich sowohl beim Können als auch beim Prüfungsniveau höhere Standards erwartet, als von zu Hause gewohnt. Bei den kleinen Kindern kann man ja noch darüber hinwegsehen, dass sie die Techniken nicht sauber ausführen, manche Dinge kann man eben erst ab einem bestimmten Alter umsetzen. Aber die älteren Prüflinge im Teenager-Alter waren größtenteils auch wirklich mies! Man konnte zwar in jeder Großgruppe ein oder zwei Teilnehmer ausmachen, die so richtig wussten was sie taten, aber die meisten waren wirklich nicht gut. Vor allem, da es um den symbolträchtigen schwarzen Gürtel oder gar um noch höher angesiedelte Meister-Ränge ging, war ich vom Gesehenen absolut enttäuscht!

Im Umkreis des Kukkiwon gibt es natürlich jede Menge Kampfsportgeschäfte. Da ich mich aber auch bei der Abreise der berühmt-berüchtigten Gepäckbeschränkung von 20 kg unterwerfen musste, meine Eltern da nicht mit reinschleppen wollte und inzwischen sowieso kein Taekwon-do-Training mehr betrieb, habe ich mir einen Einkaufsbummel dort verkniffen.

Am nächsten Tag stand noch ein zweiter Besuch auf dem N Seoul Tower auf dem Programm, schließlich wollte ich die Aussicht auf die Stadt auch einmal meinen Eltern zeigen und kannte diese bis dahin nur bei Nacht. Vor dem Tower sind ein paar altmodische Signaltürmchen aus Stein zu finden. Diese sieht man öfters an hoch gelegenen Punkten in Korea. Sie sind eigentlich nicht besonders hübsch, aber sehr markant. Früher wurden in den kleinen Türmchen Feuer entzündet, um weit sichtbare Rauchsignale zu geben. Die Ausführung am N Seoul Tower schien aber erst in der Neuzeit dort hingemauert worden zu sein. Jedenfalls wurden auch diese Konstrukte einmal wieder zum Anlass genommen, einige Leute in mittelalterliche Kostüme zu stecken, ihnen Bärte anzukleben und sie für Touristen etwas aufführen zu lassen. In diesem Fall das Anzünden eines Signalfeuers mit Mini-Wachwechsel, Getrommel und was sonst noch dazugehört. Zufällig waren wir genau rechtzeitig dort, um dabei zuzugucken! Das eigentliche „Anzünden" war leider jedoch genau so authentisch, wie die neu gemauerten Steintürmchen und angeklebten Bärte. Denn obwohl demonstrativ Holzscheite für ein Feuer aufgeschichtet waren, hat scheinbar nur jemand heimlich auf einen Knopf gedrückt und eine Nebelmaschine eingeschaltet! Aber naja, wir sind ja eigentlich nur für die Aussicht auf den Berg geklettert.

Im Gegensatz zu meinem vorigen Besuch am 1. Januar war es diesmal auch erfreulich leer und wir mussten nicht auf den Aufruf unserer Ticketnummer warten oder anstehen! Die Aussicht von oben zeigte sehr schön, dass die „Innenstadt" von Seoul mit den meisten Touristenattraktionen vergleichsweise klein ist. Überhaupt fehlt ein richtiger Stadtkern, es ist alles recht dezentral. Die Stadt ist auf jeden Fall nicht vergleichbar mit vielen anderen asiatischen oder amerikanischen Großstädten, bei denen man meist von einer Aussichtsplattform aus erst einmal jede Menge Hochhäuser in der Nähe sieht und die Gebäude in Richtung Stadtrand immer kleiner werden. Dafür sieht man von dort oben Seoul, so weit das Auge reicht... in jede Richtung! Wie immer in Korea gucken ein paar Berge aus dem Häusermeer heraus, aber sonst sieht man mehr Stadt, als einem recht sein kann! Wer mal nach Seoul kommt und einen alternativen Ausblick sucht, kann übrigens stattdessen auch auf das „63 Building" hochfahren. Dieses markante goldfarbene Gebäude liegt direkt am Han-Fluss und besitzt insgesamt 63 Stockwerke, 3 davon allerdings unterirdisch. Es ist das ehemals höchste Gebäude von Korea, der Eintritt ist aber meines Wissens aber höher als für den Seoul Tower.

In weiteren Meldungen: Unser Büro ist an meinem letzten Arbeitstag tatsächlich noch einmal komplett umgeräumt worden, um Platz für zwei neue Kollegen zu schaffen. Wie gut, dass wir erst vor zwei Monaten das letzte Mal umgeräumt haben...

So long, and thanks for all the fish!
19. März

Die finale Anmerkung des vorherigen Kapitels lässt es bereits erahnen: Meine Zeit in Korea neigte sich rapide ihrem Ende zu. Meine Eltern waren kurz vor Ende meines Aufenthalts noch nach Korea gereist, um sich anzugucken, was ihr Sprössling in seinem halben Jahr dort so getrieben hat. Da ich unter der Woche dennoch arbeiten musste, trafen wir uns an ihrem ersten Wochenende in Seoul und fuhren, wie bereits beschrieben, gemeinsam zu DMZ. Eine Woche später besuchten wir zusammen noch einmal Gyeongju und einen Teil von Busan, dann waren sie auch schon wieder weg. Insgesamt ging die Schlussphase meines Praktikums viel schneller vorbei, als geplant. Ich erhielt überraschend doch noch etwas Freizeit – natürlich erst, nachdem meine Eltern bereits abgereist waren. Nutzen konnte ich diese zudem nur sehr eingeschränkt, da ständig noch einzelne organisatorische Termine wahrzunehmen waren, welche jede größere Unternehmung außerhalb Busans vorab unterbanden. Dennoch gibt es abschließend noch einige Kleinigkeiten zu berichten.

Ein Ausflug musste einfach noch ins Programm passen: Eine Fahrt nach Ulsan zur größten Schiffswerft der Welt. Die Stadt Ulsan zählt etwa 1 Mio. Einwohner und liegt nur etwa 50 km von Busan entfernt, in etwa auf halber Strecke nach Gyeongju. Um die Werft von Hyundai Heavy Industries besichtigen zu können, musste ich jedoch an einer geführten Tour teilnehmen. Irgendwie habe ich es geschafft, mich im Internet für eine solche Tour anzumelden – natürlich jedoch auf Koreanisch! Da die Tour recht früh morgens starten sollte, musste ich trotz der kurzen Netto-Distanz bereits am Vortag per Bus nach Ulsan anreisen. Ich entschied mich für die Übernachtung in einem günstig gelegenen Motel. Dort durfte ich diesmal genau jene Motel-Klischees erleben, welche ich bislang einigermaßen erfolgreich gemieden hatte. Die „Rezeption" des äußerlich noch recht seriösen Motels war eine Milchglasscheibe mit Durchreiche im Treppenhaus. Sinn des Ganzen ist, dass man sich ein Zimmer nehmen kann, ohne dem Portier persönlich gegenübertreten zu müssen. Dies kann sich jedoch als hinderlich erweisen, wenn man der Landessprache nur bedingt mächtig ist und der Hotelangestellte kein Englisch spricht. Das relevante Vokabular meinerseits beschränkte sich in etwa auf „Haben Sie ein Zimmer?" und „Gut, danke". Nach dieser ergiebigen Konversation verließ der Herr seinen gesicherten Kabuff und geleitete mich der Einfachheit halber persönlich zu meinem Zimmer. Bezahlt wurde im Voraus, den Schlüssel nahm er direkt wieder mit. „Auschecken" geschah somit quasi durch Verlassen des Zimmers. An der Unterkunft selbst war wenig auszusetzen – einzig die grellpink gestrichenen Wände störten ein wenig. Zudem wiesen mich die Telefonnummern, die neben Bett und Aschenbecher höchst liebevoll an die Wände gekritzelt waren, unangenehm darauf hin, was die anderen Hotelgäste in diesem Bett so zu tun pflegten.

Am nächsten Morgen lokalisierte ich dann erfolgreich meine koreanische Tourgruppe und lauschte andächtig den Erklärungen unserer Führerin, von denen ich bestenfalls einen kleinen Bruchteil verstand. Da Ulsan die Heimatstadt des Hyundai Konzerns ist, bestand der erste Programmpunkt in einem Besuch des Automobilwerks. Das Werk selbst war interessant, die wahre Sehenswürdigkeit befand sich jedoch direkt davor: Auf einem gigantischen Parkplatz standen tausende nagelneuer Automobile bereit, in alle Welt verschifft zu werden. Da die Fläche direkt an das Hafenbecken von Ulsan grenzte, erfolgte die Verladung der Fahrzeuge in die riesigen Transportschiffe direkt vom Parkplatz aus. Die Dimension des Ganzen war wirklich beeindruckend! Laut einem Bericht des britischen „Auto Express" Magazins handelt es sich dabei um das produktivste Automobilwerk der Welt, in dem im Schnitt alle 10 Sekunden ein Fahrzeug hergestellt wird. Ich habe noch nie etwas gesehen, was den Begriff „Massenproduktion" drastischer illustriert hätte!

Um bei den Superlativen zu bleiben, ging es danach flugs weiter zur größten Werft der Welt. Wir fuhren hindurch zwischen zahllosen Kränen, halbfertigen Schiffen und Rumpfsegmenten. Da unser Bus zwischen den riesigen Schiffsrümpfen und Anlagen geradezu winzig wirkte, erlebten wir das Gelände sozusagen aus der Ameisenperspektive. Man konnte zudem immer nur einen vergleichsweise kleinen Ausschnitt des wuseligen Gesamtgeschehens erfassen, da der Blick stets nur bis zum nächsten gigantischen Stahlklotz ging. Aus dieser Perspektive machte es keinen Unterschied, ob auf der Werft nun 10 oder 100 Schiffe gleichzeitig gefertigt wurden. Daher war die Werft selbst weniger beeindruckend als erwartet. Die halbfertigen Ozeanriesen wussten jedoch durchaus zu imponieren. Mir gefielen besonders die riesigen bronzefarbenen Schiffspropeller, an denen vergleichsweise winzige Arbeiter hantierten. Interessant war es auch, zu erleben, wie selbst der Kiel des Schiffs an Land stückchenweise vorgefertigt und dann auf der Helling nur noch nach dem Baukastenprinzip zusammengesetzt wird. Sozusagen Plattenbauten für die Hochsee.

Unser nächster Stopp war eine felsige Landzunge, die bei schönerem Wetter sicherlich etwas pittoresker gewesen wäre. Da unsere Tourgruppe dort von nahezu orkanartigen Windböen empfangen wurden, konnten wir die landschaftlichen Schönheiten an diesem Tag nicht so recht würdigen. Die zahlreichen Frachtschiffe auf dem Meer vor Ulsan sowie die unmittelbar benachbarte Schwerindustrie ließen mich jedoch insgesamt ein wenig am Sinn dieses Parks zweifeln. Dafür ließ sich mit etwas räumlichen Abstand die Werft von dort aus besser betrachten. Der letzte Stopp der Tour ging leider mangels Detailkenntnissen an koreanischer Politik und Geschichte

ziemlich an mir vorbei. Wir besuchten ein ländlich gele-
genes und scheinbar frisch renoviertes Hanok, ein traditi-
onelles koreanisches Haus. Selbiges war wohl das ehemalige Heim eines bekannten Politikers oder politischen Ak-
tivisten. Auf den Hinweistafeln mit englischen Texten waren wiederholt die Begriffe „Nationalist" und „Nationalis-
mus" zu finden, was jegliches Interesse meinerseits an der
dort ehemals wohnhaften Person schlagartig erstickte.

Danach musste ich mich sputen, um nicht zu spät zu
meiner Abschiedsfeier in Busan zu erscheinen. Insgesamt
gab es derer immerhin drei. Die erste wurde spontan organisiert, weil es eigentlich keine geben sollte. Dabei war
ich angenehm überrascht, wie schnell aus einem „Komm,
wir müssen wenigstens noch einmal einen trinken gehen"
ein gemütlicher Abend mit acht Personen wurde. Scheinbar fördert eine mangelnde Planungssicherheit im Alltag
die Spontanität der Menschen! Daraufhin beschloss mein
Chef, dass wir auch mit unserer Arbeitsgruppe noch eine
vernünftige Abschlussfeier machen müssen. Somit ergab
sich Feier Nummer zwei, zu der ich pünktlich wieder aus
Ulsan erscheinen musste. Bei beiden Gelegenheiten wurden noch einmal reichlich Soju und Samgyeopsal verzehrt.

Da man nie einen ganzen Abend im gleichen Lokal ver-
weilt, besuchten wir am ersten Abend zur „Vorspeise" ein
Restaurant, in dem hervorragender Pajeon erhältlich sein
sollte. Dabei handelt es sich um Pfannkuchen mit Früh-
lingszwiebeln, die jedoch häufig auch mit Meeresfrüchten
zubereitet werden. Pajeon zählte somit nicht zu meinen
Lieblingsgerichten der koreanischen Küche. Als passendes
Getränk dazu wurde Makgeolli auserkoren – scheinbar
gehört das einfach zusammen. Makgeolli ist eine Art mil-
chig-weißer Reiswein, der aus mir nicht nachvollziehbaren
Gründen immer in metallenen Teekannen serviert wird.
Meine Kollegen pflegten, diesen stets sofort mit Limo zu
mischen. Diesmal bremste ich sie jedoch, da ich das Getränk wenigstens einmal pur probieren wollte! Gesagt,

getan. Es schmeckte recht säuerlich und ich beschloss umgehend, dass Makgeolli am besten mit Limonade vermischt zu genießen ist.

Prima unterhalten habe ich mich auch mit unserem „Neuzugang", der kürzlich von einem längeren Auslandseinsatz in Tschechien zurückgekehrt war. Nach seiner Rückkehr fiel es ihm sichtlich schwer, sich wieder in das koreanische Gesellschaftsgefüge zu integrieren. Daher freute er sich, wenn er ab und zu einige ungezwungene Worte mit mir auf Englisch wechseln konnte. Nach ein paar Soju wurde er mir dann aber doch fast zu gesprächig und erzählte freudig davon, dass in Tschechien Prostitution legal sei, es dort erfreulich viele Bordelle gebe und er beim Matratzensport doch diesen oder jenen Unterschied zwischen koreanischen und europäischen Frauen festgestellt habe. Mein entsetzter Blick war wohl nicht genug, um schonend zu signalisieren, dass gewisse Dinge trotz Konformität mit der lokalen Gesetzgebung eventuell nicht zu gesellschaftlich akzeptablen Gesprächsthemen gehören. Dennoch schien er im Wesentlichen traurig, seinen einzigen verbündeten Nicht-Koreaner im kollegialen Umfeld schon so schnell wieder zu verlieren. Auch von einigen anderen Kollegen war der Abschied sehr herzlich.

Ergänzend zu diesen beiden „Parties" fand im Büro auch noch eine „offizielle" Verabschiedung statt. Unsere Chefs hielten kurze Ansprachen und ich durfte auch ein paar Worte sagen. Meine Mutter hatte passenderweise daran gedacht, mich durch das letzte Care-Paket aus Deutschland mit einer großen Schachtel Kekse auszustatten. Ich hatte ursprünglich meine Zweifel, ob diese großen Anklang finden würden, da ich aus Erfahrung bereits wusste, dass sich meine Kollegen aus europäischer Schokolade und ähnlichen Süßwaren wenig machten. Backwaren sind jedoch in Korea recht selten und die Kekse waren scheinbar exotisch genug, um auf reges Interesse zu stoßen: Die großzügig dimensionierte Familienpackung leerte sich innerhalb von Sekunden! Zum Glück gab es auch noch Tteok und Limo.

Ich erhielt sogar einige Abschiedsgeschenke! Das freute mich sehr, stellte mich jedoch gleichzeitig vor ein Dilemma. Ich hatte mir nämlich sagen lassen, dass es in Korea als sehr unhöflich gelte, Geschenke direkt nach dem Erhalt zu öffnen – falls ein Geschenk nicht gefällt, werden peinliche Momente auf diese Weise vermieden. Nach kurzem Zögern, meine Geschenke zu öffnen, wurde ich jedoch mehrfach dazu aufgefordert und machte mich also ans Auspacken. Das unbestrittene Highlight war ein kleines koreanisches Haus im Hanok-Stil, etwa so groß wie zwei gestapelte Schuhkartons. Eine Schnur zum Einschalten und ein Stromkabel verrieten mir schnell, dass es sich um eine Lampe handelte. Alle schauten mich erwartungsvoll an.

Abteilungsleiter: „Do you know what it is?"

Sascha: „Yes, a lamp. Thank you, I like it very much. I will put it in my room."

Abteilungsleiter: „Yes, but what kind? Do you know what kind of lamp it is?"

Sascha: "Uhm... it looks like a Hanok?"

Abteilungsleiter: "It is a mood light. For you and your girlfriend. You have not seen her in a very long time."

Es ist wohl überflüssig, zu sagen, dass alle dabei grinsten wie die Honigkuchenpferde. Nun, die Lampe gefiel mir wirklich und ich habe sie immer noch. Sie kann wahlweise gedämpftes normales Licht oder gedämpftes Rotlicht abgeben. Abgesehen von dem pikanten Verwendungszweck stellte mich das sperrige Geschenk jedoch vor ein weiteres Problem: Wie bekommt man so etwas wenige Tage vor der Abreise nach Europa befördert, wenn der eigene Koffer bereits die Grenzen der rigorosen Gepäckbeschränkungen auslotet? Ich habe also kurzerhand den Karton, in dem sich die Lampe befand noch mit einem dicken Pulli ausgestopft und mich nach detailliertem Studium der Öffnungszeiten unseres Postbüros dorthin begeben. Erstaunlicherweise wurde mir der Einlass gewährt und ich stand kurz darauf mit meinem Karton vor einer jungen Postangestellten, die mir ein Versandformular überreichte. Pflichtbewusst füllte ich dieses unter Zuhilfenahme meines Taschenwörterbuchs aus.

Nach der Gegenprüfung schaute sie mich etwas ungläubig an und deutete energisch auf das Feld, wo ich den Inhalt des Pakets angeben sollte. Ich bestätigte auf Englisch und Koreanisch, dass es sich um eine Lampe handelte. Sie schien es für ein Kommunikationsproblem zu halten. Ich zückte erneut mein Wörterbuch und deutete auf das Wort für „Lampe", falls meine Aussprache nicht gut genug war. Sie glaubte mir offensichtlich nicht. Also öffneten wir das Paket, welches einen chinesischen Pulli und eine häuschenförmige Stimmungslampe enthielt. Ich hätte gerne ein Foto von ihrem fassungslosen Gesichtsausdruck gehabt. Es war einfach großartig! Man konnte wortlos an ihrem Gesicht ablesen, wie sie in etwa Folgendes dachte: „Das stimmt ja tatsächlich. Er will wirklich eine Lampe nach Europa schicken. Das ist doch bekloppt!" Selbstredend wurde das Paket, nachdem wir es wieder verpackt hatten, nicht per Luftfracht nach Deutschland befördert. Der Versanddauer nach zu urteilen muss ich aus Versehen so etwas wie „Bitte nur an Dienstagen per Tretboot oder Ochsenkarren befördern" angekreuzt haben.

Und das war's dann auch schon. Mein Chef ließ es sich immerhin nicht nehmen, mich persönlich zum Flughafen zu fahren und spendierte mir dort noch einen letzten „landestypischen" Instant Kaffee, nachdem er lachend meinte „In Korea muss man nicht so frühzeitig am Flugzeug sein, wie bei Euch". Ich hatte ein letztes Mal die Gelegenheit, mich über Dinge zu wundern wie eine Gruppe Rentner, die mitten im Flughafen Decken auf den Bodenfliesen ausgebreitet hatte und dort sitzend ein Picknick veranstaltete. Und ruck zuck war ich auch schon wieder in Deutschland und das Abenteuer somit vorbei.

Obwohl Korea flächenmäßig nicht besonders groß ist und ein halbes Jahr nach einer Menge Zeit klingt, gibt es genug Regionen, die ich während meines Aufenthalts gar nicht besuchen konnte. Meine Erkundungen beschränkten sich im Wesentlichen auf das, was zeitlich an einem Wochenende von Busan aus sinnvoll machbar war. Auch den Sommer in Korea habe ich nicht erlebt. Die Liste lässt sich vermutlich beliebig fortführen. Insgesamt muss ich jedoch sagen, dass ich das Abenteuer gesucht und gefunden habe. Es war nicht immer einfach, teils surreal und fast immer anders als erwartet. Ich habe viele faszinierende Sachen gesehen, interessante Leute getroffen und viel Neues gelernt. Insgesamt kann ich nur jeden, der mit dem Gedanken eines ähnlichen Auslandsaufenthalts spielt ermutigen, es auf jeden Fall zu wagen!

Meinen Chef habe ich übrigens später einmal wieder getroffen. Wir liefen uns bei einer Fachmesse über den Weg, da er sich für einige Monate in Deutschland aufhielt. Was für ihn eine nicht minder verrückte Erfahrung war.